대화하는 신학

Theology in Dialogue

대화하는 신학 ^{Theology in Dialogue}

초판 1쇄 발행 | 2017년 2월 17일
초판 2쇄 발행 | 2020년 5월 29일

지은이 신옥수
펴낸이 임성빈
펴낸곳 장로회신학대학교 출판부

등록 제1979-2호
주소 04965 서울시 광진구 광장로5길 25-1(광장동 353)
전화 02-450-0795
팩스 02-450-0797
이메일 ptpress@puts.ac.kr
홈페이지 http://www.puts.ac.kr

값 17,000원
ISBN 978-89-7369-407-5   93230

＊이 도서의 국립중앙도서관 출판예정도서목록(CIP)은
  서지정보유통지원시스템 홈페이지(http://seoji.nl.go.kr)와
  국가자료공동목록시스템(http://www.nl.go.kr/kolisnet)에서
  이용하실 수 있습니다. (CIP제어번호 : CIP2017003506)

대화 하는 신학

Theology in Dialogue

신옥수

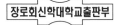
장로회신학대학교출판부

머리말

    신학 작업은 진공상태에서 이루어지지 않는다. 신학은 신학자가 속한 공동체의 상황(context) 속에서 형성될 수밖에 없다. 또한 신학은 시대상황으로부터 제기되는 다양한 질문들의 답을 찾아가는 과정으로서 문제해결의 과제(problem-solving task)를 갖는다. 이런 맥락에서 신학은 대화적이다. 신학은 삼위일체 하나님, 세계, 교회 공동체, 시대와 지역을 아우르는 동료 신학자들, 그리고 신학자 자신과의 지칠 줄 모르는 대화를 통해 이루어진다. 신학자의 삶의 실존을 떠난 탁상담화는 공허하며 실천적 열매를 맺기 어렵다. 그런 의미에서 신학은 정치적·사회적·경제적·문화적·종교적 상황과의 지속적인 대화를 통한 신학자의 자기 성찰(self-reflection)과 신학적 숙고(theological consideration)의 산물이다. 기독교의 정체성(identity)과 현실 관련성(relevance) 사이의 딜레마로부터 오는 긴장과 갈등을 회피하지 않고 오히려 적극적으로 응답하고자 하는 이러한 신학적 시도는 그 결과가 어떠하든 신학자로서의 겸손과 용기를 요청하는 매우 의미 있는 일이다.

    본서는 저자가 그동안 신학적 호기심과 관심을 갖고 탐구해온 여러 주제들을 담고 있다. 칼 바르트(Karl Barth)와 존 힉(John Hick)과 칼 브라텐(Carl Braaten)의 "기독교와 타 종교의 이해", 한스 프라이(Hans Frei)의 신학, 데이비드 트레이시(David Tracy)의 신학, 여성학(Feminism)과 여성신학(Feminist theology), 과학신학(Scientific theology) 등 최근 신학의 신학방법론들과, 복음주의 신학과 에큐메니칼 신학의 대화, 저자가 속한 신학공동체인 장로회신학대학교의 신학 및 분단 한국에서 신학함의 표명이랄 수 있는 평화통일신학과의 대화들이다.

지상에 절대적인 신학이 존재하지 않듯이, 그리고 영원한 신학이 불가능하기에, 이러한 신학 작업들은 근사치적 진리에의 접근(approach to the approximate truth)에 불과할 것이다. 그럼에도 시대와 상황 및 신학적 삶의 실존에 진지하게 응답하고자 하는 작은 신학자(a little theologian)의 몸짓을 표현하고 있다고 할 수 있다.

본서를 좀 더 상세하게 소개하면 다음과 같다. 1부에서는 "예수 그리스도의 최종성"의 주제에 관한 칼 바르트와 존 힉과 칼 브라텐의 논의를 다룬다. 그리스도의 유일성과 최종성 및 보편성의 주제에 초점을 맞추고 있으며, 특히 타 종교에 대한 기독교의 태도와 종교 간 대화를 다루고 있다. 이를 통해 우리는 오늘날 종교다원주의 시대의 한복판에서 예수 그리스도 이해와 타 종교와의 대화에 관해 숙고할 수 있는 기회를 갖게 될 것이다.

2부에서는 최근 신학들 가운데 신학에 대한 내러티브적 접근을 보여주는 한스 프라이의 탈자유주의 신학(Postliberal theology), 수정주의 신학(Revisionist theology)을 대표하는 데이비드 트레이시의 신학, 성의 정체성과 차이의 형성에 관한 간학문적 논의를 담고 있는 여성학과 여성신학, 라카토스(Imre Lakatos)의 과학이론을 신학화한 낸시 머피(Nancey Murphy)의 과학신학과의 대화를 시도한다. 여기서는 주로 방법론에 대한 논의가 중심이 되고 있다. 이를 통해 1980년대 이후 북미 신학계를 주도했던 예일학파와 시카고학파를 대변하는 탈자유주의 신학과 수정주의 신학의 신학방법론의 두 가지 주요 흐름을 파악할 수 있다. 또한 여성학자들과 여성신학자들의 대화를 통해 성의 정체성과 차이의 형성에 관한 핵심 논쟁들을 이해할 수 있으며, 결과적으로 기독교적 통전적인 인간 이해를 시도할 수 있다. 그뿐 아니라 현대 과학신학자들 중 낸시 머피의 초기 신학방법론을 분석·평가함으로써 신학과 과학의 대화의 한 유형을 탐구할 수 있다.

3부는 복음주의 신학과 에큐메니칼 신학의 대화를 다루며, 더 나아가 세계교회협의회(WCC)의 교회론을 살펴본다. 복음주의 신학의 의미와 역사 및 핵심 성격과 함께 에큐메니칼 신학의 특성을 파악함으로써 오늘날 갈등과 분열 상태에 놓여 있는 한국교회와 한국 신학계의 양 진영 사이의 대화를 모색하는 하나의 접근이 될 수 있다. 무엇보다도 WCC 신학의 핵심 주제라 할 수 있는 교회 이해를 최근의 문서들을 중심으로 분석하고 평가와 전망을 시도함으로써 에큐메니칼 신학과의 심층적 대화를 보여준다.

4부는 장신신학의 어제와 오늘 및 내일을 바라보며, "중심에 서는 신학"에 대한 역사적 고찰과 함께 그 미래를 조망한다. 특히 조직신학의 영역에서 장신신학의 핵심 성격을 분석하고 평가한 후, "중심을 꿰뚫는 신학, 중심을 잡아가는 신학, 중심을 향(向)하는 신학"에 대한 화두를 던지고 있다. 이는 앞으로 더욱 심화·발전되어야 할 과제의 성격을 갖는다. 또한 복음주의와 에큐메니칼 대화를 중심으로 통전적 구원 이해를 고찰함으로써 이러한 입장이 장신신학에 어떻게 반영되고 형성되어 왔는지를 밝히는 내용이 담겨 있다.

5부는 통일신학에 대한 역사적 고찰과 함께 하나님나라 신학의 빛에서 오늘과 내일을 향한 진보와 보수를 아우르는 평화통일신학의 형성과 실천적 과제를 다룬다. 그동안 활발하게 전개되어 왔던 통일신학의 내용과 특성을 상세하게 분석한 후, 저자 나름대로 앞으로 평화통일신학을 어떻게 형성하고 한국교회가 앞장서서 실천과 운동을 펼쳐나가야 할지에 대한 고뇌와 성찰이 담긴 것이다. 이는 추후 지속적으로 형성·발전되어야 할 한국적 상황신학의 핵심 주제로서의 가치를 지닌다.

이 책에 실린 글들은 그동안 필자가 다수의 학술지와 저서에 이미 발표한 글들을 수정·보완한 것이다. 몇몇 글은 주요 저서들을 약어로 표기했고 본문 안에 출처를 표기함으로써 독자의 이해와 접근이 용이하도록 했다. 1장은 "칼 바르트의 예수 그리스도의 최종성에 관한 이해 - 타 종교들에 대한 진술을 중심으로", 「선교와 신학」 18 (2006), 2장은 "A Comparison of John Hick and Carl Braaten on the Finality of Jesus Christ," *Korea Presbyterian Journal of Theology* vol. 10 (2010), 3장은 "한스 프라이의 신학에 대한 내러티브적인 접근에 관한 비판적 고찰 - 탈자유주의 신학적인 본문내적 해석학을 중심으로", 『하나님의 나라, 역사 그리고 신학』(이형기 교수 은퇴기념 논문 편찬

위원회, 2004), 4장은 "A Study on D. Tracy's Theological Method," *Korea Presbyterian Journal of Theology* vol. 9 (2009), 5장은 "성의 정체성과 차이의 형성에 대한 고찰: 시몬느 드 보부아르, 낸시 채도로우, 뤼스 이리가라이, 로즈매리 류터, 캐더린 라쿠나를 중심으로", 「장신논단」 23 (2005), 6장은 "A Study on Nancey Murphy's Lakatosian Theology," *Korea Presbyterian Journal of Theology* vol. 8 (May 2008), 7장은 『화해와 화해자: 화해자로서의 교회와 장신신학의 정체성』(장로회신학대학교 출판부, 2012), 8장은 "WCC의 교회 이해", 『WCC 신학의 평가와 전망』(장로회신학대학교 출판부, 2015), 9장은 "중심에 서는 신학, 오늘과 내일 – 장신신학의 정체성 형성에 관한 소고", 「장신논단」 40 (2011), 10장은 "통전적 구원 이해: 복음주의와 에큐메니칼 대화를 중심으로", 「교회와 신학」 81 (2017), 11장은 "통일신학의 어제와 오늘", 「한국기독교신학논총」 61 (2009), 12장은 "평화통일신학의 형성과 과제: 하나님나라 신학의 빛에서", 「선교와 신학」 35 (2015)이다.

본서는 아직도 형성과정에 있는 저자의 신학함의 한 부분이요 작은 발자국에 불과하다. 그러나 이런 작업이 이제 막 신학에 눈을 뜨기 시작했거나, 신학적 고뇌와 신학적 성찰의 한 가운데서 질문을 던지고 답을 찾아가며 또한 신학적 대안을 모색하는 이들에게 하나의 방향을 제시하고 안내하는 역할을 할 수 있다면 그것만으로도 소기의 목적을 얻을 수 있으리라 기대한다. 나그네 신학(*theologia viatorum*)의 길에 잠시 들러 신학적 사유와 대화와 전망의 시간을 갖고자 하는 독자들을 초대하고 싶다.

본서를 완성하는 데 적지 않은 시간이 소요되었으며, 앞으로 후속 연구도 함께 이루어질 것이다. 특히 8장은 장로회신학대학교에서 조직신학과 교수님들과 함께 공동연구 과제를 통해 수행된 것이며, 10장은 제1회 장신신학강좌 "한국교회와 장신신학의 정체성" 연구를 통해 이루어진 것이기에 더욱 의미 있는 열매라고 하지 않을 수 없다. 소중한 기회가 주어진 것에 감사한다.

본서를 출간하도록 허락해주신 장로회신학대학교 임성빈 총장님과 김도훈 연구지원처장님을 비롯한 출판부의 김해나 직원의 수고에 깊은 감사를 드린다.

또한 그동안 부족한 여종의 연구를 위해 정성껏 후원해준 송도에수소망교회 김영신 목사님에게도 따스한 감사의 마음을 표현하고 싶다.

무엇보다도 미련하고 허물 많은 저자를 포기하지 않고 오랫동안 기다려주시며 시시때때로 위로해주시고 힘 부어주신 삼위일체 하나님께 한없는 감사와 영광을 돌려 드린다.

목 차

목 차

대

화

하

는

신

학

1부

기독교와 타 종교와의 대화

1장

칼 바르트의
'예수 그리스도의 최종성' 이해

칼 바르트(Karl Barth)의 신학은 다양한 측면에서 지속적으로 새로운 재해석과 비판의 과정에 놓여 있다. 특히 현금의 종교다원주의 상황에서 바르트의 예수 그리스도의 최종성과 기독교 이해는 개신교 자유주의자들과 복음주의의 양 진영으로부터 공격을 받아왔다. 전자는 바르트의 견해를 "그리스도 중심주의"(Christo-centrism) 혹은 "그리스도 유일론적 배타주의"(Christomonistic exclusivism)로 비난하는가 하면, 후자는 '보편주의'(universalism)라고 비판한다.

예수 그리스도의 최종성(the finality of Jesus Christ)에 대한 바르트의 이해는 무엇인가? 그의 주장에 대해서 계속되는 여러 비판들은 얼마나 그리고 어느 정도 타당한 것인가? 바르트의 입장은 어떻게 규정될 수 있는가? 그의 사상의 강점과 약점들은 무엇인가? 이와 같은 질문들을 제기하면서 1장에서는 타 종교에 대한 진술을 토대로, 예수 그리스도의 유일성과 보편성에 초점을 맞추어 바르트의 예수 그리스도의 최종성 이해를 다룬다. 또한 오늘날 진행되고 있는 예수 그리스도의 최종성에 관한 논쟁들을 살펴봄으로써 바르트의 입장을 규명할 것이다. 이는 결과적으로 교회의 목회와 선교 및 종교 간 대화의 영역에서 종교다원주의에 대한 하나의 비판적 응답이 될 것이다.

I. 예수 그리스도의 유일성

1. 예수 그리스도 안에 나타난 최종적 계시

바르트에게 신학의 토대와 출발점은 성서에 증언되어 있는 삼위일체 하나님의 자기계시(self-revelation)인 예수 그리스도의 복음이다. 그는 자신의 계시 개념을 일반적인 사고나 원리로부터 도출하지 않고 삼중적 형식(계시된 말씀, 기록된 말씀, 선포된 말씀)으로 구성된 "하나님의 말씀"에 근거시킨다.[1] 그에 따르면 하나님의 육화된(incarnated) 말씀으로서 예수 그리스도 안에 있는 하나님의 계시는 하나의 특수하고 구체적인 사건이다: "말씀이 육신이 되어 우리 가운데 거하셨다"(요 1:14, CD I/1, 134). 즉 하나님이 자신을 예수 그리스도의 성육신을 통해 계시하셨다.

바르트의 견해로는 하나님이 나사렛 예수 안에서 유일하고 충분

---

1) Karl Barth, *Church Dogmatics* Vol. I/1, trans. and edit. G. W. Bromiley and T. F. Torrance (Edinburgh: T&T Clark, 1936; 이하 CD I/1), 88-124.

하게 자신을 드러내셨다. 그리스도의 인격과 사역 안에서 "하나님이 우리와 함께 하심"(Immanuel)은 인간 역사에서 "유비(analogy)가 존재하지 않는"(CD I/1, 116) 완결된 사건과 완성된 시간에 일어났다. 따라서 바르트는 다음과 같이 주장한다. "계시 그 자체는 상대적이지 않다. 현실 속에 있는 계시는 예수 그리스도의 인격과 다르지 않으며, 그분[예수 그리스도] 안에서 완성된 화해와 다른 것이 아니다"(CD I/1, 119).

유대인의 몸을 입으시고, 참 이스라엘인이며, 십자가와 부활을 겪으신 예수 자신의 특수한 역사 속에서 하나님의 구원 계획이 성취되었다. 바르트에 의하면 예수 그리스도 안에 나타난 하나님의 계시는 "우리의 칭의와 성화, 우리의 회심과 구원이 예수 그리스도 안에서 단 한 번(once and for all) 결정적으로 일어났고 성취되었다"[2]는 것을 뜻한다. 그래서 바르트는 그리스도 안에 있는 하나님의 자기계시가 유일하고 결정적이며 최종적이라고 역설한다.

『로마서 강해』(The Epistle to the Romans)와 『교회교의학(Church Dogmatics)』 I/2 등 초기 저서들에서 바르트는 하나의 유일한 계시로서 예수 그리스도 안에 나타난 하나님의 계시에 집중한다. 그런데 그는 예수 그리스도 안에 나타난 하나님의 계시와 병행하는 계시의 제2 자료로서, 자연이나 역사 속에 나타난 일반 계시를 거부한다(CD I/2, 304-307). 바르트에 따르면 "예수 그리스도 안에서 하나님은 자신을 선물로 주셨다; 그는 자신의 은혜를 베푸셨다; 그는 이것을 다른 곳에서가 아닌 오로지 예수 그리스도의 실재 속에서만 행하셨다."[3] 그러므로 바르트의 사상에서 우리는 예수 그리스도 안에 나타난 하나님의 계시 외의 그 어느 계시도 발견할 수 없다.

---

2) Karl Barth, *Church Dogmatics* Vol. I/2, trans. and edit. G. W. Bromiley and T. F. Torrance (Edinburgh: T&T Clark, 1956; 이하 CD I/2), 308.

3) Carl E. Braaten, *No Other Gospel!: Christianity among the World Religions* (Minneapolis: Fortress Press, 1992), 54.

더 나아가 바르트는 하나님과 하나님의 구원 사역 및 구원의 필요성에 처한 우리 자신을 알 수 있는 그 어떤 인간적 능력도 부정한다. 그에 의하면 "계시는 하나님의 자기 내어주심(self-offering)이요 자기 드러냄(self-manifestation)이다. 계시는 그 자신의 출발점으로부터 하나님을 이해하려는 인간의 시도가 전적으로 무용하다는 사실의 전제 위에서 그리고 그 사실의 확인 속에서 인간을 만난다"(CD I/2, 301). 그는 '종교'를 하나님을 파악하려는 인간의 시도로 간주한다. 이를 토대로 바르트는 그리스도 안에서의 최종적 계시와 타 종교들 사이의 관계성을 진술하고 있다.

2. 계시와 종교

『교회교의학』I/2, 17장 2, 3항의 "불신앙으로서의 종교"(Religion as an Unbelief)와 "참된 종교"(True Religion) 부분에서, 바르트는 종교에 관한 자신의 초기 사상과 기독교와 세계 종교들 사이의 관계성을 천명하고 있다. 여기서 그는 종교현상학적 관점에서 출발하지 않고 그리스도의 빛에 비추어 계시적 관점으로부터 출발한다. 기독론적 접근을 통해 그는 종교들에 대해서 부정적이면서도 동시에 긍정적인 태도를 보여준다.

바르트에게 종교는 "하나님에 대한 변덕스럽고 임의적인 그림 앞에 서서 자신을 의롭게 하고 성화시키고자 하는 인간의 시도"(CD I/2, 280)이다.

> 종교는 불신앙이다. 그것은 하나의 관심이다. 사실 우리는 그것
> 이 하나님을 배제한 인간의 하나의 지대한 관심이라고 말해야 한
> 다. … 계시의 관점에서 종교는 자신의 계시 안에 존재하는 하나

님께서 하시고자 원하는 것과 행동하는 것을 기대하는 인간적 시도라고 명백하게 간주될 수 있다. 그것은 인간적 작업에 의해서 신적 사역을 대체하려는 시도이다(CD I/2, 229-230).

그리스도 안에 나타난 최종적 계시의 빛에서 바르트에게서는 인간적인 자기 의(self-righteousness)와 죄성이 하나님의 자유와 의에 대립되어 모든 종교 안에 계시된다. 이런 의미에서 그는 그리스도 안에 나타난 최종적 계시를 "종교의 폐기"(CD I/2, 297)로 규정한다.

여기서 바르트의 종교에 대한 비판은 타 종교와 마찬가지로 기독교를 포함하는 것이라는 사실에 주목해야 한다. 그 자신의 자기 정당화와 우상화시키는 성격으로 인해서 기독교는 하나님의 부정적인 가치판단 아래 서있다. "기독교인들로서 우리의 업무는 이러한 심판을 우리 자신에게 우선적으로 또한 가장 정확하게, 그리고 우리 자신을 그들 안에서 인식하는 한에서만 타인들과 비기독교인들에게 적용시키는 것이다"(CD I/2, 327).

그러나 바르트는 기독교와 타 종교들을 구분하는데, 전자가 신의 부정적인 심판 아래 있는 존재로서 자신의 상황을 인식하고 있다는 점에서 그렇다. 더 나아가 그는 우리가 "의롭게 된 죄인"(justified sinner)이라는 의미에서, 기독교를 "참된 종교"(CD I/2, 325)라고 그 성격을 규정한다. 그에 의하면 "어떤 내적 가치" 혹은 "어떤 내재적 의로움이나 거룩성"으로부터가 아니라, 그리스도 안에 있는 최종적 계시로부터 기독교는 하나님의 은총에 의해 사로잡히게 되고 하나님에 의해 용납된다(CD I/2, 326-327). 그런데 바르트는 종교의 긍정적 측면들을 말한다. 의롭게 된 죄인들과 마찬가지로 종교는 의롭게 될 수 있다는 것이다. "종교는 비록 심판 아래 여전히 서 있다 할지라도, 계시 안에서처럼 고양될(exalted) 수 있다"(CD I/2, 326). 그러므로 바르트에게서 그리스도 안에 나타난 하나님의 계시는 "종교의 폐기이면서 동시에 고양"(Auf-hebung der Religion)이라고 적절하게 해석되어야 한다.[4]

그렇다면 바르트에게 기독교와 타 종교의 관계성은 무엇인가? 그는 기독교가 오직 하나님의 자유로운 결정으로 말미암은 하나의 참된 종교라고 주장한다. 하나님은 예수 그리스도 사건에서 세계에 대해 구원의 진리를 계시하기를 선택하신다(CD I/2, 348-350). 그 뿐 아니라 바르트는 이렇게 역설한다. "오직 한 가지 사실만이 진리와 거짓의 구별에 참으로 결정적이다. … 그것은 바로 예수의 이름이다. … 오로지 그것만이 우리 종교의 진리를 구성한다"(CD I/2, 343).

그리스도의 최종성에 관한 이런 이해에 근거해서 바르트는 그리스도 안에 나타난 하나님의 계시가 세계 종교들 가운데 진리를 판단하는 하나의 유일한 표준이라고 주장한다. 계시와 종교 및 기독교와 타 종교의 관계성에 관한 그의 주장은 예수 그리스도가 하나님의 유일하고 최종적인 계시이며 세계의 오직 하나 뿐인 유일한 구원자라는 기독론적 틀에 뿌리박고 있다. 그러므로 타 종교와의 관계에서 그리스도의 최종성에 관한 바르트의 초기 사상은 배타적이며 특수주의적인 것이다.

II. 예수 그리스도의 보편성

1. 예수 그리스도 안에 나타난 보편적 선택과 화해

바르트의 후기 신학에 나타난 그리스도의 최종성 이해의 몇 가지

---

4) Herbert Hartwell, *The Theology of Karl Barth* (Philadelphia: Westminster Press, 1964), 87-88.

특성들은 주로 선택론과 화해론에 기초하고 있다. 포용적이고 보편주의적인 기독론적 접근을 통해 그는 초기에 보여주었던 배타주의적 계시 혹은 특수주의적 구원을 넘어선다.

바르트에 따르면 예수 그리스도는 "선택하시는 하나님이면서 동시에 선택된 인간"이다.[5] 필연성(necessity)이 아닌 하나님의 자유(freedom)와 사랑(love)의 행동으로부터, 영원 속에서 삼위일체 하나님의 원초적이며 근본적인 결정(determination)이 있었다. 바르트는 "삼위일체 하나님 안에서 그분은 자기 아들 혹은 말씀(Word) 안에서 자신을 선택하는 존재이며, 자신 안에서 자신과 함께 자기 백성을 선택하는 존재 이외에 다른 분이 아니다"(CD II/2, 76)라고 선언한다.

선택과 유기를 강조하는 전통적인 이중예정론을 거부하면서, 바르트는 예수 그리스도 안에서 하나님이 자기를 향해서는 '유기'를 선택하고 인류를 향해 '선택'을 결정하신다고 역설한다(CD II/2, 174-176). 결과적으로 "유기는 다시금 인간의 몫이 되거나 혹은 인간의 일이 될 수 없다"(CD II/2, 167). 바르트는 강한 어조로 다음과 같이 천명한다.

> 하나님이 자신의 모든 사역과 방식들을 시작하실 때 내리신 결정에 의해서, 그분과의 관계에서 소외된 인간이 당해야 하는 유기를 그분이 떠맡으셨다; 그의 이런 결정에 근거해서 참으로 버림받은 단 하나의 인간이 자기 아들이다; 하나님의 유기는 그것이 포함하는 모든 것과 함께, 이 분[예수 그리스도]에 맞서서 대항하는 과정을 거쳐 성취되었으며 그 목적에 도달했다. 그 결과 더 이상 유기가 다른 인간들에게 해당하거나 혹은 그들의 관심사가 될 수 없도록 한다는 사실을 우리는 알고 있다(CD II/2, 319).

---

5) Karl Barth, *Church Dogmatics* Vol. II/2, trans. and edit. G. W. Bromiley and T. F. Torrance (Edinburgh: T&T Clark, 1957; 이하 CD II/2), 94-145.

모든 인류를 선택하시는 하나님 이해를 토대로 바르트는 자신의 화해론을 발전시킨다. 그에 따르면 역사 속에서 삼위일체 하나님의 사역은 예수 그리스도 안에 계신 하나님의 영원한 은총의 선택의 실현이다. 화해하시는 하나님이요 동시에 화해된 인간으로서 예수 그리스도의 삶과 죽음 및 부활 속에서 화해는 객관적으로 일어났다. 바르트에 의하면 "우리를 위하여, 그러나 우리 없이"(für uns, ohne uns) 일어난 화해 사건은 인류의 그 어떤 협력사역 없이 유일회적으로(ein für allemal) 일어났다.6)

　　바르트는 주장하기를, 인간으로서의 하나님의 아들이 우리 죄의 완전한 실재와 결과들을 걸머지고 심판하며 제거하는, 그리스도의 대리적 교환(Stellvertretung)인 화해 사역에서 우리는 의롭게 되었고, 거룩하게 되었으며, 부름 받았다(CD IV/3, 254). '그 때 거기에서'(illic et nunc) 우리는 용서받았고 해방되었다. 결과적으로 우리가 그것을 인식하든 않든 간에, 실제적인 존재론적 변화가 우리 인간의 상황 속에서 일어났다.

　　바르트에 따르면 성령에 의해 일깨워진 믿음과 소망과 사랑은 화해의 객관적 실재에 대한 인간의 주관적 응답들이다. 비록 그가 객관적 측면에서 화해(Versöhnung)를 역설하고 있지만, 그는 종말론적 측면에서의 구원(Erlösung)이 여전히 하나의 미래의 실재라는 사실을 강조한다. 하나님이 그리스도 안에서 행하신 보편적 계시가 아직 다 일어나지 않았기 때문이라고 바르트는 믿는다.7) 즉 구원에 관한 그의 사고는 종말론적 차원을 지닌다.

---

6) Karl Barth, *Church Dogmatics* Vol. IV/3, 1. trans. and edit. G. W. Bromiley and T. F. Torrance (Edinburgh: T&T Clark, 1962; 이하 CD IV/3), 230-231, 249.

7) Donald G. Bloesch, *Jesus Is Victor: Karl Barth's Doctrine of Salvation* (Nashville: Abingdon Press, 1976), 33.

그러나 하나님의 은총에 대해 저항할 수 없음을 주장하면서 바르트는 다음과 같이 말한다.

> … 예수 그리스도 안에서 성령에 의해 행하시는 하나님의 시간이 임할 때, 불신자들 편에서의 어떤 혐오나 반역과 저항도 그들 위에 선포된 성령의 약속의 성취를 거절하기에는 충분하지 않다. … 그러나 강물은 매우 강력하며 우리가 강의 붕괴와 강물의 넘침 이외에 달리 합리적으로 기대할 수 없을 만큼 댐은 너무 약하다. 이런 의미에서 예수 그리스도는 비기독교인들에게 조차도 희망이다(CD IV/3, 355-356).

따라서 바르트는 " … 모든 인류와 각 사람에게 불신앙은 하나의 객관적이고 실제적이며 존재론적인 불가능성이며, 신앙은 하나의 객관적이고 실제적이며 존재론적인 가능성이다"[8]라고 담대하게 주장한다.

바르트에게서는 예수 그리스도 안에 나타난 보편적이고 객관적인 화해 사역으로 인해 기독교인과 비기독교인들 사이에 그 어떤 존재론적 차이도 없는 것처럼 여겨진다. 이렇게 볼 때 바르트의 구원론적 접근은 배타적이지 않으며 오히려 포용적이고 보편주의적인 것이다(CD IV/3, 350).

2. 기독교와 타 종교

기독교와 타 종교의 관계성에 관한 바르트의 후기 사상은 간접적

---

8) Karl Barth, *Church Dogmatics* Vol. IV/1. trans. and edit. G. W. Bromiley and T. F. Torrance (Edinburgh: T&T Clark, 1956; 이하 CD IV/1), 747.

으로 그의 『교회교의학』 IV/3, 1의 69장에 있는 "생명의 빛"(The Light of Life)의 2항에서 진술되었다. 그는 예수가 세상에 생명을 가져오는 하나의 유일한 빛이라고 주장한다.

예수 그리스도는 생명의 유일한 빛(the light)이다. 'the'에 밑줄을 긋는 것은 그가 하나의 유일한 생명의 빛이라는 사실을 말하는 것이다. 긍정적으로 이것은 그가 그 모든 충만함에 있어서, 완전한 적절성에 있어서 생명의 빛이라는 것을 의미한다; 부정적으로 이는 그의 빛 바깥에서 혹은 그의 빛과 나란히, 그 자신인 빛 바깥에서 혹은 그와 함께 나란히 존재하는 그 어느 빛도 존재하지 않는다는 것을 뜻한다(CD IV/3, 86).

그러나 "하나님의 말씀"이신 예수 그리스도의 빛에서, 바르트는 "다른 빛들"의 가능성을 말한다. 그에게는 하나님의 참된 말씀이신 예수가 "다른 빛들"과 관련되어 있다. 왜냐하면 후자는 전자의 표징들 (signs) 혹은 반사체들이기 때문이다.

우리는 예수 그리스도가 단 하나의 하나님의 말씀(Word)이라는 사실이, 성경과 교회와 세계 안에서 그들의 방식에서 매우 현저한 다른 말들(words)과, 참으로 실제하는 매우 명백한 다른 계시들이 존재하지 않는다는 것을 의미하는 것은 아니라는 점을 인식한다(CD IV/3, 97).

여기서 바르트는 예수 그리스도 안에 나타난 하나님의 말씀의 증언을 성경과 교회에 배타적으로 제한하는 자신의 초기 입장을 넘어선다. 오히려 그는 성경이나 교회를 떠나서 그리고 그것들에 의존적이지 않는 비기독교적 종교들의 세계 안에 있는 말들과 빛들과 계시들을 포함하는 일련의 또 다른 증언을 말한다.[9]

그렇다면 바르트에게 하나의 참된 말씀이신 예수와 다른 말들의 관계성은 무엇인가? "그들은 단 하나의 말씀 속에 근원을 가질 때만, 즉 예수 그리스도 자신인 하나의 참된 말씀이 그들 안에서 자신을 선언하시는 한에서만, 참된 말들이다"(CD IV/3, 1, 123). 또한 참 말씀과 다른 말들의 구별을 위해서 바르트는 다음과 같이 천명한다.

> 그들[말들]은 단지 부분들이지 주변의 전체가 아니며, 그들은 주
> 변을 형성하는 원(圓)의 중심이 결코 아니다. 만일 그들이 주변의
> 전체를 가리킨다면, 또한 그런 정도에서 그들은 참된 말들이며,
> 하나의 참된 말씀의 진정한 증언들이요 증거들이며, 천국의 실제
> 적인 비유들이다(CD IV/3, 122).

이런 방식으로 바르트에게는 예수가 한 원의 중심이요, 말들은 그 원의 부분들이다. 여기서 다른 모든 말들이 예수 그리스도 안에 나타난 단 하나의 하나님의 말씀을 대체하거나 경쟁할 수 없다는 바르트의 주장에 유의할 필요가 있다. 오히려 전자는 후자에 의해 측정되어야 한다. 바르트에 따르면, 이것은 예수 그리스도 안에 나타난 단 하나의 하나님의 말씀이 하나님 자신에 의해 직접적으로 말해졌으며 따라서 하나님의 권위와 능력을 갖기 때문이다(CD IV/3, 98). 이런 점에서 바르트에게는 하나님의 참된 말씀인 예수 그리스도가 세계 종교들 가운데 하나의 표준이 되어야 한다.

그러나 바르트는 다른 사람들과 관련해서 기독교인들이, 다른 기

---

9) C. Braaten, *No Other Gospel*, 58.

관들과 관련해서 교회가, 혹은 다른 사상들과 관련해서 기독교가 임의적으로 자신을 높이고 자기를 영화롭게 하는 그 어떤 태도도 반대한다 (CD IV/3, 91). 오히려 그의 견해로는 그리스도의 유일한 권위의 빛에서 교회는 자신을 절대화해서는 안 된다. 모든 인류의 구원과 칭의와 성화를 위해 십자가에 못 박혀 죽으신 세상의 화해자로서, 예수 그리스도는 성부의 오른편에 앉아 통치하신다. 그러므로 바르트는 "그의 통치의 영역과 말씀은 어느 경우에도 케리그마(kerygma)와 교리, 예배와 선교 및 공동체의 삶의 전체 영역보다 크다"(CD IV/3, 116)고 역설한다.

보편적 구원자로서 예수 그리스도는 성서와 교회 밖에서도 말씀하신다. 바로 이 점에서 바르트는 기독교 공동체가 세계 종교들 안에 있는 "천국의 비유들"로서의 다른 말들을 주의 깊게 경청해야 한다고 주장한다. 그에 의하면 교회가 하나님의 말씀을 언제나 다시금 새롭게 해석하기를 추구하는 것처럼, 이 말들은 기독교 교리의 형성에 중요한 역할을 할 수 있다.[10] 그들은 또한 기독교로 하여금 자신을 비판적으로 반성하고 새롭게 개혁하도록 도울 수 있다. 이런 맥락에서 바르트는 세계 종교들의 타당성을 긍정한다. 동시에 그는 비기독교적 종교들이 하나님의 구원의 역사에 참여할 가능성을 허용한다.

III. 바르트의 '예수 그리스도의 최종성' 이해에 관한 비판적 대화

바르트의 그리스도의 최종성 이해에 관한 신학적 논쟁은 아직 끝

---

10) Peter Harrison, "Karl Barth and the Non-Christian Religions," *Journal of Ecumenical Studies*, vol. 23 no. 2 (Spring 1986), 223.

나지 않았다. 오히려 첨예한 신학 논쟁의 주제들 중 하나로서, 이는 개신교 신학과 에큐메니칼 대화, 특히 종교신학과 선교학의 영역에 여전히 남아 있다.

무엇보다도 타 종교와 관련해서 그리스도의 최종성에 대한 바르트의 견해는 "그리스도 중심주의" 혹은 "그리스도 유일론적 배타주의"라고 비난받아왔다. 기독교와 세계 종교 이해를 다루면서 존 힉(John Kick)은 바르트의 사상을 일종의 맹목적인 열광주의로 규정한다.

그와 같이 극단적으로 편협한 행동은 인류의 보다 더 광범위한 종교적 삶에 대해서 실제적인 흥미나 관심을 갖지 않았던 사람에게나 가능하다. 왜냐하면 우리가 기독교를 포함하는 위대한 세계의 신앙들 안에서 예배를 증언할 때, 그와 동일한 종류의 것이 각각의 신앙 안에 역사하고 있음이 명백하기 때문이다.[11]

이외에도 파울 알트하우스(Paul Althaus)는 바르트의 비기독교적 종교들에 관한 견해를 그리스도 유일론이라고 규정한다.[12] 그의 관점에서 종교에 대한 바르트의 평가는 모든 비기독교적 실재를 무의미와 무신성(godlessness)의 영역으로 추방해 버리는, 그리스도의 실재에 대한 제한적이고 배타적인 이해이다.[13] 알트하우스에 의하면, 그의 그리스도에 대한 비전이 너무 협소하고 유일론적이기 때문에, 바르트는 하나님의 구원의 계획의 넓이와 그 계획에 대한 종교들의 역할을 간과했다. 이런 의미에서 알트하우스는 바르트의 그리스도와 기독교의 최종성에 대한 이해를 거부되어야 할 것으로 간주한다.

---

11) John Hick, *God has Many Names* (Philadelphia: Westminster Press, 1964), 90.

12) Paul Althaus, *Die Christliche Wahrheit* (Gütersloh: Bertelsmann, 1952), 53, 56-60, 130.

13) Paul F. Knitter, "Christomonism in Karl Barth's Evaluation of the Non-Christian Religions," *Neue Zeitschrift für Systematische Theologie und Religionsphilosophie*, vol. 13 no. 2 (1971), 99.

바르트의 견해에 대한 알트하우스의 비판에 동의하며, 자신의 책 『다른 이름은 없다?』(*No Other Name?*)에서 폴 니터(Paul F. Nitter)는 바르트의 입장을 "보수적 복음주의"의 전형적 모델이라고 평가한다.[14] 이런 입장을 따르는 알란 레이스(Alan Race)는 바르트가 "배타주의적 이론의 가장 극단적인 형태"[15]를 대표한다고 주장한다.

그러나 바르트의 입장에 대한 몇 몇 비판들은 기독교적 계시의 배타주의적 성격을 강조하는 바르트의 종교들에 대한 부정적 평가에 근거하고 있다.[16] 여기서 우리는 바르트의 초기 사상과 후기 사상 사이에 놓여있는 몇 가지 구별과 발전들을 살펴보아야 한다. 베이스(J. A. Veith)의 견해로는, 바르트가 "통시적으로"(diachronically) 변증법적이라는 것이다. "비록 바르트가 계시와 종교 사이의 변증법적 균형의 성취를 추구했을지라도, 『교회교의학』 I/1권에서의 전반적인 강조점은 부정적인 것이다; 긍정적인 면은 『교회교의학』 IV권에서 강조되었다."[17]

그리스도와 세계 종교들의 관계성 이해에서 바르트는 배타적 접근에서 포용적 접근으로 이동한 것처럼 보인다. 대체로 바르트의 비판자들은 종교들에 대한 바르트의 초기 해석을 지나치게 강조하기 때문에, 바르트가 비기독교적 종교들에 대해서 전적으로 부정적 접근을 취했다고 결론지었다.[18] 그 결과 그들은 소위 "전통주의자들" 혹은 복음주의자들을 불편하게 만드는 바르트의 보편주의적 주장들에 주목하거나 그것에 적절한 비중을 두는 데 실패하고 있다.[19] 이런 의미에서

---

14) Paul F. Nitter, *No Other Name? A Critical Survey of Christian Attitudes toward the World Religions* (Maryknoll, NY: Orbis Books, 1985), 80-87.

15) Alan Race, *Christians and Religious Pluralism* (London: SCM Press, 1983), 11.

16) Peter Harrison, "Karl Barth and the Non-Christian Religions," 209.

17) J. A. Veith, "Revelation and Religion in the Theology of Karl Barth," *Scottish Journal of Theology* 24 (February 1971), 20.

18) C. Braaten, *No Other Gospel*, 54.

바르트의 견해를 그리스도 유일론 또는 배타주의로 규정하는 그들의 주장은 오늘 우리에게는 정당하지 못하며 그리 효과적이지 않다.

반대로 바르트의 그리스도의 최종성 이해는 보편주의로 비난받아왔다. 대부분의 경우 복음주의자들은 바르트의 선택론과 화해론에 집중하면서 다음과 같은 질문들을 제기한다. 만일 하나님이 영원히 예수 그리스도 안에서 모든 인류를 선택하셨다면, 이 사실은 불가피하게 모든 인류의 구원으로 인도할 수 있지 않는가? 만일 예수 그리스도가 자신의 화해사역에 의해서 이미 객관적으로 하나님과 인간의 화해를 성취했다면, 즉 만일 모든 사람이 이미 객관적으로 예수 그리스도 안에서 의롭게 되고 성화되며 부름 받았다면, 그 다음에 더 이상 아무 것도 요구될 것이 없지 않는가?[20] 바르트의 주장은 인간의 죄와 최후심판 및 하나님으로부터의 분리 가능성을 상대화시키는 경향을 지닐 수 있지 않는가?[21] 비록 바르트가 보편구원을 직접적으로 가르치는 것을 거부한다고 할지라도, 그럼에도 이것은 그의 선택론과 화해론에 뒤따르는 논리적으로 필연적인 결과물이 아닌가?

이런 비판들에 대해서 바르트는 자신의 입장을 분명히 밝히고 있다. 그에 따르면 "신약성서는 어느 곳에서도 세상이 구원받는다고 말하지 않으며, 신약성서에 대한 폭력을 행하지 않고서는 우리는 그렇게 말할 수 없다"(CD II/2, 423). 그는 명시적으로 추상적인 보편구원론(*Apokatastasis*, 만유회복설)을 거부한다. 보편주의는 모든 사람이 구원받는다고 주장하는 점에서 하나님의 자유를 제한한다는 것이다.[22] 오

---

19) Donald W. Dayton, "Karl Barth and the Wider Ecumenism," in *Christianity and the Wider Ecumenism,* ed. Peter Phan (New York: Paragon House, 1990), 185.

20) Herbert Hartwell, *The Theology of Karl Barth*, 187.

21) David L. Müller, *Karl Barth: Makers of the Modern Theological Mind* (Waco, TX: Word Books Publisher, 1972), 152.

22) Joseph D. Bettis, "Is Karl Barth a Universalist?" *Scottish Journal of Theology* 20 (1967), 429.

히려 바르트에 따르면 하나님은 모든 사람을 구원할 필요가 없으며 또한 어느 누구도 거절할 필요가 없다. 하나님은 자신의 뜻 이외에 그 어느 것에도 얽매이지 않기 때문이다.[23] 이런 의미에서 바르트의 사상에서 보편구원은 하나의 타당한 신학적 제안(proposition)의 문제가 아니라 하나님의 실제적인 가능성(possibility)의 문제인 것이다.[24] 바르트는 우리가 보편구원을 최종적 가능성으로 희망하며 기도하도록 명령받았다고 역설한다(CD IV/3, 1, 478).

따라서 바르트는 만유회복설의 맥락에서는 보편주의자가 아닌 것처럼 여겨진다. 이는 그가 '교의적인 보편주의'(dogmatic universalism)를 명시적으로 반대하고 있다는 사실에 기인한다.[25] 더 나아가 바르트의 종말론적 측면에서의 구원(Erlösung)에 관한 사상은 완성(Vollendung)과 매우 가깝게 연결되어 있으며 실제로 동일하다.[26] 즉 바르트에게서는 성령에 의해 주어진 주관적 실현으로서의 구원(Erlösung)이 종말론적 차원을 지닌다. 그러나 그리스도의 객관적이고 보편적인 화해사역에 대한 강조로 인해서 바르트는 보편구원의 가능성을 열어두고 있다. 결과적으로 그리스도의 최종성에 관한 바르트의 사상은 보편주의적이며 포용적이다.

앞에서 살펴본 모든 비판적 대화를 통해서 우리는 초기와 후기 사상 사이에 그리스도의 최종성에 관한 바르트의 사상에 변화가 있었다

---

23) C. Braaten, *No Other Gospel*, 61.

24) Joseph D. Bettis, "Is Karl Barth a Universalist?" 427.

25) Klaas Runia가 두 종류의 보편주의, 즉 "절대적"(absolute) 보편주의와 "은폐된(hidden)" 보편주의를 규정하는 데 반해서, Paul Fides는 그들을 각각 "교의적인"(dogmatic) 보편주의와 "희망적인"(hopeful) 보편주의로 명명한다. 전자는 심지어 만유회복설에 이르기까지 보편주의의 절대적 성격을 주장하는데 반해, 후자는 "희망적인" 보편주의의 가능성을 긍정한다. 피데스에 의하면 바르트는 "희망적인" 보편주의자에 속한다. Klaas Runia, "Eschatology in the Second Half of the Twentieth Century," *Calvin Theological Journal* 32 (1997), 105-135; P. Fiddes, *The Promised Land: Eschatology in Theology and Literature* (Malden, MA: Blackwell Publishers, 2000), 194-196.

26) Donald G. Bloesch, *Jesus Is Victor*, 156.

는 사실을 이해하게 된다. 비록 그리스도 안에 나타난 최종적 계시와 구원에서 하나님의 주권과 하나님의 은총의 승리에 자신의 신학적 강조점이 지속적으로 놓여 있음에도 불구하고, 계시와 종교 및 기독교와 타 종교의 관계성에 대한 바르트의 사상은 대화의 과정 속에서 약간의 발전을 보여준다.

요약하면, 그리스도의 최종성에 관한 바르트의 이해는 계시에 있어서는 배타적이지만 구원에 있어서는 포용적이고 보편주의적인 것이다.[27] 예수 그리스도의 최종성에 관해서 바르트는 그리스도의 유일성과 동시에 그리스도의 보편성을 일관되게 강조한다. 엄밀한 의미에서 바르트는 배타주의적 접근을 통하여 보편주의적 접근으로 이동한 것이다. "생명의 빛"으로서의 예수에 관한 주제에서 바르트는 우리에게 기독교 바깥의 타 종교들의 현실과 타당성을 제공해준다(CD IV/3, 1, 113-114). 여기서 그는 비기독교적 종교들이 하나님의 구원 역사에 참여할 가능성을 허용한다. 바르트에게서는 하나님의 최종적 계시인 예수 그리스도가 세계 종교들 가운데 규범적 성격을 갖는다. 더 나아가 그의 견해로는 타 종교들과의 만남을 통해서 기독교는 새롭게 하나님 인식을 얻게 되고 비판적으로 자신을 성찰할 수 있다.

우리는 또한 "바르트가 타 종교들의 상황에서 그 어떤 심도 있는 일차적 삶의 경험을 갖지 못했다"[28]는 사실에 주목할 필요가 있다. 따라서 우리는 그가 자신이 타 종교를 진술하는 데 적합하다고 느끼지 못했다는 사실도 인정한다. 이런 사실에도 불구하고 바르트는 "세계 종교들을 위한 희망의 기독교 신학을 발전시키는 길은 예수 그리스도 안에 있는 신적 계시의 말씀을 통해서다"[29]라는 사실을 보여준다. 이

---

27) Donald W. Dayton, "Karl Barth and the Wider Ecumenism," 182.

28) C. Braaten, *No Other Gospel*, 62.

29) 위의 책.

런 의미에서 바르트의 입장은 오늘날 종교다원주의의 시대에서 포용주의적인 것으로 해석되어야 한다.

현금의 종교다원주의 상황에서 바르트의 그리스도의 최종성에 관한 주장은 그의 기독론적 접근으로 인해 성경적 증언에 보다 더 충실한 것으로 여겨진다. 그리스도의 최종성에 관해서 우리는 그리스도의 특수성과 보편성을 함께 인정해야 한다. 비록 바르트는 종교 간 대화의 구체적인 현실에 큰 비중을 두지 않았다는 점에서 몇 가지 약점들을 보여주고 있지만, 우리에게 종교 간 대화를 위한 이론적 틀을 제공한다. 그의 포용주의적인 틀 속에서 우리는 종교 간 대화의 실천적 과제를 발전시키며 수행해야 한다. 종교다원주의 상황에 놓여 있는 우리의 신학적 태도는 기독교 신앙에 대한 신실한 헌신과 함께 종교 간 대화에 대한 개방성을 동시에 지녀야 한다.

2장

존 힉과 칼 브라텐의
'예수 그리스도의 최종성' 이해

우리는 종교다원주의 시대에 살고 있다. 폴 니터(Paul Knitter)에 따르면 종교다원주의는 오늘날 많은 사람들에게 "새롭게 경험된 실재"이다.[1] 무엇보다도 종교다원주의의 강력한 물결은 기독교회로 하여금 기독교의 절대성 주장을 철회하도록 요구한다. 현금의 신학들은 이런 상황에 대해서 배타주의(exclusivism), 포용주의(inclusivism), 종교다원주의(religious pluralism) 등 다양한 답변을 추구하고 있다.[2]

종교다원주의 논쟁을 야기했던 그의 여러 저서들을 통해 존 힉

---

1) Paul F. Knitter, *No Other Name?: A Critical Survey of Christian Attitudes toward the World Religions* (Maryknoll, NY: Orbis Books, 1985; 이하 NON), 2.

2) 이런 용어들은 알랜 레이스(Alan Race)의 책 『기독교인들과 종교다원주의』에 등장하며, 이후 광범위하게 사용되고 있다. Alan Race, *Christians and Religious Pluralism* (London: SCM Press, 1983).

(John Hick)은 전통적 기독교에 대해서 "코페르니쿠스적 혁명"(Coper-nican Revolution)[3]을 요청한다. 그는 "결정적이고, 유일하며, 규범적이고, 최종적인 그리스도"(decisive, unique, normative, and final Christ)라는 전제를 거부한다. 동시에 "신중심주의"(theo-centricism)[4] 운동의 선두에 서 있다.

반면에 미국 루터교 신학자인 칼 브라텐(Carl Braaten)은 루터교 신학의 전통적 입장을 따르면서도 '종교들의 신학'(theology of religions)의 현실과 타당성을 인정한다. 그러나 그의 책 『다른 이름은 없다!』(*No Other Gospel!*, 1992)를 통해서 예수 그리스도의 유일성과 보편성에 초점을 맞춘 그리스도의 최종성을 역설한다.

2장에서는 예수 그리스도의 최종성에 관한 존 힉과 칼 브라텐의 주장을 다루며, 양 입장의 견해를 분석하고 비교하며 평가한다. 이를 통해서 우리 시대의 종교다원주의에 대해 비판적인 기독론적 응답을 시도할 것이다.

I. 존 힉의 '예수 그리스도의 최종성' 이해

1. 코페르니쿠스적 혁명

예수 그리스도가 타 종교들과의 만남에서 하나님의 최종적 계시

---

3) John Hick, *God and the Universe of Faiths* (New York: Macmillan Publishers, 1973; 이하 GUF), 121-123. 또한 그는 주장하기를 "그[하나님]은 태양이요, 모든 종교들이 다양한 방식으로 반사하는 빛과 생명의 원천이며 근원이다." John Hick, *God Has Many Names* (Philadelphia: Westminster Press, 1980; 이하 GHMN), 52.

4) 신중심주의적 다원주의는 S. Samartha, R. Pannikkar, Paul Knitter, Alan Race, Wilfred Cantwell Smith 등과 같은 학자들에 의해 다양한 뉘앙스와 형태를 띤 채 지지되고 있다.

라는 전통적 주장에 반대하면서, 힉은 기독교 신학의 "코페르니쿠스적 혁명"을 요청한다.

> 신학에 있어서 코페르니쿠스적 혁명은 신앙들의 우주와 그 안에 있는 우리 자신의 종교의 자리에 관한 우리들의 개념의 급진적 변화를 포함해야 한다. 그것은 기독교가 중심에 있다는 교의로부터 벗어나, 신이 중심에 있으며 우리 자신을 포함한 인류의 모든 종교들이 그를 섬기고 그 주위를 돌고 있다는 사상으로의 전환을 포함해야 한다(GHMN, 36).

이런 의미에서 힉은 "교회 밖에는 구원이 없다"(*extra ecclesiam nulla salus*)는 로마가톨릭의 교의만이 아니라 "그리스도 밖에는 구원이 없다"(outside of Christ, there is no salvation)는 개신교의 견해도 부정한다.[5] 그는 "교회 중심주의"(ecclesio-centricism)나 "그리스도 중심주의(christo-centricism)로부터 "신중심주의"로의 패러다임 전환을 제안한다.

타 종교에 대한 기독교적 접근들을 위한 힉의 신중심적 모델은 종교역사와 종교철학 및 전세계적인 에큐메니칼 운동에 대한 그의 이해에 근거하고 있다. 그는 공통적인 종교 현상들의 분석으로부터 출발한다. 힉에 의하면, 유신론자들에게 야훼(Yaweh)와 알라(Allah)와 같은 인격적 신이든지 또는 무신론자들에게 브라만(Brahman)이나 달마(Dharma)와 같은 비인격적 신이든지,[6] 모든 위대한 세계 종교들은 상

---

5) John Hick and Brian Hebblethwaite, eds., *Christianity and Other Religions* (Philadelphia; Fortress Press, 1980; 이하 COR), 178.

6) John Hick, *Problems of Religious Pluralism* (New York: St. Martin's Press, 1985; 이하 PRP), 39-40. John Hick and P. Knitter eds., *The Myth of God Incarnate: Toward a Pluralistic Theology of Religions* (Philadelphia: Westminster Press, 1977), 140-142를 참고하라. 여기서 힉은 칸트의 인식론적 틀을 사용하고 있다. 힉의 다원주의적 가설은 신의 현상적(noumenal) 실재(실재 자체,

이한 역사적·문화적 환경들 속에서 형성된 하나의 신적 실재(the One divine Reality)에 대한 상이한 인간적 응답들이다. 더 나아가 힉은 모든 고등종교들이 그들의 구원론적 구조(구원/해방) 안에서 "자기중심성"(self-centeredness)으로부터 "실재 중심성"(Reality-centeredness)으로 나아가는 인간 실존의 변화에 관심을 갖는다고 주장한다(PRP, 86).

따라서 힉은 신이 아도나이와 야훼, 알라와 파란 아트마(Paran Atma), 라나(Rana)와 크리쉬나(Krishna) 등 많은 이름을 갖고 있다고 역설한다(COR, 177).[7] 이들이 동일한 궁극적 존재의 다른 이름들이며 신성(Divine)의 상이한 측면들이요(GUF, 140-141), 또는 다른 '지도들'(maps)이나 무지개의 상이한 색상들이라는 것이다(PRP, 80).[8]

> … 만물의 창조주요 주님이신 한 분 하나님이 존재한다; 그의 존재의 무한한 충만과 부요함으로 말미암아 사고(thought) 안에서 그를 파악하려는 우리의 모든 인간적 노력들을 그는 초월한다는 것이다; 그리고 다양한 세계 고등종교들의 신앙은 실제로는 그에 관한 정신적 이미지들에 관한 상이한 중복되는 개념들을 통해서 그 한 분 하나님을 예배하는 것이다(PRP, 178).

힉에게 하나님은 신앙의 우주의 중심이며 예수 그리스도는 하나님께 나아가는 수많은 길들 중 하나이다(PRP, 186). 따라서 예수는 하나의 유일한(the one and only) 세계의 주님이요 인류의 구원자이며 하

---

the Real an sich)와, 실재(the Real)에 대해서 문화적으로 형성된 개념화와 경험들을 포함하고 있는 현상학적 종교 체계들의 공통의 궁극적 지시체(referent) 사이의 구별에 놓여 있다.

7) 힉은 "모든 구원, 즉 하나님의 자녀로 지음 받은 모든 인간들은 하나님의 작품이다. 상이한 종교들은 인류에게 구원을 베푸시는 하나님에 대한 그들 나름대로의 다양한 이름들을 갖고 있다"고 주장한다. John Hick and P. Knitter, eds., *The Myth of God Incarnate*, 181.

8) J. Hick, *A Christian Theology of Religions: The Rainbow of Faiths* (Louisville, KY: Westminster John Knox Press, 1995; 이하 CTR로 표기)), ix-x를 참고하라.

나님의 아들일 수 없다.

그러나 이는 기독교인들이 그리스도의 의미를 부인하는 것을 뜻하지 않는다. 오히려 힉은 "우리가 그리스도 안에서가 아니고서는 달리 구원이 없다고 말하지 않고서도 그리스도 안에 구원이 있다고 말할 수 있다"(PRP, 186)[9]고 한다. 이렇게 힉은 그리스도에 대한 배타적 이해만이 아니라 그리스도의 보편적 최종성에 관한 포용적 견해로부터 벗어나 다원적 기독론의 패러다임으로 이동한다.[10]

2. 그리스도에 관한 다원적 이해

그의 책, 특히 『성육신 신화』(The Myth of God Incarnate, 1977)와 『신앙들의 우주이신 하나님』(God the Universe of Faiths, 1973)에서 힉은 그리스도의 유일성에 관한 질문을 제기한다. 우선적으로 그는 성육신의 실재와 의미를 재해석한다. 현대 신약성서 해석학의 결과를 토대로 그는 기독교인의 성육신 신앙을, 받아들일 수 없는 진리로 간주한다. 신의 성육신이라는 사고가 문자적이라기보다는 은유적이고 신화적인 것으로 이해되어야 한다는 것이다(PRP, 185).

기본적으로 이단은 성육신을 하나의 실제적인 가설로 엄정하게 다룬다는 것이다! … 그것[성육신]은 신화적 사고이고 화법의 형태이며 시적 이미지의 한 부분이다. 그것은 예수를 초월적 신과 우리의 살아있는 접촉이라고 말하는 방식에 불과하다. 그[예수]

---

9) 위의 책.

10) 존 샌더스(John Sanders)는 존 힉이 초기에는 예수의 최종성을 긍정하는 고전적 보편주의자로 시작했으나 후기에 이르러 급진적인 다원주의자가 되었다고 주장한다. John Sanders, *No Other Name: An Investigation into the Destiny of the Unevangelized* (Grand Rapids, MI: Wm. B. Eerdmans Publishing Co., 1992), 115-116.

의 현존 속에서 우리는 우리가 하나님의 현존에 들어가게 된다는 것을 발견한다(PRP, 186).

그러나 힉에 따르면 우리는 예수가 하나님과의 효율적인 하나의 유일한 접촉점이라고 더 이상 말해서는 안 된다(PRP, 186). 여기서 힉은 그리스도 안에서의 구원이라고 하는 주장을 포기하지 않고도 그리스도 바깥에서의 구원의 다른 방식의 가능성을 열어놓는다.

성육신 신화를 다루면서 칼케돈 기독론에 나타난 '실체'(substance), '본성'(nature), '위격'(hypostasis) 등과 같은 형이상학적 개념들을 거부하며, 힉은 '목적'(purpose), '행동'(action), '작용'(operation) 등의 용어로 성육신 신화의 내용을 설명한다(GUF, 149-152). 그에 의하면 성경은 신성의 실체나 본질을 말하지 않으며, 오히려 인류를 위한 하나님의 아가페(Agape)의 신적 목적과 인간 역사 속에서 하나님의 전능한 행동들을 말한다(GUF, 151). 더 나아가 아가페의 작용은 예수의 삶과 죽음 속에 계시되었다. 그러므로 힉에게서 예수의 아가페는 하나님의 아가페의 하나의 재현(representation)이 아니다. 그것은 유한한 양태 속에서 작용하는 아가페이다. 즉 그것은 영원한 신적 아가페가 육신이 되어 역사 속으로 들어온(inhistorized) 것이다(GUF, 159).

그러나 힉은 예수를 하나님과 동일시하지 않는다. 그는 하나님의 아가페를 작용하는 수행자들로서 예수 그리스도 외에 다른 구원자들을 위한 공간을 남겨 놓는다. 힉은 다음과 같이 논증한다.

우리는 신적 아가페가 예수의 행동들의 모든 부분이나 심지어 어느 부분에서 남김없이 표현되었다는 의미에서 예수가 '하나님의 전체성'(totum Dei, the whole of God)이셨다고 말하지 않으며, 예수의 아가페가 지상에서 사역했던 진정한 하나님의 아가페였다는 의미에서 예수가 "전적으로 하나님"(*totus Deus*, wholly God)이 셨다고 예수에 대해 말하기를 원한다(GUF, 159).

이런 이해를 바탕으로, 그의 책『성육신 신화』에서 힉은 다원주의 시대에 그리스도에 관해서 개정된 대안적 견해를 제공한다. 여기서 그는 신적 성육신을 은유라고 규정하며 다원적인 성육신을 제안한다.

> … 그러나 고타마 싯타르타(Gautama Siddhartha)와 붓다(the Bud-dha)와 로고스(the Logos)로 육화된다는 것은, 마치 우리가 자기폐쇄적인(self-enclosed) 자아의 거짓된 관점을 초월할 때, 우리가 그것과 함께 지복의 통합된 의식을 얻을 수 있는 니르바나(nirva-na)나 보편적 붓다의 본성의 영원한 실재와 같은 매우 다른 용어들로 이해될 수 있는 신성의 그런 측면을 인간적으로 의식하는 것이었다. 상이한 세계종교들에 의해서 표현되는 중요한 개별적인 선택들을 유비적으로 해석할 수 있을 것이다.[11]

힉에 의하면, 우리는 "모든 고등종교들의 형태가 그들의 다양한 방식들 속에서 신적 실재에 대한 응답 속에 살아있는 인간적 삶의 이상을 '육화시켜'왔다"(MGI, 98)[12]고 말해야 한다.

더 나아가 자신의 고유한 다원적 기독론을 정립하기 위해서 힉은 형벌과 구속, 희생과 만족, 대리와 속전 등과 같은 전통적인 속죄 교리를 비판한다. 이 모든 전통적 견해들은 오늘날 우리에게는 너무 협소하며 비효율적이라는 것이다. 오히려 그는 자기중심성으로부터 궁극

---

11) John Hick, *The Metaphor of God Incarnate: Christology in a Pluralistic Age* (Louisville, KY: West-minster/John knox Press, 1993; 이하 MGI), 98.
12) 힉은 하나님의 성육신에 대한 주장과 그와 연관된 삼위일체 교리를 공격하고 있다고 말할 수 있다.

적 신의 실재 안에 중심을 두고 새로운 방향으로 나아가는 인간 존재 안에서 점진적 변화로서의 구원 이해를 강력하게 제안하고 있다(MGI, 112-113).[13] 힉은 다음과 같이 주장한다.

> 그러므로 우리의 모든 개념들의 영역을 능가하면서, 신성의 무한한 본성을 강조하며, 인간 역사를 통해 발생했던 상이한 성육신들 주위에 형성된 다양한 방식들의 구원의 효용성을 강조하는 종교들의 신학(theology of religions)이 등장하게 될 것이다(MGI, 98).[14]

3. 종교 간 대화

그리스도에 관한 그의 다원적 이해를 바탕으로, 또한 종교다원주의와 광범위한 에큐메니즘의 경험을 통해서, 힉은 "오늘날 세계종교들은 점차 의식적인 대화 속에서 상호접촉하고 있으며 서로에 대하여 배우고 서로에게서 배우기 위해 신중하게 시도하고 있다. 이러한 상호 영향들은 미래에는 더욱 증대될 수 있다"(COR, 187)고 역설한다. 이런 방식으로 힉은 전통적인 기독교의 절대성 주장을 일종의 쇼비니즘(chauvinism)으로 규정한다(GHMN, 98). 동시에 그는 종교 간 대화를 서로에 대해서 적이나 경쟁자가 아닌 친구로 간주하는 세계종교들의 상호관계성으로 이해한다(COR, 189). 힉에 의하면 점차 증대되는 종교 간 대화의 새로운 시대에는 종교 전통들 사이의 차이점이 비교적 덜 중요해 질 것이다(COR, 188). 그러나 그는 "단일 세계종교는 결코 가

---

13) 이런 맥락에서 캘케이넌(V. M. Kärkkäinen)은 힉이 신중심주의로부터 실재중심주의로 이동했다고 주장한다. Veli-Matti Kärkkäinen, *An Introduction to the Theology of Religions: Biblical, Historical & Contemporary Perspectives* (Downers Grove, IL: InterVarsity Press, 2003), 25, 350.
14) 위의 책, 98.

능하지도 않으며, 기대될 수 있는 하나의 완성(consummation)이 아니다"(COR, 189)라고 전망한다. 여기서 힉은 명시적으로 종교혼합주의를 거절한다. 오히려 그는 우리로 하여금 상호대화와 "긍정적인 기대와 즐거운 흥분의 감각을 지닌"(GHMN, 59) 상호침투(interpenetration)로 나아가도록 제안한다.

Ⅱ. 칼 브라텐의 '예수 그리스도의 최종성' 이해

1. 예수 그리스도의 유일성

가장 저명한 현대 루터교 신학자인 칼 브라텐은 예수 그리스도의 유일성과 보편성에 초점을 둔 그리스도의 최종성을 주장한다. 성서에 증언된 신적 계시를 근거로 그는 나사렛 예수 안에 나타난 하나님의 특별계시를 통한 구원의 보편적 목적이라는 사상을 주장한다.[15] 그는 타 종교와 기독교의 관계와 관련해서 특수주의자들과 보편주의자들 모두를 강력히 거부한다(NOG, 3-4). 오히려 그는 기독교 신앙의 역사적 특수성과 그것의 종말론적 보편성 사이의 긴장을 남겨두고자 한다.

브라텐에 의하면 루터교 신학의 기초와 출발점은 "성경 바깥에서의 일반계시와 그리스도 안에서 절정에 이르는 구원 역사를 일관되게 긍정하는 것"(NOG, 67)이다. 그는 이렇게 진술한다.

우리는 하나님이 여러 민족 가운데 그 자신의 흔적을 남겨 놓으

---

15) Carl E. Braaten, *No Other Gospel!: Christianity among the World's Religions* (Minneapolis: Fortress Press, 1992; 이하 NOG), 3.

셨기 때문에(행 14:16-17), 삶의 모든 표현들 속에 있는 하나님의 행동의 반향을 여러 종교들 안에서 발견한다. 이는 하나님의 실재와 그의 계시가 익명의 신비와 은폐된 능력으로서 인류의 종교들 배후에 놓여 있다는 사실을 의미한다(NOG, 67-68).

바르트와는 달리 루터교회 전통에 서서 브라텐은 하나님의 이중적 계시, 즉 성서적 증언 안에 있는 일반계시와 특별계시를 긍정한다. 그러나 브라텐에게 일반계시는 오직 "사람들이 죄와 거짓에 빠져, 복음과 구속을 필요로 하며 하나님의 진노와 심판 아래 놓여 있다는 사실을 보여주는 복음의 준비(praeparatio evangelica)"(NOG, 69)로 기능한다. 따라서 그는 "참되고 적절한 하나님 지식은 오직 그리스도의 계시를 통해서 온다"(NOG, 70)고 역설한다.

브라텐에 따르면 루터교 신학에서 세계와 인류의 구원을 위한 예수 그리스도의 삶과 죽음 및 부활에서 성취된 그리스도의 복음은 "계시의 최종적 매개이며 결과적으로 종교들의 신학 안에서 결정적 규범"(NOG, 74)[16]으로 기능한다. 그러므로 "예수 그리스도 안에 계시된 하나님의 한 가지 방식이 모든 사람들을 위해 충분하기 때문에 구원의 많은 방식들이 필요하지 않다"(NOG, 91)는 것이다. 오직 그리스도를 통한 구원과 오직 믿음으로 말미암은 칭의에 기초해서, 브라텐은 "그[그리스도]는 하나의 유일한 구원자가 아니라면 결코 구원자가 아니다. 이러한 배타적 주장은 복음에 대한 각주가 아니라 복음 자체이다"[17]라고 주장한다.

---

16) 브라텐은 세계 루터교회 연합에서 만든 『종교다원주의와 루터교 신학』(Religious Pluralism and Lutheran Theology)이라는 보고서 작성에 중심인물로 기여했다. J. Paul Rajashakar, ed., Religious Pluralism and Lutheran Theology (Geneva: Lutheran World Federation, 1988).

17) Carl E. Braaten, "The Uniqueness and Universality of Jesus Christ," in Faith Meets Faith: Mission Trends No. 5, eds. Gerald H. Anderson and Thomas F. Stransky (New York: Paulist Press, 1981), 75.

따라서 브라텐은 주장하기를 "그리스도 바깥에서, 그리고 복음 선포를 떠나서는, 신적으로 인정된 구원의 수단들로서 신학적으로 받아들여질 수 있는 그 어떤 기존의 역사적 대안들이 존재하지 않는다."[18]

2. 예수 그리스도의 보편성

브라텐의 관점에서 예수의 유일성은 기독교 복음의 핵심에 속한다. 그러나 그는 나사렛 예수라는 이렇게 특수하고 구체적인 사람이 그의 보편적 의미로 인해서 유일한 분이라고 주장한다.[19] 그에 의하면 예수의 구원의 보편성에 대한 기독교적 신념은 성서의 증언에 근거하고 있다. 모든 사람이 구원을 얻게 되고 진리에 대한 지식에 이르게 되는 것이 하나님의 뜻이다(딤전 2:4).[20] 브라텐은 다음과 같이 강조한다.

> 그러나 신약성서의 보편주의는 만유회복(*apokatastasis ton panton*)이라는 오리게누스의 교리에서처럼, 과정 안에 있는 세계의 형이상학적 속성이나 또는 결정의 순간에 각 사람에게 보편적으로 가능한 실존적 가능성이 아니라 언제나 예수 그리스도의 유일성에 관한 술어(predicate)이다.[21]

---

18) 위의 책, 78. 또한 그는 "만일 전통적으로 로마가톨릭신학이 '교회 밖에는 구원이 없다'고 가르쳐왔다면, 루터교 신학은 '그리스도 밖에는 구원이 없다'고 가르쳐왔다"라고 진술한다. C. Braaten, "Lutheran Theology and Religious Pluralism," *Lutheran World Federation* 23-24 (January 1988), 122.

19) 위의 책.

20) 위의 책, 39.

21) 위의 책, 80.

오히려 브라텐의 견해에 따르면 "우리는 보편적 지식(gnosis)이 아니라 그리스도 안에 있는 보편적 희망을 갖고 있다; 그것은 교회의 주님이 모든 종교들을 포함해 세계의 주님으로서 최종적으로 통치하실 것이라는 희망이다."[22] 따라서 그는 이렇게 서술한다.

두 가지 방식의 구원이 존재하지 않는다. 하나의 구원, 구원의 한 가지 방식, 한 분 세상의 구원자가 존재한다. 그리고 모든 사람이 생명을 얻도록 이 땅에 찾아 오셨고, 세상이 화해되도록 죽으셨으며, 자신 안에서 하나님의 승리와 만물의 회복을 위한 희망을 위해서 살아나셨던 바로 그분을 통해, 모든 사람을 위한 종말론적 구원이 가능한 그분이 존재한다.[23]

세계 종교들 안에 하나님이 보편적으로 활동하신다는 사실을 인정하면서 브라텐은 세계사와 구원사가 마침내 종말론적으로 그리스도의 신비 안에서 통합될 것이라고 논증한다(NOG, 72). 이런 맥락에서 그는 "교회의 주님이 세계의 구원자이며 교회의 구원자는 세계의 주님이다"(NOG, 72)라고 역설한다.

그러나 브라텐은 기독교를 결코 절대화하지 않는다. 그의 견해에 의하면 "복음의 관점에서 종교들이 상대화되듯이, 기독교 자체는 섬김을 위해 부름 받은 하나님나라의 절대적 미래의 빛에서 상대화되어야 한다"(NOG, 79). 브라텐에게는 예수 안에 나타난 하나님의 종말론적 계시가 역사의 전체성과 관련되기 때문에 기독교는 비로소 보편적 의미를 지닌다(NOG, 79).

브라텐에 따르면 우리는 구원의 역사적 수단들의 특수성과 복음

---

22) 위의 책, 87.
23) 위의 책.

이 선포하는 비전의 보편성 사이의 중간시기에 살고 있다. 이런 맥락에서 그는 예수 그리스도를 "종교들의 종말론적 성취의 계시"(NOG, 80)로 본다. 즉 "그리스도의 보편성은 종교들의 상호작용을 통해 효력을 발생하며 오로지 역사의 종국에서만 모든 눈이 바라볼 수 있도록 확립되는 그 무엇이다"(NOG, 80).

3. 종교 간 대화

브라텐은 우리 시대 종교다원주의의 구체적 현실을 충분히 숙지하고 있다. 이런 상황에서 그는 "만일 예수가 유일하고 보편적인 구원자라면, 타 종교와의 대화는 어떻게 가능한가?"[24]라고 진지하게 질문을 던진다. 브라텐에 의하면 기독교인들은 타 종교와의 대화를 두려워해서는 안 된다. 종교들은 그 안에서 예수의 참된 정체성이 새로운 경험을 발견할 수 있는 보편적 상황의 부분들이다.[25]

브라텐은 기독교 복음의 중심을 포기하고 성서적 증언의 핵심에 관해 침묵하는 한 가지 방식의 종교 간 대화를 추천하지 않는다.[26] 오히려 그는 우리의 보편적인 역사 상황에서 복음전도와 종교 간 대화, 양자를 제안하고 있다. 브라텐에 의하면 타 종교와의 대화에 참여하면서, 우리는 예수 그리스도의 보편적 정체성과 의미에 대한 우리의 이해에 비기독교적 종교들이 기여할 수 있는 것을 탐구하도록 개방되어야 한다.[27] 따라서 그는 우리의 대화가 일방적이 되어서는 안 된다고 제안한다. 오히려 타 종교들 또한 예수 그리스도에 관한 지식에 의해

---

24) Carl E. Braaten, "The Uniqueness and Universality of Jesus Christ," 78.
25) 위의 책.
26) 위의 책, 79.
27) 위의 책, 85.

서 자극되도록 하는 것이 포함된 양방향의 대화인 것이다.

Ⅲ. 존 힉과 칼 브라텐의 '예수 그리스도의 최종성' 이해에 관한 비판적 대화

앞에서 살펴보았듯이, 그리스도의 최종성의 주제가 타 종교와 관련해서 기독교 신학에게 가장 어려운 주제 중 하나라는 것은 명확한 사실이다. 힉과 브라텐은 모두 오늘날 점증하는 종교다원주의와 광범위한 에큐메니즘의 구체적 현실을 인식하고 있다. 그들은 서로 상이한 방식으로 자신의 고유한 입장을 표명하고 있지만 종교 간 대화의 타당성과 필요성에 대해서 공통적인 이해를 갖고 있다. 더욱이 그들은 상이한 접근방식에도 불구하고 하나님이 세계 종교와 인류 안에 보편적으로 활동하고 계신다는 사실을 인정한다.

그러나 양자 사이에 접근방식의 기초와 출발점이 매우 다르다. 힉은 종교철학의 현상학적·실존론적 분석을 철저히 사용하고 있다. 반면에 브라텐의 입장은 성서적 증언에 일관되게 의존되어 있다. 브라텐에게 있어서 힉의 접근은 일종의 자연신학(natural theology)이다.

이런 맥락에서 브라텐은 힉의 하나님 개념이 복음의 하나님 개념과 다른 것이라고 비판한다(NOG, 21). 실제로 궁극적 존재(the ultimate Being), 실재(Reality), 일자(the One) 등과 같은 힉의 하나님 개념은 추상적이고 형이상학적이며 철학적이라는 것이다. 반면에 브라텐의 하나님 개념은 성서적이며 삼위일체적이다. 브라텐은 힉의 보편적 하나님이 세계종교들 안에서 많은 이름들을 갖고 있으며 모두 다 동등하게 타당하다는 사실에 기초하고 있음을 지적한다. 브라텐의 견해로는

"힉은 십자가의 삼위일체 신학이 요구하는 기독론적 비판 등의 도움 없이 현상학적 사실로부터 직접적으로 신학적 판단들로 비약하고 있다"(NOG, 78).

더 나아가 자기중심성으로부터의 실재 중심성으로의 인간적 변화라고 하는 힉의 구원 개념과 관련해서, 그것은 일종의 환원주의(reductionism)라고 판단할 수 있다. 즉 구원에 관한 매우 피상적이고 일반화된 이해이다. 이는 힉이 주로 종교현상학적 접근에 의존하고 있기 때문이다.

실제로 힉은 그리스도의 최종성을 불가피하게 상대화시킨다. 그에 따르면 종교다원주의 시대에 우리는 구원의 유일한 한 가지 방식으로서의 그리스도와 기독교의 배타적 주장을 포기해야 한다. 반면에 브라텐은 주장하기를 "그[그리스도]는 … 하나의 구원자(a savior)가 아니라 그 구원자(the savior)이며 하나의 주님(a lord)이 아니라 그 주님(the lord)으로 묘사되어야 한다"(NOG, 74).

이런 점에서 브라텐은 다음과 같이 주장한다.

[힉의 견해로는] 타 종교에서는 그리스도 없이도 구원이 가능하며, 따라서 교회 밖에서만이 아니라 그리스도에 대한 신앙을 떠나서도 또한 그리스도를 배제하고서도 구원이 가능하다. 그리스도의 오심은 인류의 구원을 위해 필수적이지 않다. 그들은 기독교인들을 위해서는 그리스도 안에서의 구원이 존재한다는 사실을 부정하지 않지만 … 그리스도 안에서만 세계의 구원이 가능하다는 희망과 그리고 그것과 함께 그 희망을 지지하고 있는 예수의 유일성과 보편성의 기독론적 전제를 포기하고 있다(NOG, 81).

예수의 역사적 특수성과 그리스도의 종말론적 보편성을 함께 강조하면서 브라텐은 그리스도의 최종성에 대한 극단적인 배타적 접근을 넘어선다. 동시에 그는 종교다원주의에 대한 비판적 응답으로서 복음에 대한 배타적 주장을 강력하게 재긍정하고 재진술한다.

그리스도의 최종성에 관해서 힉은 전통적인 전제인 "결정적이고 유일하며 규범적이고 최종적인 그리스도"를 거부한다. 그 대신에 그는 다수의(multiple) 성육신들이라는 주장으로 그리스도에 관한 다원적 이해를 제안한다(MGI, 98). 이에 대해서 브라텐은 "새로운 신중심적 다원주의에 놓인 기독론은 그 안에서 그리스도가 존재의 사다리에서 하나님 아래 서 있는 것과 같은 아리우스주의의 새로운 버전이다"(NOG, 21)라고 비판한다.

더 나아가 힉은 기독교가 종교 간 대화의 의무를 갖고 있다고 생각한다. 브라텐에 의하면, 힉을 포함한 신중심적 종교다원주의자들의 주장이 "그리스도는 분리하고, 하나님은 통합한다!" 혹은 "하나님은 흥하여야 하겠고 그리스도는 쇠하여야 한다!"(NOG, 21)는 표어를 제시하는 것처럼 보인다. 이에 대해서 브라텐은 "그들은 다른 복음을 선포한다"(NOG, 9)고 강력하게 반대한다. 오히려 브라텐은 기독교 신앙 안에서 삼위일체적 기독론 중심주의는 참 하나님이신 그리스도의 정체성을 강조한다고 주장한다(NOG, 9). 그러므로 브라텐에 따르면 "기독론 중심적인 삼위일체론 패러다임이 복음과 기독교와 다른 세계종교들과의 관계에 대해서 사고할 수 있는 유력한 자원을 훨씬 더 많이 제공한다"(NOG, 8).

종교 간 대화에서 힉은 세계종교들 사이에 그 어떤 절대성 주장을 하지 않는 상호대화와 우정 어린 상호침투를 제안한다. 명시적으로 그것을 거절하고 있을지라도 그의 입장은 종교상대주의에 기울여져 있다고 필자는 판단한다. 반대로 브라텐은 복음전도와 종교 간 대화를 함께 제안한다. 그의 견해로는 교회의 선교는 특수한 역사적 인물과 그리스도의 사역이 연관된 종말론적 최종성에 대한 증언과 타 종교인들과의 대화를 병행해야 한다는 것이다.

앞에서 살펴본 분석과 비교를 통해, 오늘날 종교다원주의 상황에서 필자는 상황적 질문들에 대한 적절한 답변을 추구하는 이런 신학적 노력들을 존중하지 않을 수 없다. 이들 중 힉의 주장은 종교다원주의자들에게 매우 영향력이 있다. 이는 그가 매력적인 이론적 틀을 제공하고 있기 때문이다. 그것의 결정적인 약점들과 오류에도 불구하고, 그의 "코페르니쿠스적 혁명"이라는 제안은 전통적 기독교가 세계종교들 안에서 자신의 고유한 입장을 반영하도록 한다는 점에서 기독론 중심적인 기독교를 위해 매우 의미있는 것이다.

그러나 그 상대주의적인 특성으로 인해 힉의 신중심적 종교다원주의는 기독교 목회와 전통적 선교에서 받아들이기 어렵다. 극단적인 신중심주의적 종교다원주의에 대한 비판적 응답으로서, 브라텐은 "삼위일체적인 기독론 중심주의 패러다임"(MGI, 8-9)을 대안으로 제시한다. 특수주의자들과 보편주의자들의 입장들에 견주어 자신의 견해를 차별화하면서, 그는 자신을 "성서적 보편주의자"라고 일컫는다. 비록 몇 가지 점에서 모호성을 보여주고 있지만, 필자는 힉의 견해보다 브라텐의 견해에 동의하고 싶다. 필자의 입장에서 브라텐의 견해는 성서적 증언에 근거한 예수 그리스도 안에서의 계시와 구원의 최종성을 포함한다는 점에서 강점을 지닌다. 그리스도의 유일성과 보편성을 강조하면서 그는 그리스도 안에서의 구원의 특수성과 보편성 사이에 긴장을 남겨두고 있다. 이는 그리스도의 복음에 적절히 기초하고 있는 것이다.

힉과 달리 브라텐은 세계종교의 역사 속에서 구원과 관련해서 너무 조급하고 경직된 신학적 결론을 제시하지 않고 있다. 오히려 유일회적인 그리스도 사건의 보편적 의미를 강조하면서 우리가 예수 그리스도 안에서의 보편적 구원을 희망하며 기도하도록 제안한다(MGI, 80). [28] 여기서 브라텐은 종말론적 차원을 지닌 신학적 유보사항(a theological reservation)을 분명하게 지니고 있다. 이러한 입장은 종교 다원주의 시대를 살아가는 우리 기독교인들에게 타당하고 유효한 것으로 여겨진다. 필자의 견해로는 우리의 과제는 복음전도에 신실하게 헌신하면서도 종교 간 대화에 대한 개방성을 포함해야 하는 것이다.

---

28) 폴 피데스(P. Fiddes)에 따르면, 브라텐의 신학적 입장은 '교리적인'(dogmatic) 보편주의가 아니라 '희망적인'(hopeful) 보편주의로 규정될 수 있다. P. Fiddes, *The Promised Land: Eschatology in Theology and Literature* (Malden, MA: Blackwell Publishers, 2000), 194-196을 참고하라.

대
화
하
는

신
학

2부

최근 신학과의 대화

3장

한스 프라이의
탈자유주의 신학

    오늘날 포스트모던 시대에 불붙는 신학 논쟁들 중 하나는 성서 본문과 교회 및 세계와의 관계성이다. 이는 脫자유주의(postliberal) 신학 또는 본문내적 해석(intratextual) 신학의 핵심 주제다.[1] 그의 기념비적인 저서 『교리의 본성』(*The Nature of Doctrine*, 1984)에서 조지 린드벡(George Lindbeck)은 한스 프라이(Hans Frei)를 탈자유주의 신학 방법의 중요한 모범이자 영감을 불어넣은 자로 간주한다.[2] 성서의 "사실적 내러티브"(realistic narrative)와 신학에 대한 내러티브적 접근(narrative

---

1) Terrence W. Tilley, *Postmodern Theologies: The Challenge of Religious Diversity* (Maryknoll, NY: Orbis Books, 1995), 91.
2) George. A. Lindbeck, *The Nature of Doctrine: Religion and Theology in a Postliberal Age* (Philadelphia: Westminster Press, 1984), 12, 119.

approach)을 강조하는 프라이의 입장은 수많은 현대 신학자들, 특히 예일 학파(the Yale School)의 탈자유주의 신학자들에게 지대한 영향을 끼쳤다.[3]

실제로 프라이의 주된 신학적 관심이 성서 해석학과 조직신학에서 성서적 내러티브의 형식적 구조에 집중되었던 것처럼 보인다 할지라도, 그는 성서 본문과 교회 및 세계와의 관계성의 주제와 씨름했다. 신학에 대한 내러티브적 접근에 기초한 그의 성찰과 대화를 통해서, 프라이는 매우 신선한 신학적 통찰들을 우리에게 제공하고 있다. 동시에 소위 수정주의자들(Revisionists)을 포함하는 여러 신학적 반대자들의 비판에 직면해야 했다.[4]

프라이는 성서 본문과 교회 및 세계를 어떻게 규정하는가? 성서 본문은 어떻게 그리고 어느 정도 교회와 세계에 대해서 권위와 자율성 또는 정합성(coherence)과 상호관련성을 지니는가? 프라이의 신학에서 본문내적 해석학(intratextuality)의 가능성과 응용성은 어떻게 이해될 수 있는가? 그의 탈자유주의 신학적인 본문내적 해석학의 성격은

---

3) 탈자유주의 신학은 예일 신학교와 밀접하게 연결되어 있다. 그 핵심적 기초들은 한스 프라이, 조지 린드벡, 로날드 티만(R. Thiemann) 등에 의해 형성된 내러티브 신학적 접근들이며, 경험과 사고의 해석에 있어서 문화와 언어를 중시하는 사회적 해석 학파이다. Alister E. McGrath, *Christian Theology: An Introduction* (Oxford/Cambridge: Blackwell Publishers, 1994), 109를 참고하라. 윌리엄 플래처(W. Placher)에 따르면, 탈자유주의 신학은 클리포드 기어츠(Clifford Geertz)의 문화인류학, 루드비히 비트겐슈타인(Ludwig Wittgenstein)과 길버트 라일(Gilbert Ryle)의 철학, 토마스 쿤(Thomas Kuhn)의 과학 역사에 대한 성찰, 그리고 에리히 아우어바하(Erich Auerbach)의 문학 분석 등 많은 자료에서 비롯되었지만, 신학에서는 칼 바르트(Karl Barth)에 가장 크게 빚지고 있다. W. Placher, "Revisionist and Postliberal Theologies and the Public Character of Theology," *The Thomist* 49 (1985), 394.

4) "내러티브 신학의 두 가지 유형들"이라는 논문에서, 개리 캄스톡(Gary Comstock)은 "순수"(pure) 내러티브/"非순수"(impure) 내러티브 신학자들을 구분하고 있다. "순수" 내러티브 신학자들은 뉴헤이븐(New Haven)에서 수행되어 온 신학에 영감받은 자들이다: 反토대주의적(anti-foundational)이고, 문화-언어학적(cultural-linguistic)이며, 비트겐슈타인적 사고에 영향을 받은 記述主義者들(descriptivists)로, 프라이와 린드벡, 하워와스(S. Hauerwas)와 켈시(D. Kelsey)와 티만 등을 포함한다. "非순수" 내러티브 신학자들은 제2의 도시(the Second City, 역주- Chicago를 가리킨다)에 결속되어 있는 자들이다: 수정주의자들로서 해석학적으로 가다머(G. Gadamer)의 영향을 받은 상관관계론자들(correlationists)이며, 트레이시(D. Tracy), 리꾀르(P. Ricoeur), 맥페이그(S. McFague) 등을 포함한다. Gary Comstock, "Two Types of Narrative Theology," *Journal of the American Academy of Religion* 25 (1987), 688.

오늘날 우리의 신학을 위해 어떤 의미를 지니고 있는가?

이런 질문들을 제기하면서 3장에서는 프라이의 탈자유주의 신학의 구조와 성격을 다루고자 한다. 이를 통해 탈자유주의 신학적인 본문내적 해석학의 가능성과 적용가능성을 탐구할 것이다. 또한 프라이의 신학에 대한 비판적 대화들을 다룸으로써 그 신학적 공헌과 한계들을 함께 평가하고자 한다.

I. 한스 프라이의 탈자유주의 신학의 구조와 성격

1. 성서의 "사실적이며 역사 같은(history-like) 내러티브"

그의 저서 『성서적 내러티브의 상실』(*The Eclipse of Biblical Narrative*, 1974)에서 프라이는 계몽주의 이후 성서적 내러티브의 상실과 칼 바르트의 저술에 나타난 내러티브의 회복에 관한 역사적 연구를 통해 성서적 내러티브의 독특한 모습들을 규정하고 있다.[5] 그는 특히 역사비평학의 등장으로 말미암아 근대 성서학자들이 성서적 내러티브의 "사실적이며, 역사 같은 내러티브"의 중요성을 이해하는 데 실패했다고 주장한다.

> 서구 기독교적인 성서 읽기는 … 대체로 매우 사실적이었는데,
> 한편으로는 문자적(literal)이며 역사적(historical)이지만, 또한 교
> 리적이거나 교화적인(edifying) 것이었다. 단어들과 문장들은 그

---

5) Hans W. Frei, *The Eclipse of Biblical Narrative: A Study in Eighteenth and Nineteenth Century Hermeneutics* (New Haven: Yale University Press, 1974; 이하 EBN).

들이 말했던 바를 그대로 의미했으며, 그들이 그러한 표현들 속에서만 올바르게 자리 잡았던 사실적 사건들과 사실적 진리들을 매우 정확하게 묘사했기 때문에 … 기독교 설교자들이나 신학 주석가들은 … 성서적 이야기들에 의해 말해진 순서에 의해 형성된 그대로의 사실적 세계를 생생하게 그렸다(EBN, 1).

이런 의미에서 프라이는 "전통적인" 혹은 "역사비평 이전의 (pre-historical)" 사실적 성서 읽기가 성서를 이해하기 위한 출발점으로서 "문자적 읽기"(*sensus literalis*)라고 규정한다.

프라이에 따르면 역사비평 이전의 사실적 읽기 속에서 성서의 이야기들은 시작[창세기]부터 종말[계시록]에 이르는 하나의 거대한 이야기의 연속으로 간주되었다. 즉 성서의 여러 이야기들에 의해서 묘사된 사실적이며 역사적인 세계는 "하나의 시간적 연속성을 지닌 단일 세계"였으며, 성서는 그 세계를 묘사했던 하나의 통합적인 축적된 이야기였다(EBN, 2). 프라이에 의하면 역사비평 이전의 독자들에게 성서는 구약과 신약 사이의 특수한 차이들을 포함하는 단 하나의 통합된 전체성(entity)이었다.

에리히 아우어바하(Erich Auerbach)의 책인 『모방: 영문학에서의 현실성의 표상』(*Mimesis: The Representation of Reality in English Literature*)으로부터 지대한 영향을 받아,[6] 프라이는 고전적인 기독교의 성서 읽기가 일차적 실재로서의 성서의 내러티브에 의해 묘사된 세계를

---

6) Erich Auerbach, *Mimesis: The Representation of Reality in Western Literature* (Princeton: Princeton University Press, 1968). 여기서 아우어바하는 호머(Homer)의 『오딧세이』(Odyssey)와 같은 고전적인 서구 문학의 몇몇 본문들을 성서 본문들과 비교하고 있다. 그는 고유하며 특수한 성격을 지닌 성서의 내러티브적 특성을 지적한다. 아우어바하는 말하기를 "호머처럼, 우리 자신의 현실을 잠시 동안 망각하도록 추구하지 않으면서, 그것[성서적 내러티브]는 우리의 현실을 극복하도록 추구한다: 우리는 우리 자신의 삶을 그 세계에 적응시킬 수 있고, 스스로 보편역사의 구조 속의 구성요소들이 되는 것을 느낄 수 있다." Erich Auerbach, *Mimesis*, 15.

취하고 있다고 주장한다.

> 성서적 내러티브와 결합된 세계는 실제로 하나의 유일한 사실적
> 인 세계였으므로, [고전적 성서 읽기는 원칙적으로 현 시대와 독
> 자의 경험을 포함해야 한다. 따라서 독자가 어느 경우이든 그 안
> 에서 하나의 구성원이었던 그 세계에 자신을 적응시키는 것은 그
> 에게 가능한 일이었을 뿐 아니라 동시에 그의 의무였다. … 독자
> 는 그렇게 이야기된 세계의 인물들처럼 자신의 성향과 행동과 열
> 정들, 자신의 삶의 모습뿐 아니라 시대의 사건들을 바라보게 되
> 었다(EBN, 3).

프라이에게 핵심적인 것은 역사비평 이전의 방식으로 성서읽기
에서 "성서 바깥의 사고와 경험 및 실재를 성서의 이야기에 의해 상술
되고 접근 가능해진 하나의 현실 세계 속으로 통합하는 방향이었지 그
반대가 아니었다"(EBN, 3)라는 것이다.

그러나 프라이에 따르면 "거대한 전복"(the great reversal)이 지난
2세기 동안에 역사비평학과 성서신학에서 일어났다. 그들의 기본적인
해석학적 방향성은 "세계를 성서의 이야기 속에 결합하는 것이 아니
라, 성서의 이야기를 또 다른 이야기를 지닌 다른 세계에 적응시키는
문제"(EBN, 130)였다. 그 결과 본문과 세계 사이의 관계가 역전되었다.
이는 이야기의 의미(meaning)를 그 진리(truth)로부터 분리시키며, "이
야기된(storied)" 본문과 "사실적인(real)" 세계 사이를 분열시키는 그들
의 해석학적 방법에 근거하고 있다(EBN, 6).

그 반대로 프라이에게서 이야기의 의미는 이야기 그 자체다. 그
것은 "내러티브 자체의 형식적 구조"로부터 떼어낼 수 없다(EBN, 34).

내러티브의 형식과 의미는 두 경우에 있어서 의미가 대부분 등장
인물과 환경들의 상호작용의 한 기능이기 때문에 참으로 불가분
리적이다. 이야기가 의미라고 말하는 것, 혹은 대안적으로 알레
고리나 다른 방식, 즉 신화의 경우에서처럼 의미가 이야기의 형
식에 의해 단지 예증되는 것이 아니라 이야기의 형식으로부터 나
온다고 말하는 것이 오히려 정당한 표현이다(EBN, 280).

더 나아가 프라이에게서 의미는 "설명된"(instantiated) 것이며, 따
라서 "이야기된"(narrated) 것이다. 그리고 "설명을 통한 이러한 의미
는 *예증되는*(illustrated) 것이 아니라, 필수 불가결한 내러티브적인 망
(web)을 형성하는 행위자들과 말, 사회적 상황 및 환경들 상호간의 특
수한 결정을 통해서 *구성되는*(constituted) 것이다"(EBN, 280). 결과적
으로 사실적 내러티브는 "그에 관해 말하고 있는 실재(만일 존재한다면)
를 동시적으로 묘사하며 구성하는 것이다"(EBN, 27). 즉 사실적 내러
티브는 의미(이야기가 말하고 있는 것)와 지시체(reference, 이야기가 그에
관해 말하는 것)를 분리시키지 않는다. 이렇게 프라이는 "이야기와 의미
가 밀접하게 연관된 모든 종류의 내러티브가 그 자신의 특수한 해석학
을 지닐 수 있다"(EBN, 273)고 역설한다.

그러므로 계몽주의 이후 성서해석학과 신학에서의 '불행한 전환'
(the unfortunate turn)에 대한 유일한 대안은, 프라이에 따르면 성서의
이야기들의 역사 같은 성격을 다시금 인식하는 것이다. 이는 사실적
이야기가 역사적 진술들 속에서 발견되는 동일한 記述的인(descrip-
tive) 형식을 공유하고 있다는 사실에 기인하기 때문이다(EBN, 27). 따
라서 역사적 글쓰기(historical writing)와 '역사 같은' 글쓰기(history-like

---

7) Hans Frei, *The Identity of Jesus Christ: The Hermeneutical Bases of Dogmatic Theology* (Philadel-
   phia: Fortress, Press, 1975; 이하 IJC), xiv.

writing) 사이에는 필연적으로 문학적 병행이 존재한다. 7)

> 사실적 이야기가 반드시 역사는 아니다; 그러나 양자의 차이는 각각의 경우에 적절하게 이루어진 진술의 상이한 종류의 차이라 기보다는, 지시체 혹은 지시체의 결여의 차이이다. 오히려 記述的이거나 묘사적인 형식의 측면에서는 역사와 사실적 이야기가 동일한 것이다(EBN, 27).

이런 관점에서 프라이는 근대 역사비평학에 의해 제기된 성서 본문들의 실제적 역사성에 관한 질문은 적절한 것이 아니라고 논박하고 있다. 오히려 본문의 역사 같은 형식에도 불구하고, 그 의미는 그것의 사실적 역사성 속에서 발견될 수 없다고 주장한다. 즉 "이러한 본문들의 의미는 … 그들이 역사적이든 그렇지 않든 간에 동일한 것으로 남아있게 될 것이다"(IJC, 132). 따라서 프라이의 신학에서 성서적 내러티브의 의미는 이야기의 어떤 외적인 것—역사적 사실이나 이상적 진리 혹은 도덕적 교훈들 또는 종교적 경험이든 간에—이 아닌 이야기의 記述的인 형식 속에 존재한다.

따라서 프라이는 바르트의 성서 석의가 이런 종류의 사실적 내러티브 읽기의 하나의 모델이라고 제시한다. 프라이에 따르면 "그[바르트]는 즉각적으로 역사를 이야기들의 사실적 형식의 의미에 대한 시험(test)으로 만드는 덫에 빠져들지 않으면서, 역사적 읽기를 신학적으로 가장 중요한 성서적 내러티브의 사실적 읽기와 구분하고 있다"(EBN, viii).

2. 예수 그리스도의 이야기

성서적 내러티브의 독특한 형식들에 대한 자신의 주장을 토대로, 그의 책『예수 그리스도의 정체성』(*The Identity of Jesus Christ*, 1975)에서 프라이는 복음서들의 사실적 내러티브 읽기에 관한 구성적 진술들을 제공한다. 그에 따르면 복음서의 내러티브 자체는 "예수의 개별적이고 특수하며 대체할 수 없는 정체성"(IJC, 49)으로부터 시작되는 하나의 이야기로 간주될 수 있다.

아우어바하가 프라이에게 성서적 내러티브들의 의미를 이해하는 범주들을 제공했다면, 길버트 라일은 기독론적 틀 안에서 인격적 정체성에 관해 사고하는 길을 열어 주었다.[8] 정체성에 관한 라일의 진술에 힘입어, 프라이는 하나의 인격이란 대개 그가 무엇을 말하며 행동하는가를 의미한다고 주장한다. 하나의 인격의 정체성은 독특한 행위들과 성격들 및 경향들과 함께 특정한 한 사람의 말과 행동들의 유형에 의해 구성된다. 이런 의미에서 예수의 정체성은 "부분적으로는 예수에 의해 주도되었지만, 부분적으로는 그를 발전시켜준 환경들과 그의 의도적인 행동의 신비로운 일치 속에 계시되었다"(IJC, 94). 결과적으로 예수의 의도들이 활동하는 복음서의 이야기들을 읽을 때 우리는 예수가 누구인지를 알게 된다.

그리하여 프라이는 복음서의 내러티브에서 예수가 그의 부활에서 가장 온전하게 자신을 계시한다고 역설한다(IJC, 49). 실제로 이야기는 우리에게 예수가 부활하신 분이며, 그 결과 그의 정체성은 그가 우리와 함께 현재하신다는 것을 의미한다는 것을 말해준다. 따라서 프라이에 의하면 우리는 기독론에서 그의 현존(presence)이 아니라 예수

---

8) W. Placher, "Introduction," *Theology and Narrative: Selected Essays*, eds. G. Hunsinger and W. Placher (New York/Oxford: Oxford University Press, 1993; 이하 TN), 10.

의 정체성으로부터 시작해야 한다. 결국 예수는 그의 삶과 죽음 및 기독교인들의 삶 속에서의 그의 현존에 관한 이야기를 말하는 방식으로 가장 잘 기술될 수 있다. 수난과 부활에서 이야기는 "나사렛 예수, 즉 구원자요 하나님의 현존으로 계시된 유일한 분"(IJC, 137)을 진술한다.

이렇게 프라이는 "신약성서 이야기는 그것이 허구적이든 사실적이든 간에 단순하고도 배타적으로 나사렛 예수의 이야기를 다루고 있다"(IJC, 56)고 주장하며 자신의 기독론적 주장을 요약한다.

> 그[예수]는 사람들을 대리하여 선을 행하는 완전한 순종 속에서, 자신의 무력(helplessness)에 의해서 사람들을 구원했던 나사렛 출신 사람이다. 바로 동일한 분인 그는 죽음으로부터 부활하셨으며 그들의 구속주시라는 것을 증명했다. 동일하신 분, 즉 구원자 예수는 살아계신 분으로서, 그가 살아계시지 않다고 생각하는 것은 그가 누구신지를 오해하는 것이다. 그가 누구신지를 안다는 것은 그의 현존을 믿는다는 것을 뜻한다. 이는 신약성서의 증거이며, 결과적으로 신자들의 이해인 것처럼 보인다. 그의 정체성과 그의 현존은 분리될 수 없는 통일성 안에서 함께 주어진 것이다(IJC, 149).

그럼에도 프라이는 "복음서에 보도된 어떤 사건들에 관해서 우리는 그것들이 실제로 일어났는가라고 대부분 질문하게 된다"(IJC, 132)는 사실을 인정한다. 이 질문에 답하기 위해 기독교인들은 "신약성서의 저자들이 이런 방식으로 그를 생각하는 것이 아니라, 오히려 예수께서 실제로 육체적으로 부활하신 것으로 생각하는 것이 훨씬 더 정확하다고 주장한다는 점에 있어서 옳았다"(IJC, 150)는 것을 긍정해야한다는 것이다.

그뿐 아니라 프라이는 자신의 입장을 명확하게 표명하고 있다.

신자들에게는 예수 그리스도를 이해한다는 것과 그의 현존을 긍
정한다는 것, 그리고 그를 경외한다는 것이 동일한 것이다. 신자
는 그들 중 하나를 선택하지 않으며 혹은 어느 하나가 다른 것보
다 우선적이라고 주장하지도 않는다. 그리스도의 현존과 정체성
이 결코 분리되어 생각될 수 없는 것과 마찬가지로 그를 실제적
으로 긍정하는 것과 그에 대한 헌신은 결코 분리되어 생각될 수
없다(IJC, 156).

또한 그는 "우리[기독교인들]은 우리 자신이 상상해서 표현하는
것의 사실성에 찬성하도록 요구받는다. 우리는 그[예수]를 생각하는
것이 곧 그가 실제적으로 현존한다는 것이라는 사실을 긍정하지 않으
면 안 된다"(IJC, 15)고 주장한다. 프라이의 견해로는 어떤 독자도 예수
그리스도의 현존을 동시적으로 이해하지 않고서는 복음서의 내러티
브의 의미를 파악할 수 없다. 실제로 프라이는 본문 속의 예수의 정체
성이 독자에 의한 부활하신 그리스도 경험과 일치하는 것이라고 강조
한다.[9] 즉 프라이는 교회 안에서의 예수의 지속적인 영적 현존은 이야
기 속에서 예수의 정체성의 한 부분으로 구성될 수 있다는 것이다.

3. 내러티브 공동체로서의 교회

자신의 저서 『예수 그리스도의 정체성』에서, 프라이는 예수 그리
스도의 정체성과 현존에 대한 내러티브적 이해와 관련된 교회의 의미

---

9) G. Comstock, "Truth or Meaning: Ricoeur versus Frei on Biblical Narrative," *Journal of Religion*
66 (1986), 125.

와 기독교적 제자도(discipleship)를 규정하고 있다. 그에 따르면 "교회는 예수 그리스도의 지상적인 삶에서의 직접적인 현존과는 달리, 그리스도의 현존에 대한 증거이며 동시에 그리스도의 간접적인 현존이 현재 취하고 있는 공적이며 공동체적인 형태이다"(IJC, 157). 더 나아가 그의 성품과 환경들의 상호작용에 의해서 정체성이 형성된 예수처럼, 교회는 의도-행동(intention-action)의 방식을 통한 그 자신의 역사이다(IJC, 160).

그러므로 부활하신 그리스도의 제자요 '집단적인 제자'로서 교회는 주님의 삶의 실천에 의해서 예수의 역사를 이야기하도록 부름 받았다(IJC, 157, 159, 160). 프라이에게는 성서적 진술 안에서 그리고 그것을 통하여 기독교적 제자도의 이러한 실천이 성령과 하나님의 섭리에 의해 인도된다. 이런 의미에서 교회에 관한 프라이의 초기 이해는 예수 그리스도의 신실한 제자도를 통한 '내러티브 공동체'(narrative community)로 규정될 수 있다.

"기독교 전통 안에서 성서적 내러티브의 '문자적 읽기': 그것은 확대되는가 아니면 붕괴될 것인가?"[10]라는 글에서, 프라이는 문자적 읽기가 공동체 안에서 일반적으로 사용되어왔던 방식으로써 가장 적절

---

10) Hans Frei, "The 'Literal Reading' of Biblical Narrative in the Christian Tradition: Does It Stretch or Will It Break?" *TN*, 117-152. 여기서 프라이는 기독교 전통 안에서의 문자적 읽기의 의미와 사용을 동일시한다. 동시에 그는 문자적 읽기가 신비평주의(New Criticism), 해석학적 현상학, 구조주의 등과 같은 일반 이론들이 아니라, 성서 본문들을 해석하기 위한 기독교 공동체의 규칙이 되어야 한다고 역설한다.

11) Hans Frei, "Theology and the Interpretation of Narrative," *TN*, 104.

12) 하위와스는 성서읽기에서 특수한 해석학적 전략들과 관심들을 지닌 "해석학적 공동체"로서의 교회를 강조한다. 그는 "이야기는 그들로 하여금 이야기를 들을 수 있도록 만드는 방식 속에서 살아가는 법을 배웠던 그에 상응하는 공동체의 형성을 요구한다"고 주장한다. S. Hauerwas, *Christian Existence Today: Essays on Church, World, and Living in Between* (Durham and North Carolina: The Labyrinth Press, 1988), 101. 또한 그는 진술하기를 "교회는 이스라엘과 예수 그리스도를 통해 알려진 하나님 이야기의 의미들을 세계의 삶과 그 공동의 삶을 위해 지속적으로 실행하도록 요청받는 공동체다"라고 한다. S. Hauerwas, *The Peaceable Kingdom: A Primer in Christian Ethics* (Notre Dame and London: University of Notre Dame Press, 1983), 132-133.

하게 이해될 수 있다고 주장한다.[11] 문자적 읽기 하에서 그는 이야기 (본문)를 그것의 상황, 즉 "해석학적 공동체"[12]로서의 교회와 연관시킨다.

여러 동료들의 저서들의 영향을 받아,[13] 프라이는 교회를 "문화-언어학적"(cultural-linguistic) 방식으로 이해한다. "문화는 사회적으로 형성된 의미의 구조들로 구성된다"[14]는 기어츠(C. Geertz)의 주장을 따라 프라이는 다음과 같이 진술한다.

> 교회는 관찰자에게는 물론이요 그것을 이해하게 될 행위자와 신봉자에게는 문화와 같은 것이라고 나는 제안한다. 하나의 거룩한 본문—이는 하나의 종교 체계 속에 있는 전형적인 요소인데—이 존재하며, 그 상징체계가 거룩한 성서와 관련해서 어떻게 기능하는지를 좌우하는 비공식적 규칙들과 관습들이 존재한다.[15]

프라이는 기독교 공동체를 성서 본문들이 가장 자주 읽혀졌던 "문화-언어학적" 배경으로 정의한다.[16] 그에게서 교회는 하나의 공동체의 신실한 읽기를 위한 '규칙'(rule)인 '문자적 읽기'의 일차적이며 본래적인 상황이 된다.[17] 또한 그는 주장하기를 "복음서의 내러티브들

---

13) 켈시(D. Kelsey)는 "일련의 본문들을 '성서'라고 부르는 것은 부분적으로는 그들이 교회의 자기 정체성을 양육하고 보존하도록 교회의 공동의 삶 속에서 사용되어야 한다고 말하는 것이다"라고 주장한다. D. Kelsey, *The Use of Scripture in Recent Theology* (Philadelphia: Fortress Press, 1975), 150. 또한 그의 책 『교리의 본성』에서, 린드벡은 종교적 교리들을 해석하는 "문화-언어학적" 방식을 제안하고 있는데, 이는 그들의 의미가 하나의 종교공동체의 삶 속에서 규칙들로써 사용되어지는 것이다.

14) C. Geertz, *The Interpretation of Cultures: Selected Essays* (New York: Harper Collins, 1973), 12-13.

15) Hans Frei, *Types of Christian Theology*, eds. G. Hunsinger and W. Placher (New Haven/London: Yale University Press, 1992; 이하 TCT), 13.

16) Hans Frei, "The 'Literal Reading'," 118.

17) 위의 논문, 139.

18) 위의 논문, 144.

의 문자적 읽기에 모순되지 않는 이론적 과제는 그것이 어떻게 그리고 어느 상황에서 기능하는지를 기술하는 것이다"[18]라고 한다. 그는 다음과 같이 자신의 견해를 밝힌다.

> 그렇다면, 문자적 읽기를 위한 記述的인 상황은 그것이 속한 종교인데, 이는 한편으로는 신념들과 의식과 행위의 방식들 및 내러티브들과 윤리가 그 안에서 하나의 공통적인 기호학적 체계가 되도록 하는 결정적인 암호(code)이면서, 동시에 바로 그 체계('기호학적 체계')가 … 사용되고 있는 공동체로 이해된 종교인 것이다.[19]

요약하면, 프라이에게서 교회는 내러티브적인 읽기의 실용적 사용에 의해서 형성된 하나의 특수한 기호학적 공동체요 사회 언어학적 공동체다.

4. 본문내적 해석학

기독교의 기호학적 체계로 교회를 이해함으로써, 린드벡과 마찬가지로 프라이는 많은 고등종교들의 자기記述(self-description)로서의 "본문내적 해석학"(intratextuality, *scriptura sui ipsius interpres.*)이, 확장된 혹은 은유적 의미 안에서 뿐만 아니라 문자적 의미 속에서도 사용되어 왔다고 주장한다. 그는 린드벡의 진술을 다음과 같이 인용한다. "그들[많은 고등종교들]은 모두 그들의 기호학적 암호들의 범례적이거나 표준적인 설명들로 간주되는 비교적 고정된 글들의 정경들을 갖

---

19) 위의 논문, 146.
20) G. Lindbeck, *The Nature of Doctrine*, 116.

고 있다. 그들 모두에게 신실성을 가져다주는 하나의 텍스트는 어떤 記述들이 거룩한 문서들에 범례적으로 암호화되어 있는 기호학적 우주에 상응하는 정도에 달려있는 것이다."[20] 이런 이해로부터 프라이는 "문자적 의미는 기독교 공동체의 성서 사용에 있어서 본문내적 해석의 범례적인 형식이다"[21]라고 주장한다.

기어츠의 용어인 "촘촘한 記述"(thick description)에 근거해서,[22] 프라이는 그와 같은 記述이 성서의 문학 장르들의 특수한 언어와 기독교인들 자신의 이야기들의 다양한 형식들에 대한 관심에 의존한다고 말한다. 또한 그는 기독교를 문화-언어학적 체계로 보는 린드벡의 견해를 따르고 있는데, 이는 언어와 경험의 관계성에 대한 린드벡의 특수한 이해에 집중된 것이다.[23] 결과적으로 린드벡의 주장을 요약하면서 프라이는 "본문내적 해석학의 흐름의 방향은 본문외적(extratextual)인 우주를 본문 속으로 흡수하는 것이지, 그 반대가 아니다"[24]라고 역설한다.

그러므로 프라이에 의하면 하나의 신학은 성서의 세계를 "자신의 고유한 언어학적 통전성을 지닌 세계로 단순히 기술해야만 한다. 이는 마치 하나의 문학 작품이 언어 이전의(pre-linguistic) 직접성이나 非서

---

21) H. Frei, "The 'Literal Reading'," 147.

22) 기어츠는 그의 문화인류학적 접근에서 문화들을 "촘촘한 記述"로 묘사하는 낮은 차원의 이론적 노력들을 요청한다. 그는 말하기를 "해석할 수 있는 상징들의 상호작용적인 체계들로서 … 문화는 사회적 사건들, 행위들, 제도들 혹은 과정들이 인과적으로 귀속되는 어떤 힘이 아니다; 그것은 하나의 상황으로, 그 안에서 그들이 합리적으로, 즉 촘촘하게 기술될 수 있는 어떤 것이다. C. Geertz, *The Interpretation of Cultures*, 14. 프라이는 이것을 자신의 본문내적 해석학에 적용하고 있다. 그에 의하면, 그것은 풍부하고 복합적이며, 방법론적으로 성찰적이지만, 결코 환원주의적이거나 방법에 얽매이지 않는 종교공동체들의 기술들을 뜻한다. Hans Frei, "Theology and the Interpretation of Narrative," 97.

23) 프라이는 진술하기를 "우리가 사용하는 언어는 우리로 하여금 일차적으로 경험할 수 있도록 하는 것이다. 해석되지 않은, 非언어적인 경험은 존재하지 않는다: 언어는 하나의 개별적인 구조나 체계가 아니라, 사회적인 것이다." H. Frei, "Ad Hoc Correlation," in *TCT*, 74.

24) Hans Frei, "The 'Literal Reading'," 147.

25) Hans Frei, "An afterword: Eberhard Busch's Biography of Karl Barth," *TCT*, 114.

술적인 경험 안에서가 아니라 다른 어떤 것이 아니라, 오로지 하나의
서술 하에서, 자신의 특수한 서술 하에서만 가질 수 있는, 그 자신의
권리를 지니는 하나의 일관성 있는 작품인 것과 마찬가지다."[25] 궁극
적으로 프라이에게 신학은 자신의 특수한 내러티브 형식의 사용에 의
해서 기독교적인 문화-언어학적 공동체의 자기記述인 것이다.[26]

  본문내적 해석의 접근 방식으로 프라이는 신학이 기독교 신앙의
내적 논리를 배열하는 자신의 記述的인 과제에 우선적으로 전념해야
한다고 주장한다. 또한 기독교 공동체의 문법 규칙들로서의 신학은 기
독교적 신념과 삶에 있어서 성서적 내러티브의 세계의 "개념적인 再記
述"(conceptual redescription)인 것이다.[27]

  그러나 프라이에게서 기독교적 자기記述은 하나의 특수한 종교
로서의 기독교를 기술하는 모든 외적 노력으로부터 매우 독립적인 것
이다.[28] 실제로 기독교에 대해 우리가 요구하는 유일한 설명은 훌륭한
내러티브적인 記述이다. 이렇게 프라이는 기독교 공동체 안에 일차적
으로 공간을 지닌 기독교적 자기記述의 실천으로서 신학을 이해한다.

  결과적으로 프라이는 본문내적 해석의 접근을 통해 기독교 신학
이 기독교 공동체를 진술하면서, 그리고 그 공동체로 하여금 성서적
내러티브들이 세계의 비전을 형성하도록 초대하면서, 일차적으로는
교회로부터 그리고 교회에 대해서 말해야한다고 주장하는 것이다.[29]
그리하여 프라이는 "기독교적 自己記述의 가장 결정적인 주제는 서구
문화에 대한 이데올로기적 정합성과 토대 및 안정성을 제공하는 이차
적 소명에 있어서의 좌절을 경험한 이후에 비로소 하나의 종교로서 자

---

26) Hans Frei, "Theology, Philosophy, and Christian Self-description," *TCT*, 20.
27) Hans Frei, "Theology and the Interpretation of Narrative," *TCT*, 27-28.
28) Hans Frei, "Five Types of Theology," *TCT*, 39.
29) W. Placher, "Introduction," 8.
30) Hans Frei, "The 'Literal Reading'," 149.

신의 자율적인 소명을 재획득하는 것이다"[30]라고 역설한다.

5. 쟁점 위주의 특수한 변증학(*Ad Hoc* Apologetics)[31]

프라이에게서 분명한 것은 성서적 내러티브들은 논증이나 변증의 방식이 아닌, 외부인들에게는 접근이 불가능한 내적 세계를 묘사하는 것이다. 그의 견해로는 성서 본문들의 성격에 해석학적으로 충실하기를 원하는 신학은 성서 이야기들을 불신자들의 공동체에게 설명하려는 변증적 과제를 피해야한다.[32] 오히려 그는 기독교 공동체 안에서 이런 이야기들의 사용을 조정하는 적절한 규범들을 제공하는 교의학적 과제를 받아들인다.[33]

보편적인 해석학의 주장들을 포기하면서 프라이는 특정 본문에 적합한 몇 가지 해석학적 전략들을 사용하고 있다. 그는 주장하기를, 문자적 읽기는 "우리의 이론적인 시야들을 說明(explanation)이 아닌 단순한 記述(description)의 차원으로, 일반적인 본문("사실적 내러티브")과 가장 일반적인 상황("인간의 경험")이 아니라, 특수한 일련의 본문들과 가장 특수한 상황으로 낮추는 것을 포함하는 것이다."[34]

이런 맥락에서 프라이의 해석학에 대한 신학적 접근은 쟁점 위주의 (*ad hoc*) 방식으로 규정될 수 있다. 그는 소위 해석학적 중용(modesty)을 제안한다.

따라서 보다 더 적절한 일반적인 해석학 이론이 나오기까지, 우

---

31) 프라이의 *ad hoc* 변증학은 보편적이지 않은 변증학을 뜻한다. 즉 19세기 자유주의신학의 보편적인 변증학과는 달리 그 때 그 때 상황에 따라 쟁점 위주의 특수한 변증학을 의미한다.

32) Hans Frei, "An Afterword," 161.

33) Hans Frei, "Theology, Philosophy, and Christian Self-description," 20.

34) Hans Frei, "The 'Literal Reading'," 144.

리는 실제적인 석의에서 사용된 규칙들과 원리들을 記述할 수 있는 참으로 충분하고 적절한 이론에 호소하면서, 우리의 좀 더 중용적인 해석학의 견해에 머물러야한다. 비록 그것이 우리가 모든 것을 포괄하는 단일 해석의 이론이 아니라, 하나의 혹은 몇 가지 이론들의 단편들만을 갖고 있다는 것을 의미한다고 할지라도 말이다(IJC, xvii).

실제로 프라이는 기독교 신앙이 자신의 철학적 기초로서의 해석학적 이론들이 필요하지 않다고 생각한다. 그 대신에 해석학적 현상학이나 대화의 해석학적 모델이 오로지 임시적 방편으로만 사용되어야 한다는 것이다. 프라이에게서 철학적·해석학적 개념들과 형식적이며 技術的인 도구들로서의 개념적 틀들은 기독교 공동체의 자기記述의 맥락 안에 있는 본문에 종속되어야 한다.[35] 설명적인 틀들은 언제나 "이차적이고 단편적으로" 수행되어야 한다.[36] 그러므로 그의 해석학적 중용의 사고에서는 느슨하고도 잠정적인(a relaxed and ad hoc) 방식으로, 세계를 포괄적으로 이해하는 철학이나 문학 이론 및 인간학들과의 어떤 관련성을 이끌어 올 수 있다. 이런 의미에서 기독교 전통 속에서 성서의 문자적 의미를 해석하는 것에 근거된 프라이의 잠정적인 성서해석학은 일반적인 해석학 이론들의 가능성과 응용성을 향해 문을 열어두고 있다.

또한 프라이는 교의학의 경계 내에서 해석학적 전략에 헌신하고 있다. 그에게서 변증학은 쟁점 위주의 특수한 설명의 기획을 포함할 수 있다. 이는 하나의 특수한 주장 혹은 일련의 주장들의 진리를 표현

---

35) Hans Frei, "Ad Hoc Correlation," 85.
36) Hans Frei, "An Afterword," 161.
37) Hans Frei, "Ad Hoc Correlation," 81.

하는 문제가 아니라, 의미를 명료화하는 문제에 있어서의 탐구인 것이다.[37)]

따라서 프라이의 쟁점 위주의 특수한 변증학은 교의신학의 영역 안에 있는 것으로 간주될 수 있다. 여기서 중요한 것은 기독교적 신념과 실천의 좀 더 광범위한 영역 안에 있는 문학적인 혹은 개념적인 사용에 관한 것이다. 프라이의 교의학 안에서 그의 논증은 기독교 신앙의 단편적이며 부분적인 記述과 再記述로 특징지어질 수 있다. 이런 관점에서 프라이는 바르트와 마찬가지로 "우리는 이 세계의 특정한 모습들을 선명하게 하도록 그들로부터 거리를 두거나, 혹은 그들을 동일한 혹은 다른 언어학적 세계들의 다른 기술들에 근접하도록 함으로써 쟁점 위주의 특수한 변증학을 수행할 것이다"[38)]라고 제안한다.

II. 한스 프라이의 탈자유주의 신학에 관한 비판적 대화

프라이의 탈자유주의 신학은 신학자들과 성서신학자들 뿐 아니라 종교철학자들과 역사학자들에게 미래의 논의를 위해 여러 가지 중요한 질문들을 던지고 있다. 그에게 신학의 기본 목적은 사실적인 내러티브적 성서읽기의 가능성을 재구성하는 것이다. 프라이와 마찬가지로 린드벡은 성서의 문학 장르가 "사실적 내러티브의 특수한 모습들을 지닌 거대한 이야기"[39)]라고 주장한다. 프라이의 견해에 대해서 동

---

38) Hans Frei, "An Afterword," 161.
39) G. Lindbeck, *The Nature of Doctrine*, 120-121.
40) Paul Riceour, "Naming God," *Union Seminary Quarterly Review* 34 (Summer, 1979), 220.

의하는 학자들도 점차 늘어가고 있다. 폴 리꾀르는 "현대 석의는 우리로 하여금 성서의 글들 속에 나타난 내러티브적 구조의 우선성에 주목하도록 한다"[40]고 말한다.

이런 분위기에서 알리스터 맥그래스(Alister McGrath)는 "내러티브적 관점에서 신학에 접근하는 것이 잠재적으로는, 좀더 이론적인 접근을 취하는 것보다 성서 자체에 훨씬 더 충실한 것일 수도 있다"[41]고 믿는다. 반면에 트레이시에 따르면 내러티브가 필수 불가결한 것이긴 하지만, 그것이 철학과 심리학, 담론적인(discursive) 언어, 추상적 사고, 역사적 관심들 및 조직적 체계를 사용하는 그 어떤 구성적 작업을 반대하는 특권적이며 유일한 입장의 위치에 놓여서는 안 된다.[42]

엄밀한 의미에서 내러티브는 탈자유주의 신학을 위해서 중요한 범주이다. 프라이에 의해 대표된 탈자유주의 신학적이며 바르트적인 성서적 내러티브 읽기는 "내러티브 신학"에 대한 가장 유망한 접근인 것처럼 보인다. 그런데 폴 넬슨(Paul Nelson)의 견해로는 프라이의 신학이 매우 특수하면서도 적절하게 중용적인 것이다. 그러나 우리는 프라이가 분명히 어떤 만개된 내러티브 신학을 제공하려 하지 않는다는 점에 유의해야 한다.[43] 오히려 그는 인간 경험의 서사적 특성 혹은 서사성에 관한 일반 이론에 기초한 그 어떤 "내러티브 신학"의 등장을 거부한다.

그럼에도 부인할 수 없는 사실은 프라이의 탈자유주의 신학이 교회와 성서를 향해 재집중하도록 한다는 것이다. 이는 포스트모던 시대에 현금의 방법론적 논의를 위해서 환영할 만한 모습으로 여겨진다.

---

41) Alister McGrath, *Christian Theology: An Introduction*, 172.

42) David Tracy, *The Analogical Imagination: Christian Theology and the Culture of Pluralism* (New York: Crossroad, 1991); Leo G. Perdue, *The Collapse of History: Reconstructing Old Testament Theology* (Minneapolis: Fortress Press, 1994), 260.

43) Paul Nelson, *Narrative and Morality: A Theological Inquiry* (Philadelphia: The Pennsylvania State Press, 1987), 82.

역사비평학이 교회에 제기했던 문제들을 지적하면서 프라이는 성서 본문들을 사용하는 데 있어서 그 대상들에 대해 매우 비판적이다. 이런 의미에서 프라이의 신학 작업은 신학적 성찰을 위한 규범적이며 권위적인 안내로서의 성서를 재생시키고자 하는 하나의 시도일 수 있다.

더 나아가 공동체의 상황에 특수한 내러티브적인 성서읽기를 강조함으로써, 프라이는 우리로 하여금 "내러티브 공동체"로서의 교회에 주목하도록 한다. 넬슨의 관점으로는 이러한 내러티브적인 성서읽기가 "몇몇 광범위하게 실천적인 대안들보다 평신도들에게는 이해하기 용이하며 한층 더 접근 가능한 것"[44]일 수 있다. 또한 "2차적인 신학적 담화와 교회의 예배 및 대중적인 경건 사이의 연속성은 성서 본문들 혹은 내러티브로서의 성서를 읽는 것의 유익한 산물이다"[45]라고 바르게 지적하고 있다.

그러나 오늘날 비록 내러티브가 하나의 신학적 범주로서 일반적으로 중요하게 인식되고 있을지라도 여러 질문들이 여전히 남아있다. 첫째로 프라이의 내러티브의 틀 안에서는 기독교 신앙을 위한 "하나의 이야기"(one story)라는 주장을 지지하는 것이 어떻게 가능한가?[46] 왜냐하면 성서는 매우 다양하며 때로는 갈등 속에 있는 현실 이해들을 지닌 수많은 이야기들을 포함하고 있기 때문이다. 실제로 성서해석학에 있어서 페미니즘으로부터 해체주의에 이르기까지 현금의 많은 접근들은 성서의 풍부한 다원성을 보여준다. 그러므로 프라이의 내러티브적인 성서읽기는 역사비평학으로부터 귀결된 이런 측면들을 간과하고 있는 것처럼 여겨진다.

둘째로 성서 이야기들의 진리와 지시체에 관한 질문들이 여전히

---

44) 위의 책.
45) 위의 책.
46) Leo G. Perdue, *The Collapse of History: Reconstructing Old Testament Theology*, 261.

프라이의 탈자유주의 신학에 불분명한 채로 남아있다. 그의 내러티브 적 접근이 성서의 문학적 구조에 집중하는 데 반해, 그는 역사적 요소 들을 간과하는 것처럼 보인다. 이에 대해서 프라이는 신학적 진리가 역사와 반드시 일치할 필요가 없다고 생각한다. 그러므로 성서적 내러 티브는 본질적으로 "역사 같은" 것이라고 주장한다.

그러나 페르듀(L. Perdue)에 의하면, 프라이의 주장에는 복합적인 문제가 존재할 수 있다: 성서적 내러티브의 많은 유형들이 실제로는 존재하지 않는 것이 아닌가? "역사 같은" 것이 아닌 것들도 많이 있지 않는가?[47] 그러므로 비록 성서적 내러티브의 "역사 같은" 성격에 관한 프라이의의 주장이 유용하다 할지라도, 린드벡이 지적했듯이, 만일 그 것이 성서적 내러티브의 '역사적 사실성'이 중요하지 않다는 것을 가리 킨다면 불행하고도 불필요한 것이 된다.[48] 마찬가지로 미하엘 골드버 그(Michael Goldberg)는 말하기를 "그것이 실제로 일어났는지"에 관한 질문은 신학적 모험 없이는 간과될 수 없다.[49] 그런데 이에 대한 프라 이의 답변이 모호하다는 것이다.

그러나 넬슨에 따르면 이런 판단들은 승인될 수 없다. 그는 단순 히 프라이가 사실적 내러티브의 역사 같은 특성에 대한 관심을 불러일 으킨 것이라고 주장한다.[50] 프라이는 다음과 같이 진술한다.

나는 예수에 관한 복음서 이야기의 역사적 신뢰성을 평가하거나 또는 그 안에 들어 있는 참되고 사실적인 '핵심'의 근거들 위에서

---

47) 위의 책.

48) G. Lindbeck, "The Story-shaped Church: Critical Exegesis and Theological Interpretation," in *Scriptural Authority and Narrative Interpretation*, ed. Garrett Green (Philadelphia: Fortress Press, 1987), 161-178.

49) Michael Goldberg, *Theology and Narrative: A Critical Introduction* (Philadelphia: Trinity Press International, 1991), 12.

50) P. Nelson, *Narrative and Morality*, 74.

3장_ 한스 프라이의 탈자유주의 신학 **79**

이야기의 독특한 진리를 논증하려고 시도하지 않을 것이다. 그 대신에 나는 하나의 이야기로서의 그 성격에 초점을 맞출 것이다. 역사에 대해서와 마찬가지로 나는 … 대부분의 주석가들이 동의하는 사실을 당연하게 여길 것이다. 즉 다가오는 하나님의 왕국을 선포하셨던 인간 나사렛 예수가 실존했고 마침내 처형당했다는 것이다(IJC, 51).

이런 맥락에서 프라이의 내러티브적 읽기에서 요청되는 것은 내러티브적 해석과 역사비평학의 상호관련성이라고 생각된다. 이제 우리는 비판의식이 대두된 이후 역사비평 이전의 읽기로 되돌아가는 것이 불가능한 것처럼 보인다. 포스트모던 독자들조차도 현금의 성서 해석학에서 역사비평학이 공헌한 측면들을 간과할 수 없다. 협소한 역사비평적 방법에 대한 프라이의 비판이 지난 두 세기동안 지속되었던 자의성(arbitrariness)에 대한 중요한 수정으로서 기여할 수 있는 것처럼 보이는 반면에, 역사비평학에 의해 제기된 다양한 질문들과 접근들 역시 내러티브 해석학 안에서 사용될 수 있을 것이다. 역사적 사실 문제에 관심을 갖지 않고 의미에만 매달리는 것으로는 충분치 않다고 여겨지기 때문이다.

셋째로 프라이의 내러티브 해석학에서 기독교적 내러티브는 많은 상이한 이야기들(힌두교 또는 불교 및 유대교) 중 오직 유일한 권위를 지니는 이야기인가? 또는 권위 있는 것으로 주장될 수 있는 다른 내러티브들이 존재하는가?[51] 엄밀한 의미에서 프라이는 이를 명시적으로 진술하고 있지 않지만, 바르트처럼 특수주의적인 내러티브적 읽기에 근거한 그의 입장은 여러 다른 이야기들에 대해서 기독교 성서의 권위

---

51) A. McGrath, *Christian Theology: An Introduction*, 174.

성을 전제하고 있는 것처럼 보인다. 사실 프라이는 종교 간 대화나 공동체 간 대화에 참여하려 하지 않았다. 그러나 후기 저술들에서 프라이가 기독교과 유대교의 관계성을 매우 진지하게 다루고 있는 것은 흥미로운 사실이다.[52]

이제 우리는 성서적 내러티브에 근거한 프라이의 본문내적 해석학에 대한 논의로 나아가자. 캄스톡은 프라이의 성서의 내러티브적 읽기로 대표되는 탈자유주의신학적인 본문에 대한 견해가 자율적인(autonomous) 것이라고 한다.[53] 프라이는 성서의 이야기가 그 자신의 의미를 지니고 있으며 따라서 자기指示的(self-referential)이라고 생각한다. 그것은 저자나 독자의 신념들이나 의도를 포함해서 그 자신을 넘어서거나 그 자신의 바깥이나 혹은 그 아래에 있는 어떤 것이 아니라, 오직 자기 자신만을 가리키기 때문이다. 그러나 프라이의 견해와는 반대로, 독자들과 그들의 세계가 해석학의 과정에서 중요한 역할을 한다는 것 또한 분명히 참인 것이다. 제임스 듀크(James Duke)에 의하면 해석의 과정은 단지 본문이 말하는 것의 독백이 아니라 본문과 독자 사이의 대화다.[54]

그뿐 아니라 본문의 자율성에 관련된 진리주장(truth claims)에 대해서, 캄스톡의 견해로는 프라이의 입장이 현대의 진리에 관한 모든 논의들을 과격하게 기각하는 것이다.[55] 캄스톡은 프라이가 성서의 이야기들이 실재의 참된 진술들이라고 믿고 있지만, 그는 그것들이 어떻게 참된 것인지를 보여주고 있지 않다는 것이다. 프라이는 성서의 본

---

52) 프라이는 그들의 성서들과 성서해석들을 포함하는 기독교와 유대교의 관계가 기독교의 본문내적인 자기記述을 회복하는 과정에서 필수적인 역할을 한다는 사실을 인식하고 있다.

53) G. Comstock, "Two Types of Narrative Theology," 688, 697.

54) James D. Duke, "Reading the Gospels Realistically: Review of Hans Frei's 'Eclipse of Biblical Narrative' and 'Identity of Jesus Christ'," *Encounter* 38 (1977), 305-306.

55) G. Comstock, "Truth or Meaning," 118.

문들의 의미에 집중해서 그들의 지시체를 그들의 의미에 근접시키고 있는 데 반해, 이런 진리주장 문제를 공적으로 논증하고자 시도하지 않는다. 그러나 우리는 다음과 같이 질문해야 한다. "이야기를 통해 표현된 실재의 진리에 대해 평가하기 위해서 과연 어떤 기준들이 유용한가?"[56] 신학자들은 이 질문에 대해서 적절한 방식으로 답변하기 위해 노력해야 한다.

동일한 방식으로 프란시스 왓슨(Fransis Watson)에 의하면, 프라이의 본문내적 해석학에서 자기 독립적(self-contained) 본문은 "피난 혹은 환상의 장소"이며 또한 "실재에 대한 고의적인 거부"이다.[57] 왓슨은 "본문 바깥에 있는 역사적이고 신학적인 예수의 실재와 본문의 관계성을 적절하게 말하는 것에 대해서 실패하는 것은 본문과 다른 어느 역사적 실재 사이의 그 어떤 접촉도 허용하기를 꺼려하는 것이다"[58]라고 주장한다. 결과적으로 본문의 자율성 혹은 자기 독립적 본문에 관한 프라이의 주장들은 본문과 교회 및 세계와의 적절한 관계성을 확보할 수 없는 것처럼 여겨진다.

프라이의 탈자유주의 신학과 관련해서, 케빈 반후저(Kevin Vanhoozer)는 사실적 내러티브에서 문화-언어학적 記述로의 전환이 특징적이라고 주장한다.[59] 프라이의 본문내적 해석의 접근은 설명적인 것이 아니라 記述的인 것이다. 그래서 캄스톡은 이것이 비트겐슈타인을 상기시킨다고 말한다.[60] 왜냐하면 성서적 내러티브들은 비트겐슈

56) L. Perdue, *The Collapse of History: Reconstructing Old Testament Theology*, 261.

57) Fransis Watson, *Text, Church and World: Biblical Interpretation in Theological Perspective* (Grand Rapids, MI: Wm. B. Eerdmans Publishing Co., 1994), 26.

58) 위의 책.

59) Kevin J. Vanhoozer, *Biblical Narrative in the Philosophy of Paul Ricoeur: A Study in Hermeneutics and Theology* (Cambridge: Cambridge University Press, 1990), 174.

60) G. Comstock, "Truth or Meaning," 128.

61) W. Placher, "Paul Ricoeur and Postliberal Theology," 48.

타인의 모델에서처럼 세계를 "보이는 그대로" 그리는 방식의 그림(pic-ture)과도 같기 때문이다. 프라이에게는 언어가 문화-언어학적 세계 안에서 기능하지만, 그것은 언어의 세계를 넘어선 어떤 것을 가리키지 않는다는 것이다.[61] 그러나 이 경우에 있어서는 지시체(reference)에 관한 질문이 사라진다. 그 결과 다음과 같은 질문이 제기될 수 있다. 이러한 비트겐슈타인적인 접근은 진리주장을 정당화하는가? 바로 이것이 프라이의 문화-언어학적 접근이 비트겐슈타인적인 신앙주의(fideism)라고 비판받는 이유이다.[62] 또한 반후저가 적절하게 질문하듯이 "만일 신앙공동체의 규칙들이 복음서들의 '문자적 읽기'로 간주된 것을 결정한다면, 어느 공동체가 신앙공동체인지를 결정하는 것은 과연 누구인가?"[63]라는 점이다. 이에 대한 프라이의 답변은 불분명하다.

그러나 프라이는 신학적 해석이 하나의 기독교적 행위(Christian act)로 이해되어야 한다고 역설한다. 그는 주장하기를, 신학적 성찰이 "신자에게는 자신의 신앙에 대한 즐거운 사고이며 어떤 의미에서는 분석적 능력들을 활용하는 하나님 찬양"(IJC, 5)이다. 실제로 프라이는 기독교인들과 비기독교인들의 신념들과 실천들을 비교하는 것을 피하고자 했다. 그는 기독교적 주장들이 참되다는 것을 공적 영역에서 보여주려고 노력하는 것이 하나의 잘못이라고 생각한다. 따라서 프라이의 본문내적 해석의 접근은 문화-언어학적인 맥락에서 신앙주의적인 것으로 간주될 수 있다.

존 틸(John Thiel)에 의하면, 프라이의 본문내적 해석의 접근은 反토대주의적인(nonfoundational) 것이다.[64] 비록 프라이는 자신의 접근

---

62) G. Comstock, "Truth or Meaning," 130.
63) K. Vanhoozer, *Biblical Narrative in the Philosophy of Paul Ricoeur*, 174.
64) John Thiel. *Nonfoundationalism* (Minneapolis: Fortress Press, 1994), 67.

을 反토대주의적인 것으로 규정하고 있지 않지만, 프라이가 신학의 분야에서 反토대주의적인 관점의 발전에 지대한 영향을 끼쳤다고 주장하는 것은 과언이 아니다. 성서해석학과 관련해서 프라이는 "기독교적 관찰자는 포괄적 이론들을 지향하는 보편적이고 토대주의적인 주장들의 경향에 대해 저항하기를 원한다"[65]고 진술한다. 실제로 그는 근대의 성서적 내러티브의 상실을 비판하며 근대의 그 어떤 절대적이고 보편적이며 추상적인 추론과 이론화에도 반대한다. 그 대신에 그는 자신의 강조점을 신학적 실천의 구체적이고 특수한 성격과 함께 내러티브와 공동체에 의존적인 신학을 위한 개념적 틀에 두고 있다. 이것은 신학적 근대성에 대한 통찰력 있는 진단이며 근대 신학의 기획에 대해서 反토대주의적인 대안을 제시하는 것이다.

프라이에 대해서 가장 적극적으로 반대하는 신학자들은 그의 본문내적 해석의 접근을 "공적 진술의 책임성"(public accountability)의 주제에 관련시켜 비판한다. 그러나 만일 우리가 플래처의 주장을 받아들인다면, 프라이의 탈자유주의신학적인 본문내적 해석의 신학은 "그것이 종교를 기본적으로 개인의 경험의 문제가 아니라 공동체의 활동으로 이해하고 있다"[66]는 점에서 실제로는 "공적인" 것이다. 사실 프라이는 개인주의적이고 주관주의적이며 경험적인 성격에 기초한 그 어떤 신학적 패러다임도 거부한다. 오히려 그의 신학은 공동체의 훈련과 실천들에 집중된 문화-언어학적 모델로 간주될 수 있다. 즉 기독교 공동체의 실천에 대한 비판적 성찰로 이해될 수 있다.

---

65) Hans Frei, "The 'Literal Reading'," 59.
66) 플래처에 의하면 신학은 다음과 같은 방식으로 "공적인" 것이다: 1) 신학은 지적이며 이성적이고 책임적인 사람에게 가능한 근거들에 호소한다. 2) 신학은 종교를 개인의 경험의 문제가 아니라, 기본적으로 공적이며 공동체적인 활동으로 이해한다. 3) 신학은 효과적으로 정치적이며 사회적인 주제들을 진술한다. W. Placher, "Revisionist and Postliberalist Theologies and the Public Character of Theology," 407.
67) P. Nelson, *Narrative and Morality*, 83.

그러나 많은 비판자들은 프라이의 탈자유주의신학적 접근이 신학을 교회 공동체 밖에 있는 자들에게는 이해하기 어려운 게토(ghetto)의 언어로 전향시키는 것이라고 지적한다.[67] 특히 프라이에 반대해서 트레이시는 "신학자는 모든 합리적인 사람들에 대해 열려진 공적 場들 속에서 (찬성이든 반대이든) 강력하게 논증해야한다"[68]고 역설한다. 그래서 그는 다음과 같이 덧붙인다.

개인적 신앙 혹은 신념들은 진리에 대하여 공적으로 방어된 주장들을 위한 보증들이나 지지로서 봉사할 수 없을 것이다. 그 대신에 철학적 논증의 몇 몇 형식(대개 묵시적으로나 명시적으로 철학적인)은 그와 같은 모든 주장들을 위한 주요한 보증과 지지로서 기여할 수 있다.[69]

이렇게 트레이시는 우리가 공적 영역에서 공적·합리적 표준들을 보여주고자 노력해야 한다고 한다. 그러므로 그에게는 프라이의 본문 내적 해석의 접근이 기독교인들에게 "공적" 표준을 제공하기를 주저하는 것처럼 보인다.

그러나 이런 맥락에서 프라이가 잠정적인 해석학 혹은 쟁점 위주의 특수한 변증학을 제시하고 있다는 것은 주목할 만한 일이다. 비록 프라이는 조직적인 변증학을 기피하고 있지만, 그 모든 설명들이 부적절한 것이라고 주장하는 것은 아니다. 그러므로 그의 신학에서 설명적인 작업은 이차적이고 단편적인 것임에 틀림없다. 결과적으로 그의 쟁점 위주의 특수한 변증학에서 프라이는 일반 이론들을 사용할 수 있는 가능성을 열어 놓고 있다. 그의 해석학적 중용은 일반 이론의 덕

---

68) D. Tracy, *The Analogical Imagination*, 64.
69) D Tracy and J. B. Cobb, Jr., *Talking about God* (New York: The Seabury Press, 1983), 9.

분이 아니라 기독교적 주장들의 토대 위에서 합리적이고 정합성 있는 (coherent) 것일 수 있다.

그런데 프라이는 그의 신학에서 다양한 요소들, 즉 철학적이며 정치적·문화적·사회학적·심리학적인 것들을 조직적으로 구성하는 데 있어서 성공적이지 못하다. 그뿐 아니라 그는 로널드 티만이 다양한 관점으로부터 보다 더 분명하게 공적으로 교회와 사회의 관계성의 주제를 탐구하는 데 반해,[70] 그러한 주제를 직접적으로 진술하고 있지 않다. 프라이는 교회를 하나의 훈련된 공동체로 말하고 있지만, 그 공동체의 증언을 통해서 가능한 사회적 영향에 관해 서술하지 않는다. 그는 사회 전체의 방향에 대한 그 어떤 사회적 책임성들을 논증하는데도 깊은 관심을 지니지 않았다.

여기서 우리는 본문과 교회 및 세계의 관계성에 관한 미로슬라브 볼프(Miroslav Volf)의 제안에 유의할 필요가 있다. 본문외적인 실재들을 "성서의 본문내적인 세계 속으로" 변화시키거나 '흡수하는' 탈자유주의신학적 기획만이 아니라, 또한 자유주의 신학적이며 근대적인 본문외적 해석의 기획을 반대하면서, 그는 "본문내적 해석학과 함께 본문외적 해석학"(intratextuality-cum-extratextuality)이라는 특수한 해석학을 제안한다. 그는 다음과 같이 자신의 입장을 설명한다.

> 우리는 '성서의 렌즈들을 통해' 상상적으로 세계를 바라보기 위해서 노력해야하지만, 그러나 우리는 언제나 문화적 렌즈들을 통해 성서를 바라보는 자들이다. 오히려 두 세계의 거주자들로서, 우리는 우리 자신의 고유하며 문화적으로 특수한 본문의 해석으로

---

70) Ronald F. Thiemann, *Constructing a Public Theology: The Church in a Pluralistic Culture* (Louisville, KY: Westminster/John Knox Press, 1991).

71) Miroslav Volf, "Christian Difference in Contemporary Societies," (Pasadena: Fuller Theological Seminary, 1995), 10.

부터, 본문외적 현실 속에 있는 그리고 그 반대의 본문내적 현실 속에 있는 우리의 존재('하나님 안에 있는' 그리고 '고린도에 있는')에 상응하는 '우리 자신의 본문내적 해석학과 함께 본문외적 해석학'으로의 이중적인 운동 과정에 의해서 성서적 내러티브들과 관련된 본문외적인 세계를 해석하고 형성한다.[71]

앞에서 살펴보았듯이, 프라이의 탈자유주의 신학은 현금의 신학계, 특히 성서신학과 조직신학에 현저한 공헌을 하고 있음이 틀림없다. 탈자유주의 신학이 프라이의 성서해석학에 대한 성찰로부터 시작되었다는 것은 분명한 사실이다. 그리고 그의 주요 관심이 성서의 내러티브의 구조와 형식에 주어지고 있다는 것 또한 명백하다. 동시에 이러한 내러티브의 틀에 근거해서, 그는 문화-언어학적 모델을 가지고 기독교 신학의 記述的인 과제를 수행하고 있다. 이런 의미에서 프라이의 탈자유주의 신학은 기독교의 신념과 실천의 좀 더 광범위한 맥락에서 가능한 것이며 적절하게 응용될 수 있다고 하겠다.

이는 신학에 대한 새로운 방향의 감각을 제시하고 있다는 점에서 상당한 흥미와 중요성을 지닌 것으로 입증되고 있다.[72] 비록 우리가 "'내러티브'는 모든 신학적 의견의 불일치를 해소하기 위한 하나의 보편적 해결책이 아니다"[73]라는 넬슨의 견해를 받아들인다 할지라도, 이러한 신학에 대한 내러티브적 접근은 오늘날 포스트모던 시대에 있어서 하나의 매력적인 방법론적 대안이 될 수 있다.

프라이의 탈자유주의신학적인 본문내적 해석 신학은 성서와 기독교 전통 안에서 내러티브의 형식으로 기독교 공동체의 언어를 사용하는 것에 대한 신학적 성찰로서 매우 통찰력 있는 것이다. 그러나 아

---

72) A. McGrath, *Christian Theology: An Introduction*, 171.
73) P. Nelson, *Narrative and Morality*, 84.

직 해결되지 않은 문제점들이 남아있다고 말하는 것이 옳다. 즉 프라이의 신학에는 내러티브와 역사, 본문의 자율성의 원리, 진리 주장들, 공적 진술의 책임성 등에 관한 질문들이 여전히 남아 있다.

실제로 프라이는 신학이 자신의 記述的인 과제에 더 집중해야하며 공적으로 논증하거나 설명하려는 노력을 덜 기울여야 한다고 생각한다. 필자의 견해로는, 프라이의 입장이 현대 세계 속에서 기독교 신학의 독특한 성격에 대한 우리의 감각을 일깨우며 문학적 읽기와 신학적 작업의 공동체적 실천에 참여하도록 우리를 격려한다는 점에서 강점을 지닌다. 그러나 많은 비판자들이 지적하듯이, 그는 신학의 공적 진술의 성격에 대해 강조하지 않았다. 이런 의미에서 그의 본문내적 해석의 신학은 본문과 교회 및 세계와의 적절한 관계성을 충분히 진술하지 못하고 있는 것처럼 여겨진다.

이는 프라이의 본문내적 해석 신학이 주로 비트겐슈타인적인 문화-언어학적 접근에 의존하고 있기 때문이라고 생각된다. 또한 내적 자기 記述과 외적 설명의 관계성이 임시적이고 잠정적인 방식으로 남아 있어야 한다고 주장하는 그의 해석학적 중용과 쟁점위주의 특수한 변증학이 그의 입장을 규정하고 있기 때문이다.

결론적으로 프라이는 독특한 기독교적 특수성과 공적 진술의 책임성 사이의 역동적인 갈등의 관계성을 그의 신학 속에서 균형 있게 강조해야 할 필요가 있다. 더 나아가 그는 우리의 다원적 사회와 문화의 도전들에 긍정적이고 건설적으로 참여할 필요가 있다. 그의 탈자유주의 신학은 포스트모던 문화와 사회 및 후기 바르트주의적인 기독교적 사고와 실천의 현실들을 좀 더 충분히 직면해야할 것이다. 이런 노력들은 프라이의 신학 패러다임으로 하여금 포스트모던 시대에 많은 기독교인들과 교회들을 위해 더욱 통전적이고 설득력 있는 것이 되도록 도울 수 있다.

4장

데이비드 트레이시의
신학방법론

　오늘날 첨예한 신학 논쟁들 중 하나는 신학방법론에 관한 질문이
다. 다양하고 경쟁적인 신학 패러다임들 중 신학방법에 관한 예일 학
파와 시카고학파 사이에 벌어진 현금의 논쟁을 고찰하는 것은 매우 의
미 있는 일이다.[1] 특히 북미 상황에서 예일 학파와 시카고 학파 사이

---

1) 탈자유주의 신학은 예일 신학교와 밀접하게 연결되어 있다. 그 중심 토대는 한스 프라이, 조지
린드벡(George Lindbeck), 로널드 티만(Ronald Thiemann) 등에서 나타나는 신학에 대한 내러티
브적 접근들이다. 이들은 경험과 사고의 해석에 있어서 문화와 언어의 중요성을 강조하는 사
회적 해석 학파이다. Alister E. McGrath, *Christian Theology: An Introduction* (Oxford/Cambridge:
Blackwell Publishers, 1994), 109; William Placher, "Revisionist and Postliberal Theologies and
the Public Character of Theology," *The Thomist* 49 (1985), 394. 예일학파의 신학자들은 반토대
주의적(anti-foundational)이고, 문화-언어적(cultural linguistic)이며, 비트겐슈타인에 영감받은
기술하는 자들(descriptivists)이다. 이와는 대조적으로 소위 시카고학파의 신학은 해석학적이
며 가다머에 영감 받은 상관관계자들(correlationist)이다.

의 논쟁이, 우리에게 포스트모던 도전에 응답하기 위한 신학적 시도들을 조명하는 빛을 제공하고 있기 때문이다.

시카고 대학교 신학부의 가장 저명한 로마가톨릭 신학자인 데이비드 트레이시(David Tracy)는 "수정주의"(revisionist) 신학을 옹호하며 발전시켜왔다.[2] 이 신학방법은 그가 "상호 비판적 상관관계 방법"(mutually critical correlational method)라고 부르는데, 신학의 학문적(academic) 훈련의 공적 진술의 책임성(public accountability)에 초점을 맞추고 있다.

트레이시의 신학방법론의 출발점은 어디인가? 어떻게 그리고 얼마나 그것은 현금의 신학적 과제를 수행할 수 있는 적절한 신학방법을 제공하고 있는가? 그것은 다원성으로 특징지어지는 포스트모던 환경에서 유용하고 효율적인 패러다임이 될 수 있는가?[3] 이런 질문들을 제기하면서 4장에서는 몇 가지 비판적 성찰을 포함하여 트레이시 신학방법의 구조와 기본 특성들을 다룬다. 또한 트레이시의 신학방법론의 공헌과 한계들을 평가한 후 신학의 미래를 위한 전망을 제시하고자 한다.

---

2) 수정주의자들은 슈버트 옥덴(Schubert Ogden), 고든 카우프만(Gorden Kaufmann), 랭돈 길키(Langdon Gilkey), 데이비드 그리핀(David Griffin), 폴 리꾀르(Paul Ricoeur) 등의 학자들이다. John Edwards, "Revisionist Theology and Reinterpreting Classics for Present Practice," in *Postmodern Theologies: The Challenge of Religious Diversity*, ed. Terrence W. Tilley (Maryknoll, NY: Orbis Books, 1995), 28.

3) David Tracy, *Plurality and Ambiguity: Hermeneutics, Religion, Hope* (San Francisco: Harper and Row, 1987; 이하 PA).

I. 트레이시의 신학방법론의 구조와 성격

1. 상호 비판적 상관주의

그의 책『질서를 위한 복된 분노: 신학에 있어서 새로운 다원주의』 (*Blessed Rage for Order: The New Pluralism in Theology*, 1974)에서, 트레이시는 포스트모던 다원주의 상황에서 신학하기 위해 수정주의 모델을 제안한다.[4] 그는 주장하기를 "현대 기독교신학은 인간 실존에 공통적으로 현존하는 의미들과 기독교 전통에 현존하는 의미들에 관한 철학적 성찰로 이해될 수 있다"(BRO, 34).[5] 그러므로 트레이시에게 신학의 주요 자료들은 "인간의 공통 경험과 언어"와 "기독교 전통"(Christian tradition) 혹은 "기독교 텍스트들"(Christian texts)이다(BRO, 43).[6]

현대 상황에 의해 제기된 "질문"(question)과 전통 속에 있는 기독교 메시지(message)에 의해서 배타적으로 제공된 대답(answer)을 연결시키는 폴 틸리히(P. Tillich)와는 달리(BRO, 46), 트레이시는 신학의 자료들이 서로 질문을 제기하고 답변을 제공할 수 있다고 주장한다. 이는 틸리히의 상관관계 방법의 수정 모델이다. 트레이시의 모델에서 신

---

4) David Tracy, *Blessed Rage for Order: The New Pluralism in Theology* (New York: The Seabury Press, 1974; 이하 BRO), 22-64. 여기서 트레이시는 자신을 수정주의 신학자라고 서술한다.

5) 트레이시에게 "전통"(tradition)은 기독교 신학 발전의 전체 역사로 이해될 수 있다. "현대 상황"의 영역으로서 "인간의 공통 경험"(common human experience)은 종교 전통, 즉 기독교의 영역을 넘어 인간 실존의 현재의 모든 실재들을 포함하는 것으로 간주된다. John Edwards, "Revisionist Theology and Reinterpreting Classics for Present Practice," 29.

6) 트레이시는 루돌프 불트만(R. Bultmann)과 슈버트 옥덴과 같은 근대 신학자들에게서 도움을 받았는데, 자신의 "전통"의 개념을 설명할 때 불트만의 "케리그마"와 옥덴의 "기독교 신앙의 증언"(the Christian witness of faith) 개념들을 차용한다. 또한 자신의 용어인 "인간의 공통 경험"의 원천으로서 불트만의 "현대 과학적 세계관"과 버나드 로너간(B. Lonergan)의 "충분히 발달된 역사적 의식"(a fully-fledged historical consciousness)의 통찰들을 빌려왔다. 위의 책, 44.

학은 "기독교 전통의 해석과 현대 상황의 해석 사이에 상호 비판적 상
관관계를 형성하기 위한 시도"[7]이다.

트레이시는 "수정주의" 모델을 "신학방법의 미래를 위한 유일한
희망"[8]으로 간주한다. 더 나아가 이 모델은 "실제로는 전통적인 신학
에 대한 해석학적 자기성찰의 명료화와 교정 이외에 다른 무엇이 아니
다."[9] 그럼에도 트레이시는 신학의 수정의 유형 역시 "지속적으로 비
판과 개정에 개방적이어야 할"[10] 필요성을 인식하고 있다.

상호 비판적 상관관계의 과정에서 트레이시는 인간의 공통 경험
과 언어의 종교적 차원에 대한 초월적·현상학적 성찰과 기독교 텍스
트들의 역사적·해석학적 탐구, 양자를 요청한다(BRO, 47-52, 53). 동시
에 그는 두 가지 표준들에 대한 정확한 신학적 관점이 개발되어야 할
필요가 있다고 주장한다. 즉 특정한 현대 상황에 대한 "상대적 적합성"
(relative adequacy)의 주제를 인도하는 합리성의 표준과(BRO, 71-73) 기
독교 텍스트들의 해석에 관한 적절성(appropriateness)의 표준이다. 후
자는 "그것이 성서 안에 규범적으로 표현된 사도적 증언에 대한 적절
성과 관련해서 모든 후대의 신학적 진술을 판단하는 데 신학적으로 핵
심적이라는 사실"[11]을 의미한다. 트레이시의 관점으로는 포스트모던
시대에 모든 적절한 신학은 "상호 비판적 상관관계 방법"을 통해서 새
로운 경험과 관점과 지평들을 향하여 자신을 개방해야 한다.

---

7) David Tracy, "Theological Method," in *Christian Theology: An Introduction to Its Traditions and Tasks*, 2nd ed. revised and enlarged, ed. Peter C. Hodgson and Robert H. King (Philadelphia: Fortress Press, 1989), 36.

8) David Tracy, "The Uneasy Alliance Reconceived: Catholic Theological Method, Modernity, and Postmodernity," *Theological Studies* vol. 50 no. 4 (December 1989), 556.

9) Robert M. Grant with David Tracy, *A Short History of the Interpretation of the Bible*, revised ed. (Philadelphia: Fortress Press, 1984), 170.

10) D. Tracy, "The Uneasy Alliance Reconceived," 556.

11) Robert M. Grant with David Tracy, *A Short History of the Interpretation of the Bible*, 176.

2. 공적 담화로서의 신학

그의 저서『유비적 상상력: 기독교 신학과 다원주의 문화』(*Ana-logical Imagination: Christian Theology and the Culture of Pluralism*, 1981)에서, 트레이시는 현대 신학들의 다원성이 그들의 일차적인 사회적 위치로부터 기인한다고 주장한다. 그는 이러한 신학적 상황들 혹은 "공적 영역들"(publics)을 학계(academy), 교회(church), 사회(society)로 분류한다.[12] 또한 그는 각각의 공적 영역에 해당하는 신학의 세 종류를, 기초신학(Fundamental theology), 조직신학(Systematic theology), 실천신학(Practical theology)으로 규정하고 있다. 트레이시에 따르면 신학의 하부 학제(subdiscipline)들은 상이한 공적 영역을 지니고 있지만 불가분리적이며 상호 연관되어 있다(AI, 56-82).

트레이시에게서 기초신학은 철학적·문화적·사회학적 방법들의 도움으로 신학적 언어 및 개념들과 학문적 담화의 상황에서 논증의 방식의 합리성과 신뢰성을 추구한다. 이러한 신학적 활동은 보편적인 인간 경험과 언어에 대해서 공적으로 정당한 연구를 성취하기 위한 목적에 봉사한다. 이는 자연스럽게 변증적인 것으로 방향 지어지는 특성을 갖는다(AI, 62-63). 이런 의미에서 트레이시에 의하면 기초신학은 하나님 경험에 관한 일반적이고 공적인 논의, 즉 "종교적 차원"과 하나님의 실재에 대한 현상학적·초월적 분석에 초점이 맞추어져 있다.[13]

---

12) David Tracy, *Analogical Imagination: Christian Theology and the Culture of Pluralism* (New York: Crossroad, 1981; 이하 AI), 3-46.

13) 트레이시는 진술하기를 "무엇이 되었든 간에, 기독교신학은 궁극적으로 그리고 급진적으로 신 중심적이다. … 그 유산에 참되게 남아있고자 한다면, 기독교는 그것의 근본적인 신앙, 가장 급진적인 위탁과 충성이 예수 그리스도 안에 계시된 사랑과 능력의 하나님의 모든 편만한(all-pervasive) 실재여야 한다는 것을 인정하지 않을 수 없다"(AI, 51). 그의 책『질서를 위한 복된 분노』에서, 트레이시의 주된 관심은 하나님에 관한 조직적인 담화에 놓인 반면에, 『유비적 상상력』에서는 기독론에 관한 조직적인 담론을 펼치고 있다. William O'Brien, "Review Symposium," *Horizon* 9 (1982), 326-330.

트레이시의 신학적 기획에서 일차적으로 교회에 대해 책임적인 조직신학은 기독교 전통, 특히 "고전"(classic)을 해석한다는 점에서 성격상 해석학적이다.[14] 달리 표현하면, 조직신학의 과제는 기독교 메시지의 명료화와 해석이다. 특히 기독교 전통의 텍스트들, 상징들, 의식들, 기도들에서 표현되어왔던 예수 그리스도 신앙에 대한 기독교적 고백이다. 따라서 기독교 텍스트들의 해석은 기독교회의 결정적이고 특수한 형식 안에서 이런 텍스트들 속에 현존하는 적절한 의미와 진리를 개시하는 데 기여한다(AI, 241, no. 1; 183, no. 26).

트레이시에 의하면 광범위한 사회 안에서 실천(praxis)의 신학으로서의 실천신학은 "특별히 사회적·정치적·문화적 상황 또는 문제 상황에 대한 목회 운동과 연관되어 있다(AI, 56). 그의 관점으로는 실천신학이 개인적이고 공동체적인 삶의 변화를 이끌 수 있는 탈은폐된(disclosed) 신학적 진리의 특별한 적용이요 실현이다(AI, 78). 실제로 그는 이론과 실천의 변증법을 추구한다.

트레이시에 따르면, 만일 신학자가 공적 영역들 중 하나에 헌신한다면 그/그녀는 각각의 신학의 고유한 일련의 질문들과 진리와 적절성의 상대적 표준 및 특별한 강조점들을 갖고 자신이 언제나 세 가지 영역 모두에 책임적이라는 사실을 인식하면서 활동하는 것이다. 이러한 헌신의 결과로 신학은 공적 담론의 성격을 지닌다. 트레이시는 주장하기를 "신학자들은 세 가지 공적 영역의 각각의 주요 주장들과 반대주장들을 명시적으로 표명하는 한, 더 광범위한 공공성을 위한 명료성의 원인을 제공한다"(AI, 29). 이런 방식으로 그는 기초신학과 조직신학과 실천신학들 사이에 상호 비판적 상관관계가 형성된다고 믿는

---

14) 트레이시는 진술하기를 "신학자들은 전통의 고전적 표현들 속에서 기본적인 신뢰를 갖고 전통과 대화에 들어간다"(BRO, 236). 그는 또한 "모든 후대의 신학적·교리적 표현들은 기독교 성서의 고전적 표현들에 대한 그들의 충실성(fidelity)을 보여줌으로써 근본적인 적절성을 얻게 된다"(BRO, 309).

다.

트레이시에 의하면 좋은 신학은 진정한 공적 성격을 지닌다. 그는 "신학의 과제는 종교적 경험을 불러일으키는 데 신실할 뿐만 아니라 지적이고 합리적이며 책임적인 인간이 공인된 공적 표준에 따라 이해하고 평가할 수 있도록 합리적이어야 한다"[15]고 역설한다. 공적 담론은 트레이시에게 "원칙적으로는 몇몇 인식 가능한 인간적·사회적·정치적·윤리적·문화적·종교적 방식으로 모든 인간을 변화시킬 수 있는 의미와 진리들을 탈은폐하는 어떤 것이다(AI, 55).[16]

신학의 공적 성격을 변호하기 위해서 트레이시는 두 가지 상이한 전략을 사용한다.『질서를 위한 복된 분노』에서 그는 보편적인 인간 경험에 집중한다. 그의 후기 저서『유비적 상상력』과『다원성과 모호성: 해석학, 종교, 희망』에서는 포스트모던 문화와 사회의 대화 속에 상호작용해야 하는 기독교 전통의 해석을 강조한다. 그럼에도 두 가지 주제는 모두 크든 작든 어느 정도 그의 모든 저서에 남아 있다.[17]

3. 신학적 대화의 변증법

상호 비판적 상관관계 방법을 토대로, 그의 저서『질서를 위한 복된 분노: 신학에 있어서 새로운 다원주의』와『유비적 상상력: 기독교 신학과 다원주의 문화』에서 신학의 공공성을 세우기 위한 목적으로

---

15) David Tracy and John B. Cobb Jr., *Taking about God: Doing Theology in the Context of Modern Pluralism*, with an Introduction by David R. Mason (New York: The Seabury Press, 1983), xi.

16) 트레이시는 "공적인 방식으로 말하는 것은 모든 이성적·합리적·책임적인 인간 존재들에게 탈은폐되고(disclosive) 변혁될 수 있는(transformative) 방식으로 말하는 것을 의미한다"고 진술한다. David Tracy, "Defending the Public Character of Theology," *Christian Century* 98 (April 1981), 351.

17) 매우 주목할 점은, 신학적 성찰을 위한 경험의 기본 역할이 그의 저서『유비적 상상력』과『다원성과 모호성』에 나타나지만, 트레이시의 입장 안에는 신학적 강조점의 의미 있는 변화가 존재한다는 것이다. Richard Lints, "The Postpositivist Choice: Tracy or Lindbeck?" *Journal of the American Academy of Religion* vol. LXI no. 4 (December 1993), 686.

트레이시는 신학의 해석학적이며 초월적인 성찰의 필요성을 긍정한다. 더 나아가 그의 저서 『다원성과 모호성: 해석학, 종교, 희망』에서는 해석학이 그의 신학 패러다임의 핵심 측면이 되고 있다. 이는 트레이시가 인간의 실존적 한계들에 관한 버나드 로너간(Lonergan)의 입장을 넘어서서 폴 리꾀르의 해석학적 철학과 엘리아데(Mircea Elliade)의 성(聖, the sacred)의 현상학으로 나아가기 시작했다는 사실을 보여준다.[18]

쉴라이어마허(F. Schleiermacher)로부터 시작된 자유주의 전통을 따라,[19] 트레이시는 종교들이 보편적 궁극자(a Universal Ultimate)에 대한 인간의 특수한 경험에 근거하는 다양한 표현들이라고 주장한다. 동시에 그는 인간의 공통 경험의 "종교적 차원"이 우리 능력의 한계들에서 만나는 경험인 "궁극성"(ultimacy)에서 발견된다는 사실을 명료하게 서술한다.[20]

『질서를 위한 복된 분노: 신학에 있어서 새로운 다원주의』에서 현상학적 성찰을 통해,[21] 트레이시는 "모든 진정한 한계상황들은 긍정적이든 부정적이든 간에, 우리 실존의 한계의 탈은폐를 주저하면서도 인식하듯이, 우리 자신의 인간적 한계들을 우리 자신의 것으로 인식하

---

18) 트레이시는 로너간에게서는 인간 실존의 한계들에 대한 관심을, 엘리아데에게서는 우리의 특정한 종교 전통들과 광범위한 문화 안에 있는 종교의 영역에 대한 분석을, 그리고 폴 리꾀르에게서는 인간 역사에서 종교현상의 상이한 현현들(manifestations)에 관한 이해들의 도움을 받았다. Werner G. Jeanrond, "Theology in the Context of Pluralism and Postmodernity: David Tracy's Theological Method," in *Postmodernism, Literature and the Future of Theology*, ed. D. Jasper (New York/London: Macmillan Publishers and St. Martin's Press, 1993), 149.

19) 트레이시는 그의 개념들을 쉴라이어마허의 "절대의존의 감정"(feeling of absolute dependence), 루돌프 오토(R. Otto)의 "매혹과 떨림의 신비"(*mysterium fascinans et tremendum*)로서의 "거룩"(holy)과 폴 틸리히의 "궁극적 관심"(ultimate concern)으로부터 빌려왔다(BRO, 92).

20) 트레이시는 실존적인 틀에 의해 분석된 매일의 삶 속에서의 그런 한계상황들과 다양한 과학철학들과 윤리학에 의한 과학적·윤리적 탐구에 대한 한계질문들을 말한다(BRO, 92-118).

21) 트레이시는 "한계 질문들"(limit questions), "신비로운 경험들"(uncanny experiences), "기본 신앙"(basic faith), "직접적 경험"(direct experience), "실현된 경험"(realized experience), "자아 자체의 직접적 경험"(immediate experience of the self as self), "자아초월의 현시"와 같은 실존적 지시어들을 사용한다. 이는 현상학적 분석을 위한 필수적 토대로 자리매김한다.

는 그런 경험들을 가리킨다"(BRO, 105)[22]고 주장한다. 또한 트레이시는 종교적 언어를 특정한 한계경험(limit-experience)들을 드러내는 바, 한계언어(limit-language)라고 말한다. 트레이시의 종교 언어에 관한 진술은 실제로 표현주의적(expressivist)이다. 그에 따르면 적절한 언어란 주로 상징적이며 은유적이고 유비적인 것이다.

이를 토대로 트레이시는 "우리는 그러한 언어를 종교적 언어의 사용이 이미 현존하는 기본적 확신과 신뢰의 효과이며 표상(表象, representation)이라는 사실을 인지할 때만 정확하게 이해한다"(BRO, 103)[23]고 주장한다. 결과적으로 트레이시에게 종교적 언어들은 우리의 기본 신앙과 "우리의 근본적인 진정한 세계 안의 존재 양태"(mode of being in the world)(BRO, 134)의 구체적인 재 표상(re-presentation)이다.

이런 맥락에서 트레이시는 텍스트의 "의미"(sense, 한계언어)와 "지시체들"(referents, 한계경험)을 구분한다. "지시체"와 관련하여 텍스트의 의미 혹은 내적 구조로서 "의미"를 정의하면서 그는 다음과 같이 서술한다.

> 텍스트의 '지시체'는 예를 들면, 저자의 진짜 의도 혹은 텍스트의 사회적·문화적 상황이라고 하는 텍스트의 배후(behind)에 있는 의미를 담지하지 않는다. 오히려 은유들을 뛰어넘어 '지시체'는 기본적으로 텍스트 '앞에 있는 의미, 즉 실재를 파악하는 방식'이

---

22) 트레이시에 따르면 "한계상황"의 개념은 "그 안에서 인간 실존이 불가피하게 발견하는 남녀 인간 실존에 대한 특정한 궁극적 한계 혹은 지평을 드러내는 것"을 가리킨다. 여기서 트레이시는 두 가지 종류의 중요한 실존상황들을 구분한다. "죄책, 불안, 질병, 자신의 운명으로서의 죽음에 대한 의식과 같은 '경계' 상황들 혹은 강렬한 기쁨, 사랑, 재확신, 창조와 같은 엑스터시 경험들이라고 불리는 상황들이다"(BRO, 105).

23) 트레이시는 종교들이 "우리에게 그 신앙(예를 들면, 실존의 의미성에 대한 우리의 기본적인 신앙과 신뢰)이 자기의식적 신념의 수준에서 다소간 적절하게 재긍정되도록 한다"는 옥덴의 주장을 인용한다. Schubert M. Ogden, *The Reality of God* (New York: Harper & Row, 1966), 34.

요 합리적 독자를 위해 텍스트가 열어 보이는 '세계 안의 존재 양태'를 드러낸다(BRO, 51, 77-78).

달리 표현하면, 트레이시의 주된 관심은 종교적 차원의 경험적 진술에 관한 것이다.

더 나아가 트레이시는 이런 한계경험과 한계언어의 분석을 기독교 경험의 해석에 적용한다. 그에 따르면 기독교인에게 '하나님'이라는 단어는 "최종적인 확신과 신뢰에 관한 그런 한계경험들을 위해서 실재 자체 안에 있는 객관적 근거"(BRO, 148)를 의미한다. 결과적으로 트레이시는 이렇게 질문한다. "유신론적인 언어가 우리의 모든 실존과 이해에 의해서 전제된 가장 기본적인 신앙을 적절하게 재현하고 있는가?"(BRO, 154) 그는 하나님이 우리 인간 실존 상황에 의해서 규정되고 변호된다는 특성을 지닌다고 믿는다.

또한 트레이시는 기독교인이 "세계 안의 한계 존재 양태"(limit-mode-of-being-in-the-world)의 가능성을 표현하는 것으로 신약성서의 그리스도 사건을 만난다고 주장한다.

… 우리는 역사적으로 재구성되어 표현된 예수 그리스도의 언어와 행위들과 운명에 의해 지시되어 있는 주된 의미를 다음과 같이 형성하게 된다; 세계 안의 한계 존재 양태에 의해서 드러난 주요 지시체와, 예수 그리스도 안에 표현된 정의롭고 사랑하시며 은혜로우신 하나님의 현존 안에 우리가 있는 것처럼 여겨지는 그러한 한계에서 살아가는 위험을 무릅쓰는 새로운 아가페적이고 자기희생적인 의로움의 탈은폐이다(BRO, 221).

그뿐 아니라 예수를 그리스도로 고백하면서 기독교 공동체의 표상적인 단어들과 성례전들을 통하여 "기독교인들은 사랑하는 하나님의 행동 안에 그 근본적인 신앙이 근거하고 있는 삶으로서의 그들의 삶의 진정한 한계표상(limit-representation)을 발견한다"(BRO, 221)[24]고 트레이시는 말한다. 그러므로 그의 기독론적 틀에서 트레이시는 그리스도 사건을, 그리스도의 백성으로서의 기독교인의 현존하는 자기 이해와 그의 백성으로 살아가는 "실존적 가능성"을 위한 상징으로 본다.

신학에 대한 철저한 현상학적 접근을 넘어서서 트레이시는 '인간 공통의 경험'과 '기독교 전통'이라는 양극 중 하나로서 기독교 텍스트를 해석하는 방향으로 나아간다. 자신의 저서 『유비적 상상력』과 『다원성과 모호성』에서, 그는 신학이 그 본성상 해석학적 활동과 관련되어 있다고 역설한다. "이해한다는 것은 곧 해석하는 것이다"(PA, 9).[25] 그는 이것이 조직신학자들의 과제라고 믿는다.

> 그러므로 그들[조직신학자들]은 질문들과 대답들, 형식과 내용, 중심 주제 등의 방식으로 고전적 이미지들, 인간들, 의식들, 텍스트들, 전통의 상징들 속에 체현된 그러한 근본적인 종교적 질문들을 이해하는 고전적인 사건들의 자원들을 회복하고 해석하며 번역하고 중개한다(AI, 104).

해석학적 활동의 과정에서 트레이시처럼 "고전들"(classics)과 "종교적 고전"(religious classic)의 범주들을 이해하는 것은 그의 독자들

---

24) 트레이시에게서 이러한 "세계 안의 존재의 한계 실존적 양태"란 기독교인에게는 고전 본문들을 읽을 때 명시적 신앙, 완전한 신뢰, 무제한적인 사랑을 지니고 살아가는 것이 가능한 사람이다.
25) 트레이시가 주장하듯이 "모든 조직신학은 근본적으로 해석학적인 것으로 이해될 수 있다"(AI, 104).

에게 매우 핵심적인 것이다. 트레이시에 의하면 하나의 고전은 "우리가 진리라고 이름 지을 수밖에 없는 하나의 실재의 탈은폐를 그 안에서 우리가 인식하는 한 사람, 하나의 텍스트, 의식, 상징 혹은 사건이다"(AI, 108). 더 나아가 그는 진술하기를 "명시적으로 종교적 고전의 표현들은 어느 면에서 급진적이고 최종적인 은혜의 신비로서, 전체 능력에 의한 실재 전체의 개시-은폐의 사건으로서의 진리 주장을 포함하게 된다"(AI, 163). 트레이시의 해석학적 범주 안에서 그 고전은 진리를 탈은폐하는 사건이며, '진리 사건의 실현된 경험'(AI, 111)을 전달한다.

트레이시는 기독교 고전이 비유들, 상징들, 신화들, 은유들, 내러티브들을 통해서 신약성서 안에서 증언된 예수 그리스도의 사건과 인격에 관한 중요한 의미와 진리를 발견한다고 믿는다. 그 결과 성서는 "십자가에 달리시고 부활하신 예수 그리스도에 관한 공동체의 과거와 현재의 경험에 대해서 규범적이며 보다 더 상대적으로 적절한 표현들"(AI, 248)로 봉사한다. 또한 그들은 사도적 증언들의 표현이며, 기독교인의 자기이해를 위해서 규범적인 것으로 기능한다(AI, 249).

트레이시의 견해로는 기독교 고전은 문학이나 예술의 한 부분이다. 그러므로 우리가 예술, 음악, 영화 속에서 고전들을 만나고 그들을 다양하게 경험하고 이해하며 판단하는 것처럼, 종교적 고전과의 만남은 불가피하게 다원적이다.[26] 그는 진술하기를 "산 자와 죽은 자를 포함하는 독자들의 광범위한 공동체는 이렇게 가능한 고전적인 텍스트에 대해 몇 가지 적절한 응답을 찾는 투쟁으로 모두를 돌아오도록 한다는 것을 포함해야 한다(AI, 116). 따라서 그는 역사비평과 사회학적 분석만이 아니라 문학비평적 접근들을 사용해야 할 필요성을 주장한

---

26) J. Edwards, "Revisionist Theology and Reinterpreting Classics for Present Practice," 33.

다(BRO, 51).

가다머(Hans-Georg Gadamer)와 리꾀르의 사상에 영향 받아,[27] 트레이시는 "대화의 방법"을 좀 더 적절한 해석학적 접근으로 옹호한다.[28] 그는 "그러므로 고전에 대한 독자의 반응에 주로 집중되어 있는 대화의 모델을 지닌 현금의 해석이론은 본문과 함께 독자 안에서도 다원성을 인지하는 것에 근거한 읽기의 책임적 다원성을 허용하며 실제로 권장하고 있다"(AI, 124)고 한다.[29]

앞에서 살펴보았듯이 트레이시의 해석학적 패러다임 안에는 본문과 독자 사이의 변증법적 상관관계가 존재한다. 그는 진술하기를 "우리가 어느 고전을 읽을 때 … 우리는 우리의 현재 지평이 그 고전의 주장에 의해 촉발된 힘에 의해서 언제나 야기되며 때로는 직면하게 되고 언제나 변화된다는 사실을 발견하게 된다"(AI, 134). 이런 맥락에서 트레이시는 "고전적 텍스트의 운명은 비판적·기술적으로 질문하고 그것의 응답을 경청하기를 두려워하지 않는 후대의 유한하고 역사적이며 시간적인 존재들에 의한 지속적인 재해석만이 텍스트 안에서 현재의 고정된 것을 넘어서는 이해의 사건을 현실화할 수 있다"(AI, 102)고 주장한다.

이를 토대로 자신의 책 『유비적 상상력』에서 트레이시는 해석학과 변증법 사이에 놓인 텍스트 안에서 "상호 비판적 상관관계"를 위한 필요성이 존재한다고 주장한다. 이는 유비의 사용을 통해 얻어지는 것이다. 유비(상이성들 안의 동일성들, similarities-in-differences)에 대한 그

---

27) 고전적 텍스트들의 해석에 관한 트레이시의 이론은 가다머와 리꾀르의 저서에 힘입은 바 크다. 해석학적 패러다임으로서의 "상호대화"에 대한 강조는 가다머로부터, 설명과 이해의 변증법에 대한 통찰은 리꾀르에게서 얻은 것이다(AI, 101-102; BRO, 75).
28) 트레이시는 그의 저서에서 "해석학적 회복"(hermeneutical retrieval)과 함께 "해석학적 비판과 의혹"을 사용하고 있다.
29) 트레이시는 주장하기를 "모든 고전은 그 자신의 다원성을 지니고 있으며 읽기의 다원성을 격려한다"(AI, 113).

의 이해는 대화를 위해서 주된 이성적 보증들을 제공한다. 그는 유비적 상상력이 텍스트들 안에 다원성을 이해하는 하나의 전략을 제공한다고 역설한다.

본문과 독자 사이의 "비판적 상호대화"를 통해 기독교 고전은 개정과 변증법적 변화들만이 아니라 모든 세대의 사람들과의 대화에 참여하도록 개방된다. 트레이시의 관점으로는 그러한 해석이 특정 공동체를 넘어서서 훨씬 더 광범위한 사회들을 향해 나아가야 한다. 그의 주된 의도는 우리로 하여금 세계 안에 있는 다양한 사회들, 기독교 전통들, 세계종교들 사이의 지속적인 대화들에 기여하도록 하는 것이다.

이런 이해를 토대로, 그의 후기 저서 『타자와의 대화: 종교 간 대화』(Dalogue With the Other: The Inter-Religious Dialogue, 1990)에서, 트레이시는 세계 종교들의 다원성과 타자성의 주제를 다룬다. 여기서 그는 자신의 유비 개념을 통해 창의적인 대화 가능성들을 강조한다. 트레이시는 "타자를 타자로, 다른 것을 다른 것으로 인식한다는 것은 어떤 방식으로는 다른 의미들의 세계가 나 자신을 위해 가능한 선택이라는 사실을 또한 인식하는 것이다"[30]고 말한다. 그에 의하면 타자들을 긍정함으로써 우리는 배우고 변화하며 변혁되는 과정 속에서 종교 간 대화에 참여할 수 있다.

---

30) David Tracy, *Dialogue with the Other: The Inter-Religious Dialogue* (Louvain, Peelers, Grand Rapids, MI: Wm. B. Eerdmans Publishing Co., 1990), 41. 또한 트레이시는 "신학은 근대나 전근대 혹은 탈근대라는 특정 체계나 그 어떤 체계에 의해 결코 길들여지지 않을 것이다. 왜냐하면 신학은 전체성을 보여주지 않기 때문이다. 기독교신학은 기껏해야 예수 그리스도의 자기비움의 실재 안에 계시된 무한성(the Infinity)을 맛본 모든 타자들(others)을 통해서 듣게 되는 절대 타자(the Other)의 목소리이기 때문이다." D. Tracy, "Theology and the many Faces of Postmodernity," *Theology Today* vol. 51 no. 1 (April 1994), 114.

II. 트레이시의 신학방법에 관한 비판적 대화[31]

트레이시는 오늘날 신학적 비전들의 풍성한 다원성과 포스트모던 상황의 구체적 실재를 누구보다도 잘 인식하고 있다. 그는 포스트모던 도전에 대해서 적절한 응답을 시도하는 것의 타당성과 필요성을 주장한다.

신학에 대한 트레이시의 접근의 기초와 출발점은 무엇인가? 그는 포스트모던 신학방법을 위해서 "상호 비판적 상관관계 방법"을 제안한다. 아퀴나스(T. Aquinas), 쉴라이어마허, 칼 라너(K. Rahner), 폴 틸리히, 버나드 로너간과 랭돈 길키를 계승하여,[32] 트레이시는 합리성과 신뢰성의 일반적 표준과 설명의 일반적 이론들 아래에서 인간의 지식과 경험을 기독교 공동체의 특수한 자기 기술적(self-descriptive) 언어와 지속적으로 상관시켜야 할 필요성이 있다고 주장한다.

이런 입장에서 트레이시는 한스 프라이를 비롯한 신바르트주의적 탈자유주의 신학에 의해 지지되는 미국 개신교 신학을 소위 "반(反) 상관관계적"(anticorrelational)이라고 규정한다.[33] 그러나 프라이에 따르면, 기독교신학은 자기규정(self-definition)이지 인간 공통의 경험 혹은 일반 이론들이 아니다. 프라이의 견해로는 트레이시의 신학은 일

---

31) 이런 신학적 성찰은 트레이시와 한스 프라이 사이의 비판적 대화에 주로 초점을 맞춘 것이다. 프라이는 탈자유주의 신학방법의 주요 대표자로 간주된다.

32) D. Tracy, "The Uneasy Alliance Reconceived," 556.

33) 위의 책, 555. 그의 책 『기독교 신학의 유형들』에서 프라이는 이 주제를 다룬다. 여기서 그는 칼 바르트처럼 자신의 입장을 "임시방편적인 상관관계"(ad hoc correlation) 방법으로 규정되는 것을 선호한다. 그는 성서의 내러티브적 해석과 그가 "쟁점 위주의 특수한 변증학"(ad hoc apologetics)이라고 일컫는 것 안에 근거하고 있는 기독교신학의 자기기술적(self-descriptive)인 성격을 강조한다. Hans Frei, *Types of Christian Theology*. ed. George Hunsinger and William C. Placher (New Haven/London: Yale University Press, 1992), 70-91.

종의 일반적인 철학적 인간학으로 간주될 수 있다.[34] 프라이와는 달리 트레이시는 "신학의 비판적 상관 관계적 과제를 포기하는 것은, 신학 안에서 신학의 성찰적 과제를 포기하는 것이다"[35]라고 주장한다. 트레이시의 견해로는 프라이와 같은 반상관관계적 신학자들이 너무나 쉽게 비판적·성찰적인 신학의 과제를 그만 둔다는 것이다. 그러나 프라이는 자기기술적인 신학방법이 비판적인 상관 관계적 방법보다 우선적인 것이어야 한다고 역설한다.

조지 린드벡(G. Lindbeck)에 따르면, 프라이의 신학이 문화-언어학적 접근인데 반해, 트레이시의 신학은 경험적-표현적인 접근으로 분류될 수 있다.[36] 린드벡의 입장에서 트레이시의 신학은 종교적 경험들, 내적 감정들, 태도들 혹은 "세계 안의 존재 양태들"을 상징적으로 전달한다. 더 나아가 광범위한 종교들의 다양성에 공통적인 것으로서의 트레이시의 "핵심 경험"(core experience) 개념은 그것이 그 특수한 모습들을 구체화할 수 없기 때문에 논리적으로나 경험적으로 검증 가능하지 않다.[37] 그 반대로 린드벡은 "인간의 경험은 문화-언어학적 형식들에 의해 형성되고 형태를 갖추게 되며, 어떤 의미에서 구성된다"[38]고 주장한다. 린드벡의 관점을 힘입어 프라이는 종교의 현상학적 분석에 의한 트레이시의 "실현된 경험"(realized experience) 혹은 "한

---

34) H. Frei, *Types of Christian Theology*, 31.

35) D. Tracy, "The Uneasy Alliance Reconceived," 568.

36) 린드벡은 현금의 신학방법론들을 "인지적-명제주의적"(cognitive-propositionalist), "경험적-표현주의적"(experiential-expressivist), "문화-언어학적"(cultural-linguistic) 등 세 유형으로 분류한다: 첫째 유형은 그 안에서 교리들이 진리 주장들 혹은 정보적인 명제들로 기능하는 방식을 강조함으로써 종교의 인지적 측면들에 초점을 맞춘다. 둘째 유형은 인간의 내적 감정들과 태도들의 비정보적이며 비담론적인 상징들로 교리들을 해석한다. 셋째 유형은 린드벡과 프라이가 연계되어 있는 것으로, 교리의 "규칙"(rule) 혹은 "규정적인"(regulative) 이론을 지닌 문화-언어학적 접근이다. George Lindbeck, *The Nature of Doctrine: Religion and Theology in a Postliberal Age* (Philadelphia: Westminster Press, 1984), 30-45.

37) 위의 책, 32.

38) 위의 책, 34.

계경험"(limit experience)의 개념들을 비판한다. 프라이의 견해로는 특수한 기독교적 경험과 전통들이 존재한다는 것이다. 그에게서는 특수한 기독교적 경험이 일반적인 인간 경험들보다 우선적으로 해명되어야 한다.[39]

그러나 트레이시는 자신의 신학을 "경험적-표현주의적" 모델이라고 규정하는 것에 만족하지 않는다.[40] 그는 그의 신학이 "중개적인" (mediating) 또는 "상관적인" 신학이라고 일컬어지는 것을 더 선호한다. 실제로 트레이시는 "문화-언어학적" 모델이 전체 기독교신학을 위해 적합하다는 것에 동의하지 않는다. 비록 문화–언어학적 모델이 종교들을 기술하고 신학의 핵심적인 자기기술적인 과제를 분석하는 하나의 가능성이라는 것에는 동의하지만, 외적 설명과 자기기술 사이의 적절한 관계성을 보여주지 않는다고 믿는다.[41]

트레이시의 신학 패러다임에서는 인간의 공통적인 종교적 경험이 기독교신학을 위해서 기본 자원으로 봉사한다는 것이 특징적이다. 더 나아가 트레이시는 그의 신학에서 형이상학적·초월적 성찰과 해석학적 현상학을 이론적 토대들로 사용한다. 반면에 프라이에게서 신학은 성서에 견고하게 뿌리박고 있어야 하며 그 어느 외적 토대들에 의해 지원받아서는 안 된다. 그는 진술하기를 "기독교적 언어 주장들이 의미 있는 것이 되기 위해서는 그 어떤 조직적인 선이해, 단일하고 특수하며 일관되게 사용되는 개념적인 도식, 그 어떤 독립적인 인간학,

---

39) 스텔(Stell)은 프라이와 동일한 관점을 갖고 있다. 그는 주장하기를 "트레이시의 '실현된 경험' 혹은 자아 그 자체의 직접적 경험의 주장은 보다 더 구체적인 용어들로 추가될 필요가 있다. 그의 '전체성'(whole)의 용어는 구체적이고 특수한 경험에 의해 형성되어야 한다." Stephen L. Stell, "Hermeneutics in Theology and the Theology of Hermeneutics: Beyond Lindbeck and Tracy," *Journal of the American Academy of Religion* vol. LVI no. 4 (December 1993), 685.

40) David Tracy, "Lindbeck's New Program for Theology: A Reflection," *The Thomist* 49 (1985), 460-472.

41) 위의 논문, 468.

해석학, 존재론이 반드시 필요한 것은 아니다."[42] 이를 바탕으로 프라이는 트레이시의 신학에 대한 "토대주의적"(foundationalist) 접근을 거부한다. 반면에 자신을 토대주의적인 신학자로 간주하는 트레이시는 프라이의 입장을 "반토대주의적" 접근이라고 부른다.[43]

주로 철학적·해석학적 이론들에 기초한 트레이시의 수정주의 신학은 설명적(explanatory)이라고 정의될 수 있다. 그것은 진리와 함께 의미의 확실성과 정합성의 표준을 우리에게 제공함으로써 개념적이고 설명적인 도식들을 지닌 비판적·철학적 성찰을 포함한다. 트레이시의 관점으로는 프라이의 문화-언어학적 접근이 비트겐쉬타인(L. Wittgenstein)을 연상케 한다.[44] 그러나 프라이에 따르면, 트레이시의 신학방법 안에서 외적 설명과 기독교적 자기기술 사이의 날카로운 차이가 존재하지 않는다.[45]

적절한 신학방법에 관한 현금의 논쟁의 주된 모습들 중 하나는 성서의 해석에 관한 질문이다. 실제로 프라이는 사실적인 내러티브와 "역사 같은"(history-like) 내러티브의 회복을 통해 성서의 "문자적 의미"(literal sense)에 헌신해왔다. 트레이시와는 달리 프라이는 본문의 문자적 읽기가 본문 외적 실재와 관련해서 "논리적으로 상이한 내용"(a logically different matter)이라고 주장한다.[46] 프라이에게서 문자적 의미(*sensus literalis*)는 리꾀르와 트레이시의 현상학적 해석학과 양립할 수 없는 것이다.[47]

트레이시는 성서 읽기에서 내러티브의 중심적 역할에 관한 프

---

42) H. Frei, *Types of Christian Theology*, 20.
43) D. Tracy, "The Uneasy Alliance Reconceived," 557.
44) D. Tracy, "Lindbeck's New Program for Theology," 465.
45) H. Frei, *Types of Christian Theology*, 33.
46) 위의 책, 84.
47) 위의 책, 7.

라이의 견해에 동의한다. 또한 그는 내러티브의 "단순한 의미"(plain sense)의 재발견이, 상관관계 신학들에서 기독교적 텍스트들에 대한 적합성의 충분한 표준을 위해 매우 유망한 것이라고 논증한다.[48] 그러나 트레이시에 의하면 내러티브가 불가피한 것이 사실이지만, 철학, 심리학, 담론적인 언어, 추상적 사고, 역사적 관심들, 조직적인 구성을 사용하는 그 어떤 구성적 작업에 반대하는 특권적이며 유일한 입장이 주어져서는 안 된다. 그는 신학적 이론화에서 그 어떤 배타적으로 자율적인 내러티브의 기능을 거절한다.

이런 맥락에서 신학적 해석학에 대한 트레이시의 접근은 단일한 (일방적이고 단독적인) 해석들을 배제한다. 실제로 트레이시는 포스트모던 세계를 규정짓는 해석학적 틀의 풍성한 다원성을 긍정하는 일에 분명한 관심을 보이고 있다.[49] 그렇게 함으로써 그는 역사비평, 페미니스트 해석학, 문학비평, 대화의 해석학 등을 초대한다.

그러나 트레이시의 해석학적 전략은 프라이의 문자적 성경 읽기와 전혀 다르다. 트레이시는 의미와 진리, 또는 "의미"(sense)와 "지시체"(reference) 사이를 날카롭게 구분한다.[50] 트레이시의 관점에서 성경은 하나의 특수한 '세계 안의 존재 양태'를 펼치는 고전, 즉 "종교적 텍스트"의 하나의 특수한 실례이다. 그러므로 트레이시에게서 예수의 이야기가 말하고자 하는 바는 이야기된 예수나 역사적 예수가 아니라, 진정한 아가페적 '세계 안의 존재 양태'의 "실존적 가능성"(existential possibility)이다.[51] 반면에 프라이는 한편으로 "그리스도 사건은 현재

---

48) D. Tracy, "On Reading the Scriptures Theologically," in *Theology and Dialogue: Essays in Conversation with George Lindbeck*, ed. Bruce D. Marshall (Notre Dame: University of Notre Dame Press, 1990), 51.

49) Stephen L. Stell, "Hermeneutics in Theology and the Theology of Hermeneutics," 683.

50) 트레이시에게서는 의미(내적인 개념적 정합성), 의미성(실제 경험을 드러내는 언어), 진리(인간의 공통경험의 조건에 대한 초월적 혹은 형이상학적 설명)를 위한 개별적으로 안정적이며 일반적이고 포괄적인 표준이 존재한다. BRO, 70-71.

의 자기이해를 위한 상징이 아니다. 오히려 그것은 나사렛 예수의 삶이다"[52]라고 주장한다. 프라이의 견해로는 트레이시의 예수에 관한 상징적·경험적 사고가, 유일한 특수한 인간, 나사렛 예수에 관한 복음서의 이야기들의 읽기를 훼손한다.[53] 그러므로 프라이는 문자적 의미가 알레고리적 해석과, 트레이시의 경우에서처럼 상징적 해석 모두를 넘어서야 한다고 주장한다.[54]

하나의 문학적 토대로서, 프라이는 본문들과 독자들이 독립적이라고 주장한다. 사실적 내러티브의 의미는 자율적이며, 결과적으로 그 독자들의 수용적 의도들과 분리된다. 그러나 트레이시의 비판이론은 텍스트와 독자의 상호작용 속에서 텍스트의 의미가 발견된다는 것을 전제하고 있다. 필자의 견해로는 독자들과 그들의 세계가 해석학적 과정 안에서 중요한 역할을 한다는 것은 옳다. 듀크(J. Duke)의 견해처럼, 해석의 과정은 텍스트와 독자 사이의 대화이지 오직 본문만이 말하는 독백이 아니다.[55]

기독교 전통의 본문내적 읽기로 제한되는 것에 반대하면서, 트레이시는 다양한 기독교 전통과 종교 간 대화의 논의에 대한 자신의 방법론적 개방성을 유지한다. 트레이시의 해석학적 방법은 변증법적이다. 트레이시에게는 이것이야말로 항상 열려진 비판적 상호대화로 간주될 수 있다. 그의 견해로는 상호대화의 모델들이, 특히 타자와 상이

---

51) H. Frei, *Types of Christian Theology*, 63.

52) 위의 책, 67.

53) 반후저(K. Vanhoozer)는 주장하기를 "만일 복음이 일반적인 인간 경험에 관한 보편적 진리를 드러내는 것이라면, 예수 그리스도의 특수한 의미는 무엇인가? … [그렇게 된다면] 예수는 그에 관한 이야기의 핵심 인물을 위한 이름으로서가 아니라 오히려 의식의 특수한 양태, 자기이해의 가능성을 위한 하나의 표지로서 기능한다." Kevin Vanhoozer, *Biblical Narrative in the Philosophy of Paul Ricoeur: A Study in Hermeneutics and Theology* (Cambridge: Cambridge University Press, 1990), 159-60.

54) H. Frei, *Types of Christian Theology*, 64.

55) James D. Duke, "Reading the Gospels Realistically: A Review of Hans Frei's *Eclipse of Biblical Narrative and Identity of Jesus Christ*," Encounter 38 (1977), 305-307.

한 것에 대한 관심을 요청하는 진지한 상호대화가 낳는 가능성들을 인식할 수 있는 핵심적인 희망으로 남아 있다.[56]

"공적 진술의 책임성"의 주제와 관련해서, 플래처(W. Placher)의 주장을 받아들인다면, 프라이의 탈자유주의적 본문내적 신학은 "그것이 종교를 개인적 경험의 문제가 아니라 공적인 공동체적 활동으로 이해한다"[57]는 점에서 실제로 공적인 것이다. 그런데 프라이에 반대해서, 트레이시는 "신학자는 모든 합리적인 사람들에게 개방된 공적 토대들 안에서(찬성하든 반대하든) 논증해야만 한다"[58]고 역설한다.

> 개인적 신앙은 진리에 대해 공적으로 변호된 주장들을 위한 보증이나 지지로서 봉사해서는 안 된다. 그 대신에 몇 가지 철학적 논증(대체로 암시적이든 명시적이든 형이상학적인)의 형식은 그와 같은 주장들에 대한 주요한 보증이나 지지로서 기여하게 될 것이다.[59]

즉 트레이시는 우리가 공적 영역에서 공적이며 합리적인 표준을 보여주어야 한다고 생각한다. 따라서 그의 관점에서는 프라이의 본문내적인 접근이 기독교인들을 위한 "공적" 표준을 제공하는 데 주저하는 것처럼 보인다는 것이다.[60]

더 나아가 필자는 트레이시의 접근들이 정치적·사회적 주제들을

---

56) D. Tracy, "The Uneasy Alliance Reconceived," 562.
57) 플래처에 의하면 신학은 다음의 방식으로 "공적일" 수 있다. 첫째, 신학은 이성적·합리적·책임적 인간에게 가능한 보증들(warrants)에 호소한다. 둘째, 신학은 종교를 개인적 경험의 문제가 아니라 근본적으로 공적이며 공동체적인 활동으로 이해한다. 셋째, 신학은 정치적·사회적 주제들을 효과적으로 진술한다. W. Placher, "Revisionist and Postliberal Theologies and the Public Character of Theology," 407.
58) D. Tracy, Analogical Imagination, 64.
59) D. Tracy and J. B. Cobb Jr., Taking about God, 9.
60) 다수의 비판자들은 프라이의 탈자유주의적 접근이 신학을 외부인들에게 합리적이지 않은 게토(ghetto)의 언어로 전환시킨다고 지적한다. Paul Nelson, Narrative and Morality: A Theological Inquiry (Philadelphia: The Pennsylvania State University Press, 1987), 83.

효과적으로 진술하고 천명하는 그들의 가능성을 고려해 볼 때 거의 "공적"이라는 플래처의 논증에 동의한다. 트레이시의 경우에 비록 그가 사회적·문화적·정치적 주제들에 대해 실천적인 응답으로서의 실천신학을 제안하고 있지만, 그는 이 주제에 관해서 좀 더 발전시키지 않고 있다. 물론 최근에 그가 생태학적 위기와 해방, 저항 및 희망 등과 같은 주제들에 더 관심을 두고 있다는 사실은 주목할 만하다. 그러나 그의 관심은 여전히 실천적이라기보다는 이론적인 것이라고 할 수 있다. [61)

　　필자의 판단으로는 트레이시의 기초신학의 신학적 목적은 변증적으로 방향 지어진 것이다. 그는 "변증학은 언제나 모든 기독교신학의 본질적인 측면이 되어야 한다"[62)고 주장한다. 그는 덧붙기를 "상황분석이 신학적 과제의 본질적인 부분이듯이, 변증학은 본질적인 것으로 남게 될 것이며 결과적으로 동일한 과제의 임시방편적인 부분이라기보다는 조직적인 것으로 남게 될 것이다."[63) 이런 맥락에서 트레이시의 신학의 주된 관심은 학문적인 훈련에 초점이 맞추어져왔다. 그의 관심은 신학의 합리성과 신뢰성을 보호하기 위해 적절한 학문적 추론을 탐구하는 것이었다. 그는 또한 광범위한 학문 공동체 안에서 전 지구적 논의에 참여해왔다. 그 결과 비록 교회가 세 가지 신학적인 공적 영역의 하나이지만, 트레이시의 신학에서는 상대적으로 교회에 관한 진술들이 적다. 프라이와 비교할 때, 기독교회의 실천은 트레이시의 방법론에서는 거의 다루어지지 않는다. [64) 프라이에 따르면, 기독교적 개념과 언어의 사용을 위한 필수적 상황으로서의 교회는 트레이시

---

61) W. Jeanrond, "Theology in the Context of Pluralism and Post-modernity," 160.

62) D. Tracy, "The Uneasy Alliance Reconceived," 568.

63) 위의 책, 559, n. 43.

64) Werner Jeanrond, "The Problem of the Starting-point of Theological Thinking," in *The Possibilities of Theology: Studies in the Theology of Eberhard Jüngel in His Sixtieth Year.* ed. John Webster (Edinburgh: T&T Clark, 1994), 88.

의 방법에서 거의 역할을 하지 않고 있다.[65] 이런 의미에서 트레이시는 교회의 신학자라기보다는 학문적인 신학자라고 할 수 있다.

근대성과 탈근대성의 주제와 관련해서, 린드벡은 트레이시를 근대주의자로, 탈자유주의 신학자들을 탈근대주의자들이라고 분류한다. 린드벡의 견해로는 트레이시의 경험적 토대주의가 쉴라이어마허에 의해 시작된 근대 자유주의 전통에 깊이 뿌리박고 있다.[66] 트레이시가 자신을 기초신학자로 보며 그의 신학방법을 근대주의의 연장으로 이해한다는 점에 유의해야 한다.[67] 비록 트레이시가 객관성 주장에 관련해서 근대주의자들의 견해를 거부하지만, 그는 공적 합리성을 추구함으로써 여전히 상관관계 방법과 변증학에 대한 그의 관심에 있어서 근대적이다. 그의 폭넓은 포스트모던 관심들에도 불구하고,[68] 트레이시의 신학적 기획은 근대적 경향을 보여준다는 것이 올바른 판단이다. 요약하면, 트레이시의 신학방법은 근대적 성격을 보여주는 반면에, 마찬가지로 포스트모던 관심과 측면들의 다양성을 포함하고 있다.

그 어느 특정한 신학방법도 그 자신의 강점과 함께 약점들을 지니고 있기 때문에 현대신학의 모든 과제를 수행할 수 없다는 사실은 부인될 수 없다. 현금의 신학자들 사이에 가장 타당하고 적절한 신학방법에 관한 합의는 아직 이루어지지 않고 있다. 이런 분위기에서 트레이시의 수정주의 방법은 북미 상황의 학문적인 신학공동체들에게 매우 영향력이 있다. 그가 수많은 경쟁적인 신학 패러다임들 중 포스트모던 환경에 놓인 학자들에게 흥미로운 신학적 틀을 제공하고 있기 때

---

65) H. Frei, *Types of Christian Theology*, 33.

66) G. Londbeck, *The Nature of Doctrine*, 16.

67) D. Tracy, "The Uneasy Alliance Reconceived," 558-560.

68) 린츠는 트레이시를 "온건한 포스트모더니스트"라고 부른다. R. Lints, "The Postpositivist Choice: Tracy or Lindbeck?" 665. 트레이시는 탈자유주의를 반근대적(antimodern)이라고 일컫는다. D. Tracy, *On Naming the Present*, 20.

문이다. 실제로 그의 상호 비판적 상관관계방법을 통해 트레이시는 저술 속에서 비판적 방식과 자기 비판적 방식으로 포스트모던 상황을 진지하게 다루어왔다는 특성을 지닌다. 그에게는 이것이 기독교신학으로 하여금 간학문적 대화와 종교 간 대화에 대해 좀더 광범위하게 문을 열도록 하는 것이다.

더 나아가 "공적 진술의 책임성"을 탐구하기 위한 트레이시의 신학적 시도는 기독교신학이 공적으로 받아들여질 수 있는 방식으로 합리성의 일반적 표준 아래 타 학문의 영역과 공유할 수 있다는 점에서 강점을 지닌다. 트레이시의 신학은 또한 우리로 하여금 타자성을 긍정하는 감각을 일깨우고 타 종교 및 문화들과 비판적 대화에 참여하도록 독려한다.

그러나 그의 신학적 기획 안에는 결정적인 약점들이 있음을 부인할 수 없다. 앞에서 살펴보았듯이, 트레이시는 기독교의 정체성에 관해서 많은 언급을 하지 않는다. 또한 교회의 특수한 구체적이고 실천적인 훈련에 관하여 거의 설명하지 않고 있다. 트레이시의 상관관계 신학방법론의 경우 그 구체적 현실에서는 상관관계의 한 편을 잃게 될 위험이 뒤따른다. 그러므로 트레이시의 성찰은 실제적인 교회적·예전적·영적 진술들을 포함해야 한다.[69] 트레이시는 그의 신학 안에서 특수한 기독교의 성격과 공적 진술의 책임성 사이에 역동적 긴장 속에서 균형을 갖출 필요가 있다고 필자는 판단한다. 이는 트레이시의 신학 패러다임으로 하여금 포스트모던 시대를 살아가는 수많은 기독교인들과 교회들을 위해 보다 더 통합적이고 설득력이 있도록 도울 것이다.

---

69) W. Jeanrond, "The Problem of the Starting-point of Theological Thinking," 88.

5장

여성 해방적 인간 이해:
성 정체성과 차이의 형성 이해를 중심으로

　　현대 여성학 이론에 있어서 가장 중요한 주제들 중 하나는 성(性)의 정체성(identity)과 차이(difference)의 형성에 관한 물음이다. 본 연구는 여성학자와 여성신학자들의 사상의 기본 개념들의 분석을 통해 방법론적이고 실천적인 의미들을 살펴봄으로써 성 정체성의 주제에 관한 이론적인 논의들을 자극하고 발전시키는 데 목적을 둔다. 논의의 범위는 세 명의 일반 여성학자들, 문화여성학자인 시몬느 드 보부아르(Simone de Boeuvoir), 관계론적 여성학자인 낸시 채도로우(Nancy Chadorow), 후기 구조주의 여성학자인 뤼스 이리가라이(Louis Irigary), 그리고 두 명의 여성신학자 로즈매리 류터(Rosemary R. Reuther)와 캐더린 라쿠나(Catherine LaCugna)를 그 대상으로 한다.

본 주제를 다루는데 있어서 예비적인 질문들은 다음과 같다: 성 (Gender)이란 무엇인가? 여성 혹은 남성이 된다는 것은 무엇을 의미하는가? 성 정체성의 본질은 무엇인가? 성의 정체성과 차이에 놓여 있는 관계성은 어떠한가? 성의 관계성은 어떻게 형성되고 유지되는가? 남성의 지배와 여성의 종속의 원인들은 무엇인가? 성 정의(gender justice)를 획득하고자하는 페미니스트들의 전략들은 무엇인가? 이런 질문들을 제기하면서 5장에서는 성의 정체성과 차이의 형성에 관한 현대 여성학자들의 사상들을 비교 고찰하고 각각의 주장들의 가치와 한계들을 평가함으로써, 성의 정체성과 차이의 통합적 이해를 위한 미래의 방향을 제언하고자 한다.

I. 성의 정체성과 차이의 형성 이해

1. 시몬느 드 보부아르(Simone de Beauvior)

여성학에 있어서 그녀의 고전적 작품『제2의 성』(1949)[1]에서 시몬느 드 보부아르는 가부장적 문화 안에서의 남성과 여성의 관계에 대해 매우 흥미 있는 분석을 제공하고 있다. 그녀의 중심 논제는 성 정체성이 생물학적으로 내재적이거나 형태학적으로 결정되어 있지 않다는 것이다. 오히려 그것은 역사 속에 주어진 특정한 문화적 상황 안에서 형성되고 재구성된다. 가부장적 문화가 '여성성'(femininity)과 '남성성' (masculinity)의 의미를 창조하고 강화해왔기 때문이다.[2] 그녀에 따르

---

1) Simone de Beauvoir, *The Second Sex*, trans. H. M. Parshley (Harmondsworth: Penguin, 1972).
2) 로버트 슈톨러는 sex/gender의 구별을 제공하고 있다. 그에 의하면 sex는 남성(male)과 여성

면 여성성을 페니스의 "결핍"으로 묘사한 프로이드(S. Freud)의 심리분석은 생물학적으로 결정론적인 것이다. 오히려 "여성은 태어나는 것이 아니라 만들어지는 것이다"[3]라고 그녀는 주장한다.

또한 헤겔(G. Hegel)의 자아-타자(self-other) 모델과 사르트르(J. P. Sartre)의 주체-객체(subject-object) 모델로부터 영향을 받아, 보부아르는 "타자성은 인간 사고의 기본 범주이다"[4]라고 천명한다. 그녀에게 성 정체성의 구조에 대한 분석을 위한 출발점은 자아와 타자의 원형적(原型的)인 이원성(duality) 혹은 주체와 객체 사이의 대립이다. 보부아르에 따르면 자기 정체성은 오로지 객체와 타자에 대한 대립을 통해서 형성되고 발전된다. 역사를 통해 남성들은 항상 자아와 타자와의 사이에서 정복을 위한 부단한 투쟁에 몰두해왔다. 그러나 여성들은 남성들이 그들에게 영원한 타자의 신분을 부여했기 때문에 이런 과정에 참여할 수 없었다. "타자성"이라는 개념은 사적·공적 삶에서 여성을 거절하고 배척하며 대상화하는 것을 의미한다. 인간의 주체성과 개인화의 과정에 의해서 남성들은 내재성을 극복하는 초월성을 향한 끝없는 투쟁을 전개해왔다. 인간은 자연을 초월해왔으며 가부장사회에서 자율적 존재로서 자유를 획득해왔다. 그런데 규범적 주체로서의 남성은 능동적이며 중립적인 것을 대표하는 반면에, 여성은 오로지 부정적이며 수동적인 것을 대표한다.

보부아르에 의하면 여성들은 자연과 관련되었으며 내재성으로

(female) 사이에 생물학적으로 주어진 차이를 말한다. 반면에 gender는 심리학적·사회문화적 범주를 가리키는데, 이에 상응하는 용어가 바로 남성성(masculinity)과 여성성(femininity)이다. Robert Stoller, *Sex and Gender* (London: Hogarth Press, 1968), 158-159. 그러나 최근에 카리 뵈뢴젠은 성을 사회생물학적 범주로 봄으로써 이러한 일방적 견해를 수정하고 있다. 그녀는 생물학적으로 결정된 sex와 문화적으로 표현된 gender 사이의 상호작용을 강조한다. Kari E. Börrensen, "Women's studies of the Christian tradition," *Contemporary Philosophy: A New Survey*. vol. 6 no. 2 (1990), 901-1001.

3) Simone de Beauvoir, *The Second Sex*, 295.
4) 위의 책, 17.

방향이 결정되었다. 더욱이 그들은 수동적이며 결핍된 존재로 간주되었고, 결코 주체로서 행동하도록 허용되지 않았으며, 언제나 행동하는 주체인 남성에 의존하는 객체의 신분으로 운명 지어졌다. 성 정체성의 이런 특성들은 양립할 수 없는 것이며, 그 결과 남성과 여성의 관계는 가부장적 문화 안에서 상호성이 불가능한 것이 된다. 보부아르는 이것이 남성의 우월성과 여성의 열등성에 근거한 성의 차이와 성의 불평등을 함께 보여주는 것이라고 믿는다. 이런 이해를 토대로 가부장사회에서 남성에의 여성의 종속을 극복하기 위해, 보부아르는 여성들이 객체와 타자로서의 자신들의 위치를 거부하고 개별적으로나 집단적으로 역사 속에서 자유롭고 진정한 인간 주체들이 되어야만 한다고 주장한다. 그녀에게서 이것은 근대의 "독립적 여성"의 이상인 바, 남성들에 의해 규정된 여성성으로부터 자유롭게 된 존재인 것이다.

2. 낸시 채도로우(Nancy Chodorow)

페미니스트 심리분석학자인 낸시 채도로우는 성 정체성이란 "생물학이나 의도적인 역할 훈련의 산물이 아니라"[5] 여성의 육아와 사회 제도의 산물이라고 주장한다. 그녀의 책 『육아의 재생산』(The Repro-duction of Mothering, 1978)에서 채도로우는 여아(女兒)들과 남아(男兒)들이 구강기 이전 시기에서부터 여성의 육아의 결과로 인한 자아 정체성의 다양한 구조들을 획득하고 발전시킨다고 논증한다. 주로 외디프스 콤플렉스와 거세 콤플렉스에 집중된 심리적·성적 차이에 대한 프로이드의 분석과는 달리, 채도로우는 구강기 이전 단계에서의 모녀 관계 및 모자 관계의 결과들에서 기인하는 남성과 여성 사이의 심리학적 차

---

5) Nancy Chodorow, *The Reproduction of Mothering: Psychoanalysis and the Sociology of Gender* (Berkeley: University of California Press, 1978), 7.

이들을 강조한다. 그녀의 견해에 따르면 성 정체성은 결코 생물학적으로 결정되어 있거나 사회적으로 고정관념화 되어 있지 않다. 그 대신에 여성성과 남성성에 관한 구별된 의미는 어느 특정한 사회적 상황, 주로 가정생활에서 획득되고 발전되며 재생산된다.

채도로우에 따르면 "어머니들은 남성으로서의 자신의 아들들을 대립적인 것으로 경험하지만", "그들은 자신들의 딸들을 훨씬 더 자신들과 닮은 존재들로 경험하는 경향이 있다."[6] 그 결과 남아는 어머니로부터 분리되며 아버지와 자신을 동일시함으로써 자신의 독특한 정체성을 획득하는 데 참여해야만 한다. 이런 과정에서 남아는 "자신 안에 있는 여성적인 것으로 간주되는 특성들을 스스로 억압하고 사회와 세상에서 여성적인 것이라고 간주되는 것은 무엇이나 거절하고 평가절하한다."[7]

채도로우에 의하면 남성적인 에고(ego) 구조는 "훨씬 더 엄격한 에고의 경계들(boundaries)과 구별화(differentiation)라는 의미에서 그 자신을 좀 더 분리적이고 구별적인 것으로"[8] 규정할 수 있다. 이렇게 남아는 그의 어머니와의 연결을 부정할 뿐 아니라 여성성을 거부함으로써 자신의 정체성을 획득하고 발전시킨다. 결과적으로 남성적 인격성은 분리적이며 독립적이고 非관계적인 것으로 규정된다. 이와는 달리 여아는 이원적인 본래적 모녀관계의 관계성의 부분을 보존하고 어머니와의 친밀한 접촉을 계속한다. 따라서 그녀는 "좀더 유동적이거나 침투성 있는 에고의 경계들을 지닌" 정체성의 구조를 획득하며 세계와 연결된 "타자와의 관계성 속에서 더욱" 자신을 규정한다.[9] 다른

---

6) 위의 책, 166.
7) 위의 책, 181.
8) 위의 책, 169.
9) 위의 책, 93.

한편 그녀는 분리적이고 자율적이며 개성화된 것으로 자기 정체성을 분명하게 의식하지 못한다. 그래서 채도로우는 여성의 인격성이 포괄적이며 의존적이고 관계적이라고 믿는다.

이렇게 성의 차이는 주로 가정 안에서 남성과 여성의 상이한 관계 능력과 특수한 동일시에 기인하고 있다. 또한 그것은 가부장사회 안에서 여성들의 어머니 역할의 재생산에 의해 강화된다. 채도로우는 이러한 성의 차이가 성의 불평등을 초래한다는 사실을 발견한다. 발달 심리학적 과정에서 여성은 가부장적 논리와 연관되어 사회적으로 평가 절하된 인간으로 간주되어왔다. 분리된 자아 혹은 자율적인 자아로서의 규범적 이상에 관한 프로이드의 분석은 관계적이며 또는 연결된(connected) 것으로서의 여성적 자아의식을 억압해왔다. 그러나 "심리분석학적 관점에서의 성, 관계, 그리고 차이"(Gender, Relation, and Difference in Psychoanalytic Perspective)라는 그녀의 논문에서,[10] 채도로우는 전인적인 인격성의 규범적 이상은 관계적 자아(relational self)에 의해 대체되어야 한다고 주장한다.

이런 이해를 바탕으로 채도로우는 성의 규범들의 변화를 통한 가부장제의 변화를 시도함으로써 성의 평등을 획득하기 위한 하나의 대안을 제안한다. 무엇보다도 그녀는 기본적으로 가정 안에서 부모들의 균형 잡힌 육아의 필요성을 강조한다. 그녀의 견해로는 남성들의 더 많은 인격적 참여에 의한 동등한 육아는 "그 누구의 본래적인 성적 자아의식도 위협하지 않을 것이다."[11] 오히려 그것은 남성과 여성 모두에게 분리적이면서도 관계적이며 의존적이지만 동시에 자율적 자아를 발전하도록 도울 것이다. 또한 그녀는 이것이 성 정체성의 심리적·

---

10) Nancy Chodorow, "Gender, Relation, and Difference in Psychoanalytic Perspective," in *Feminism and Psychoanalytic Theory* (New Haven: Yale University Press, 1989).

11) 위의 책, 218.

성적 구조들의 질을 과격하게 변화시키며 노동의 성적 구분의 폐지를 위한 필수조건들을 창출해내게 될 것이라고 역설한다. 즉 그녀는 성의 불평등을 극복하기 위한 하나의 전략으로써 여성의 육아와 가사노동이 중심이 되는 가족 양식의 진정한 변화를 제안한다.

3. 뤼스 이리가라이(Luce Irigaray)

프랑스의 포스트모던 여성학자이며 심리분석학자요 철학자인 뤼스 이리가라이는 "성적 차이는 언어 속에 체현되고 있다"[12]고 논증한다. 그녀에게서 성 정체성은 상이한 성적인 몸(sexual body) 안에 뿌리 박고 있으며 가부장사회 안에서 남성들과 여성들을 형성하는 언어와 힘과 관련되어 정의된다. 그리하여 성과 언어의 종합적 관계성을 강조함으로써 성의 차이를 분석한다.

프로이드와 라깡에 이르는 심리분석학 이론들과 플라톤과 데리다에 이르는 철학과의 비판적 대화를 통해서, 이리가라이는 서구 사상의 남성 지배적인 담론, 즉 서구 문화와 서구 사회의 보편적 문법을 강하게 비판한다. 자신의 책『다른 여성의 반사경』(*Speculum of the Other Woman*, 1985)에서,[13] 그녀는 프로이드의 성적 차이에 관한 남근중심주의(phallocentrism) 이론을 해체함으로써 프로이드에 도전하고 있는데 반해,『하나이지 않은 성』(*This Sex Which is Not One*, 1985)에서는[14] 라깡의 남근중심적인 가부장적 질서와 담론을 수용하면서도 동시에 그것을 넘어서고 있다.

---

12) Luce Irigaray, "Women's Exile," *Ideology and Consciousness* vol. 1 (May 1977), 74.

13) Luce Irigaray, *Speculum of the Other Woman*, trans. Gillian C. Gill (Ithaca: Cornell University Press, 1985).

14) Luce Irigaray, *This Sex Which is Not One*, trans. Catherine Porter with Carolyn Burke (Ithaca: Cornell University Press, 1985).

이리가라이의 관점으로는 플라톤 이후로 서구 사회가 신체, 특히 여성의 몸을 경시하는 남성적 합리성의 형식에 의해 지배되어왔다. 그녀에 의하면 외디프스 콤플렉스 단계에서 심리적·성적 차이에 관한 프로이드의 이론은 오직 남근만이 심리적이고 사회적인 차원에 있어서 가치의 표준을 갖는다는 남근중심주의로 특징지어진다. 다른 한편, 프로이드는 여성의 생식기를 결핍된 것이거나 수동적인 것으로 간주한다. 따라서 여성의 성은 언제나 아버지의 남근의 질서에 의해 억제되어왔다고 이리가라이는 믿는다.

성의 획득과 사회적 정체성과 관련된 언어의 힘을 강조하는 라깡의 이론을 따라, 이리가라이는 여성의 정체성이 주로 여성이 말하는 것에 대한 무능과 관련되어 규정된다고 주장한다. 남근중심주의는 여성이 하나의 주체로서 말하는 것을 허용하지 않는다.[15] 그러므로 남성이 규정한 여성성은 침묵, 심지어 비존재(non-being)로 특징지어져왔다. 이러한 남근중심주의 하에서 이리가라이는 여성의 "타자성"이 배제되고 거부되었다고 역설한다. 자기정체성을 보존하고 비정체성, 즉 차이를 부인하는 남성적 담론의 우위성만이 존재해왔기 때문이다. 그러므로 여성의 정체성을 실현하기 위해서는 남성적 논리, 곧 가부장적 상징 질서의 규칙들을 변화시키는 데 참여해야 한다.

이리가라이에게서 남성지배적인 담론은 단일한 형태를 지닌 남자의 성으로부터 온다. 그녀는 진술하기를 "모든 서구의 담론은 남자의 성을 지닌 특정한 동형주의(isomorphism)를 표현한다: 통합의 특권, 자아의 형식, 가시적인 것과 사색 가능한 것과 발기(erection)의 형식이다."[16] 즉 남성의 성과 욕구가 음경에 집중되는 데 반해 여성의 성적 기관은 복합적이고 다원적이다.[17] 따라서 그녀는 여성의 자위(auto-

---

15) Luce Irigaray, *Speculum of the Other Woman*, 140.
16) Luce Irigaray, "Women's Exile," 64.

eroticism)의 다원성과 여성의 몸의 감각의 다수성을 강조한다.

언어가 성적 욕구에 의해 자극된다는 라깡의 심리분석학 이론을 토대로, 이리가라이는 여성의 성적 리비도를 사고와 언어 및 합리성의 여성적 형태와 관련시킨다. 마치 여성의 성이 남성의 성에 대해서 타자이듯이 여성의 언어는 남성의 언어와 매우 상이하다. 이리가라이에게서 여성들의 언어는 직선적이지 않으며 다원적이고 산만하다.[18] 그것은 분석적 논증의 일관성과 합리성에 의해 특징지어지는 아리스토텔레스적 논리 안에서 진술될 수 있는 것이 아니다. 오히려 그것은 "유동적인"(fluid) 스타일 혹은 스타일들이다. "성적 이미지"는 남근적인 담론의 형태와는 다른 것이다. 바로 이 점에서 이리가라이는 라깡의 남근중심적인 논리를 넘어선다.

이리가라이는 여성적인 성과 언어의 단편성과 복수성 및 상이성을 억압했던 가부장적 남근중심주의에 의해서 여성의 주변성(margin-ality)과 불가시성(invisibility)이 생겨나고 강화되었다고 역설한다. 그러므로 그녀는 남근적인 정체성의 논리와 또한 그에 따른 남성의 지배를 저항하고 극복하기 위해서 여성들의 차이를 강조한다. 몸이 성적 정체성의 형성의 핵심 자료라고 주장하면서, 이리가라이는 양성 사이의 형태론적 차이를 힘주어 강조한다. 따라서 그녀에게는 "몸을 서술하는"(writing the body) 전략이 구별화된 성 정체성과 지식의 절대적인 자료인 것이다. 그것은 또한 여성들의 여성 해방적 실천에서 창조적이며 변화를 가져오는 에너지를 위해 유리한 고지가 된다.

---

17) 이리가라이는 "여성은 거의 모든 부분에서 성적 기관들을 지닌다"고 주장한다. Luce Irigaray, *This Sex Which is Not One*, 103.

18) 위의 책, 110.

4. 로즈매리 류터(Rosemary R. Ruether)

가장 영향력 있는 현금의 여성신학자들 중 하나인 로즈매리 류터는 성 정체성이 생물학적으로 내재적인 것이며 심리학적·문화적으로 고정된 것이라고 설명될 수 없다고 논증한다. 현대 여성학 이론들과의 대화에서 그녀는 성 정체성과 차이에 관한 하나의 통전적 견해로서 하나님의 형상에 대한 신학적 이해를 제시하고 있다. 류터에 따르면 성서와 원시 기독교 사상은 가부장적으로 배열된 상하의 질서들, 즉 지배와 종속의 질서들을 지닌 남성중심적 이원론에 의해 깊은 영향을 받았다. 기독교의 모든 역사에 걸쳐 신학은 문화/자연, 영혼/물질, 초월/내재, 영혼/육체, 남성/여성, 주체/객체, 선/악 등과 같은 대립적 이원론에 의해 지배되어 왔다.[19] 그녀의 견해로는 이런 가부장적 질서에서 여성은 "인간 본성의 낮은 부분"[20]으로 정의되어왔다. 따라서 남성중심적 이원론과 계층질서적 가부장제는 여성들의 정체성을 억압하고 배제하며, 여성들의 열등성과 관련해서 성의 불평등을 정당화하는 데 봉사해왔다.

류터는 가부장적인 인류학자들이 여성혐오주의(mysogyny)에 깊이 뿌리박고 있으며, 기독교가 하나님의 형상의 개념을 왜곡된 방식으로 해석했다고 비판한다. 더 나아가 그녀는 근대의 평등주의적인 인간학의 자유주의 페미니즘과 낭만주의 페미니즘 사이의 건설적인 연결을 찾고자 시도한다.[21] 그리하여 "그 안에서 남성과 여성 모두의 부분

---

19) Rosemary R. Ruether, *Sexism and God-Talk: Toward a Feminist Theology* (Boston: Beacon Press, 1983), 72-92.

20) 위의 책, 93. 그 결과 여성은 자연과 물질, 내재, 육체, 객체, 그리고 악에 속하게 되었다.

21) 류터에 의하면, 자유주의적 페미니스트 인간학은 모든 인간들이 평등하며 따라서 가정에서나 공적 삶에서 평등한 권리와 기회를 획득하고 실행해야 한다고 주장한다. 다른 한편, 낭만주의적 페미니스트 인간학은 힘과 지배에 의해 특징지어진 인간의 역사를 통해서, 여성들이 남성들보다는 덜 타락했으며 따라서 선하다는 것이다. 위의 책, 102-109.

집합들이 '선'을 형성하고 인류를 평등하게 하는데 협력하는"[22] 상이한 평등화를 제시한다. 류터는 "모든 인간들이 *남성과 여성으로서*, 온전하고도 평등한 인간의 본성과 인격을 소유한다"[23]고 진술한다. 이렇게 그녀는 "온전한 자아"(the whole self)가 남성적인 이원론적 세계의 심리적·사회적 경계들을 가로질러 남성과 여성 모두에게 심리적 능력과 사회적 역할들의 관계성의 변화를 인도하도록 허용한다고 주장한다. 그러므로 그녀는 남성과 여성은 "온전한 자아의 종합—사고의 관계적이며 합리적인 양태—을 승인하고 심화시킬 필요가 있다"[24]고 역설한다. 이렇게 류터는 통전적인 심리적 능력들과 사회적 역할들에 대한 평등한 접근을 하나님의 형상으로서의 "구원받은 인간성"에 관련시킨다.

따라서 류터는 서로를 도움으로써 온전성과 상호성으로의 여정을 향한 합리성과 직관 혹은 자율성과 관계성 사이의 '변혁적 종합'(transformative synthesis)을 제안한다. 그녀의 관점으로는, 비록 하나님의 형상으로서 구원받은 인간성의 충만이 불완전하고 부분적으로 역사의 조건들 아래 놓여 있다할 지라도, 우리는 이런 종말론적 과정에 능동적으로 참여해야한다. 인간 상호간에 그리고 인간과 자연 사이에, 구원받은 인간의 관계성에 대한 인간주의적 비전을 제시하면서 류터는 인간 해방의 실천적 이론을 제공한다. 그녀에게는 여성들의 성차별로부터의 해방이 인종차별주의와 계급차별주의와 같은 모든 종류의 착취와 지배로부터의 인간해방 없이는 획득될 수 없다. 더 나아가 그녀는 인간해방을 증진하고 가족 구조들의 변화를 통해서 성의 불평등

---

22) Ellen, T. Armour, "Questioning 'Woman' in Feminist/Womanist Theology," in *Transfigurations: Theology and the French Feminists*, ed. C. W. Maggie Kim, Susan M. St. Ville, and Susan M. Simonaitis (Minneapolis: Fortress Press, 1993), 154.

23) Rosemary Ruether, *Sexism and God-Talk*, 111.

24) 위의 책, 112.

을 극복하기 위한 실천 전략을 제시한다.[25] 류터는 채도로우와 유사하게도 육아의 방식과 가사 노동의 변화에 근거하여, 해방의 공동체로서의 교회가 지배에 대한 저항과 '완전한' 정의를 위한 투쟁 과정에 참여해야한다고 역설한다. 이는 교회가 해방 공동체가 되는 곳에서 실현될 수 있다.

5. 캐더린 라쿠나(Catherine Lacugna)

그녀의 책『우리를 위한 하나님』(God For Us, 1991)과,[26] "우리와 교제 안에 계시는 하나님"(God in Communion with Us, 1996)이라는 논문에서,[27] 캐더린 라쿠나는 성의 정체성과 차이를 삼위일체적인 모델 안에서 말할 수 있는 가능성과 응용성을 제시하고 있다. 그녀에 따르면 군주론적인 삼위일체 모델에 대한 하나의 심오한 수정으로서 발전된 가장 훌륭한 삼위일체 신학은 성 정체성을 탐구하기 위한 효과적인 틀로서 봉사할 수 있다.

성 정체성과 차이의 주제에 관해서 라쿠나는 그 어떤 생물학적으로 결정론적인 견해들과 성의 "상호보완성"의 이론들 혹은 심리학적이거나 문화적인 성의 고정관념에도 동의하지 않는다. 그녀는 성의 차이를 강조하는 현대의 심리분석 이론을 거부하는 경향을 보여준다. 그녀는 말하기를 "인간들, 즉 남성과 여성은 다양한 사회적·경제적 조건들 및 다른 조건들 하에서 실존하기 때문에, 남성 혹은 여성은 단일한 종

---

25) Rosemary Ruether, *Gaia and God: An Ecofeminist Theology of Earth Healing* (New York: Harper Collins Publishers, 1992), 171-172.

26) Catherine LaCugna, *God For Us: The Trinity and Christian Life* (New York: Harper Collins Publishers, 1991).

27) Catherine LaCugna, "God in Communion with Us," in *Freeing Theology: The Essentials of Theology in Feminist Perspective,* ed. Catherine LaCugna (San Francisco: Harper/San Francisco, 1993).

류의 경험으로 구체화될 수 없다."[28] 오히려 남성과 여성으로서의 하나님의 형상은 "관계성과 관련된 온전한 인간성과 온전한 인격"[29]이라는 비가부장적인 기독교 페미니스트적인 신학에 합류한다.

라쿠나는 가부장적 특성을 지녀왔던 삼위일체론이 두 가지 방식들로 인해서 기독교적 페미니즘을 방해했다고 설득력 있게 논증한다. 첫째로 신적 인격들 사이의 가부장적 관계성으로 인해 삼위일체론은 남성성과 여성성의 본질에 관한 '상호보완적인' 이론을 강화시켰다. 둘째로 그것은 하나님에 대한 남성적인 像들의 배타적 사용을 강화하는 것처럼 보였다. 특히 예배와 기독교 실천에서 하나님은 대체로 아버지, 아들, 그리고 성령으로 불리어진다. 따라서 라쿠나는 삼위일체론이 남성은 규범적인 하나님의 형상이며 여성은 파생적이며 이차적인 인간이라는 의미에서 "가부장제의 종교적인 합법화"[30]에 기여했다고 믿는다.

그러나 이 모든 가부장적인 성차별적 경향을 지닌 삼위일체론을 거부하면서, 라쿠나는 우리가 하나님의 개념을 비가부장화할 수 있으며 남성과 여성으로서의 하나님의 형상과 관련해서 신학과 기독교적 실천에서 포괄적(inclusive) 언어를 사용할 수 있다고 주장한다. 또한 그녀는 삼위일체 신학의 몇 가지 통찰들이 우리에게 인간의 관계성들에 대한 교정적인 이해를 제공한다고 역설한다.

라쿠나의 삼위일체론에서 인격은 "관계 안에 있는 존재"(being in relation)를 뜻한다. 그녀는 삼위일체 하나님의 인격적 실재를 인격들의 교제 안에 있는, 다른 인격들과의 관계 안에 있는 존재로 본다. 신적인 상호순환(perichoresis)은 하나님 안에 있는 상호의존과 상호희생

---

28) Catherine LaCugna, *God For Us*, 311, n. 80.
29) 위의 책, 268.
30) Catherine LaCugna, "God in Communion with Us," 85.

을 통한 하나님의 상호침투를 가리킨다. 이런 삼위일체적 상호관계성 안에 있는 인격들의 신적 공동체는 평등, 상호성, 순환성에 의해 특징 지어질 수 있다.[31] 여기서 라쿠나는 하나님의 내적 삶 속에서만이 아니라 우리와 함께 하시는 하나님의 교제 안에서 우리가 페리코레시스를 이해한다고 믿는다. 이런 의미에서 그녀는 하나님의 "신적인 윤무"(divine dancing together)를 자신들과의 교제 및 우리와의 교제 안에 있는 신적 인격들의 형상으로 보는 현대 신학자들의 견해에 동의한다.[32]

요약하면, 성차별적이며 가부장적인 삼위일체 신학들을 거부하면서 라쿠나는 위계질서나 불평등이 아니라, 사랑, 자유, 상호성, 자기를 내어줌과 자기를 수용하는 공동체에 기초한 관계성들이 존재하는 하나님 진술의 삼위일체적 양식을 제안한다. 그녀에 따르면, 이런 관계성의 특성들이 평등한 인간 공동체의 기독교적인 성 평등의 비전을 제공한다. 삼위일체 하나님의 형상으로서의 기독교 공동체는 "유대인이나 이방인이나 노예나 자유인이나 남자나 여자가 차별 없는"(갈 3:28; 골 3:11) 그리스도의 몸의 새로운 정체성을 획득하는 종말론적 과정에 참여해야 한다.

II. 성의 정체성과 차이의 형성 이해에 관한 비판적 대화

다섯 명의 현대 페미니스트들이 참여한 성의 정체성의 형성에 관

---

31) Catherine LaCugna, *God For Us*, 274-275.
32) 위의 책, 270-8; Elizabeth Johnson, *She Who Is: The Mystery of God in Feminist Theological Discourse* (New York: Crossroad, 1993), 220-221.

한 논쟁들 속에 함축된 방법론적·실천적 의미에는 유사성과 함께 상이성의 다양한 측면들이 존재한다. 비록 그들이 자신들의 입장을 다양한 방식으로 표명하고 있지만, 페미니스트 사상 안에는 가부장제와 성차별의 맥락 속에서 남성의 지배와 여성의 종속의 상황에 관한 광범위한 동의가 이루어지고 있다. 또한 세속적이거나 종교적이거나 간에 다섯 명의 페미니스트들은 모두 이런 상황에서 근본적인 성의 부정의(injustice)를 분석하고 그것을 극복하기 위한 전략들을 논의하는 일에 관련되어 있다.

현대 페미니스트 사상에서 성은 복합적이며 역동적인 현상이다. 보부아르와 채도로우와 류터는 성(gender)이 남성과 여성의 생물학적 실재가 아니라 남성성과 여성성의 문화적 형성과 사회적 구성을 가리킨다고 주장한다. 그러나 후기 구조주의자인 이리가라이에게서는 생물학적 성(sex) 그 자체가 성의 정체성을 형성한다. 그녀의 관점에서 성은 남성과 여성 사이의 생물학적 차이들과 함께 이런 차이에 귀속된 심리학적·사회적·문화적 의미들을 가리키는 것이다.

실제로 다섯 명의 페미니스트들은 모두 이원론적인(dualistic) 용어들로 성의 생물학적 구분을 하고 있다. 남성과 여성으로서의 하나님의 형상에 관한 류터와 라쿠나의 견해는 양성성(bisexuality)에 근거되어 있다. 이렇게 환원될 수 없는 성적인 몸의 이원성(duality)이 성의 정체성을 말해준다.[33] 문화적 페미니스트들인 보부아르와 채도로우와 기독교적 페미니스트들인 류터와 라쿠나는 성 정체성의 본질이 프로이드의 생물학적 결정론처럼 생물학적으로 내재적이며 고정되어 있고 정적(static)이라는 주장에 반대한다. 그들의 사상은 성의 정체성

---

33) 미로슬라브 볼프(Miroslav Volf)는 성적인 몸이 성 정체성의 내용이 아니라 뿌리로 간주된다고 올바르게 지적한다. Miroslav Volf, *Exclusion and Embrace: A Theological Exploration of Identity, Oneness, and Reconciliation* (Nashville: Abingdon Press, 1996), 174-175.

이 역사 과정에서 특정한 사회적·문화적 상황에서 형성되고 재구성되며 변화된다는 가정에 근거하고 있다.

이를 토대로 보부아르는 성 정체성의 구성에 있어서 성적인 몸에 지나치게 비중을 두지 않는다. 그녀는 몸을 "단순한 존재" 혹은 인간의 주체성과 자율성의 과정에서 초월되어야 할 "내재성"으로 간주한다. 그러나 보부아르와는 달리 이리가라이는 몸을 자아성의 통합적 요소와 성 정체성의 핵심 근거로 강조한다. 비록 이리가라이가 프로이드의 결정론을 강하게 거절하고 있지만, 그녀는 생물학적 "본질주의"(essentialism)의 형태로 빠져든다는 비판을 받고 있다.

실제로 이리가라이는 성 정체성을 위해서 몸에 존재론적·인식론적 의미를 부여한다. 여성적인 성을 언어와 지식에 연결함으로써 그녀는 남성들과 대립된 여성들의 정체성의 철저한 차이를 강조한다. 크리스 위든(Chris Weeden)의 견해에 따르면, 이리가라이는 "여성의 몸을 축하하는 여성적 성과 자위에 근거된 여성적 리비도에 관한 과격한 이론을 만들고 있다."[34] 이리가라이에게서 성 정체성은 양성들의 고정된 내재적인 형태학적 특성들에 기인한다. 이런 의미에서 성 정체성의 본질에 관한 이리가라이의 이해는 결정론적이라고 할 수 있다.

류터의 견해로는 영혼과 육체를 분리시키는 남성중심적 이원론은 인간성에 관한 통전적 이해로 대체되어야 한다. 몸을 경멸하고 성을 부인하는 가부장적인 인간중심주의적 경향들은 거부되어야 한다. 그녀에게서 남성과 여성은 공통된 동등한 인간성을 지닌 하나님의 형상이다. 따라서 생물학적으로 근거된 성적 특성들에 대한 지나친 강조는 피조되고 구원받은 자로서의 인간의 기본적인 통일성을 위태롭게 하는 것처럼 보인다.

---

34) Chris Weeden, *Feminist Practice and Poststructural Theory.* 2nd ed. (Cambridge/Massachusetts: Blackwell Publishers, 1987, 1997), 56.

관계론적 페미니스트인 채도로우는 외디푸스 이전 단계 이후로 여성의 자녀 양육이 남아들과 여아들의 상이한 심리적·성적 발전의 형성과 함께 모든 가부장사회에서 남성성과 여성성의 성적·사회적 역할 구별의 재생산을 야기한다고 논증한다. 채도로우는 자율성을 남성적인 것으로, 관계성과 연결성을 여성적인 것으로 정의함으로써 성의 차이를 강조한다. 그녀에게는 남성과 여성의 상이한 심리적 특징들이 기본적이며 보편적인 것이다. 더 나아가 그녀는 근대 서구 사회에서의 남성의 자율성과 여성의 타자에 대한 연결성과 관련해서 단순히 보편적이고 고정관념적인 성 역할을 받아들인다.[35] 그러나 기독교적 페미니스트들인 류터와 라쿠나는 심리적·사회적 성 고정관념과 성의 상호보완성에 관한 페미니스트 이론들에 동의하지 않는다. 류터의 견해로는 남성적인 것과 여성적인 것으로 심리적 능력과 사회적 역할 구별을 이렇게 범주화하는 것은 가부장적 논리가 스며든 것이다.

다섯 명의 페미니스트들에게서 성의 정체성과 차이 사이에는 어떤 관계성이 있는가? 보부아르는 여성을 타자-객체로 규정하는 방식으로 남성이 인간의 보편적 정체성으로 자신을 정의해왔다고 주장한다. 따라서 남성들의 정체성은 여성들의 타자성에 의해 사회적·문화적으로 형성되고 발전된다. 보부아르에게서는 남성들과 여성들 사이의 이중적인 대립 구조는 양립할 수 없는 것이며 상호적이지 않다. 관계론적 페미니스트인 채도로우는 남성의 자기정체성은 어머니로부터의 분리에 기초해 있다고 주장한다. 개별화와 자율성과 같은 남성의 정체성에 관한 규범적 이상은 오직 타자들, 즉 여성성에 대한 연결을 억제함으로써만 형성되는데, 이것은 남성의 지배로 인도한다. 그러므로 채도로우의 관점으로는 분리와 연결 사이의 이원적 대립 구조가 성

---

35) Allison Weir, *Sacrificial Logics: Feminist Theory and the Critique of Identity* (New York/London: Routledge, 1996), 56.

의 정체성을 형성하는 것이다. 다른 한편 성의 정체성의 이상이 분리와 연결 사이의 균형을 통해 대치되어야한다고 주장하면서 채도로우는 역설적인 입장에 빠져 있다.

보부아르와 마찬가지로 이리가라이는 여성을 타자로 구성하는 것을 비판한다. 그녀는 이런 대립적인 논리가 남성과 여성 사이의 상호성을 조화시킬 수 없으며, 여성들의 타자성을 배제하는 것에 기초한 남성적 논리라고 주장한다. 이를 바탕으로 "동일성"(the Same)의 대안적 논리의 모델로서 "여성적인 몸을 기술하기"(writing female body)를 제안하면서, 그녀는 여성적인 몸과 비정체성 및 차이를 연결시키고 남성적인 몸과 정체성 및 통일을 연관시킨다. 그러므로 이리가라이에게서는 남성들과 여성들이 이원론적인 대립 속에 서 있다.

베이유(Allison Weir)에 따르면 보부아르와 채도로우와 이리가라이는 동일성에 관한 대립적 논리의 덫 속에 빠져 있다. 따라서 페미니스트 사상은 "정체성과 차이 사이에 놓여 있는 비대립적이며 비지배적인 관계성을 이론화하는"[36] 데 실패했다는 것이다. 오히려 베이유는 "차이와 타자성을 배제하지 않고 포함하는"[37] 성 정체성에 대한 대안적 이론들을 적절하게 제안한다. 이런 의미에서 문화적 페미니스트인 보부아르는 분리주의자인 것처럼 보인다. 채도로우 역시 여성들의 남성들로부터의 차이를 강조한다. 그럼에도 그녀는 통전적 자아 혹은 통합적 자아의 중요성을 긍정한다. 그러므로 그녀는 대칭적인 육아를 통해서 분리와 연결 사이에 균형을 잡는 온전한 자아를 제안한다. 그러나 이리가라이는 여성의 몸과 성, 언어와 합리성과 관련해서 성의 차이를 지속적으로 강조한다.

기독교 페미니스트들은 일반적인 페미니스트들보다 남성들로부

---

36) 위의 책, 3.
37) 위의 책, 7.

터의 여성들의 차이를 덜 강조하는 경향이 있다. 류터와 라쿠나는 양성들 사이의 형태학적·심리학적·도덕적 차이에 근거된 특정 이론들을 거부한다. 그들은 동일하게 하나님의 형상으로 피조되고 구원됨을 공유하는 남성과 여성으로서의 하나님의 형상을 말한다. 이런 의미에서 류터는 성의 차이를 강조하는 급진적 페미니스트들의 분리주의적 경향을 비판한다. 또한 그녀는 여성의 본질을 신화화하고 여신 운동에서 나타난 여성성을 승화시키는 그 어떤 시도도 거부한다. 이는 이원론적인 전복주의(reversalism)를 낳는 것이라고 한다.[38] 따라서 류터는 남성들과 여성들 사이의 상호적 관계성을 통한 통전적인 인간성을 강조한다. 이는 상호간에 협력함으로써 통전성과 상호성을 향해 나아가는, 여성성과 남성성의 '질적 변화를 가져오는 종합'의 종말론적인 과정이다.[39]

기독교적 페미니스트인 라쿠나는 삼위일체론을 성의 관계성들에 대한 진정한 모델로 간주한다. 그녀에게서 신적 인격들은 구별되지만 관계적인 것이다. 하나님의 공동체는 상호동등성, 상호성, 상호관계성으로 규정된다. 그들의 관계성은 상호포기와 자기를 내어주는 사랑과 자유를 통해 형성되고 보전된다. 라쿠나의 견해로는 남성들과 여성들의 관계성은 이러한 삼위일체 하나님의 인격성과 공동체성을 반영해야 한다.

성의 정체성과 관계성의 특수한 이해들에 기초해서, 다섯 명의 페미니스트들은 모두 남성의 지배와 여성의 종속 및 성의 부정의를 극복하는 전략에 관한 다양한 접근들을 보여준다. 보부아르는 여성들의 타

---

38) Marsha A. Hewitt, *Critical Theory of Religion: A Feminist Analysis* (Minneapolis: Fortress Press, 1995), 201.

39) Miroslav Volf는 "통전성"이란 성의 차이를 제거하거나 종합함으로써 중립화하는 것으로 이해되어서는 안 된다고 바르게 지적한다. 그 대신에 그는 통전성이란 역동적으로 성의 정체성을 형성하는 상황에서 성적인 몸의 환원할 수 없는 이원성에 근거된 성의 차이를 긍정하는 것을 포함한다고 주장한다. Miroslav Volf, *Exclusion and Embrace*, 184-185.

자성에 대한 남성들의 배제의 문화 형성이 남성의 지배의 주된 원인이라고 주장한다. 이런 의미에서 여성들이 타자/객체에 대한 거부를 통해 주체들이 되어야 한다는 것이다. 그러나 많은 페미니스트 비판자들은 그녀가 단지 남성적 정체성을 받아들이고 안정시키고자 하는 것이라고 논박한다.[40) 그들은 보부아르의 제안이 가부장제 안에서 여성들을 종속시키는 것을 정당화하게 될 것이라고 믿는다.

관계론적 페미니스트인 채도로우는 여성의 육아가 "남성의 지배의 원인 혹은 일차적인 동인"이라는 그녀의 초기 견해를 수정한다. 최근에 그녀는 남성의 지배가 단일한 원인을 지닌 방식으로 설명될 수 없다고 진술한다.[41) 그럼에도 그녀의 핵심 주장은 여전히 여성의 육아가 남성의 지배의 일차적 원인이라는 가정에 놓여 있다. 채도로우와는 달리 아이리스 영(Iris Young)은 "남성의 지배는 사회적·경제적·정치적 제도들의 생산으로 설명되어야 한다"[42)고 정확하게 지적하고 있다. 육아의 실천들과 노동의 성적 구분을 변화시켜야 한다는 채도로우의 해결방식은 가부장제의 변화와 성 정의의 획득 과정에 대해서는 근본적인 것처럼 보인다. 그러나 이것은 지나치게 낙관주의적이거나 축소주의적인 것이다. 그녀의 제안은 이미 주어진 심리 구조들에 관련해서 가부장제로 특징지어진 현존하는 사회적 관계들을 단지 긍정하고 수용하는 데로 인도한다. 오히려 그것은 심리분석학 안에서 정치적으로 제한된 입장이다.

이리가라이는 여성들의 억제가 근본적으로 "서구 문화의 일반적 문법"으로서의 가부장적 남근중심주의에 의해 지배되어왔다고 주장

---

40) Allison Weir, *Sacrificial Logics*, 23.

41) Nancy Chodorow, *Feminism and Psychoanalytic Theory*, 6.

42) Iris Young, "Is Male Gender Identity the Cause of Male Dominance," in *Throwing Like a Girl and Other Essays in Feminist Philosophy and Social Theory* (Blomington: Indiana Univ. Press, 1990), 36-61.

함으로써 이 주제를 명확하게 한다. 그러므로 남근중심주의를 해체하고 "몸을 기술하는" 이리가라이의 전략은 신선하고도 도전적인 것이다. 이런 접근은 근대 사상과 사회 안에 만연되어 있는 데카르트적 이원론과 체화되지(embodied) 않는 합리성을 공격할 수 있다.[43] 그럼에도 많은 비판자들은 여성 자신과 여성의 몸에 대한 여성들의 경험이 투명하지도 않으며 모호한 것이라고 주장한다. 더 나아가 이리가라이의 여성의 몸에 대한 표현이 경험적이거나 사회적 관계들 속에 뿌리박은 것이라기보다는 형이상학적이며, 비물질적이고, 전(前) 문화적인 것이라는 것이다. 또한 그녀의 전략도 비정치적이며 비역사적인 것으로 비판받아왔다.

그러나 이리가라이는 "물론 여성들은 고용과 교육 등에서 차별에 대항하여 동등한 임금과 사회적 권리들을 위해 지속적으로 투쟁해야 한다. 그러나 그것으로 충분하지 않다. 단지 남성들과 동등한 여성들은 '그들처럼' 될 것이며, 그 결과 여성들이 아닐 것이다"[44]라고 주장한다. 실제로 그녀는 남성의 지배에 대항하는 정치적 투쟁을 긍정한다. 그녀에 따르면 여성들은 그들의 정체성을 해체하면서 동시에 구성하는 과정 속에 참여해야 한다. 이런 의미에서 타당한 정치적 전략으로서의 분리주의에 대한 이리가라이의 표현은 최종적 목적이라기보다는 전략적 선택으로 이해될 수 있다.[45]

류터는 남성들에의 여성들의 종속의 주된 자료들이 남성중심적 이원론이며 가부장주의라고 주장한다. 특히 교회의 역사를 통해 가부장적 인간론들과 성차별적 신학들이 기독교 안팎에서 이런 상황을 강

---

43) Elliane Graham, "Gender, Personhood, and Theology," *Scottish Journal of Theology* vol. 48 no. 3 (Fall 1995), 353.

44) Luce Irigaray, *This Sex Which Is Not One*, 165-166.

45) Diana Fuss, *Essentially Speaking: Feminism, Nature and Difference* (New York/London: Routledge, 1989), 69.

화하는 데 기여해 왔다. 이런 맥락에서 육아의 실천과 노동의 양식의 변화를 통한 인간해방을 위한 류터의 전략은 사회제도의 변화라고 하는 점진적 과정을 위해서 근본적인 것이다. 또한 모든 종류의 성차별주의, 인종차별주의, 계급차별주의로부터의 인간해방이라고 하는 교회의 예언적 사명에 대한 그녀의 강조는, 교회 안팎에서의 남성들과 여성들의 관계성에서 상호 동등한 온전한 인간성을 실현하는 종말론적 과정에 영향을 미치게 될 것이다.

라쿠나는 남성의 지배가 가부장제에서 문화적·지적·언어학적·종교적 산물이라는 현금의 간학문적인 페미니스트 사상에 동의한다. 더나아가 그녀는 신학과 기독교적 실천에서 군주론적이며 종속론적인 삼위일체 모델들과 가부장적인 하나님 언어가 여성성의 억압을 강화시켜왔다고 주장한다. 그리하여 라쿠나는 성의 불평등을 극복하기 위해 신학과 기독교 실천에서 삼위일체적 삶에 상응하는 기독교적 삶 안에서의 관계들의 양식의 변화 및 포괄적 언어의 사용을 제안하고 있다. 그녀에게서 교회는 온전한 인간성을 위한 새로운 정체성의 이상과 진정한 인간관계들의 생산을 실천하고 실현하기 위한 핵심 장소인 것이다.

앞에서 살펴보았듯이, 최근 성에 관한 간학문적 연구들은 우리에게 성의 정체성과 관계성에 대해서 종합적인 이해를 제공해준다. 무엇보다도 성에 대한 페미니스트적 연구들은 가부장제가 여성들을 종속적이며 이차적인 위치로 관련시켜온 것을 폭로하고 있다. 또한 그들은 여성들의 상징적이고 사회적인 주변성과 비가시성이 가부장문화 안에서 여성들의 남성들로부터의 배제와 억압의 산물이라는 사실을 밝혀냈다. 이런 의미에서 남근중심주의에 근거한, 남성이 정의한 여성성과 남성성은 성의 상호보완성과 성의 고정관념에 대한 심리적·사회적 이론들과 밀접하게 관련되어 있다. 오늘날 페미니스트 사상 안에서 해

부학적 차이들에 집중된 프로이드의 심리분석학과 같은 성의 발전에 관한 결정주의적 이론들은 대체로 거부된다. 그 대신에 성에 관한 대안적인 사회문화적 분석은 남성성과 여성성의 형성이 사회관계들에 의해서 변화되고 재구성되며 변형된다는 주장을 제공하고 있다.

성의 정체성의 본질에 관한 탐구에서 성적으로 구별된 "몸"의 회복은 현대 페미니스트 이론을 위해 매우 중요하다. 그것은 인간의 신체성의 중요성을 무시하고 있는 데카르트적 이원론과 관념론의 경향을 거절한다. 이런 맥락에서 신체의 경험을 간과해왔던 가부장적이며 성차별적인 신학들은 인간성에 대한 통합적인 이해를 향해서 재정위되어야 한다. 그러나 이러한 체화(embodiment)는 배타적으로 여성의 몸에만 초점을 맞추어서는 안 된다. 그것은 고정되고 내재적인 형태학적 특징들로부터 유래한 성의 차이를 강조하는 생물학적 결정주의 혹은 본질주의의 분리주의적 페미니스트 경향에 관련해서 설명되어서는 안 된다. 오히려 인간의 신체성은 사회관계들 안에서 경험적으로 구체화되어야 하는 것이다.

성에 관한 사회적·문화적 분석은 인간 본성을 관계적이거나 연결되어 있는 것이라고 주장한다. 주어진 문화 안에서 남성들과 여성들의 상호관계들을 통해 성의 정체성은 유동적이고 변화하며 역동적인 것이 된다. 이런 여성성과 남성성에 관한 관계적 모델은 창조 시 하나님의 형상 안에 있는 여성과 남성의 동등성과 그리스도 안에서의 그것의 회복에 대한 주장에 근거된 하나님의 형상에 대한 평등주의적 이해와 양립하는 것이다. 또한 그것은 신적 인격들의 정체성과 관계성의 비전에 의해서 인도되어야 한다.

삼위일체적 하나님 모델은 성의 정체성과 관계성에 대한 바른 이해를 제공한다. 신적 인격들이 구별되지만 관계적이듯이 남성과 여성은 상이한 성적인 몸에 뿌리박고 있지만 그들은 상호 간에 본질적으로 관련되어 있다. 또한 하나님의 관계성처럼 자기를 내어주는 상호적 사랑의 능력을 통해서 남성들과 여성들은 온전한 인간성과 인간관계의 실현의 과정에 참여할 수 있다. 이는 현대의 페미니스트 이론을 위해서 성의 정체성과 성의 관계성들을 종합적으로 이해하기 위한 적합한 모델을 제공한다. 더 나아가 성의 정체성과 관계성들에 대한 이런 종합적인 이해를 바탕으로 남성들과 여성들은 남성의 지배와 여성의 종속으로부터의 인간해방의 종말론적 과정에 참여해야 한다. 성 정의를 획득하기 위해 우리는 성의 평등과 성의 관계성을 동시에 긍정하는 심리학적·사회적·문화적·정치적·종교적 실천들에 헌신해야 한다.

6장

낸시 머피의
라카토스 신학

오늘날 신학과 과학의 분리의 시대는 이미 과거가 되었다. 우리
는 신학과 과학 상호간에 "위대한 화해"(a Great Reconciliation)의 시대
에 살고 있다. 이 시대의 특성을 우리는 "포스트모더니즘"[1]이라고 부
를 수 있다. 과학철학의 성공적인 발전을 통해 과학은 지난 2세기 동
안 신학과 타 학문에 대해서 자신이 행사했던 지배력에 관해 진지한
자기성찰의 과정을 밟고 있으며, 과학을 적대시했던 신학은 과학과의
대화를 위해 노력하고 있다. 상호이해를 통해서 신학과 과학, 양자는

---

1) 이안 바버(Ian Barbour)에 의하면 근대 이후 종교와 과학에 대한 4가지 견해가 존재한다: 갈등,
독립, 대화, 통합. Ian Barbour, *When Science Meets Religion* (New York: Harper Collins Publish-
ers, 2000).

자기반성과 함께 서로에 대해 적용가능한 방법론을 찾고 있다.

신학자이며 과학철학자로서 낸시 머피(Nancey Murphy)는 신학과 과학철학 사이에 대화가 필요하다는 사실을 역설한다. 동시에 그녀의 신학에 과학철학자인 라카토스(Imre Lakatos)의 이론을 적용함으로써, 이 운동에서 선구자의 위치에 놓여있다. 라카토스 이론은 『과학적 논증 시대에 있어서의 신학』(Theology in the Age of Scientific Reasoning)[2] 이라는 흥미로운 그녀의 책에서 언급되고 있다. 머피의 신학은 그 독창성으로 인해 갈채를 받기도 하지만, 반면에 그 문제점들 때문에 비판을 받기도 한다. 현금의 이슈들에 대한 자기성찰과 지속적인 간학문적 대화를 통해서 그녀의 연구가 변화와 발전의 과정에 놓여 있지만, 라카토스 모델을 기초로 하는 그녀의 신학은 현저하게 정교하고 포괄적이라는 점에서 주목할 만하다.

그렇다면 머피의 라카토스 신학은 오늘 우리의 포스트모던 시대에 적합한 것인가? 경쟁적인 다양한 신학 패러다임들 중 그것은 어떻게 그리고 어느 정도로 유용하며 효과적일 수 있는가? 머피의 이러한 신학적 기획은 진보하고 있는가라는 질문을 우리는 던지게 된다.

---

2) Nancey Murphy, *Theology in the Age of Scientific Reasoning* (Ithaca and London: Cornell University Press, 1990; 이하 TASR). 그녀의 전문적 연구의 상당한 부분은 신학과 과학의 관계에 대한 것이다. 보다 상세한 것은 다음을 참고하라; Robert J. Russell, Nancey Murphy, and C. J. Isham, ed., *Quantum Cosmology and the Laws of Nature: Scientific Perspectives in Divine Action* (Vatican City State and Berkeley, CA: Vatican Observatory and Center for Theology and the Natural Sciences, 1993); Robert J. Russell, Nancey Murphy and Arthur R. Peacocke, ed., *Chaos and Complexity: Scientific Perspectives on Divine Action*. 2nd ed. (Vatican City State and Berkeley, CA: Vatican Observatory and Center for Theology and the Natural Sciences, 2000); Nancey Murphy and George F. R. Ellis. *On the Moral Nature of the Universe: Theology, Cosmology, and Ethics* (Minneapolis: Fortress Press, 1996). 머피는 자신의 신학적 입장을 재침례파의 비전 혹은 급진적 종교개혁파의 관점으로부터 구분한다. Nancey Murphy, *Reconciling Theology and Science: A Radical Reformation Perspective* (Kitchener, Ontario: Pandora Press, 1997)를 보라. 또한 그녀는 신학과 과학과 철학 및 윤리의 간학문적 대화에 참여하고 있다. 그녀의 흥미롭고 탁월한 저서들은 다음과 같다. N. Murphy, *Reasoning Rhetoric in Religion* (Valley Forge, PA: Trinity Press International, 1994; 이하 RRR); *Beyond Liberalism and Fundamentalism: How Modern and Postmodern Philosophy set the Theological Agenda* (Valley Forge, PA: Trinity Press International, 1996; 이하 BLF); *Anglo-American Postmodernity: Philosophical Perspectives on Science, Religion, and Ethics* (Boulder, Co: Westview Press, 1997).

이런 질문들을 제기하면서 6장에서는 신학적 전제들과 그 기획에 대한 논의들을 중심으로 머피의 라카토스 신학을 살펴본다. 또한 비판적 대화를 통해 머피의 라카토스 신학의 강점과 한계들에 대해서 평가할 것이다.

I. 라카토스 신학의 전제들

1. 포스트모더니즘

바야흐로 우리는 포스트모던 시대에 살고 있다. 포스트모더니즘이라는 용어가 혼란스럽게 다양한 방식으로 사용되고 어느 경우에는 서로 상충되기도 하지만,[3] 모든 분야에서 포스트모더니즘은 우리 삶을 지배하는 현실이 되었다. 실제로 포스트모더니즘과 관련해서 광범위하게 다양한 입장들이 개진되었다.[4] 머피는 포스트모더니즘을 근대 사상으로부터의 극적인 전환이라고 정의한다. 그녀는 포스트모던 변화를 인식론에 있어서 토대주의(foundationalism)로부터 통전주의(holism)로의 변화, 지시체(reference)와 표상(representation)에 대한 근

---

3) Jean-Francois Lyotard, *The Postmodern Condition: A Report on Knowledge* (Minneapolis: University of Minnesota Press, 1984). Stanley J. Grenz, *A Primer on Postmodernism* (Grand Rapids, MI/ Cambridge, U. K.: Wm. B. Eerdmans Publishing Co., 1996). Steven Connor, ed. *The Cambridge Companion to Postmodernism* (Cambridge: Cambridge University Press, 2004).

4) David Ray Griffin, William A. Beardslee, and Joe Holland, ed., *Varieties of Postmodern Theology* (New York: State of University of New York Press, 1989), xii. 그리핀은 4가지 유형의 포스트모던 이론을 제시한다: 구성적/개정주의적(constructive/revisionary), 해체주의적/철거적/(deconstructive/eliminative), 해방주의적(liberationist), 회복주의적/보수적(restorationist/conservative). 위의 책, xii-7. 또한 다음을 참고하라. Nancey Murphy and James Wm. McClendon, Jr., "Distinguishing Modern and Postmodern Theologies," *Modern Theology* vol. 5 no. 3 (April 1989): 191-214; Terrence W. Tilley, *Postmodern Theologies: The Challenge of Religious Diversity* (Maryknoll, NY: Orbis Books, 1995).

대의 강조로부터 행위(action)로서의 언어와 사용되는 의미로서의 언어에 대한 강조로의 변화, 그리고 개인주의로부터 공동체적 사고와 삶으로의 변화 등으로 기술한다(TASR, 201).

주관주의와 환원주의, 인식론적 회의주의로 특징지어지는 근대적 사고에 기본적으로 반대하는 입장에서, 머피는 통전적 인식론(holistic epistemology) 혹은 인식론적 통전주의(epistemological holism)의 입장을 따른다(BLF, 85-109). 이는 포스트모던시대에 종교적 경험에 대한 신학적 성찰의 합리성에 관한 문제를 다룬다는 점에서 신학과 철학적 신학 및 종교철학의 전통적 경계를 넘어서는 것이다.

더 나아가 탈권위주의적이며 비토대주의자(non-foundationalist)로서, 머피는 신학적 진리주장(truth claims)을 정당화하는 데 있어서 오로지 성서와 계시 및 교리적 권위에만 의존하는 토대주의자들의 견해에 반대한다. 오히려 그녀는 "이 불가지론과 무신론의 시대에 기독교 공동체는 하나님에 대한 그의 신앙을 합리적으로 지지해주는 근거를 제공할 의무를 갖고 있으며, 가능하다면, 지속가능한 증거에 일치하는 근거를 제공할 의무가 있다"(TASR, 192)고 역설한다. 이런 맥락에서 오늘날 기독교 신앙에 대한 근본적인 회의주의라는 거대한 흐름에도 불구하고, 머피는 현대 과학철학의 방법론에 의해 지지를 받는 가운데 신학의 신뢰성(credibility)을 수립하려 한다. 머피의 견해에 따르면 "신학은 방법론적으로 과학과 구분될 수 있는 것이 아니다"(TASR, 198). 그리하여 그녀는 현대 과학의 확률적 논증(probable reasoning)과 공통분모를 지니는 신학을 주장한다.[5] 자신의 연구목적을 달성하기 위해서 그녀는 신학에 대한 비토대주의적 접근으로서 현대 과학철학 중 하

---

5) Wentzel Van Huyssteen, "Is the Postmodernist always a Postfoundationalist? Nancey Murphy's Lakatosian Model for Theology," *Theology Today* vol. 1 no. 3 (October 1993), 378. 또한 다음을 참고하라. W. Van Huyststeen, *Essays in Postfoundationalist Theology* (Grand Rapids, MI/Cambridge, U. K.: Wm. B. Eerdmans Publishing Co., 1997), 73-90.

나인 라카토스 이론을 제시한다.

　머피에 따르면 신학과 과학의 포스트모던 사고에 있어서 공동체성은 매우 중요한 역할을 한다(TASR, 202). 이런 그녀의 사고는 근대의 개인주의에 대한 근본적인 반대와 진리에 관한 모든 우주적·전체적·세계적 탐구에 대한 저항으로부터 기원한다. 실제로 언어와 관습을 통해 나타나는 과학적 합리성(rationality)과 신학적 합리성 양자에게서 공동체적 실천은 포스트모던 시대의 지배적인 경향이다. 머피의 라카토스 신학은 이러한 공동체적 인식론의 특성을 갖고 있다.

2. 라카토스 이론

　과학적 논증 시대에 라카토스 이론이 오늘날 포스트모던 사고에 적합하다고 머피는 주장한다. 자연과학의 합리성에 대한 귀납주의자(inductivist)나 반증주의자들(falsificationist)의 견해와는 반대로, 라카토스는 "연구프로그램들"(research programs)을 과학적 논증을 분석하는 출발점으로 삼는다.[6] 라카토스에 의하면 과학적 합리성은 경쟁하는 연구프로그램들에 있어서 선택의 기준을 특정화하는 것을 요구한다.

　라카토스는 하나의 연구프로그램이 일련의 이론체계들과 데이터 체계(data system)들을 포함하고 있다고 말한다. 하나의 이론은 하드코어(Hard Core)와 보조가설들(auxiliary hypotheses)의 체계로 나누어진다.[7] 전자는 연구프로그램에 중심적인 것이며, 그 성격이 고정되어 있고 반증불가능하다. 후자는 하드코어의 주위에서 일종의 "보호

---

6) Imre Lakatos, "Falsification and the Methodology of Scientific Research Programmes," in *Criticism and the Growth of Knowledge*, ed. Imre Lakatos and Alan Musgrave (Cambridge: Cambridge University Press, 1970), 132.

7) 라카토스의 하드코어는 쿤의 패러다임에 해당하는 개념이다.

띠"(protective belt)를 형성하며, 잠재적으로 반증적인 데이터가 발견될 경우에는 수정되고 대치되거나 확대된다(TASR, 59).

라카토스는 과학철학자 토마스 쿤(Thomas Kuhn)의 주장처럼 연속적인 패러다임에 의해 가장 잘 이해된다고 하기 보다는, 오히려 진보하거나 퇴행하는 것으로 규정될 수 있는 경쟁적인 연구프로그램에 의해서 보다 더 잘 이해될 수 있다고 본다.[8] 라카토스에게는 어느 연구프로그램이 새로운 가설이나 경험적으로 성공적인 가설들을 수립한다면 진보하고 있다고 할 수 있으며, 반대로 더 이상 새로운 사실들을 발견하지 못하면 퇴행하고 있는 것이다.

더 나아가 쿤의 주장을 좇아, 라카토스는 성숙한 과학(mature science)과 미성숙한 과학(immature science)을 구분한다. 그의 견해에 따르면, 성숙한 과학에 있어서 하나의 연구프로그램은 부정적 발견(negative heuristic) 혹은 긍정적 발견(positive heuristic), 양자로 구성되어 있으며, 이런 발견들은 미래에 연구프로그램으로 발전하게 될 기획들이다. 부정적 발견은 보조가설들의 띠에 첨가되거나 이것들을 변화시켜서 이론의 하드코어를 반증으로부터 보호하는 역할을 한다. 일종의 "장기적 연구정책"으로서 긍정적 발견은 연구프로그램의 '취약한 변수들'(refutable variants)을 변화 혹은 발전시키는 방법이나, '취약한' 보호띠를 수정하거나 공고화하는 방법에 대한 제안들과 아이디어의 체계들이 부분적으로 표출된 것으로 구성된다.[9] 그러나 미성숙한 과학에 있어서는 비록 진보적인 수정이 있다고 하더라도, 그것은 무작위적

---

8) Cf. Thomas Kuhn, *The Structure of Scientific Revolutions*, 2nd ed. (Chicago: University of Chicago Press, 1970). 쿤은 경험적으로 과학의 진보가 더 이상 축적의 과정이 아니며 "패러다임 전환"이라는 혁명적 특성을 지닌다고 진술한다. 라카토스의 과학모델은 쿤의 다음과 같은 주장에 대한 응답이다: 패러다임은 그 자체의 성공의 기준들을 갖고 있으며, 과학에 대해 보편성을 갖는 그러한 모든 기준들이 경쟁하는 패러다임들 중에서 [과학자가] 선택할 수 있을 정도까지 충분하게 보편적이지 않다.

9) Imre Lakatos, "Falsification and the Methodology of Scientific Research Programmes," 135.

인 것이며 비기획적인 것일 뿐이다. 이런 방법으로 연구프로그램이 시대에 따라 발전하면서 성공적인 것이 되거나 실패하는 것이 된다(BLF, 100-110).[10]

머피의 견해에 의하면 과학적 논증에 대한 라카토스의 이론은 경제학뿐만 아니라 과학에도 적용되도록 제안되어 왔으며, 특별히 신학에도 그러하다. 머피는 "라카토스의 방법론이 다른 어느 방법론보다도 경쟁하는 연구프로그램들 사이에서 선택을 위한 실제적인 기준을 제공한다는 점에서 더 우수하다"(TASR, 174)고 주장한다. 따라서 그녀는 과학적 논증 시대에 신학의 합리성을 지지하기 위해 신학이 라카토스의 과학적 방법론을 사용해야 한다고 역설한다.

II. 머피의 라카토스 신학

1. 신학적 구조와 방법

머피는 자신의 신학을 라카토스의 방법론을 사용해서 수립하려한다. 그녀는 체계적인 신학 연구프로그램이 한 무리의 이론집단과 데이터 체계로 구성된다고 주장한다. 머피에 따르면 "하드코어는 서로관련된 공동체의 신앙의 최소분모를 종합하는 방법에 대한 신학자의판단을 포함하고 있다"(TASR, 184). 여기서 그녀는 하나님의 삼위일체적 본성, 하나님의 거룩성, 예수 안에서의 하나님의 계시 등 하나님에관한 교리를 제시한다. 머피에게서 하드코어는 하나님에 대한 진술을

---

10) 여기서 머피는 라카토스의 합리성 모델을 "역사주의자-통전주의"(historicist-holism)라고 부른다.

포함한다. 하나님의 존재는 그리스도인과 신학자들의 전제이다.

머피에 의하면 "부정적 발견들은 신학자들로 하여금 하드코어를 바꾸거나 포기하지 않도록 방향을 잡아준다. 그러나 오히려 보조가설들에 집중하게 함으로써 잠재적인 반증가능성을 막아준다"(TASR, 184). 더 나아가 그녀는 교회의 교리들이 신학 연구프로그램들에 대해서 긍정적 발견의 역할을 한다고 주장한다. 그녀에 따르면 "프로그램의 발전을 위한 신학적 기획은 공동체의 가르침을 포함하는 모든 교리적 주제들(loci)을 다루며, 그 중에는 교리의 형성에 관한 것도 포함된다"(TASR, 185). 이 부분에 대해서 머피는 신학의 특성을 결정하는 데 긍정적 발견이 중요한 기능을 한다고 강조한다. 그녀가 주장하듯이 "상이한 긍정적 발견들과 함께 우리는 획기적으로 다른 성격을 지니는 신학에 이르게 된다"(TASR, 186). 체계적인 신학 연구프로그램에서 머피는 보조가설들이 하드코어의 의미를 설명하고 하나님에 대한 추상적 견해와 이에 대해서 적합한 데이터의 종류를 서로 연관시키는 기능을 하는 교리적 주제들이라고 정의한다.

2. 신학적 데이터와 기준들

머피에 따르면 상이한 신학적 프로그램은 상이한 종류의 데이터를 사용한다. 여기서 그녀는 신학을 위해 적합한 데이터들을 제시한다. 즉 성서 본문들, 역사적 사실들, 사회학적·인류학적 데이터들과 자연과학으로부터 도출된 사실들이다(TASR, 130). 그녀는 적합한 데이터의 범주가 연구프로그램 자체, 특히 긍정적 발견과 보조가설들이 갖는 내용에 의해서 결정되어야 한다고 주장한다.

무엇보다도 머피는 성서가 교회의 모든 개인과 집단에 대해서 권위를 갖는다고 논증한다. 그녀는 "신학 연구프로그램에서 성서의 사용은 많은 경우 계시의 교리처럼 다양한 보조가설들에 의해 지배 받는 다"(TASR, 170)고 역설한다. 다양한 교리들은 신학과 교회의 삶에서 성서의 권위를 설명하고 정당화한다. 이런 의미에서 성서는 신학을 위한 핵심 데이터이다.

그뿐 아니라 머피는 기독교의 "분별"(discernment)의 과정이나 "기독교적 판단"(Christian judgement)에 있어서 성서가 보편적으로 사용되어야 한다고 주장한다(TASR, 132). 그녀는 또한 공동체적 분별의 결과가 신학의 중심 데이터를 형성해야 한다고 제안한다. 그 결과들은 성령에 의해 영감된 헌신적이고 도덕적인 실천에 대한 공동체의 판단을 포함한다. 따라서 "공동체의 분별의 실천에 기초해서 다양한 종류의 기독교 공동체의 참여자들은 일상적인 교회 생활에서 관찰 가능한 특정 사건들을 선택하여 그것들을 하나님의 행위나 말씀으로 간주하게 된다"(TASR, 157)고 주장한다. 머피의 신학적 데이터들은 성서와 다양한 공동체적 분별에 초점이 맞추어져 있다.

여기서 머피는 다음과 같이 기독교 교회 안에서의 분별을 위해 적합한 기준 체계를 제시한다: (1) 사도적 증언에 일치하는지 여부 (2) 영향을 받은 사람들이 그리스도의 성품을 드러내는가의 여부, 특히 죄로부터 자유로운가? 그리고 성령의 열매를 드러내는가의 여부 (3) 기도에 대한 토론에 기초해서 공동체 안에 하나됨(unity)이 있는가의 여부 등이다(TASR, 152). 이런 기준들이 충족되는 경우에는 언제나 성령의 신실한 사역이 합리적 확실성과 함께 인지되며, 신학자들은 이것을 신학적 프로그램을 위한 데이터로 주장하게 된다.[11]

---

11) Wentzel Van Huyssteen, "Is the Postmodernist always a Postfoundationalist?," 381.

3. 신학적·인식론적 실천의 특성

머피는 분별에 기초하여 인간의 삶에서 행동하시는 하나님 지식을 실천적으로 만드는 것을 "그리스도인의 인식론적 실천"이라고 부른다(TASR, 159). 이에 대해서 머피는 신학을 위한 데이터로서 공동체의 분별에 대한 참여자들의 기술(description)은 이미 하나님에 대한 언급을 포함하고 있다고 주장한다(TASR, 163). 또한 종교적 경험에 대한 이런 기술이 인식론적 과정 안에서 수용된다고 강조한다. 이런 의미에서 머피에게 인식론적 실천은 기술적(記述的)인 특징을 가진다. 더 나아가 그녀는 관찰(observation)을 인식 과정에서 매우 중요한 것으로 간주한다. 그녀에 따르면 하나님의 행동들이라고 이미 공동체적으로 기술된 관찰들의 가치는 신학을 위해서는 명백한 것이다(TASR, 164). 이런 점에서 머피는 신학적 사실들이 이론화된 사실들이며 공동체의 분별에 대한 해석을 포함하고 있다고 주장한다.

또한 신학적 인식의 실천은 일정한 객관성을 지니고 있다고 머피는 믿는다. 왜냐하면 신학 작업들은 사적인 관찰보다는 공적인 관찰에 더 의존하기 때문이다. 따라서 교회는 신학적 공식들을 검증하는 장소, 즉 신학적 실험을 위한 실험실이 된다. 머피는 "객관성이란 유사한 상황과 훈련 및 경험을 가진 타인도 동일한 결과를 나타내는 것이며, 이것은 다시금 정도(degree)의 문제와 관련된다"(TASR, 166)고 진술한다. 그러므로 공동체적 분별로서의 신학적 인식의 실천은 신뢰성과 타당성을 갖게 된다.

이러한 인식의 실천에서 공동체의 판단은 특정 연구프로그램에 비해 상대적으로 새로운 것이며, 그 과정은 반복적으로 일어난다고 머피는 주장한다(TASR, 167). 과학이 실험을 반복하는 것처럼 기독교 공동체도 이런 판단의 과정을 반복한다(TASR, 168). 따라서 신학적 사실들은 복제가능하며 과학적 사실들과 다른 것이 아니라고 그녀는 역설한다.

머피에 따르면 하나의 신학 연구프로그램 안에서 새로운 수정을 토대로 성서신학자들이 성서에서 특수한 무엇인가를 발견할 것이라고 예측하는 것이 가능해진다(TASR, 172). 성서로부터 데이터를 만드는 문제에 관해 머피는 성서비평의 결과들 중에서 새로운 사실들이 발견될 수 있다고 한다. 따라서 머피는 그녀의 과학이론에서 인식 과정에 새로운 발견점이 있다고 주장한다. 그러나 그녀는 비록 공동체의 판단이 모든 과학 데이터에서 요구되는 기준을 충족한다 하더라도, 그것이 자연과학에서 요구되는 것과 같은 수준(신뢰성과 반복가능성에서)은 될 수 없다고 말한다(TASR, 173).

III. 머피의 라카토스 신학에 관한 비판적 대화

앞에서 살펴보았듯이, 머피의 라카토스 신학은 포스트모던 시대의 다양한 신학 패러다임 중에서 중요한 의미를 지니며 새로운 도전을 던지고 있다. 신학과 과학 사이의 해결되지 않는 논쟁 속에서 머피는 신학과 과학 상호간의 대화 필요성에 관해 강조할 뿐만 아니라 상호간의 방법론의 적용가능성을 역설한다. 첫째, 머피는 하나님에 대한 지식주장에 관한 근대의 회의주의에 대해서 대답하려고 노력하며, 신학자들에게 신학적 성찰을 위한 합리적 근거를 제공한다(TASR, 211). 그리스도인의 신앙의 합리성에 관한 그녀의 논의는 신학적 논증과 과학적 논증 사이의 유사성을 보여주는 것에 초점을 둔다. 라카토스 모델을 자신의 신학에 적용하는 데 있어서 그녀는 이 과업을 성실하게 수행한다. 머피의 신학적 프로그램이 갖고 있는 한계점과 약점들에도 불구하고 우리는 그녀의 성실하고도 용기 있는 노력을 인정해야 할 것이다.

둘째, 포스트모던 시대의 맥락에서 어느 신학도 절대화되어서는 안 된다는 그녀의 주장은 주목할 만하다. 오히려 라카토스 이론에 기초해 볼 때, 신학 연구프로그램이 경쟁적인 패러다임들 중 진보하거나 퇴행한다는 그녀의 주장은 강점이 된다. 더 나아가 과학처럼 신학적 프로그램도 새로운 사실을 보여준다는 머피의 주장은 흥미롭다. 필자는 신학 작업이 정태적일 수 없을 뿐 아니라 정태적인 것이 되어서도 안 되며 오히려 역동적인 것이어야 한다고 생각한다. 또한 그 주장이 반증되거나 더 성공적인 대안들이 유용할 경우에는 언제나 개정되거나 수정되며 재구성되어야 한다고 믿는다. 이런 의미에서 신학 연구프로그램에 있어서 보조가설을 통해 나타나는 교리적 실천에 관한 머피의 주장은 타당하다.

셋째, 머피의 라카토스 이론에서 공동체의 분별을 그리스도인의 인식적 실천으로 규정한 것은 매우 중요하다. 조나단 에드워드, 이그나티우스 로욜라, 재세례파 전통들 및 여러 종교집단들의 저서에 나타난 영적 분별의 역사적 유형들에 대한 분석을 통해서 머피는 공동체의 분별이 신학에 있어서 중요한 데이터가 될 수 있다는 것을 보여준다. 더 나아가 공동체적 혹은 포스트모던 인식론의 다양한 특성에 기초해서, 머피는 포스트모던 시대의 신학이 공동체의 인식적 실천을 통해 여러 경쟁적인 신학 연구프로그램들 중에서 선택하는 것을 배워야 한다고 강조한다. 근대의 개인주의와 주관주의에 대해 근본적으로 반대하고 또한 모든 보편적·전체적·세계적 인식의 접근방법에 반대하는 머피의 입장은 우리 시대의 신학적 실천에서 주목할 만한 가치가 있다고 생각한다.

그러나 머피의 신학적 기획은 그 강점과 공헌들에도 불구하고 여전히 문제점들을 갖고 있다. 첫째, 기본적인 논리적 모순점들을 포함하고 있다. 머피에게서 신학적 인식 실천의 출발점은 통전적이며 비토대주의적 인식론이다.[12] 이 점에서 그녀는 탈자유주의 신학이나 내러티브 신학과 같은 신앙주의에 반대한다.[13] 그럼에도 신학 연구프로그램에서 하나님의 존재를 하드코어로 전제하는 가운데, 머피는 논리적 일관성에 있어서 치명적인 실수를 보여준다. 또한 그녀는 성서를 신학을 위한 권위 있는 데이터이며 그 기준으로 간주한다. 이 부분에 있어서 그녀는 왜 성서가 포스트모던시대의 맥락에서 신학에 대한 권위를 지니게 되는지 그 이유를 명확하게 설명하지 않고 있다. 따라서 머피의 입장이 인식론적으로 결국에는 토대주의에 근거하고 있다고 보는 것이 적절하다. 벤첼 반 후이스텐(W. Van Huyssteen)은 이것을 포스트모던적 비토대주의에 대한 머피식의 견해라고 말한다.[14]

둘째, 공동체의 분별에 관한 머피의 중요한 인식론적 특성은 몇 가지 문제점들을 지닌다. 교회의 교리와 실천에서 이러한 공동체의

---

12) 머피가 비토대주의 운동에 열정적으로 관여하고 있다는 사실은 분명하다. Stanley Hauerwas and Nancey Murphy and Mark Nation, ed., *Theology without Foundations: Religious Practice & the Future of Theological Truth* (Nashville: Abingdon Press, 1994). 여기서 그녀는 자신의 입장을 "상대주의를 배제한 비토대주의"(non-foundationalism without relativism)라고 칭한다. Cf. John E. Thiel, *Nonfoundationalism* (Minneapolis: Fortress Press, 1994).

13) 머피는 소위 예일 학파에 속한 학자들(G. Lindbeck, Hans Frei, and R. Thiemann)의 견해가 갖는 한계를 지적하고 맥킨타이어(Alas MacIntyre)의 사고를 지지한다. 이에 대해서는 다음을 참고하라. N. Murphy, *Beyond Liberalism and Fundamentalism*, 103-109, 127-131; N. Murphy, *Anglo-American Postmodernity*, 113-129. Cf. Alas MacIntyre, *After Virtue* (Notre Dame: University of Notre Dame Press, 1984); *Whose Justice? Whose Rationality?* (Notre Dame: University of Notre Dame Press, 1988).

14) Wentzel Van Huyssteen, "Is the Postmodernist always a Postfoundationalist?," 373-386. 후이스텐에 따르면, 과학적 현실주의에 의해 영향 받은 '비판적 현실주의'(critical realism)라는 신학에 있어서의 합리성 모델은 임시적이고 잠정적인 것이며, 더욱 발전할 수 있는 가능성을 지닌 것이다. 비판적 현실주의는 신학에 있어서 초공동체성이나 상호주체적 인식의 특징과 함께 지성이나 합리성을 강조한다. 후이스텐은 자신의 입장을 심원주의자(profoundationalist)라고 부른다. 구체적인 사항은 다음을 참고하라. W. Van Huyssteen. *The Shaping of Rationality: Toward Interdisciplinarity in Theology and Science* (Grand Rapids, MI/ Cambridge, U. K.: Wm. B. Eerdmans Publishing Co., 1999), 87-107, 111-177.

분별들이 어떻게 그리고 어느 정도 신뢰성이 있는 것인가? 모든 집단의 의사결정이 성령의 사역의 증거라고 간주될 수 있는가? 오히려 기독교 역사를 고려해 볼 때, 우리는 자주 거짓되고 잘못 방향 지워진 의사결정과 교리들을 발견하지 않는가? 개별적인 신앙 공동체가 오로지 그 영적 분별에만 의존하게 된다면, 과연 상대주의나 분파주의의 위험을 피할 수 있을 것인가? 비록 머피가 공동체적 분별을 위한 3가지 기준들을 제시하고 있기는 하지만 이 기준들은 모두 신앙적 헌신 안에서 인식의 토대를 갖는다. 따라서 공동체적 분별의 인식론적 특징은 자신의 합리성을 세계적 합리성과 공유하지 못한다는 점에서 상대적으로 한계를 지닌다. 즉 공동체적 분별이 공동체를 넘어서지 못하며 또한 상호주체적(intersubjective) 인식의 특성을 갖지 못한다는 것이다.[15]

셋째, 비토대주의자로서 머피는 종교적 경험이 신학 연구프로그램을 위해서 적합한 데이터라는 신학적 성찰을 설명하려고 노력한다.[16] 그러나 그녀의 의도는 종교적 경험이 갖는 설명적인(explana-tory) 기능에 대해 초점을 맞추고 있지 못하다는 점에서 필자에게 성공적이지 못한 것으로 보인다. 포스트모던 시대의 맥락에서 종교적 경험이 갖는 실험적이며 설명적인 인식론적 특성은 과학과 신학 모두에게 요청된다.[17] 동일한 방법으로 라카토스 이론이 인식론적 실천에 있어서 어느 정도의 객관성을 지니고 있다고 하는 머피의 주장에도 문제가 있다. 왜냐하면 그녀는 전적으로 공동체적 인식과정에서 기술적인(descriptive) 특성에만 집중하기 때문이다. 로널드 티만(R. Thiemann)

---

15) 위의 책, 380.
16) 그레게르손(N. Gregerson)은 머피가 라카토스 이론을 신학에 적용하는 작업의 장점과 한계점에 대해 언급한다. Niels Henrik Gregersen and J. Wenzel Van Huyssteen, ed., *Rethinking Theology and Science: Six Models for the Current Dialogue* (Grand Rapids, MI/ Cambridge, U. K.: Wm. B. Eerdmans Publishing Co., 1998), 205-212.
17) Wentzel Van Huyssteen, "Is the Postmodernist always a Postfoundationalist?," 382.

처럼 그녀는 기독교 신학의 틀에서 내부적인 것을 기술하여 정당성을 얻는 작업에 관심을 가진다.[18] 이 점에 대해서 후이스텐의 비판적 주장에 주목할 필요가 있다. 이런 경우 종교적 신념은 그것에 대한 설명적 근거를 제시할 필요가 없으며, 결국에는 행동을 통해 나타내거나 혹은 비트겐슈타인의 신앙주의에서처럼 근거 없는 언어 게임(language game)으로 드러나게 된다는 것이다.[19]

또한 머피는 신학 연구프로그램의 객관성을 설명하는 데 논리적 어려움을 보여주고 있다. 그녀의 전제는 신학은 과학과 방법론적으로 구별이 가능하지 않다는 것이다. 그럼에도 그녀는 공동체적 분별의 결과가 과학적 데이터가 요구하는 모든 기준을 충족한다고 할지라도 그것이 자연과학과 같은 수준의 신뢰도와 반복가능성을 갖는 것은 아니라고 주장한다(TASR, 173). 이런 주장은 머피의 라카토스 이론에 대해서 근본적인 문제를 제기한다. 만일 신학 연구프로그램이 인식 과정에서 과학 연구프로그램과 같은 객관성을 전혀 갖지 못한다면, 상대적인 경험주의의 과정에 대한 라카토스의 표준은 경쟁적인 신학 이론들을 판단하는 데 있어서 적용하기 쉽지 않을 것이다.[20]

이상과 같은 분석을 통해서 머피의 라카토스 이론은, 비록 그녀가 이런 입장들에 대해서 반대하기는 하지만, 인식론적 상대주의 혹은 신앙주의나 토대주의의 특성까지 지니고 있음을 보여준다.[21] 또한 종

---

18) Wentzel Van Huyssteen, "Paradigms and Progress: Inference to the best explanation," in *Paradigms and Progress in Theology*, ed. J. Mouton, A. G. van Aarde, and W. S. Vorster (Human Science Research Council, 1988), 87. Cf. Ronald F. Thiemann, *Revelation and Theology: The Gospel as Narrated Promise* (Notre Dame, IN: University of Notre Dame Press, 1985).

19) 위의 책. 이것은 그녀가 맥클렌던(J. McClendon)의 입장과 비트겐슈타인의 언어-행위 이론에 기초를 둔 오스틴(J. L. Austin)의 언어철학에 의존하기 때문이다. 이에 대해서 다음을 참고하라. James Wm. McClendon, Jr, and James M. Smith, *Convictions: Defusing Religious Relativism* (Vally Forge, PA: Trinity Press International, 1994); J. L. Austin, *How to Do things with Words*, 2nd ed. J. O. Urmson and Marina Sbisa (Cambridge, MA: Harvard University Press, 1962).

20) Wentzel Van Huyssteen, "Is the Postmodernist always a Postfoundationalist?," 383.

21) 머피는 라카토스의 입장을 "포스트모던 비상대주의"(postmodern nonrelativism)의 범주에 넣

교철학, 과학철학, 사회과학과 간학문적 대화를 시도하고 있기는 하지만, 그녀는 초공동체적 혹은 상호주체적 합리성을 발전적으로 전개하지 않는다. 이런 점에서 그녀의 사유가 갖는 상대적이며 제한적인 인식론적 특성으로 인해 머피의 라카토스 신학은 포스트모던의 시대 상황에서 경쟁적인 신학 패러다임 중 그다지 진보적인 것으로 보이지 않는다. 이것은 그녀의 이론이 동일한 약점과 한계점들로 구성된 라카토스 이론에 전적으로 의존하는 것에서 기인하는 필연적 결과이다.

는다. N. Murphy, *Anglo-American Postmodernity*, 49-62. 더 나아가 머피는 자신을 비토대주의(nonfoundationalism)와 비상대주의(nonrelativism)라고 변호한다.

대
화
하
는

신
학

3부

복음주의 신학과
에큐메니칼 신학의 대화

7장

복음주의 신학과
에큐메니칼 신학의 대화

　오늘날 전세계적으로 복음주의 운동과 에큐메니칼 운동은 상호
연관되어 있다. 실제로 에큐메니칼 운동은 18-19세기 복음주의 운동과
선교 활동의 상황에서 태동되었다. 1948년 세계교회협의회(WCC)의
설립과 함께 더욱 활발하게 전개된 에큐메니칼 운동과, 다양한 시대적
배경 속에서 형성·확대된 복음주의 운동은 세계 교회의 양대 진영을
이루며 신학적·실천적 영역에서 상당한 영향력을 지니게 되었다. 20
세기 전반에는 복음주의 운동과 에큐메니칼 운동이 공존하며 함께 발
전했지만, 1960년대 이후에는 에큐메니칼 운동의 방향성에 반대 입장
을 갖는 복음주의자들에 의해 서로 대립적인 구도를 갖게 되었다. 그
러나 1970년대 중반 이후 양 진영은 상호영향을 주고받으며 지속적으

로 변화·발전해 오고 있다. 이런 맥락에서 복음주의 운동과 에큐메니칼 운동 사이의 대립과 갈등 혹은 대화와 협력의 구체적인 내용을 살펴보는 것은 매우 의미 있는 일이다. 7장에서는 먼저 복음주의의 의미와 복음주의 운동의 역사 및 복음주의 신학의 유형과 성격을 개괄적으로 분석한다. 또한 에큐메니칼 신학의 유형 및 특성을 살펴본 후, 이를 토대로 복음주의 신학과 에큐메니칼 신학의 대화를 탐구함으로써 미래 신학의 방향을 전망하고자 한다.

I. 복음주의 신학의 유형 및 특성

1. 복음주의의 의미

복음주의란 무엇인가? 복음주의는 한 마디로 정의하는 것이 불가능하며 매우 다양한 스펙트럼을 지니고 있는 신학운동이다. 복음주의라는 용어 'evangelicalism'은 헬라어 'euangelion'(복음)에서 파생된 것이다. 그러면 복음에 대한 성서적 이해는 무엇인가? 예수 그리스도의 인격과 사역에 기초한 구원의 소식을 말한다. 즉 인간과 세계를 창조하고 구원하시는 삼위일체 하나님의 존재와 사역에 대한 성서적 메시지를 가리킨다. 또한 복음적 또는 복음주의적(evangelical)이라는 말은, 사전적 의미에서 '복음서의 교훈에 따른' 또는 '복음을 중요시하는' 등의 의미를 가진다. 그런데 이 명칭은 역사적으로 볼 때 이단적인 것에 대립적으로 정통적인 것, 로마 가톨릭교회적인 것과 달리 개신교회적인 것, 또는 현대적·자유주의적인 것에 반해서 전통적·보수적인 것을 가리키는 데 사용되었다.[1] 그런가하면 현대 개신교에서 각 교파와 교단 내의 다양한 그룹들이 자신의 입장을 표현하기 위해서 복음주의라는 용어를 뚜렷한 기준 없이 사용해오고 있는 것이 사실이다. 따라서 복음주의, 복음주의 운동, 복음주의 신학에 대한 다음과 같은 이해가 전제되어야 할 필요가 있다. 즉 복음주의는 복음주의 운동과 신학을 통틀어 말하는 것인 바, 복음주의는 일종의 운동(movement)으로 역사 속에서 형성되었으며 복음주의 신학은 이러한 복음주의 운동에 기초하고 있는 신학을 가리킨다.

무엇보다도 복음주의 신학의 역사적 뿌리는 16세기 종교개혁에서 찾을 수 있다. 루터와 칼뱅, 츠빙글리 등의 종교개혁자들은 예수와 바울의 복음을 성서에서 발견했으며, 이에 근거해서 '오직 성경', '오직 믿음', '오직 은총', '오직 그리스도'를 주창했다. 종교개혁자들에게 성경은 절대적 권위를 지니고 있으며 신앙과 삶의 유일한 표준이다. 이렇게 성서의 궁극적 권위를 중시하는 종교개혁 전통은 복음주의의 공통분모라고 할 수 있다. 또한 예수 그리스도의 대속에 근거한 믿음을 통한 구원을 강조하는 종교개혁의 원리는 복음주의의 핵심 내용이다. 그뿐 아니라 복음주의는 17세기 개신교 정통주의, 18세기 경건주의와 웨슬리(J. Wesley)의 부흥운동, 19세기 부흥운동 신학의 유산을 이어받았다. 그런데 대륙의 경건주의와 영미 복음주의에서 특히 두드러지는 것은 성령에 의한 믿음으로 말미암은 구원의 경험, 즉 생동력 있는 체험적 신앙이다. 그러므로 복음주의의 두 가지 구성 요소는 성서의 권위와 체험적 신앙이라 할 수 있다.[2] 물론 복음주의가 양자를 동등하게 강조하는 것은 아니다. 성서의 절대성을 강조하며 말씀의 우위성을 강조하는 그룹은 칼뱅주의이다. 또한 체험적 신앙은 주로 부흥운동과 복

---

1) 목창균, 『현대 복음주의』(서울: 황금부엉이, 2005), 29.

2) George M. Marsden, *Understanding Fundamentalism and Evangelicalism* (Grand Rapids, MI: Wm. B. Eerdmans Publishing Co., 1991), 65.

음주의적 아르미니우스주의 계통의 교회(감리교, 성결교, 오순절교회 등)에서 나타난다. 이를 토대로 20세기 이후 복음주의는 활발하게 전개되었으며 현금 개신교 기독교 안에서 가장 영향력을 갖고 있는 신학운동 중 하나다.

2. 복음주의 운동의 역사

20세기에 등장한 가장 두드러진 복음주의 운동은 근본주의라고 할 수 있다. 근본주의는 1920년대에 19세기 자유주의 신학에 대한 반동으로 생겨난 신학운동으로 칼뱅주의 전통에 기반을 두고 있다. 특히 구 프린스턴(Old Princeton) 신학[3]과 세대주의가 주축을 이루어 현대주의의 도전에 공동전선을 형성한 연합운동이다. 이들은 성서비평학과 다윈의 진화론을 반대하며 성서영감설과 창조론을 주장한다. 근본주의자들은 성서의 무오성,[4] 그리스도의 동정녀 탄생, 대속적 죽음, 육체의 부활과 재림을 기독교의 다섯 가지 기본교리로 채택했다. 여기에는 칼뱅주의자와 아르미니우스주의자가 함께 참여했으며 세대주의자들이 포함되었다. 그러나 이런 근본주의 운동은 1920년대 후반부터 급격히 약화되었다. 이들은 현대 사상과 문화에 대한 전투적 자세와 반지성적 태도로 말미암아 개신교 주류에서 이탈하기 시작했으며, 결과적으로 근본주의는 배타적이고 편협적이며 분리주의적인 운동으로 전개되었다.[5]

---

3) 구 프린스턴 신학교의 중심적인 인물들은 C. A. Hodge, A. A. Hodge, B. B. Warfield 등이다.
4) 근본주의는 성경 무오(Inerrancy)와 축자영감, 성경에 대한 문자적 해석을 강조한다. 근본주의는 성경이 "하나님의 영감을 받은 책이므로 어떤 종류의 오류, 즉 신학적 오류는 물론 역사적, 지리적, 과학적 오류가 없다"고 주장한다. Niegel M. de S. Cameron, ed., *The Challenge of Evangelical Theology* (Edinburgh: Rutherford House, 1987), 48.
5) 근본주의는 두 가지로 분류될 수 있는데, 고전적 근본주의는 개혁주의적 정통주의에 기초한 미국 장로교 신학이며, 1930년대 이후 분리주의적 (신)근본주의는 매첸(J. G. Machen)과 맥킨

1940년대 이후에 새롭게 형성된 복음주의 운동은 소위 '신복음주의'라고 불리는 운동이다. 미국의 빌리 그래함(Billy Graham), 칼 헨리(Carl F. H. Henry), 헤럴드 오켕가(Harold J. Ockenga) 등이 중심이 되어 극단적 근본주의와는 구별되는 온건한 복음주의를 주장하게 된 것이다. 즉 전통적인 복음주의 신앙에 기초하되 근본주의의 반지성주의와 배타적 분리주의를 극복함으로써 포용적이고 복음주의적 연합을 강조하는 성격을 띤다. 특히 1942년에 복음주의전국연합회(NAE)가 결성되고, 1947년에 신복음주의를 표방하는 풀러 신학교(Fuller Theological Seminary)가 설립되었으며, 부흥 전도자인 빌리 그래함이 적극적으로 참여했을 뿐 아니라, 1956년에『오늘의 기독교』(Christianity Today)라는 정기 간행물이 창간됨으로써 신복음주의 운동이 점차 확산되어 지속적인 영향력을 갖게 되었다. 이들은 복음주의적 열정과 학문의 중요성을 강조하며, 신앙의 사회적 실천을 주장하고 사회참여에 대해서 긍정적이며 개인 영혼뿐 아니라 문화적 변혁이야말로 복음에 대한 비전이라고 주장했다.[6] 그런데 1970년대부터 신복음주의라는 용어 대신에 간단히 복음주의라는 용어가 주로 사용되고 있다.

1960년대 이후 복음주의는 다양한 지류를 형성해오고 있다. 우선적으로 복음주의에 대한 신학적 반성이 활발하게 전개되었는데, 복음주의적 유산을 재평가하는 작업, 복음주의 변증학, 복음과 실천(praxis)

타이어(C. McIntyre) 등과 궤를 같이하는 입장이다. 매첸은 구 프린스턴 신학교에서 웨스트민스터 신학교를 거쳐 페이스 신학교에 이르기까지 거듭된 분열의 중심에 서있던 인물이며, 매킨타이어는 1940년 "미국 기독교연합회"(ACCC)와 1948년 "국제기독교협의회"(ICCC)를 창설했는데, 전투적인 성향을 지닌 반현대주의를 주도했다.

6) 목창균,『현대 복음주의』, 142-145. 신복음주의 안에는 다양한 입장이 존재하는데, 크게 보수적 복음주의와 진보적 복음주의로 나뉠 수 있다. 특히 성경관에 있어서 전자와 후자의 관점에 차이가 있다. 전자는 성경의 전적 무오(Inerrancy)와 완전 영감(Plenary Inspiration)을 주장하며, 성서 비평학에 대해서 부정적이다. 반면에 후자는 성경의 제한적 무오설 또는 무류설(infallibility)을 주장하는데, 성경은 신앙과 실천에 관련된 부분에 있어서는 오류가 없지만 성경의 주변적인 문제에 관련된 부분은 오류가 있을 수 있다고 하며, 성서 비평학에 대해서도 개방적 태도를 지닌다.

과의 연계 및 신정통주의를 반영하는 신학 작업이 이루어졌다.[7] 여기서 주목해야 할 것은 자유주의 신학에 대한 반동으로 유럽에서 형성된 신정통주의 신학에 대한 복음주의자들의 관심이다. 오늘날 적잖은 복음주의자들은 신정통주의를 지지하거나,[8] 전통적인 복음주의 입장에 서서 이를 비판하거나,[9] 또는 양자의 중도적 입장을 지니고 있는 등 신정통주의를 반영하고 있다.[10] 그러므로 신정통주의가 복음주의에 끼친 영향은 결코 간과할 수 없는 것이다.[11] 그 외에도 전세계적으로 확산된 오순절 운동 및 은사주의 운동은 복음주의 운동에 활력을 불어 넣었다.

또한 복음주의 신학은 1960년대 세속화신학과 하나님죽음의 신학, 1970년대 해방신학, 정치신학, 흑인신학, 여성신학 등 소위 상황신학들의 도전 속에서 복음주의적 응답을 시도했다. 그리하여 복음주의 신학은 현대의 사회적·정치적 상황과의 대화를 통해 보다 더 포괄적인 신학의 방향을 제시하게 되었다.[12] 최근에는 포스트모던 상황 속에서 제기되는 여러 도전들에 대한 복음주의자들의 다양한 신학적 응답과 대안이 활발하게 제시되고 있다.[13] 이러한 신학 작업은 복음주의 운동

---

7) 박용규, "최근의 복음주의 신학 동향," 조성기 편, 『최근신학 개관』(서울: 현대신학연구소, 1993), 428-445.

8) 이런 입장은 주로 버나드 램, 도널드 블로쉬 등이다. 버나드 램은 바르트의 신학을 "복음주의적 신정통주의"라고 부른다. Bernard L. Ramm, "An Evangelical Approach of Neoorthodoxy," *The Evangelical Heritage* (Waco, TX: Word Books, 1973), 103-120.

9) 보수적 복음주의 또는 근본주의의 입장이다. 보수적 복음주의자는 칼 헨리, 빌리 그래함, 해롤드 린젤, 칼슨(D. A. Carson), 웰스(David F. Wells), 마크 놀(Mark Noll) 등이다.

10) 신정통주의를 사안에 따라 수용하기도 하고 비판하기도 하는 입장이다. 제프리 브로밀리(G. Bromiley), 베르까우어(G. C. Berkouwer) 등이다.

11) 신정통주의의 신학적 입장은 1967년 미국의 북장로교회 신앙고백에 상당 부분 반영되어 있다.

12) 이들은 진보적 복음주의자 또는 '젊은 복음주의자들'(Young Evangelicals)로 불리는데, 기독교가 사회문제에 적극적으로 관심을 갖고 참여해야 한다고 주장한다. 진보적 복음주의자들은 에드워드 카넬, 토머스 오튼, 조지 래드, 버나드 램, 도널드 블로쉬, 클라크 피녹, 스탠리 그렌츠 등이다. 1990년대 이후 진보적 복음주의자들이 복음주의의 중심 세력으로 등장했으며, 활발한 학문적 활동을 전개함으로써 21세기 복음주의 진영의 신학적 흐름을 주도하고 있다.

13) Stanley J. Grenz and John R. Franke, *Beyond Foundationalism: Shaping Theology in a Postmod-*

과 결합되어 20세기 후반과 21세기에 이르러 복음주의의 매우 다양한 흐름을 낳고 있다.

미국의 복음주의 운동 못지않게 영국을 중심으로 하는 유럽의 복음주의 운동도 활발하게 전개되어 왔다. 대표적인 영국의 복음주의 신학자는 루이스(C. S. Lewis), 브루스(F. F. Bruce), 존 스토트(J. Stott), 제임스 패커(J. Packer) 등이다. 또한 화란에서는 헤르만 도이베르트(H. Dooyeweerd)와 베르까우워 등이 복음주의 신학에 기여한 바가 크다. 독일에서는 피터 바이어하우스(P. Beyerhaus)가 복음주의 신학과 선교에 영향을 끼쳤다. 스위스의 프란시스 쉐퍼는 복음주의의 지성적 성숙과 사회적 책임을 강조함으로써 복음주의에 활력을 불어넣어 주었다.

이렇게 복음주의의 신학은 시대에 따라 다양하게 변천하고 있으므로 정적(static)이지 않고 역동적인 성격을 갖는다. 또한 복음주의는 어느 한 교파나 신학노선에 국한되지 않으며 초교파적이다. 즉 복음주의는 루터주의, 개혁주의, 아르미니우스주의, 근본주의, 신정통주의 및 오순절주의 등을 포함하는 매우 폭넓은 스펙트럼을 지닌다.[14]

3. 복음주의의 유형과 성격

1950년대 이후 미국의 복음주의 신학은 크게 전통적 복음주의 신학과 신복음주의 신학으로 분류할 수 있다. 또한 학자에 따라서는 고전적 복음주의, 경건주의적 복음주의, 근본주의적 복음주의, 진보적

---

ern Context (Louisville, KY: Westminster John Knox Press, 2001); Stanley J. Grenz, *Renewing the Center: Evangelical Theology in a Post-Theological Era* (Grand Rapids, MI: Baker Academic, 2000); Gary Dorrien, *The Remaking of Evangelical Theology* (Louisville, KY: Westminster John Knox Press, 1998); David S. Dockery, ed., *The Challenge of Postmodernism: An Evangelical Engagement* (Wheaton, IL: A Bridgepoint Book, 1995).

14) 버나드 램, 『복음주의 신학의 흐름』, 권혁봉 역 (서울: 생명의 말씀사, 1985), 14; 죠지 마르스텐, 『미국의 근본주의와 복음주의 이해』, 홍치모 역 (서울: 성광문화사, 1992), 14, 17.

복음주의로 분류하는 경우도 있으며,15) 복음주의를 근본주의, 보수적 복음주의, 신복음주의로 그 유형을 구분하기도 한다16). 그런데 가브리엘 파크레(G. Fackre)는 미국 복음주의의 여섯 가지 유형을 다음과 같이 분류한다: ① 근본주의(Fundamentalism) ② 전통적 복음주의(Old Evangelicalism) ③ 신복음주의(New Evangelicalism) ④ 정의와 평화의 복음주의(Justice and Peace Evangelicalism) ⑤ 은사주의적 복음주의(Charistimatic Evangelicalism) ⑥ 에큐메니칼 복음주의(Ecumenical Evangelicalism).17)

이들을 자세히 살펴보면, 먼저 근본주의는 성경의 영감설과 성경의 완전 무오성을 신앙적 신실성의 표준으로 간주하며 논쟁적이고 분리적이며 전투적인 성향을 갖고 있다. 전통적 복음주의 또는 구복음주의는 신앙의 체험적 측면을 중시하며 개인적 중생 체험과 성결 생활 및 대중적 복음전도를 강조한다. 신복음주의는 신앙의 사회적 책임에 관심을 두며 변증적 설득을 강조하고 포용적인 것이 특징이다. 정의와 평화의 복음주의는 활동적 복음주의로, 신자의 정치적 참여와 사회경제적 정의 실현을 주장한다. 은사주의적 복음주의는 성령의 사역, 방언, 치유, 축제 형식의 예배에 역점을 둔다. 에큐메니칼 복음주의는 교회일치와 협력에 개방적이며, 광범위한 기독교 공동체와 관련을 맺고 공통적인 사회적 관심사를 위해 주류 교단들과 협력한다. 이렇듯 현대 복음주의는 매우 다양한 스펙트럼을 지니고 있는 역동적인 신학운동이다.

그렇다면 한국의 복음주의 신학은 어떻게 전개되어 왔는가? 현

---

15) Timothy P. Weber, "Premillennialism and the Branches of Evangelicalism," *The Variety of American Evangelicalism*, 13-14.

16) David Barret, *World Christian Encyclopedia* (New York: Oxford University Press, 1982), 71.

17) G. Fackre, *Ecumenical Faith in Evangelical Perspective* (Grand Rapids, MI: Wm. B. Eerdmans Publishing Co., 1993), 22-23.

대적 의미의 한국 복음주의 신학은 1960년대 이후 한국 토착화신학의 등장에 대한 반동으로부터 자신의 정체성을 형성해가기 시작했다.[18] 그리하여 토착화신학의 문제점들을 지적했으며 1970년대에 대두하기 시작한 소위 상황신학들, 즉 정치신학, 해방신학, 민중신학, 여성신학 등에 대한 첨예한 비판을 가하며 대립각을 세웠다. 그런가하면 한국교회의 급속한 교회 부흥의 분위기에 힘입어 개인의 영혼구원과 교회 성장을 강조하는 복음주의 선교신학을 발전시켰다. 그리고 WCC의 선교 방향이 종교다원주의적이며 토착화적인 방향에서 진행된다는 것에 대해 우려를 표명하며 에큐메니칼 운동에 대해서 대립적인 움직임을 보인 것이 사실이다. 그런데 1990년대 이후 한국복음주의 신학은 교회의 사회적 책임의 과제에 대한 인식과 함께 통전적 선교에 대한 이해를 넓혀가고 있는 경향을 보이고 있다. 한국 복음주의 신학계 안에도 세계적인 흐름과 맥을 같이하여 다양한 진영이 활동하고 있는데, 근본주의적 복음주의로부터 고전적 복음주의, 신정통주의적 복음주의, 진보적 복음주의, 에큐메니칼 복음주의 등에 이르는 광범위한 스펙트럼으로 분류될 수 있다. 특히 최근에 이르러 WCC를 중심으로 하는 에큐메니칼 운동에 대한 지지와 반대의 극명한 대립으로 인해 다양한 입장이 표출되고 있는 현실이다.

II. 에큐메니칼 신학의 유형 및 특성

에큐메니칼 신학은 무엇인가? 20세기에 시작되어 최근에 이르기

---

18) 박용규, "최근의 복음주의 신학 동향," 449.

까지 발전하고 있는 에큐메니칼 운동의 신학을 가리킨다. 19세기 선교지에서의 연합과 협력의 필요성에 의해 시작된 에큐메니칼 선교대회를 모태로 하는 에큐메니칼 운동은 지난 반세기 동안 가장 활발하게 형성·전개되어 왔으며 세계교회와 신학에 상당한 영향력을 끼치고 있다. 현대적 의미의 에큐메니칼 운동은 1948년 세계교회협의회(WCC)로부터 시작되었다. 따라서 에큐메니칼 신학은 주로 WCC와 그 산하 기관의 신학적 경향을 지칭하는 것이다.[19] 그런데 WCC의 각 대회 보고서와 각 위원회의 보고서에 나타난 에큐메니칼 신학의 흐름은 매우 다양하면서도 복합적인 특성을 띤다. 기독교 정체성에 대한 이해와 현대 사회와 문화 및 종교와의 현실 관련성에 대한 해석과 응답을 포함하는 핵심적인 신학 주제들을 포함하고 있기 때문이다. 에큐메니칼 회의는 주요 의제에 대해서 지속적인 대화와 논의를 통해 의견을 수렴하고 대안을 제시하며 때로 수정과 보완 및 변화를 포함함으로써 다양성 속에서의 일치를 추구한다. 이러한 에큐메니칼 문서에 대한 신학적 분석과 해석 및 에큐메니칼 운동에 대한 신학적 성찰이 곧 에큐메니칼 신학이라고 할 수 있다.

에큐메니칼 신학의 흐름은 에큐메니칼 대회와 에큐메니칼 운동의 역사와 밀접한 관계를 갖고 있다. 에큐메니칼 선교대회인 1910년 에딘버러 세계선교사대회(WMC) 이후 1925년 스톡홀름에서 "삶과 봉사"(Life and Work) 대회, 1927년 로잔에서 "신앙과 직제"(Faith and Order) 대회가 개최되었으며 1928년 국제선교협의회(IMC)가 개최되었다. 1948년 WCC의 창설은 선교운동과 에큐메니칼 대회를 한데 묶는 계기가 되었으며, 1961년 WCC 총회에서 IMC가 WCC의 분과위원회

---

19) 에큐메니칼 운동의 중심 역할을 감당하는 WCC는 자신의 공식적인 신학적 입장을 밝히지 않는 것이 원칙이다. 당면한 시대 상황 속에서 긴급한 신학적 주제를 결정해 전문적인 신학자에게 연구를 위임하고 연구 보고서를 승인하지만, 그것에 대한 수용 여부는 항상 회원교회에게 자율적으로 맡기는 것을 원칙으로 삼는다.

인 세계선교와 복음전도위원회(CWME)로 활동함으로써 IMC와 WCC가 통합되었고, 1968년에는 세계기독교육협의회(WCCE)가 병합되어 WCC는 본격적인 기독교 국제연합 기구가 되었다.

1948년 암스테르담에서 개최된 제1차 대회를 기점으로 하여 2013년 부산에서 개최된 제10차 대회에 이르기까지 WCC 신학은 주요 의제도 유동적일뿐 아니라 그 신학적 내용도 매우 광범위하고 다양하다.[20] 그런데 에큐메니칼 신학은 크게 세 가지 영역을 신학적 기둥으로 삼고 있다. '신앙과 직제', '삶과 봉사', '선교와 전도'가 그것이다. 즉 1927년 로잔 제1차 신앙과 직제 세계대회 이래 1993년 제5차 신앙과 직제 세계대회에 이르기까지 교회론을 중심으로 교리와 신학 분야에서 교회들의 다양성 속에서의 일치를 추구하는 에큐메니칼 신학, 1925년 스톡홀름의 제1차 삶과 봉사 세계대회 이후 "교회와 사회"(Church and Society) 세계대회들을 통해 교회의 일치를 추구하는 교회의 사회참여 신학, 1910년 WMC 이래 IMC의 역사를 거쳐 1989년 산 안토니오의 CWME에 이르는 교회의 복음전도와 선교 분야에서 일치를 추구하는 에큐메니칼 선교신학이다.[21]

1. 교회일치의 신학

에큐메니칼 신학은 신앙과 직제 위원회를 중심으로 교회 일치를

---

20) WCC 총회의 개최 연도와 도시 및 주제는 다음과 같다. ① 1948년 암스텔담, "인간의 무질서와 하나님의 계획" ② 1954년 에반스톤, "그리스도-세상의 희망" ③ 1961년 뉴델리, "예수 그리스도-세상의 빛" ④ 1968년 웁살라, "보라, 내가 만물을 새롭게 하리라." ⑤ 1975년 나이로비, "예수 그리스도는 자유롭게 하시며 하나 되게 하신다." ⑥ 1983년 밴쿠버, "예수 그리스도-세상의 생명" ⑦ 1991년 캔버라, "오소서 성령이여-모든 창조를 새롭게 하소서." ⑧ 1998년 하라레, "하나님께 돌이키자, 희망 중에 기뻐하자." ⑨ 2006년 포르토 알레그레, "하나님, 당신의 은혜로 세상을 변화시키소서." ⑩ 2013년 부산, "생명의 하나님, 우리를 정의와 평화로 인도하소서."

21) Roger C. Bassham, *Mission Theology: 1945-1975 Years of Worldwide Creative Tension Ecumenical, Evangelical, and Roman Catholic* (Pasadena, CA: William Carey Library, 1979).

위한 신학을 전개했다. 무엇보다도 니케아 신조가 고백한 교회의 본질인 '하나의, 거룩한, 보편적, 사도적 교회' 중에서 특히 교회의 일치성에 관심을 갖는 것이다. WCC 헌장은 자신의 정체성을 다음과 같이 규정하고 있다. "세계교회협의회란 성경에 따라 주 예수 그리스도를 하나님이요 구세주로 고백한다. 한 분이신 하나님, 곧 성부·성자·성령의 영광을 위한 교회의 공동 소명을 함께 완수하고 노력하는 교회들의 코이노니아다."22) 따라서 '복음'과 '삼위일체 하나님'이 WCC회원 교파들의 다양한 신학전통을 한데 묶는 통일성으로서 가장 기본적인 사도적 신앙전승이다.

그렇다면 교회일치의 신학적 기초는 어디에 있는가? 1993년 제5차 신앙과 직제 대회에서는 성경이 증언하고 있는 '복음'과 고대 보편교회의 니케아-콘스탄티노플 신조(381)를 교회의 '주어진 일치'(the God-given unity)로 보았다. 그리고 예수 그리스도에 의해서 교회 안에 주어진 일치를 세상 사람들이 볼 수 있도록 드러내야 한다는 '가시적 일치'(visible unity)를 주장한다. 여기서는 무엇보다도 성경의 통일성을 예수 그리스도의 인격과 사역으로서의 복음으로 이해하며, 성경의 다양한 메시지가 교회들의 다양성의 근거가 된다고 본다. 그리하여 성경의 다양한 메시지는 보편교회가 수용하고 증거해야 하며 전수시켜야 할 진리의 보편성의 근거가 된다고 주장한다.23) 실제로 1983년 밴쿠버 총회는 교회의 일치를 드러내는 세 가지 표징을 제시했는데, 사도적 신앙, 세례와 성만찬과 교역(BEM), 협의회적 구조이다. 즉 사도적 신앙을 공동으로 이해하고 고백하며, 세례와 성만찬과 교역을 서로 인정하고 존중하며, 교회들이 공동의 관심사에 대해서 권위를 갖고 의사

---

22) "World Council of Churches," Nicholas Lossky and Others, eds., *Dictionary of the Ecumenical Movement* (Geneva: WCC Publications, 1991), 1084.

23) 이형기, 『나의 신학 수업의 패러다임 이동』(서울: 한들출판사, 2005), 266.

결정을 하는 협의회적 방식을 갖출 때 교회의 일치가 가시적으로 드러난다는 것이다.

1990년대에 이르러 신앙과 직제 위원회의 연구는 교회일치의 본질을 코이노니아에서 찾게 되었다.[24] '하나님의 백성'이요 '그리스도의 몸'이며 '성령의 전'인 교회는 삼위일체 하나님의 형상(*imago trinitatis*)이다. 따라서 삼위일체 하나님의 코이노니아에 근거하여 교회는 교회 안에서만이 아니라 세상 안에서 세상을 향하여 복음전도와 선교적 사명에 공동으로 참여하는 코이노니아(연합, 참여, 사귐, 나눔, 연대)의 삶을 실현해야 하는 것이다. 이것이 현대 에큐메니칼 신학의 교회론의 핵심이다.

2. 교회의 사회참여 신학

에큐메니칼 신학의 두 번째 영역인 '삶과 봉사'는 교회의 사회참여를 강조한다. "교리는 분열시키지만, 봉사는 교회를 일치시킨다"는 표어 아래 1925년 스톡홀름 대회는 교회가 단지 복음의 사회적 원칙과 이상을 제시하는 일만 할 수 있다고 보았으며, 1937년 옥스퍼드 대회는 교회가 죄악된 세계 현실 속에서 상대적인 정의에 기여해야 한다고 주장했다. 이 시기에는 삶과 봉사 운동을 통해서 복음화를 통한 교회의 가시적 일치를 이룩해야 함이 강조되었다.

1948년 암스텔담 총회는 하나님과 이웃에 대한 책임적 응답을 강조하는 '책임적 사회'(responsible Society)라는 핵심적인 사회이념을 제시했고 1954년 에반스톤 총회는 복음과 그리스도 중심의 교회의 사회

---

24) 코이노니아는 1993년 산티아고 데 콤포스텔라 제5차 신앙과 직제 세계대회에서 보편화된 개념이다(*Towards Koinonia in Faith, Life and Witness*). 이는 후에 『교회의 본성과 선교』(*The Nature and Purpose of the Church*, 2005)에서 심화·확대되어 나타난다.

참여를 하나님나라 추구의 차원에서 이해했다. 더 나아가 1966년 제 네바의 '교회와 사회'(Church and Society) 대회는 단순한 부분적 수정 이 아닌 철저한 혁명적 변혁을 추구하는 사회윤리를 제시했다. 1968 년 웁살라 대회는 사회정의를 강조하면서 사회구원의 개념을 주창했 다. 이후 1975년 나이로비 총회는 '정의롭고 참여적이며 지속가능한 사회'(Just, Participatory and Sustainable Society)라는 이념을 제시했는 데, 이는 제3세계 교회의 사회윤리 모델이었으며, 여기에는 해방신학 의 입장이 반영되었다. 이 총회에서는 또한 사회정의와 환경문제가 결 합되어 모든 피조물의 구원의 개념이 대두된다.[25] 1983년 밴쿠버 대 회에서는 평화의 주제가 새롭게 추가되어 '정의, 평화, 창조 질서의 보 전'(Just, Peace, and the Integration of Creation)의 흐름이 싹트게 된다.[26] 이후 WCC는 1990년 서울에서 개최된 JPIC 대회의 이념을 확대·심화 하는 경향을 지속적으로 보여주고 있다. 즉 교회의 사회참여 신학으 로서의 에큐메니칼 신학은 인권, 사회적·경제적 정의, 정치적 책임, 평 화, 인종 문제, 환경문제, 폭력 극복 등의 문제를 포괄적으로 다루었으 며 실천적 과제를 제시하는 일에 크게 기여했다고 할 수 있다.

3. 에큐메니칼 선교신학

에큐메니칼 신학의 세 번째 영역은 '선교와 전도'(Mission and Evan-gelism) 분야이다. 초기 에큐메니칼 대회는 선교의 주체를 선교회 또 는 선교단체라고 했으나 1938년 탐바람 대회는 선교의 주체를 교회라

---

25) 이형기, "에큐메니칼 운동에 나타난 교회의 사회참여 신학," 『복음주의와 에큐메니칼 운동의 세 흐름에 나타난 신학』(서울: 한국장로교출판사, 1999), 240-253.

26) 세계개혁교회연맹(WARC)의 1982년 오타와(Ottawa) 대회에서 "정의, 평화, 창조의 보전"이 주요 의제로 등장했으며, 이것이 1983년 밴쿠버 WCC 총회에 직접적으로 영향을 미친 것으로 보인다.

고 인정했다. 그러나 이러한 교회 중심의 선교관은 1952년 빌링엔 국제선교협의회에서 변화되기 시작해 1954년 에반스톤 대회에서는 선교의 주체를 하나님이라고 고백하며 이 세상을 선교의 장(場)으로 하는 하나님의 선교(missio Dei)로의 방향 전환이 일어나게 되었다. 1961년 뉴델리 WCC대회에서는 하나님의 선교가 함축하고 있는 교회의 사회적 책임과 사회참여가 더욱 적극적으로 강조되었다. 이런 하나님의 선교 신학은 1968년 웁살라 대회에서 만개했는데, 삼위일체 하나님이 선교의 주체로서 성부가 성자를 세상에 파송하셨듯이 하나님이 교회를 세상에 파송하시며 교회는 하나님의 선교에 동참한다는 것이다.

에큐메니칼 선교신학의 두 번째 특성은 통전적 선교(Holistic Mission)다. 이는 선교의 범위에 관한 주제이다. 초기 에큐메니칼 대회는 복음주의 선교개념인 복음전도에 초점이 맞추어져 있었다. 그러나 1973년 방콕 CWME에서 인간화와 사회정의 및 평화의 실현에 구원의 초점이 맞추어진 이후, 1974년 로잔 언약 등의 복음주의의 영향을 받아 1975년 나이로비 대회에서는 구원에 대한 포괄적 이해와 통전적 선교가 본격적으로 강조되었다.[27] 통전적 선교란 "모든 교회(the whole church)가 온전한 복음(the whole gospel)을 온 세상(the whole world)에 있는 전인(the whole person)에게 전하는 것"을 의미한다. 여기서 온전한 복음의 의미는 다음과 같다: 예수 그리스도를 통해 계시된 하나님나라와 하나님의 사랑을 선포하는 것, 선물로서의 은혜와 죄의 용서, 회개와 예수 그리스도에 대한 신앙, 하나님의 교회 안에서의 사귐, 하나님의 구원의 말씀과 행동의 증언, 정의와 인간 존엄성을 위한 투쟁에의 참여, 인간의 통전성을 저해하는 모든 것을 배격해야 할 의무, 그리고 목숨까지도 버리는 참여를 포함한다.[28] 즉 통전적 선교

---

27) Roger C. Bassham, *Mission Theology: 1948-1975*, 105.

는 영혼구원, 인간화, 해방, 사회변혁, 치유 및 화해 등의 포괄적 구원(comprehensive salvation)을 가져오는 온전한 복음을 선교하는 것을 뜻한다. 이런 맥락에서 에큐메니칼 선교신학은 정치, 경제, 사회, 문화 등 삶의 모든 차원을 선교의 대상으로 삼는다.

더 나아가 통전적 선교의 신학은 1989년 산 안토니오 CWME에서 삼위일체 하나님의 공동체적(코이노니아) 삶을 실천하는 것을 선교적 과제로 제시한다. 즉 정의를 위한 투쟁, 고난 받는 자들과의 연대 및 창조세계의 보전에 대한 책임이다.[29] 또한 1998년 하라레 WCC총회 이후 선교는 복음증거, 봉사, 정의, 치유, 화해, 해방, 평화, 전도, 교제, 교회 개척, 상황화 등 다차원적 사역의 개념으로 확대된다.[30] 특히 2005년 아테네 CWME는 치유와 화해로서의 선교를 강조함으로써 교회의 선교와 하나님의 선교를 통합하는 통전적 선교를 주장한다. 교회에서의 예배, 성경공부, 묵상, 기도훈련의 회복 및 복음증거의 사역과 함께 정의, 평화, 창조의 보전과 같은 사회적 책임을 결합하는 선교적 과제를 제시하고 있다.[31] 이를 통해 에큐메니칼 선교신학과 복음주의 선교신학이 상당히 근접해진 것을 확인할 수 있다.

에큐메니칼 선교신학의 중요한 주제 가운데 하나는 '선교와 일치'의 문제이다. 이에 대한 선교신학적 의미가 다루어진 중요한 문서는 "기독교와 타 종교 간 대화에 관한 지침"(1979)과 "선교와 전도-에큐메니칼 확언"(Mission and Evangelism: Ecumenical Affirmation, 1982), "오늘날의 선교와 복음전도의 일치"(Mission and Evangelism in Unity To-

---

28) David M. Paton, ed., *Breaking Barriers: Nairobi* (Grand Rapids: Wm. B. Eerdmans Publishing Co., 1975), 52.

29) Frederick R. Wilson, ed., *The San Antonio Report: Your Will be Done: Mission in Christ's Way* (Geneva: WCC Publications, 1990), 103-105, 139-142.

30) 김영동, "에큐메니칼 운동과 선교," 『역사와 에큐메닉스 세미나 자료집』(2010.6.11), 5.

31) 한국일, "에큐메니칼 선교 관점에서 본 치유와 화해: 2005년 아테네 선교대회를 중심으로," 『제11회 소망신학포럼 자료집』(2009.11.18), 15.

day, 2000)다. 그런데 마지막 문서에는 복음과 문화의 관계성 및 기독교와 타 종교와의 관계성에 관한 산 안토니오(1989)와 살바도르(1996) CWME에서의 논의가 반영되어 있다. 여기서는 복음과 문화의 역동적인 상호작용을 강조함으로써 복음의 문화화(inculturation of the Gospel)와 각 문화 속에서의 성육신적 선교를 주장한다.[32] 또한 WCC는 기본적으로 타 종교의 전통과 실체를 존중하며, 종교 간 대화는 세계 안에서의 평화로운 공존과 협력을 위해 필요한 것으로 인식한다. 예수 그리스도를 통한 구원을 주장하면서도, 세계의 창조자로서의 하나님이 모든 것에 현존하며 성령이 모든 사람들의 전통과 삶 속에 현존한다는 입장을 취함으로써 타 종교인에 대한 개방적 태도를 강조하고 있다.

III. 복음주의 신학과 에큐메니칼 신학의 대화

1942년 NAE가 창설된 이후 복음주의는 1949년 복음주의신학회(ETS)가 결성되었고 1952년 세계복음주의협의회(WEF)가 창립됨으로써 보다 더 조직적인 운동의 성격을 띠게 되었다. 그런데 1960년대에 들어와 교회의 사회참여가 첨예화되었던 1961년 뉴델리 WCC 대회, 특히 1968년 웁살라 WCC 대회와 1973년 방콕 CWME의 신학적 입장에 반대해서 복음주의자들은 독자적으로 세계대회를 개최하며 여러 복음주의 선언을 채택했다.[33] 예를 들면, 1966년 베를린에서 열린

---

32) Christopher Durasingh, ed., *Called to One Hope-The Gospel in Diverse Cultures* (Geneva: WCC Publications, 1998), 6-8.

33) 1966년 "휘튼 선언"(Wheaton Declaration), 1970년 "프랑크푸르트 선언"(Frankfurt Declaration), 1973년 "시카고 선언", 1974년 로잔 언약(Lausanne Covenant), 1975년 "서울 선언"(Seoul Declaration), 1976년 바젤, 1979년 독일 바드 리벤젤, 1983년 휘튼, 1986년 싱가포르에서 개최된 WEF의 선언, 1989년 '89 복음주의 선언'(89 Evangelical Affirmation) 등이다.

복음전도 세계대회는 같은 해 WCC 제네바 "교회와 사회"(Church and Society) 세계대회에 대응해서 개최되었고, 1974년 로잔대회는 1973년 방콕 CWME에 대항해서 열렸으며, 1980년 파타야 대회는 같은 해 멜보른 CWME에, 1989년 마닐라 대회는 같은 해 산 안토니오의 CWME에 반대해서 개최되었던 것이다.[34]

이런 움직임은 복음주의가 지속적으로 복음주의 운동의 정체성을 확인하고 방향성을 제시하고자 노력해 왔음을 보여준다. 그런데 중요한 점은 이들이 복음주의 운동의 정체성을 규명하고 그 한계를 지적할 뿐 아니라 에큐메니칼 운동의 흐름을 경계하고, 다른 한편으로 교회의 사회적 책임을 강조하였다는 데 있다. 이들 가운데 빌리 그래함이 주도한 1974년 스위스 로잔에서 열린 국제세계복음화대회는 교회의 사회참여를 강조하는 에큐메니칼 신학의 관점이 상당히 반영되어있으며, 이는 1989년 마닐라에서 개최된 제2차 로잔대회에서도 계승된다.

다른 한편 중요한 변화가 WCC에서도 나타났는데, 복음주의 신학의 입장을 부분적으로 긍정하고 수용하면서 자신의 입장을 전개해 나가기 시작했기 때문이다. 1961년 뉴델리 대회부터 선교개념의 일방성을 어느 정도 수정했으며 지속적으로 복음주의자들과 교제를 가졌는데, 특히 1975년 나이로비 5차 총회 시 복음주의자들이 "오늘날 그리스도를 고백함"(Confessing Christ Today)이라는 보고서 작성에 큰 역할을 감당하기도 했다.

그렇다면 시대의 변천과정 속에서 다양한 스펙트럼을 지닌 복음주의는 에큐메니칼 신학과 어떤 관계를 지니는가? 이는 제1차 WCC 총회(1948)부터 제10차 WCC 총회(2013)에 이르는 다양한 에큐메니칼

---

34) 이형기, 『21세기를 향한 새로운 신학적 패러다임의 모색』, 338, 353.

신학적 입장의 변천과정과도 밀접한 관계를 갖는다. 복음주의와 에큐메니칼 신학은 대체로 다음과 같은 몇 가지 핵심 쟁점을 갖고 있다: 성경에 대한 입장, 복음과 문화의 관계성, 구원의 개념, 복음전도와 사회참여, 교회의 일치, 종교 간 대화 등이다.

첫째로 성서에 대한 입장에 있어서는 우선적으로 대립과 갈등의 모습을 보여준다. 근본주의적 복음주의는 성서의 문자적 영감설과 완전 무오성을 주장하며 성서비평학을 거부한다. 진보적 복음주의 또는 신복음주의는 유기적 영감설 또는 무류성(infallibility) 등을 주장하며 성서비평학에 대해 비교적 유연한 태도를 취한다. "로잔 언약"(1974)은 성경의 신적 영감과 권위를 주장하며 성경이 신앙과 행위의 정확 무오한 유일한 법칙임을 천명하고 있다. 또한 국제성경무오협회(ICBI)가 전통적인 성경관을 재확인해서 발표한 "성경 무오성에 관한 시카고 선언"(1978)은 성서의 전적 권위와 규범성, 성서 원본의 영감설 및 무류성(infallibility)과 무오성(inerrancy)을 동시에 강조하며 성서비평학 사용의 적법성을 인정하지 않고 있다. 또한 '89 복음주의 선언'은 성경의 최종적 권위를 긍정하고 영감과 무오성을 강조하면서 성서비평학의 사용에 대해 부정적이다.[35]

에큐메니칼 신학의 성서관은 어떠한가? 신앙과 직제 위원회의 연구에 의하면, 에큐메니칼 신학은 신앙을 위한 표준으로서의 성경의 권위와 규범성을 긍정하나 복음주의 신학에 비해 성서 해석의 다양성을 강조한다.[36] 그리고 근본주의적 복음주의자들이 비판하는 성서비평학에 대해서도 개방적이다. 에큐메니칼 신학에 신정통주의적 또는 진보적 복음주의의 성서관이 반영되어 있음에도 불구하고 이러한 성서

---

35) 이형기, 『21세기를 향한 새로운 신학적 패러다임의 모색』, 353-358; 김의환, 『복음주의 신학과 한국교회』 김의환 전집 3 (서울: 총신대학교출판부, 2000), 425-460에서 재인용.
36) 엘렌 플레세만-반 리어 편, 『에큐메니칼 운동에 있어서 성경의 권위와 해석』, 이형기 역 (서울: 한국장로교출판사, 1996).

관은 복음주의와 에큐메니칼 신학 사이의 대립과 갈등요소로 남아 있는 것이다.

복음과 상황 및 문화의 관계성에 대한 이해는 어떠한가? 복음주의 신학은 기본적으로 복음과 문화가 긴밀한 관계를 맺어야 한다고 하면서도 문화가 언제나 성경에 의해 검증받아야 하며 교회는 하나님의 영광을 위해서 문화를 변혁시켜야 한다고 주장한다(로잔언약). 반면에 에큐메니칼 신학은 복음과 문화의 관계성에 대해서 보다 더 역동적인 상호작용을 강조하는데, 그 근거를 성육신에서 찾으며 각 문화 속에서의 성육신적 선교를 주장한다.

구원에 관한 이해는 어떠한가? 20세기 후반 복음주의 운동의 특성은 전기의 복음주의 운동과 달리 영혼구원과 동시에 사회적 참여를 강조하고 개인구원과 사회구원을 분리될 수 없는 것으로 본다는 데 있다. 이는 복음주의 운동이 세속화신학이나 해방신학 등의 도전에 응답을 시도함으로써 복음의 영역을 확대하고 통전적 복음화를 추구하고 있음을 나타낸다. 초기의 복음주의는 개인구원과 영혼구원에 초점이 더 맞추어져 있었다. 그래서 에큐메니칼 운동이 주장하는 인간화 등에 대해 비판적이었다(프랑크푸르트 선언). 그러나 1974년 로잔 언약에서는 개인구원과 사회구원을 말하면서 양자를 포함하는 전인구원을 주장한다. 반면 에큐메니칼 신학에서는 1973년 방콕 CWME에서 인간화와 해방, 사회정의와 평화실현에 집중되었던 구원의 초점이 점차적으로 포괄적 구원의 개념을 선호하는 경향으로 나타난다. 즉 구원은 개인구원과 영원의 차원을 포함하는 것이며 정치적·경제적·사회적 차원을 포함하는 것이다. 그뿐 아니라 영혼과 몸, 개인과 사회, 피조물의 구원이라는 우주적 차원을 포괄하는 개념이라고 한다.[37] 이런 맥락에

---

37) *Bangkok Assembly* 1973 (Geneva: WCC Publications Service, 1973).

서 최근에 이르러 에큐메니칼 신학은 "온전한 복음"(the Whole Gospel)에 근거한 통전적 구원(Holistic Salvation)을 강조하는 것이 지배적인 흐름이다. 이러한 경향은 복음주의에서도 찾아볼 수 있지만, 여전히 복음주의는 개인구원과 영혼구원이 사회 정치적 해방보다 우선적인 것임을 강조하며 구원의 보편주의에 대해서는 비판적이다.

복음전도와 사회참여의 관계에 대해서는 복음주의와 에큐메니칼 신학 사이에 상당한 근접이 이루어졌다. 초기 복음주의자들은 교회 성장과 복음전도를 우선시하며 사회참여에 대해 부정적인 입장을 보이기도 했다. 특히 하나님의 선교 관점에서 전개된 에큐메니칼 운동의 사회참여에 대립적 태도를 보였다. 그러나 1974년 로잔대회는 전 세계 복음주의자들의 의식을 전환시키는 계기가 되었는데, 특히 '기독교인의 사회적 책임'에 대해 강조하면서 "복음전도와 사회 정치적 참여가 모두 우리 기독교인의 의무"[38]라고 선언했다. 즉 복음전도와 사회적 책임이 교회의 선교에 필수적이라는 것이다. 그렇지만 로잔 언약은 복음전도가 우선권을 갖는다고 주장한다. 그런가하면 1973년 방콕 CWME에서 사회참여의 강조가 절정에 달했던 에큐메니칼 운동은 1982년 "선교와 전도-에큐메니칼 확언"에서 개인의 회심과 성화, 개교회의 개척과 성장을 강조하는 등 복음전도의 중요성을 확인했다.[39] 이는 복음주의의 입장이 반영된 것이다. 그런데 복음주의 입장의 마닐라

---

38) "우리는 지금까지 사회참여에 소홀히 해온 것을 회개한다. 우리는 때때로 복음전도와 사회적 관심이 상호 배타적이라고 생각해온 것을 뉘우친다. … 사람들이 그리스도를 영접하고 중생해서 그리스도의 나라에 들어가면 이들은 불의한 세상 한복판에서 하나님 나라의 의를 알리고 확장시키며 실현시켜야 한다. 우리가 선포하는 구원이란 개인적 책임과 사회적 책임 모두를 감당하게 하는 것을 의미한다."(로잔 언약 5항 "그리스도인의 사회적 책임") Arthur P. Johnston, *Battle for World Evangelism* (Wheaton: Tyndale House, 1978), 368-369.

39) "모든 인간 공동체 안에서 개 교회들을 증가시키는 것이 기독교 선교의 중심에 있다. 각 장소에 교회를 세우는 일이 복음의 본질이다. 그리스도의 대리적 사역은 하나의 대리적 백성의 현존을 요구한다. 개 교회는 교회의 선교적 성취를 위한 필수불가결한 도구이다." James A. Scherer and Stephen B. Bevans, S.V.D. ed., *New Directions in Mission and Evangelization I: Statements 1974-1991* (New York: Orbis Books, 1992), 43-44.

선언(1989)은 복음전도가 우선적이되 사회참여를 촉구하고 있으며, 구조악에 대응하는 교회의 사회적 행동을 요구하되 기독교화된 사회와 하나님의 나라를 혼동해서는 안 된다고 주장한다.[40] 여기서는 1952년 빌링엔 대회에서 시작된 에큐메니칼 진영의 하나님의 선교 개념이 긍정적으로 수용되고 있음을 엿볼 수 있다.

또한 1983년 밴쿠버 대회 이후 에큐메니칼 운동은 한 걸음 더 나아가 정의, 평화, 창조 질서의 보전(JPIC)을 강조하는 중요한 흐름을 보여준다. 오늘날 복음주의자들도 이런 JPIC의 흐름에 동조하는 경향을 띤다('89 복음주의 선언). 이렇게 볼 때 통전적 선교개념과 관련해서, 에큐메니칼 운동과 복음주의는 일치하고 있다. 그러나 에큐메니칼 운동이 복음전도와 사회적 책임 사이에 우위성을 논하지 않는 반면에, 복음주의는 사회적 행동이 곧 전도는 아니라는 로잔 언약의 입장을 견지하며 복음전도의 우위성을 강조하고 있다는 데 양자의 차이가 있다.[41]

오늘날 에큐메니칼 운동은 교회의 연합과 일치를 위한 운동이라고 이해할 수 있다. 그런데 에큐메니칼 운동은 획일적인 일치나 어느 한 교파로의 통합 추구가 아니다. 또한 WCC란 하나의 획일주의적 초대형 교회나 단일 기구가 아니다. 각 교회의 교리와 직제와 정치의 상이한 차이점에도 불구하고 삼위일체 하나님의 코이노니아에 근거하여 지역 교회들의 협의회적 교제(conciliar fellowship)를 추구하는 것이다. 그런데 복음주의는 진리 안에서 교회의 가시적 일치를 추구해야 한다고 주장한다. 그리고 이는 복음전도를 위한 각 교회의 협력 및 선

---

40) Lausanne Committee for World Evangelism ed., *The Manila Manifesto: an Elaboration of the Lausanne Covenant fifteen years later* (Pasadena, CA: The Castle Press, 1989), 15, 47.

41) 1974년 로잔 언약은 복음전도의 우위성(priority)이 시간적 우위성이 아니라 논리적 우위성이라고 주장했으나 최근에 이르러 이를 수정하는 분위기를 보여준다. 즉 제3차 로잔대회 케이프타운 선언에서는 복음전도와 사회참여의 동등한 가치를 강조한다.

교를 위한 선교 단체의 협력을 추구하는 것이다(로잔 언약). 그런데 에큐메니칼 운동은 종종 복음주의자들에 의해 범세계적 단일 교회를 목적으로 하는 것이 아닌가하는 오해를 받아 왔다. 그러나 이러한 오해는 불식되어야 할 것이다. 에큐메니칼 운동이 추구하는 교회의 일치는 각 교파의 다양성을 존중하며 공존적 화해를 모색하는 일치이고, 교파의 다양한 전통을 견지하며 상호간의 교제와 교통과 일치의 모습을 강조하는 것이기 때문이다.[42]

타 종교의 구원 가능성과 종교 간 대화에 대한 입장에 관해서는 어떠한가? 무엇보다도 복음주의는 예수 그리스도의 유일성을 강조한다. 예수 그리스도의 대속적 죽음에 기초한 구원이 최종적이다. 예수를 '세상의 구주'로 선포하는 것이 곧 타 종교의 구원 가능성을 긍정하는 것은 아니라고 하며 만인구원을 배격한다(프랑크푸르트 선언, 로잔 언약, 마닐라 선언). 따라서 복음전도를 위한 타 종교와의 대화의 가능성은 인정하되 진지한 경청이 필수적이라는 입장이다. 에큐메니칼 운동은 이에 대해 좀더 개방적인 자세를 취한다. 1996년 살바도르 CWME 문서는 타 종교의 사람들 안에 있는 성령의 열매들을 인정하며 사람을 구원하시는 하나님의 능력을 제한할 수 없기 때문에 타 종교와의 대화를 적극 권장한다.[43] 그런데 이는 개 교회가 기독교의 정체성을 분명히 하면서 타 종교와의 대화에 임해야 한다는 것이다. 그럼에도 이러한 입장은 보수적 복음주의자들로부터 종교다원주의라는 오해를 받기도 한다. 이 주제는 복음주의와 에큐메니칼 운동이 여전히 대립과 갈등을 빚고 있는 쟁점이다.

전술한 대로 에큐메니칼 신학과 복음주의 신학 사이에는 공통적

---

42) 비써트 후프트, 『세계교회협의회의 기원과 형성』, 이형기 역 (서울: 한국장로교출판사, 1993), 137-138.
43) Christopher Durasingh, ed. *Called to One Hope*, 4-5.

인 부분도 있지만 대립과 갈등의 요소도 적지 않음을 확인할 수 있다. 상호적 대화를 통해 상당한 근접이 이루어진 부분도 있지만 여전히 긴장이 남아 있는 주제도 있다. 특히 복음에 대한 이해와 구원의 개념 및 복음전도와 선교 등의 주제에 있어서는 에큐메니칼 신학과 복음주의가 서로 영향을 주고받은 결과, 두 운동 사이에 일치점과 차이점이 드러나고 있다. 그러나 성서관, 타 종교인의 구원 가능성과 종교 간 대화의 주제 등에 있어서는 대립과 갈등의 측면이 나타나고 있다.

그런데 한국교회는 복음주의와 에큐메니칼 신학을 대립적인 것으로 이해하는 경향이 있는 것이 사실이다. 그러나 실제로 복음주의 신학의 광범위한 스펙트럼과 에큐메니칼 신학의 포괄적인 면모를 이해한다면 그 긴장의 끈을 다소 내려놓아도 좋을 것이라고 생각된다. 복음주의 신학과 에큐메니칼 신학은 대립적인 신학적 입장이라기보다는 신학 방법과 신학적 관점(perspective)의 다양성을 표현하는 신학의 두 패러다임들이라고 할 수 있다.

에큐메니칼 신학은 복음주의 신학보다 교회의 사회적·역사적 책임을 강조하는 장점이 있다. 다른 한편 복음주의 신학은 예수 그리스도의 복음증거와 선교 및 교회의 성장에 강점을 갖고 있다. 그런데 그동안 한국기독교교회협의회(NCCK)를 중심으로 하는 한국교회의 에큐메니칼 운동에 있어서는 복음전도보다 사회적·역사적 책임과 하나님의 선교에 많은 비중이 주어졌던 것이 사실이다. '신앙과 직제' 운동을 통한 교회의 일치를 추구하기 보다는 '삶과 봉사'의 전통에서 토착화신학 및 상황신학에 대한 선호, 타 종교와의 대화 및 협력, 교회의 정치 참여 및 사회적 행동에 상당한 노력을 기울였기 때문이다.[44] 이런 점들이 한국의 복음주의 진영으로부터 오해와 비판을 받게 되는 이유

---

44) 최근에 이르러 신앙과 직제 운동에 대한 연구가 점차적으로 이루어지고 있다.

가 되는 것이다. 따라서 김명용에 따르면, 한국의 에큐메니칼 신학은 복음주의적 특성을 크게 보충해야 한다. 마찬가지로 한국의 복음주의 신학은 에큐메니칼 신학이 갖고 있는 사회적 역사적 책임성을 포용하고 확대시킬 필요가 있음을 그는 바르게 지적하고 있다.[45]

앞에서 살펴보았듯이, 복음주의와 에큐메니칼 운동은 성서와 복음에 대한 이해를 토대로 각각 기독교의 정체성(identity)과 정치적·경제적·사회적·문화적·종교적 상황과의 현실 관련성(relevance) 사이의 관계성을 성찰하려는 다양하고 진지한 신학적 접근과 시도였음을 확인할 수 있다. 그동안 신학적 입장과 실천적 운동의 차원에서 양 진영은 대립과 갈등을 빚기도 했으며, 오해와 편견으로 인해 여전히 불화와 긴장의 요소가 남아 있기도 하다. 그러나 최근에 이르러 상호이해와 대화 및 협력을 위한 다양한 노력들이 이루어지고 있다. 복음주의와 에큐메니칼 신학은 끊임없는 자기성찰과 비판적 대화를 통해서 온전한 복음 이해와 실천을 위해 수정·보완의 역동적 과정 속에서 변화와 성숙을 지향해야 할 것이다. 이러한 상호 비판적 대화와 협력을 통해 양 진영은 기독교 정체성의 형성을 위한 노력과 함께 세상 속에서 하나님나라의 실현을 위한 구체적인 헌신을 아끼지 말아야 할 것이다.

---

45) 김명용, 『열린 신학 바른 교회론』, 209-212.

8장

WCC의 교회 이해:
⟨교회의 본질과 선교⟩(2006)를 중심으로[1]

1948년 암스테르담 제1차 총회 이래 교회의 연합과 일치를 추구
해온 세계교회협의회(WCC)는 무엇보다도 교회의 정체성(identity)과
사명(mission)에 관한 지속적인 물음과 그에 대한 신학적 답변을 모색
하는 가운데 형성되었다. 따라서 WCC 신학의 핵심내용은 교회론이
라 할 수 있다. 그런데 WCC는 보편적인 하나의 교회론 정립을 시도하
지 않으며 특정 교파의 교회론을 절대화하거나 상대화하지 않는 성격
을 지닌다.[2] 오히려 "우리 주 예수 그리스도를 하나님과 구주로 받아

---

1) 이형기·송인설 역, ⟨교회의 본질과 선교⟩, 한국기독교교회협의회 신앙과 직제위원회 편, 『신
앙과 직제와 삶과 봉사의 합류』(서울: 한국기독교교회협의회, 2009), 339-405. Cf. *The Nature
and Mission of the Church*, Faith and Order Paper No. 198 (Geneva: WCC Publications, 2006).
2) 1950년 WCC의 ⟨토론토 성명⟩에서 드러나 있듯이 "WCC는 초대형 교회(a Super-Church)도

들이는 교회들의 교제(코이노니아)"로서 WCC는 모든 회원교회의 교회론을 위한 공간을 갖는다고 천명한다. WCC의 교회론은 교회에 관한 성서적 기초와 기독교회의 역사 및 전통에 대한 이해를 바탕으로, 시대상황 속에서 교회의 본질과 사명의 적합성을 탐구하는 가운데 회원교회들의 상호대화와 진지한 논의의 과정을 통해 형성되어 왔다. 따라서 WCC의 교회론은 다양한 스펙트럼을 지니고 있으며 역사적으로 변천과정 속에 있다. 그동안 WCC 교회 이해는 주로 '교회의 일치'와 '교회의 선교적 사명'에 관한 핵심적인 주제들을 다루었으며, 1990년대 이후 교회의 본질과 사명을 통합하는 교회론으로 발전되고 있다.[3]

8장에서는 WCC의 교회론에 관한 최근의 가장 기념비적인 문서인 〈교회의 본질과 선교〉(2006)를 중심으로 WCC 교회 이해를 다룬다.[4] 먼저 WCC 교회론의 역사적 변천과정을 살펴본 후, WCC의 교회론의 핵심적인 구조와 특성을 분석하고 이에 대한 평가 및 전망을 제시할 것이다. 이를 위해서 1990년대 이후 교회론의 중요한 문서로 인정받고 있는 〈교회와 세상: 교회의 일치와 인류공동체의 갱신〉(1990),

아니고 세계교회(the World Church)도 아니며 사도신경이 말하는 하나의 거룩한 교회(the Una Sancta)도 아니다. WCC는 교회에 대한 어느 특정한 하나의 개념에 근거할 수 없고, 해서도 안된다. 그리고 WCC는 교회론적인 문제를 미리 판단하지 않는다"라는 전제를 안고 출발하고 있다. 루카스 피셔, 『에큐메니칼 신학의 발전사(I): 신앙과 직제 운동에 나타난 문서들(1927-1963)』, 이형기 역 (서울: 한국장로교출판사, 1998), 229. 이러한 입장은 제9차 포르토 알레그로 총회의 교회론 문서인 〈하나의 교회가 되도록 부름받음〉(2006)에서도 일관되게 나타난다. "교회들에 대한 초대의 목적은 이중적이다. 하나는 에큐메니칼 여정의 현 시점에서 교회들이 교회(the Church)의 어떤 측면들에 대해서 무엇을 함께 말할 수 있을지를 숙고하는 것이며, 다른 하나는 교회들이 그들의 교제와 공동체성의 특성과 정도에 대해서 그리고 아직도 그들을 분열시키고 있는 주제들에 관해 새로운 대화—서로를 지지하고 상호개방하며 상호추구하는 방식으로—를 하도록 초대하는 것이다." 이형기·송인설 역, 〈하나의 교회가 되도록 부름받음〉『신앙과 직제와 삶과 봉사의 합류』, 409.

3) 송인설, 『에큐메니칼 교회론-교회론의 화해가 가능한가?』(광주: 서울장신대학교출판부, 2014), 165-197; 이형기, 『에큐메니칼 운동의 패러다임 전환』(서울: 한들출판사, 2011), 21-35, 360-364; 이형기, 『세계교회 협의회와 신학』(성남: 북코리아, 2013), 221-248.

4) 최근에 이루어진 WCC의 본격적인 교회론 연구는 제8차 하라레 총회에서 채택된 〈교회의 본성과 목적〉(1998)에서 비롯되었으며, 심화, 확대, 수정, 보완되어 〈교회의 본질과 선교〉에서 신학적으로 가장 명료하게 확립되었다. *The Nature and the Purpose of the Church: A Stage on the Way to a Common Statement*, Faith and Order Paper No. 181 (Geneva: WCC Publications, 1998).

〈코이노니아로서 교회의 일치: 은혜와 소명〉(1993), 〈하나의 교회가 되도록 부름받음〉(2006)에 나타난 교회 이해를 참고하여 탐구한다. [5] 결과적으로 본 연구가 WCC 신학의 교회론에 대한 바른 이해를 제공함으로써 한국교회에 적잖게 만연되어 있는 WCC 신학에 대한 오해와 편견을 교정하는 데 보탬이 될 수 있기를 기대한다. 더 나아가 WCC의 교회 이해가 한국교회의 개혁과 갱신을 위한 통찰력을 제공하는 밑거름이 되기를 소망한다.

I. WCC 신학의 교회론의 형성 과정

WCC의 교회에 관한 이해는 주로 '신앙과 직제'(Faith and Order) 문서와 '삶과 봉사'(Life and Work) 문서에 집약적으로 나타난다. '신앙과 직제'가 교회의 일치를 비롯한 교회의 정체성 연구를 다루었다면, '삶과 봉사'(Life and Work)는 교회의 사회적 책임과 인류공동체의 문제를 탐구하는 일에 주력해왔다. 그런데 1990년대 이후 주목할 만한 교회론의 특성은 '신앙과 직제'와 '삶과 봉사'의 합류가 이루어지고 있다는 점이다. 교회의 본질과 교회의 사명은 구별되나 분리될 수 없는 주제이기 때문에 이런 현상은 매우 고무적인 것이다.

교회일치운동은 세 가지 형태의 변화를 거치면서 발전되었다.

---

5) 이형기·송인설 역, 〈교회와 세상: 교회의 일치와 인류공동체의 갱신〉, 〈코이노니아로서의 교회의 일치: 은혜와 소명〉, 〈하나의 교회가 되도록 부름받음〉, 『신앙과 직제와 삶과 봉사의 합류』, 17-126, 127-182, 407-417. Cf. *Church and World: The Unity of the Church and the Renewal of Human Community*, Faith and order Paper No. 151 (Geneva: WCC Publications, 1990); *The Unity of the Church as Koinonia-Ecumenical Perspective on the 1991 Canberra Statement on Unity*, Faith and Order Paper No. 163 (Geneva: WCC Publications, 1993); *Called to be the One Church: An Invitation to the Churches to renew their Commitment to the Search for Unity and to deepen their Dialogue* (Geneva: WCC Publications, 2006).

제3차 뉴델리 총회(1961)에서는 교회의 일치를 '유기적 연합'(organic union)으로 이해했으며, 제5차 나이로비 총회(1975)에서는 '협의회적 교제'(conciliar fellowship)로 표현했고, 제7차 캔버라 총회(1991) 이후 최근에 이르기까지 '코이노니아'(koinonia) 개념으로 설명하고 있다.[6]

WCC의 초기 교회론은 '비교교회론'의 성격을 띠고 있다. 제1차 총회는 다양한 교회 이해를 단지 나열함으로써 교회들 사이의 차이점을 주로 설명하고 있다. 또한 교회의 분열에도 불구하고 예수 그리스도 안에서 하나님에 의해 주어진 일치(a God-given unity)가 존재한다고 주장한다.[7] 이는 기독론 중심적인 '비교교회론'이라고 할 수 있다. 이런 이해는 제2차 에반스톤 총회(1952)에서 더욱 심화된다. 즉 신약성서에 나타난 예수 그리스도의 인격과 사역에 기초한 교회의 하나됨을 강조함으로써 교회의 가시적 일치(visible unity) 추구의 기독론적 근거를 확립한다. 교회의 일치는 하나님에 의해 이미 선물(Gabe)로 주어졌으므로 교회는 구체적이고 가시적인 일치 추구의 과제(Aufgabe)를 적극적으로 수행해야 한다는 것이다.[8]

더 나아가 제3차 뉴델리 총회(1961)에서는 교회일치의 근거로 삼위일체 하나님을 제시함으로써 삼위일체론적 교회론의 토대를 형성한다. "세계교회협의회는 성서의 가르침에 따라 주 예수 그리스도를 하나님과 구주로 고백하며 한 하나님, 곧 성부와 성자와 성령의 영광을 위한 공동의 소명을 함께 성취하려고 하는 교회들의 코이노니아다."[9] 그리하여 교회일치의 목적을 "각 지역에 있는 모든"(all in each

---

6) 이형기, "신앙과 직제: 로잔대회(1927)에서 오늘에 이르기까지," 대한예수교장로회총회 에큐메니칼 위원회 편, 『21세기 한국교회의 에큐메니칼 운동』(서울: 대한기독교서회, 2008), 242-251.

7) 루카스 피셔, 『에큐메니칼 신학의 발전사』(I), 99-100.

8) *The Evanston Report: The Second Assembly of the World Council of Churches 1954* (New York: Harper & Brothers, 1954), 83-84.

9) T*he New Deli Report: The Third Assembly of the World Council of Churches 1961* (New York:

place) 그리스도인의 "온전히 헌신된 교제"(fully committed fellowship)로 선언한다.[10] 이러한 유기적 연합을 위한 지역교회의 가시적 일치 추구의 구성 요소는 사도적 신앙, 복음전도, 세례, 성만찬, 공동기도, 증거와 봉사를 위한 유기적 구조이며, 보편교회의 차원에서는 직제의 승인, 타교회의 세례 인정, 공동행동과 의사결정으로 규정되었다.[11]

'협의회적 교제'는 각 교파의 정체성을 포기하지 않으면서 보편교회를 지향하는 '진정으로 연합된 지역교회들의 협의회를 통한 친교 형태'[12]를 가리킨다. 제5차 나이로비 총회는 "교회의 삶 속에 나타나는 진정한 협의회적 특성은 삼위일체 하나님의 협의회적 특성을 반영한다"[13]고 주장함으로써 협의회적 교제의 신학적 근거가 삼위일체론에 있음을 밝히고 있다. 그리하여 제6차 밴쿠버 총회(1983)는 교회일치의 세 가지 표지를 사도적 신앙의 공동고백, 세례와 성만찬 및 직제에 대한 상호인정, 의사결정과 권위있는 가르침 및 증거와 봉사를 위한 공동의 기구적 구조로 제안했다. 결과적으로 사도적 신앙고백은 〈하나의 신앙고백〉(1991) 문서로 신학적 열매를 맺었고,[14] 세례와 성만찬 및 직제에 대한 상호인정은 〈세례, 성만찬, 직제〉(1982) 문서에서 획기적으로 신학적 정립이 이루어졌다.[15] 반면에 의사결정과 권위있는 가르침 및 증거와 봉사를 위한 공동의 기구적 구조는 '협의회적 형태' 이

Association Press, 1962), (S. II. II. 5); "World Council of Churches," Nicholas Lossky and Others ed., *Dictionary of the Ecumenical Movement* (Geneva: WCC Publications, 1991), 1084.

10) *The New Delhi Report*, 116.

11) 위의 책.

12) *Breaking Barriers Nairobi 1975: Official Report of the Fifth Assembly of the World* Council of Churches (London: SPCK, 1975), 60.

13) 위의 책, 59-61.

14) *Confessing the One Faith: An Ecumenical Explication of the Apostolic Faith as It is Confessed in the Nicene-Constantinopolitan Creed (381)* (Geneva: WCC Publications, 1991); 세계교회협의회 편, 『세계교회가 고백해야 할 하나의 신앙고백』, 이형기 역 (서울: 한국장로교출판사, 1996; 이하 〈하나의 신앙고백〉).

15) *Baptism, Eucharist, and Ministry* (Geneva: WCC Publications, 1982; 이하 BEM).

외에 그다지 성과를 내지 못한 것이 사실이다.[16)]

캔버라 총회 이후 교회의 본성과 선교를 이해하는 데 코이노니아가 가장 유용한 개념으로 자리잡게 되었다. 코이노니아는 '성만찬, 공동체, 연합, 참여, 나눔, 연대성'을 의미하는데,[17)] 이는 삼위일체 하나님의 사랑의 코이노니아를 반영하는 것이며 그리스도인 상호간의 친밀한 유대관계를 뜻한다. 따라서 그동안 WCC가 추구해왔던 '다양성 속에서 일치'는 '다양성 속에서 코이노니아'를 추구하는 협의회적 과정으로 이해됨으로써 이전보다 다양성을 존중하는 교회일치의 특성을 보여주고 있다. 이런 맥락에서 제9차 포르토 알레그로 총회(2006)가 채택한 〈하나의 교회가 되도록 부름받음〉 문서는 교회의 가시적 일치의 기준으로 '사도적 신앙', '하나의 말씀'(예수 그리스도), '하나의 세례', '하나의 선교 및 증언'을 제시함으로써 코이노니아를 통한 교회일치의 입장을 재확인하고 있다.[18)]

한편 교회의 선교적 사명을 강조하는 교회론은 1952년 빌링엔 국제선교협의회(IMC) 이후로 선교학자 호켄다이크(Jan C. Hoekendijk)가 주장한 하나님의 선교(missio Dei) 사상의 영향을 받았다. 교회의 선교 이해에 있어서 '하나님-교회-세상'의 구조로부터 '하나님-세상-교회' 구조로의 전환은 현대 선교론에 지대한 영향력을 미쳤을 뿐만 아니라 WCC의 교회의 사회참여를 주도하게 되었다.[19)] 〈타인을 위한 교회〉(1967)라는 문서에 나타난 교회의 선교적 사명은 '샬롬'(shalom)의 실현

---

16) 송인설, 『에큐메니칼 교회론-교회론의 화해가 가능한가?』, 171-172.

17) *On the Way to Fuller Koinonia*, ed. Thomas F. Best and Günther Gassman, Faith and Order Paper No. 166 (Geneva: WCC Publications, 1993), 230-262. 코이노니아는 participation, fellowship, sharing, community, communion 등의 의미를 지닌다.

18) 이형기·송인설 역, 『신앙과 직제와 삶과 봉사의 합류』, 409.

19) *The Church for Others* (Geneva: WCC Publications, 1967). 세계교회협의회 편, 『세계를 위한 교회: 개교회의 선교구조 연구 보고서』, 박근원 역 (서울: 대한기독교서회, 1979), 32. 교회 중심의 선교 이해에서 하나님 중심의 선교 이해로 패러다임 전환이 일어난 것은 현대 에큐메니칼 선교의 혁명이라고 할 수 있다.

으로서, 이는 하나님의 선교의 궁극적 목표이며 인간화와 모든 피조물의 화해 및 그리스도 안에서의 일치를 의미한다.[20] 그리하여 하나님의 선교의 종(servant)으로서의 교회가 강조된다. 즉 세상 안에 있는 존재요 세상의 일부로서 교회는 세상을 섬기는 종이며, 세상을 향한 하나님의 사랑을 선포하고 증거하는 선교적 사명을 지닌다는 것이다.

이런 급진적인 교회의 선교 이해는 제4차 웁살라 총회(1968)에서 더욱 강화됨으로써 지배적인 흐름이 되었다. 웁살라 총회는 교회의 사회참여에 있어서 종래의 "책임적 사회"(responsible society)의 입장을 넘어서서 역사변혁과 교회의 정치, 경제, 사회참여의 과격한 성격을 띠게 된다.[21] 특히 제3세계의 시대적 상황이 반영되고 인종, 성, 계급, 지역의 차별과 억압으로부터의 해방을 주장하면서 1973년 방콕 CWME(Conference on the World Mission and Evangelism)에서는 해방신학의 영향이 본격적으로 두드러지게 나타난다. "가난한 자에 대한 우선적 선택"(preferential option for the poor)[22]이 강조됨으로써 정치적 해방과 사회적·경제적 정의 실현이 교회의 핵심적인 사명으로 이해되었다. 여기서 교회는 "해방, 일치, 정의, 평화, 충만한 삶을 위한 인간의 투쟁에 헌신된 종말론적 공동체"[23]로 규정된다. 약 10여년 동안 WCC에서는 교회의 정체성과 교회 내 사역에 대한 관심이 현저히 약화되기에 이르렀다.[24]

---

20) 『세계를 위한 교회』, 28-29.

21) *The Uppsala Report 1968: Official Report of the Fourth Assembly of the World Council of Churches* (Geneva: WCC Publications. 1968). WCC는 초기에는 책임적 사회의 개념으로 교회의 사회참여의 가능성과 필요성을 서술해왔다. 그러나 1970년대 이후 JPSS, 즉 "정의롭고 참여적이며 지속가능한 사회"(a just, participatory, sustainable society)를 교회의 사회참여의 신학적 틀로 제시했다.

22) *New Directions in Mission and Evangelization I: Basic Statements 1974-1991*, ed. James A. Scherer and Stephen B. Bevans S.V.D. (New York: Orbis Books, 1992), 46.

23) *Bangkok Assembly 1973* (Geneva: WCC Publications, 1973), 89.

24) 선교에 관한 과격한 입장을 보여준 방콕 CWME에 대향해서 1974년 마닐라에서 개최된 제2차 로잔대회에서는 개인의 회심과 성화, 개교회의 개척과 성장을 중시하는 복음주의 입장을

그러나 이렇게 사회참여를 강조하는 급진적 교회 이해는 제5차 나이로비 총회에서 다소 완화되었으며 교회의 정체성과 사명 이해에 있어서 일방적인 입장을 벗어나 균형과 조화를 추구하게 되었다. 즉 온 교회(the whole Church)가 온 세계(the whole World)에 있는 전인적 인간(the whole Person)에게 온전한 복음(the whole Gospel)을 선포하고 증거하는 것이 교회의 목적이라고 주장한다. [25] 통전적 구원(holistic salvation) 이해에 기초한 통전적 선교(holistic mission)를 지향하는 통전적 교회론을 제시하게 된 것이다. 더 나아가 WCC는 제6차 밴쿠버 총회(1983)와 1990년 서울 대회에서 "정의, 평화, 창조세계의 보전"(Justice, Peace, and Integrity of Creation; JPIC)[26]을 주창함으로써 생태계의 치유와 회복을 포함하는 모든 피조물의 구원역사에 참여하는 교회의 선교적 사명을 역설한다. 그뿐 아니라 제8차 하라레 총회(1998)는 세계교회가 정치적·경제적·생태학적 폭력을 극복하고 화해와 평화 및 생명운동에 구체적으로 참여하도록 제안했으며,[27] 제9차 포르토 알레그로 총회(2006)는 아가페 문서를 통해서 전세계적인 신자유주의의 폐해를 지적하며 경제정의와 생태학적 정의를 위해 일하는 교회의 사회적 역할을 촉구했다. [28] 최근 제10차 부산총회(2013)는 그 어느 총회보다도 정의와 평화 및 생명선교를 위한 교회의 사명을 역설했다. [29] 이렇게

계승하면서도 복음전도와 사회참여를 포함하는 선교에 관한 통합적 입장으로 나아간다.

25) *Breaking Barriers Nairobi 1975*, 52-54.

26) "WCC 회원교회들로 하여금 정의, 평화, 창조세계 보전에 대해서 상호참여에 의한 협의회적 과정에 동참하게 하는 것이야말로 WCC 프로그램들 가운데 우선적인 과제가 되어야 한다." *The Final Document and Other Texts from the World Convocation on Justice, Peace and Integrity of Creation, Seoul, Republic of Korea, 5-12 March 1990* (Geneva: WCC Publications, 1990), 2.

27) "폭력 극복 10년: 화해와 평화를 일구어가는 교회 2001-2010." *Together on the Way: Official Report of the Eighth Assembly of the World Council of Churches* (Geneva: WCC Publications, 1999).

28) AGAPE(Alternative Globalization Addressing Peoples and Earth, 인간과 지구를 위한 대안적 지구화); *God, in Your Grace ... : Official Report of the Ninth Assembly of the World Council of Churches* (Geneva: WCC Publications, 2007).

교회의 사회참여에 대한 WCC의 입장은 일관되게 전개되어왔으며 보다 더 신학적으로 심화 확대되어 실천적 접근을 포함함으로써 통전적으로 강화되는 경향을 보여준다.

1990년대 이후 최근에 이르기까지 WCC의 교회론은 점차 통합적인 입장을 지향하고 있다. 즉 〈교회와 세상: 교회의 일치와 인류공동체의 갱신〉, 〈코이노니아로서의 교회의 일치: 은혜와 소명〉, 〈값비싼 일치〉(1993), 〈값비싼 헌신〉(1994), 〈값비싼 순종〉(1995),[30] 〈교회의 본질과 선교〉, 〈하나의 교회가 되도록 부름받음〉 등의 문서 속에 나타난 교회의 본질과 사명 이해는 성서와 사도적 신앙고백에 기초해서 삼위일체 하나님과 예수 그리스도의 복음을 중심으로 세례, 성만찬, 직제 중심의 교회적 삶(코이노니아로서 다양성 안의 일치)을 추구하며 복음 전도와 하나님의 선교에 참여해야 한다는 핵심적인 내용을 다루고 있다. 그동안 WCC의 교회 이해에 있어서 핵심 논제들은 주로 세례, 성만찬, 직제, 교회의 표지(하나의, 거룩한, 보편적, 사도적 교회), 비가시적 교회와 가시적 교회, 교회와 전통, 보편교회와 지역교회의 관계성 등이었다. 이들 가운데 여전히 세계교회 사이에 갈등과 불일치를 보여주는 주제들이 있다. 예를 들면 세례와 성만찬과 직제, 교황수위권, 사도직 계승 등이다. 그럼에도 WCC 교회론은 WCC 신학의 세 기둥 즉 성경, 예수 그리스도의 복음, 삼위일체 하나님 신앙을 토대로 하고 있으며, 교회 상호간 공통분모를 찾아가는 접근에 있어서 적지 않은 열매를 거두었다. 특히 〈교회의 본질과 선교〉는 최근 발표된 교회론의 문서들 중 가장 통합적이며 포괄적인 내용을 담고 있다.

---

29) 정의와 평화가 총회 주제로서 최초로 채택된 부산총회의 표어는 "생명의 하나님, 우리를 정의와 평화로 인도하소서"이다. WCC 제10차 총회백서발간위원회 편, 〈WCC 제10차 총회 백서〉, 2014.

30) *Costly Unity* (Geneva: WCC Publications, 1993); *Costly Commitment* (Geneva: WCC Publications, 1994); *Costly Obedience* (Geneva: WCC Publications, 1995).

II. 〈교회의 본질과 선교〉(2006)에 나타난 WCC의 교회 이해[31]

〈교회의 본질과 선교〉는 하나의 조직적인 교회론을 제공하지 않는다. 그럼에도 교회에 관한 진술은 다양성 안의 통일성을 지닌 성서적 통찰들을 활용하고 있는데, 성서적 증언의 전체성을 존중하면서도 다양한 이미지와 은유들 사이에 적절한 균형과 조화를 추구함으로써 성서해석의 역사와 전통의 맥락을 존중하며 상당히 통전적인 접근을 시도한다(15-17항). 이것은 분열된 세계교회가 일치와 연합을 추구하면서 경험하는 성서와 전통에 대한 상이한 이해, 교리와 직제의 차이, 사회참여와 선교에 대한 입장의 갈등과 대립의 현실을 진지하게 인식하고 반영하면서도, 교회일치와 연합의 기준과 교회의 사명의 건설적인 방향을 제시하고 있다는 점에서 매우 의미있는 문서이다.

WCC 교회론은 기본적으로 사도적 신앙고백과 니케아-콘스탄티노플 신조(AD 381)의 전통을 존중한다.[32] 무엇보다도 성경과 니케아-콘스탄티노플 신조에 근거한 삼위일체 하나님과 "하나의, 거룩하고, 보편적이며, 사도적인 교회"를 교회론의 토대와 방향의 준거로 삼는다. 이러한 교회의 실존은 초월적 '신비'(cf. 엡 1:9-10; 5:32)의 성격을 지닌 신적 실재이면서 동시에 역사적 차원을 지닌 인간적 실재이다(45항).[33]

---

31) 이하 〈교회의 본질과 선교〉 문서 본문의 항목으로 표기함.

32) "사도적 전통 안에서 고대 에큐메니칼 공의회에 의해 고백된 니케아-콘스탄티노플 신조는 사도적 신앙의 탁월한 표현이다"(72항); "사도적 신앙의 내용은 고대 교회의 신조에 표현되었으며 교회의 많은 신앙고백 안에서 선포되었고, 교회법과 치리서 안에서 표현되었으며 예배, 삶, 봉사, 선교라는 교회의 살아있는 전통 안에서 고백되었다"(70항).

33) 교회를 '신비'로 이해하는 것은 〈교회와 세상〉의 두드러진 특성이다. 신비는 삼위일체 하나님의 코이노니아에 뿌리를 두고 있으며, 이에 의해서 지탱되고 형성되는 초역사적, 종말론적 실재를 가리킨다. 그리스도의 몸으로서 교회는 신적 신비에 참여하며, 신비로서 복음을 선포하고 성찬을 집행하며, 그리스도 안에 현존하는 하나님나라를 성취한다. 〈교회와 세상〉 (III. 16-23).

1. 교회의 본질: 삼위일체 하나님의 형상으로서의 교회

신구약성서에 나타난 삼위일체 하나님과 예수 그리스도의 복음
은 모든 교회의 공동의 신앙고백이며 실천적 삶의 토대요 기준이다.
〈교회의 본질과 선교〉는 교회를 "은혜의 선물로서 하나님의 말씀과 성
령의 피조물(*creatura Verbi et creatura Spiritus*)"(9항)로 규정한다. 즉 교
회는 스스로 존재할 수 없으며 하나님께 속해 있을 뿐만 아니라 하나
님의 은혜의 선물이라는 사실로부터 출발한다(9항). 교회는 "말씀과의
만남을 통해 하나님과 살아있는 관계를 맺는 사람들의 공동체"(com-
munion)로서 말씀공동체이다(10항).[34] 동시에 교회는 "모든 믿는 사람
들의 공동체"(communion of the faithful)인 동시에 오순절 성령강림 사
건으로 태동된 성령의 피조물이다(10항). 이렇게 교회는 말씀과 성령
의 도구로서 본성상 선교적이며, 하나님나라에 대한 증인으로 부름받
고 파송받는다(9항).

WCC의 교회 이해는 철저히 삼위일체적 교회론에 근거하고 있
다. 교회는 삼위일체 하나님의 형상(*imago trinitatis*)이다. 내재적 삼
위일체와 경세적 삼위일체 하나님의 코이노니아를 반영하는 삼위일
체 하나님의 형상으로서의 교회는 성서가 증언하고 있는 '하나님의
백성'(벧전 2:9-10), '그리스도의 몸'(엡 5:26; 롬 12:5; 고전 12:12), '성령의
전'(엡 2:21-22; 벧전 2:5)이다(18-23항). 이 세 가지 교회의 이미지는 상
호보완적이다.

첫째, '하나님의 백성'으로서의 교회는 "나는 그들의 하나님이 되
고 그들은 나의 백성이 될 것이다"(렘 31:33; 겔 37:27; 고후 6:16; 히 8:10)

---

34) 여기서 하나님의 말씀은 예수 그리스도와 기록된 말씀과 선포된 말씀을 가리킨다(10항).

라는 말씀에서 보듯이, 하나님의 선택과 소명에 근거한다. 교회는 왕같은 백성으로 하나님의 뜻을 증거하는 예언자적 공동체이다(19항). 둘째, '그리스도의 몸'으로서 교회는 성령 안에서 세례와 성만찬적 교제에 의해 머리이신 그리스도의 몸의 지체가 되며(cf. 고전 12:3-13), 그리스도의 몸을 세우는 다양한 은사를 부여받음으로써 하나님나라의 확장을 위한 소명에 응답하는 공동체이다(21항). 셋째, '성령의 전'으로서 교회는 '하나님의 집'이요 성령이 거주하고 활동하는 '거룩한 성전'으로서(23항), 성령에 의해 다양한 은사와 교역을 통해서 세워지는 공동체이다(90항).

그런데 〈교회의 본질과 선교〉의 교회의 본질 이해의 특성은 삼위일체 하나님의 형상으로서의 교회의 본질을 규명하면서 동시에 교회의 본질이자 기능인 코이노니아로서의 교회를 강조하고 있다는 점이다. 삼위일체 하나님을 모든 교제의 근원이요 초점으로 규정함으로써(13항), 교회의 코이노니아의 근거 역시 삼위일체 하나님의 코이노니아에 있음을 밝힌다.[35] 코이노니아는 "에큐메니칼 차원에서 이미 교회에 의해 향유된 교제의 다양한 형태와 범위를 인정하는 데 아주 유용하다"(24항)는 것이다. 코이노니아는 하나님과의 교제와 그리스도인 상호간의 교제를 포함한다. 즉 "그리스도의 죽음과 부활을 통해서 성령의 능력으로 그리스도인은 하나님과의 교제 안으로 들어가며 하나님의 생명과 사랑 안에서 그리스도인 상호간의 교제 안으로 들어간다"(요일 1:3)(29항). 그리하여 "교회 안에서 실현된 그리스도 안의 코이노니아가 피조물 전체를 포함하는 것이 하나님의 뜻"(cf. 엡 1:10)이며,

---

35) 이런 사고는 이미 〈하나의 신앙고백〉에 나타나고 있다. "교회의 생명과 통일성은 삼위일체 하나님의 코이노니아에 뿌리를 내리고 있다." 그러므로 "교회는 성부와 성자와 성령의 일치에 의해서 통일된 백성이다." 〈하나의 신앙고백〉(225항); "모든 지역교회와 그 지체들은 동일한 신앙과 삶에서 일치를 누리며 성부·성자·성령 삼위일체 하나님의 교제를 반영해야 한다." 〈하나의 신앙고백〉(226항).

코이노니아로서의 교회는 "하나님의 궁극적 목적을 이루는 도구의 역할을 한다"(cf. 롬 8:19-21; 골 1:18-20)(33항)고 역설한다. 이렇게 코이노니아로서의 교회 이해가 교회의 본질과 기능을 규정하는 가장 적절한 표현으로 자리매김하고 있다.

2. 교회의 표지: 하나의, 거룩한, 보편적, 사도적 교회

교회의 표지는 교회의 내적 본질의 속성이며 외적 특성을 가리킨다. 동시에 교회의 현실에 대한 비판적 근거이며 미래의 방향을 제시한다. 〈교회의 본질과 선교〉는 니케아–콘스탄티노플 신조의 '하나의, 거룩하고, 보편적이며, 사도적인' 교회의 표지를 계승하면서 이를 삼위일체적으로 해석하고 있다. 첫째, 교회의 통일성은 창조주요 구속주이신 한 하나님에 근거하고 있으며(cf. 요 17:11; 엡 4:1-6), 교회의 본성 자체에 속할 뿐 아니라 이미 예수 그리스도 안에서 주어진 일치에 바탕을 두고 있다. 하나님은 말씀과 성령에 의해서 교회를 자신에게 연합시키지만(12항), 역사 속에서 교회는 실제적인 분열에 놓여있다. 교회의 분열의 원인이 인간의 죄악과 또한 진리에 충실하려는 그리스도인들의 노력에 있음을 지적하면서 가시적 일치를 구현하는 교회의 일치를 위한 사역의 필요성(53항)을 강조한다.

둘째, 교회의 거룩성은 하나님의 거룩성에 근거하며(cf. 사 6:3; 레 11:44-45), 예수 그리스도의 거룩하게 하는 속죄와 성령이 교회를 거룩하게 하심에 토대를 둔다(12항). 그러나 개인적 죄와 공동체적 죄에 의해 교회의 거룩성은 훼손되었으며 교회역사 속에서 지속적으로 회개와 갱신과 개혁을 향한 부르심과 함께 하나님의 죄용서가 이루어졌다. 따라서 교회는 회개의 부르심에 진지하게 응답해야 한다(54항).

셋째, 교회의 보편성은 "모든 사람이 구원을 받으며 진리를 아는

데 이르기를 원하시는"(딤전 2:4) 하나님의 충만한 생명에 근거하며, "성령은 모든 세대에서 성과 인종과 사회적 신분에 관계없이 신자를 그리스도의 생명과 구원에 참여하는 자가 되게 하는"(12항) 교회 공동체로 만드신다. 그러나 기독교 공동체 사이의 그리고 기독교공동체 내부의 장벽과 분열은 교회의 보편성과 충돌한다. 교회는 성령의 능력으로 말미암아 교회의 보편성의 온전한 구현에 대한 장애물을 제거하도록 부름받았다(55항).

넷째, 교회의 사도성은 사도적 증언에 기초한 하나님의 말씀이 교회를 창조하고 지탱하는 것에 근거한다. 교회는 하나님의 말씀을 통해 사도적 계승 안에서 살며 사도적 계승의 책임을 감당하는 공동체이다 (12항). 그럼에도 교회의 사도성은 말씀을 선포할 때 오류와 약점에 의해서 약화된다. 교회는 끊임없이 사도적 진리를 회복하고 예배와 선교의 갱신을 위해 부름받았다(cf. 행 2:42-47). 그런데 "사도적 복음은 이미 교회에게 주어진 것이며, 성령으로 교회 안에서 역사하고 있고, 교회를 교회되게 만든다"(56항). 요약하면, 교회는 삼위일체 하나님의 존재와 사역에 근거한 하나의, 거룩한, 보편적, 사도적 교회로서 은혜의 선물이면서 동시에 세상 속에서 교회의 표지를 드러내야할 과제를 지니고 있다는 것이다.[36]

3. 교회의 목적과 기능

교회의 목적에는 수직적 차원과 수평적 차원이 함께 있다. 즉 하나님의 영광을 위한 사역과 세상을 향한 섬김과 나눔의 삶이다. 〈교회

---

36) 이는 '말씀'을 강조하는 종교개혁 전통과 '하나의, 거룩한, 보편적, 사도적' 교회를 중시하는 고대 로마 가톨릭교회 전통의 교회에 관한 정의가 종합적으로 표현된 것이다. 이형기, 『하나님의 나라와 교회: 20세기 주요 신학의 종말론적 교회론』(서울: 한들출판사, 2005), 215.

의 본질과 선교〉는 교회의 핵심적인 목적이 하나님을 영화롭게 하고 찬양하는 것이며, 동시에 하나님이 모든 인류와 피조물이 누리기를 원하는 삶이 온전히 성취되는 온전한 코이노니아를 추구하면서 세상을 섬기는 것으로 규정한다(117항). 다시 말하면 "교회는 하나님의 영광과 찬양을 위해 존재하며 이로써 그리스도의 명령에 순종해서 인류의 화해를 위하여 봉사한다"(33항)는 것이다. 교회의 목적에 관해서 주목할 만한 진술은 다음과 같다.

> 성령의 능력 안에서 교회는 그리스도의 모든 가르침을 신실하게 선포하고 하나님나라의 복음 즉 사도적 신앙과 삶과 증거 전체를 온 세계의 모든 사람과 나누도록 부름받았다. 그리하여 교회는 모든 사람을 위한 하나님의 사랑을 선포하고 삶으로 나타내는 것을 신실하게 추구하고, 또 하나님이 영광을 받으시도록 세계의 구원과 변화를 위해 일하시는 그리스도의 사명(선교)을 성취하는 일을 신실하게 추구한다(41항).

그렇다면 교회의 목적과 과제에 따른 교회의 기능은 무엇인가? 〈교회의 본질과 선교〉는 교회의 기능에 관하여 상당히 균형잡힌 관점을 보여준다. 교회는 케리그마(선포), 레이투르기아(예배), 코이노니아(친교), 디아코니아(봉사), 마르튀리아(증거 및 선교)의 기능을 온전히 구현해야 한다. "교회는 예배(*leiturgia*)와 창조세계에 대한 청지기직을 포함한 봉사(*diakonia*)와 선포(*kerygma*)를 통해 하나님나라의 실재에 참여하고 하나님나라를 가리킨다. 성령의 능력 안에서 교회는 성부가 성자를 세상의 구주로 보내셨다는 하나님의 선교를 증거한다(*martyria*)"(36항). 즉 교회는 예배공동체이며 하나님의 말씀의 선포가 이루어지고 세례와 성만찬이 베풀어지며 교육과 봉사와 제자도를 행하는 공동체로서 세상 속에서 하나님나라 실현운동에 참여하는 기능을 갖고 있다. 특히 교회의 본질적 기능으로서의 예배와 교육이 강조된다.[37] "무엇보다도 교회는 이 세상에서 하나님의 구원하시는 현존을 깨닫고 이미 예배와 제자도를 통해 삼위일체 하나님을 찬양하고 영화롭게 하며 하나님의 계획을 위해 봉사한다. 그러나 교회는 자신을 위해서 뿐만 아니라 모든 인류를 대신해서 하나님의 은혜와 죄 용서를 찬양하고 감사한다"(44항).

동시에 코이노니아의 기능이 삼위일체 하나님과의 연합과 예배와 연관된다. "교회는 성령의 능력으로 그리스도 예수와의 교제 안에 사는데, 이 예수 안에서 하늘과 땅의 거룩하신 분인 하나님의 공동체 안에 연합되어 있다. 이것이 바로 성도들의 교제이다. 교회의 궁극적 목표는 성부와 성자와 성령의 친밀한 관계 안으로 들어가 하나님을 영원토록 찬양하고 즐거워하는 것이다"(cf. 계 7:9-10; 22:1-5)(58항). 마찬가지로 디아코니아 즉 긍휼사역에 초점을 맞춘다. "교회는 하나님에 의하여(교회 자체를 위한 것이 아니라) 하나님의 손 안에 있는, 세상의 변혁을 위한 도구로 의도되었다. … 섬김(디아코니아)은 교회의 존재 자체에 속한 것이다"(109항). 디아코니아 역시 교회의 본성이자 기능에 해당한다는 것이다. 또한 디아코니아와 선교(마르튀리아)가 서로 연결되어 있다. 교회는 그리스도의 제자로서 말과 행동으로 복음을 선포하는(cf. 눅 24:46-49) 공동체이며, 이를 통해서 '하나님의 긍휼'(눅 1:78)을 현존하게 만들기(46항) 때문이다.

그뿐 아니라 마르튀리아는 진정한 디아코니아의 방식이다. "그리스도인이 세상을 위해 제공하는 가장 큰 섬김 가운데 하나는 만민에게 복음을 전파하는 것이다(cf. 막 16:15). 그러므로 복음전도는 예수의 명

---

37) 이는 최근 WCC의 교회 이해의 주목할 만한 특징으로서 복음주의 전통의 입장이 상당히 반영되어 있다고 할 수 있다.

령(마 8:18-20)에 순종하는 교회의 최우선적 과제이다"(110항). 이렇게 복음전도를 교회의 최우선적 기능으로 보면서도 동시에 교회를 세상 속에서 하나님과 피조물에 대한 화해와 치유와 변혁을 증거하는 공동체로 규정하고 있다(111항). 요약하면, 〈교회의 본질과 선교〉는 교회의 기능에 대해서 성서적이며 통전적인 입장을 보여준다. 특히 레이투르기아와 케리그마와 코이노니아와 디아코니아와 마르튀리아가 구별되나 분리될 수 없는 통합적인 것이며 상호긴밀하게 연관되어 있는 교회의 본질적인 기능이라는 사실을 역설하고 있다.

4. 교회의 일치: 코이노니아로서의 교회

코이노니아라는 성서적 개념은 교회의 본성과 교회의 가시적 일치에 대한 공동이해를 추구하는 데 있어 핵심적 위치를 차지하고 있다.[38] 지역교회들의 코이노니아는 단지 하나의 선택사항이 아니라 교회의 본질적 측면이라는 것이다(65항). 이는 곧 협의회적 교제를 의미하며 코이노니아를 지향하는데, 온전한 코이노니아는 "지역적이며 보편적인 차원에서 삶과 행동을 통한 협의회적 형태 안에서 표현될 것"(66항)이라는 기대를 표명한다. 여기서 교회의 코이노니아는 각 지역과 모든 지역과 모든 시대에 있는 지역교회들을 포함하는 것이며, 지역교회는 '하나의 복음'과 '공동의 교역'에 의한 '하나의 세례'와 '하나의 성만찬'에 의한 교회의 코이노니아 안에서 유지된다(65항). 이렇게 종래에 주장되었던 교회의 가시적 일치의 구성요소들이 일관성 있게

---

38) 코이노니아로서의 교회의 일치에 관한 다음의 표현을 주목하라. "성경에 나타난 하나님의 목적은 모든 창조세계를 예수 그리스도의 주권 아래 모으는 것이다. 교회는 하나님과의 코이노니아와 인간 상호간의 코이노니아의 미리 맛봄이다. … 교회의 목적은 성령의 능력 안에서 사람들을 그리스도와 연합시키고, 기도와 행동으로 코이노니아를 가시화시키며, 하나님나라의 영광 속에서 하나님, 인류 및 모든 창조세계 사이의 충만한 코이노니아를 가져오는 데 있다" 〈코이노니아로서 교회의 일치〉(I. 1).

긍정됨으로써 코이노니아 교회론의 특성이 유지되고 있다.

그런데 〈교회의 본질과 선교〉에서 주목할 부분은 코이노니아를 교회의 선교와 연관시킨다는 점이다(cf. 요일 1:1-3)(57항). 즉 코이노니아는 선교의 목적이며 성령 안에서 그리스도와 누리는 교제를 통해서 인류의 고난과 희망을 함께 나누는 교회의 선교의 일부분이다(31항). 따라서 복음선포와 증거만이 아니라 세상 속에서 정의와 평화를 위해 함께 일하는 사역을 포함한다(32항). 그뿐 아니라 교회의 분열은 교회의 효과적 선교를 방해하므로, 교회의 긴급한 과제는 그리스도인 사이의 일치의 회복이다. 이를 위해서 교회는 끊임없는 삶의 갱신과 함께 분열의 문제에 관한 지속적인 대화에 참여해야 한다(57항).

더 나아가 교회의 일치는 하나님이 교회에게 베풀어주신 은혜의 선물로서 일치성 안의 다양성과 다양성 안의 일치성을 추구함으로써 실현된다. 따라서 코이노니아의 삶에서 진정한 다양성이 질식되지 말아야 하며 진정한 일치 또한 포기되어선 안 된다(62항). 즉 WCC는 획일적인 일치나 어느 한 교파로의 흡수통합 형태의 일치를 추구하는 것이 아니다. 교회의 일치의 진정한 표징은 사도적 신앙, 세례, 성만찬, 타 교파의 교회 회원권과 직제의 상호인정, 공동의 삶, 복음증거와 공동의 섬김의 사명 등이다. 이렇게 온전한 코이노니아를 추구하는 목표는 모든 교회가 서로에게서 충만한 하나의, 거룩한, 보편적, 사도적 교회를 인식할 수 있을 때 가능하다(66항). 따라서 세계교회를 향하여 코이노니아의 삶을 실현하기 위한 실제적 행동이 요청된다.

5. 세례와 성만찬

〈교회의 본질과 선교〉는 이미 〈BEM〉에서 보여주듯이, 세례와 성만찬의 의미를 교회의 일치와 함께 세계의 정의와 자유와 평화를 위한 공동체적 삶의 문제와 결합시켜 해석하고 있다.[39] 세례는 단지 개인적 성화만이 아니라 사회적 성화의 삶을 요청하며, 성만찬 역시 모든 종류의 부정의와 인종차별 등 불의에 대한 투쟁과 인간화를 위한 윤리적 차원을 포함하고 있다는 〈BEM〉의 정신을 계승하면서 심화시킨다.[40]

세례는 일치의 기본적인 끈으로서 성령 안에서 그리스도와의 연합, 상호간의 연합 및 모든 시대와 지역의 교회와 연합하는 것이다(74항). 하나의 세례를 인정하는 것은 교회가 분열을 극복하고 신앙 안에서 그리스도인의 삶과 증거의 모든 측면에서 가시적 교제를 드러내라는 부르심에 응답하는 것이다. 또한 세례는 "그리스도를 통한 새로운 삶과 예수 그리스도의 삶과 죽음과 부활에 대한 참여를 축하하는"(cf. 마 3:13-17; 롬 6:3-5) 것이며, "죄의 고백, 마음의 회심, 용서, 깨끗이 씻음과 성화를 포함할 뿐만 아니라 성령의 은혜의 선물, 그리스도의 몸과 하나됨, 하나님나라와 내세의 삶에 참여하는 것"(cf. 엡 2:6)을 의미한다(75항). 세례는 순간적 경험만이 아니라 그리스도 안에서의 지속적인 성장과도 관계되며(76항), "이웃의 기쁨과 슬픔에 연대하고 모든 고난당하는 사람의 존엄성을 위한 투쟁과 거부당하는 가난한 사람들을 위한 투쟁에 참여하는 것"(77항)을 포함한다. 이렇게 신자의 신앙고백과 세례는 증거와 섬김의 삶과 분리될 수 없음을 강조하고 있다.

더 나아가 세례와 성만찬 사이에는 역동적 관계성이 있다. 즉 성만찬은 "복음에 대한 선포이며 창조와 구속과 성화에서 성취된 모든 것에 대해서 성부를 영화롭게 하는 것(doxologia)이고, 예수 그리스도의 십자가의 죽음과 부활에서 단번에 성취된 것에 대한 기억(anamnesis)이며 성령초대의 기도(epiclesis)와 중보기도이자 신자들의 교제와

---

39) *Gathered for Life: The Sixth Assembly of the World Council of Churches* (Geneva: WCC Publications, 1983), 49.
40) 이형기, "신앙과 직제: 로잔대회(1927)에서 오늘에 이르기까지," 247.

장차 도래하는 하나님나라의 선취와 미리 맛봄이다"(79항). 여기서 성만찬은 교회일치와 사회참여와 관련된다. 즉 성만찬은 하나님의 가족 안에서 형제자매 사이의 화해와 나눔의 삶을 요구하며 세상 안에서 사회적·정치적·경제적 관계성을 올바르게 정립하도록 도전하는 것이다 (cf. 마 5:23ff; 고전 10:44; 고전 11:20-22). 더 나아가 성만찬은 각종 사회적·경제적 불의, 인종주의, 소외와 자유의 결핍에 대한 저항을 포함해서 세상의 상황과 인간의 조건을 끊임없이 회복시켜나가는 일에 참여하도록 한다(81항). 요약하면, 세례와 성만찬은 단지 신자 개인의 삶만이 아니라 교회공동체의 삶과 실천을 위한 윤리적 의미를 포함한다.

6. 교회의 직제

〈BEM〉과 마찬가지로 〈교회의 본질과 선교〉는 교역, 감독, 협의회성과 수위권, 권위에 대해서 매우 의미 있는 연구를 보여준다. 교회의 직제에 있어서 모든 신자의 교역과 안수받은 자의 교역에 관해 서술한다. 즉 한 하나님의 백성이라는 만인제사장으로서의 일반 교역(a general ministry)과 안수 받은 교역(ordained ministry) 혹은 특수교역(a special ministry)을 신학적으로 정립하고 있다.

일반교역은 모든 신자에게 해당하는데, 교회를 세우고 그리스도의 선교에 참여하기 위해 성령의 은사를 받아 다양한 섬김의 형태에서 제자도를 실천하는 것이다(83항). 그런데 일반교역직도 세례와 성만찬의 경우처럼 사회참여의 의무를 포함하고 있다. 즉 "교육과 보건, 가난한 사람에 대한 구제, 정의와 평화와 환경 보전의 증진을 위한 섬김"에 참여하는 것이 일반 교역을 수행하는 것이라고 규정한다. 그리하여 모든 교인은 정의, 평화, 환경보전을 위한 사역과 함께 중보기도의 의무를 갖는다(84항).

공동체를 통해서 선출되어 성령에 의해 공동체의 대표로서 행동하도록 능력을 덧입는 안수받은 교역자는 "공동체를 세우고, 성도를 온전하게 하며 세상에서 교회의 증거를 강화하는 사역을 감당한다"(cf. 엡 4:12-13). 따라서 안수받은 교역의 주요책임은 "하나님의 말씀을 선포하고 가르치며, 세례와 성만찬을 집례하고, 교회의 예배와 선교와 섬김에서 공동체의 삶을 지도함으로써 그리스도의 몸을 모으고 세우는 것이다"(88항). 이런 의미에서 안수받은 교역은 교회의 사도적 연속성을 특별한 방식으로 섬기는 수단이다(89항).

또한 감독직은 3가지 형태 즉 개인적(personal), 공동체적(communal), 동료 집단지도 체제적(collegial)으로 구성된다. 그런데 성령의 인도 아래에서 공동 세례에 근거한 협의회성(cf. 벧전 2:9-10; 엡 4:11-16)은 교회의 모든 삶의 차원의 필수적 특성이다. 그리하여 "'각 지역의 모든 교회들'과 '모든 지역의 모든 교회들'은 서로 연결되어 있다"(99항)고 함으로써, 교회의 상호관계와 상호의존을 가능하게 하는 교회일치의 교역이 개인적, 공동체적, 집단지도체제의 방식으로 행사된다(90-104항)는 점을 강조한다.

7. 교회의 선교: 선교적 교회론

〈교회의 본질과 선교〉의 특성은 무엇보다도 선교를 교회의 본질 자체에 속한 것으로 본다는 점이다. 또한 교회의 사도성의 표지가 바로 선교이다. 따라서 교회의 통일성, 거룩성, 보편성은 사도성과 분리될 수 없으며, 이들 중 어느 하나라도 약화되면 교회의 선교가 상처를 입게 된다(35항)고 주장함으로써 선교의 본질적 의미를 다룬다. "교회의 선교는 모든 사람이 믿도록(cf. 요 17:21) 세상에게 주어진 은혜의 선물로서, 하나님의 목적을 이루기 위해 섬기는 것이다"(34항).

그런데 복음전도는 말과 행동으로 실천되어야 한다. 복음을 아직 듣지 못한 사람들에게 선포해야할 책임은 모든 그리스도인에게 있다. 또한 그리스도인은 단지 개인구원뿐 아니라 "하나님나라의 가치를 삶으로 드러내고 이 세상에서 하나님의 통치를 미리 맛보도록 부름 받았다"(35항). 그리하여 교회는 세상의 구원과 변화를 위한 하나님의 뜻을 증거(martyria)하는 공동체이다.

〈교회의 본질과 선교〉에서 교회의 선교는 복음주의 전통이 강조해온 복음전도와 진보진영이 주장해온 하나님의 선교 사상이 통합적으로 기술되고 있다. 이미 1982년 〈선교와 복음전도〉(Mission and Evangelism: An Ecumenical Affirmation)[41]에서 확립된 복음의 선포를 통한 개인의 회심과 각 지역에 교회를 세우고 성장시키는 일과 함께 하나님의 선교에 입각한 사회 구조적인 개혁과 가난한 자들을 위한 삶의 선택이 강조되고 있다.

〈교회의 본질과 선교〉의 핵심 주장은 복음전도와 하나님의 선교가 이분법적으로 이해되어서는 안 된다는 것이다. 복음전도와 사회적 책임은 서로 배타적이지 않다. 교회의 본질이면서 동시에 기능으로서의 선교는 복음전도와 하나님의 선교를 분리시키지 않는다. 따라서 복음전도를 통한 회심과 교회개척과 교회성장을 추구하면서 동시에 정의와 평화와 창조세계의 보전을 위한 교회의 사회참여를 요청한다. "교회는 가난한 자, 궁핍한 자, 주변으로 밀려난 자를 위한 변호와 돌봄으로 모든 사람의 고난을 함께 나누도록 부름 받았으며 능력을 받았다. 이것은 불의한 구조를 비판적으로 분석해서 드러내고 또 그것의 변화를 위하여 일하는 것을 요구한다"(40항).

또한 화해와 치유로서의 선교를 강조한다. 다시 말하면, 교회는

---

41) *New Directions*, 40, 44.

만물을 하나님과 화해시키고 만물 상호간의 화해를 추구하는 그리스도의 선교에 참여해야 한다. 그리하여 "교회는 깨어진 인간관계를 치유하고 화해시키며 인간의 분열과 증오를 화해하는 일에서 하나님의 도구가 되도록 부름받았다"(cf. 고후 5:18-21)(40항). 그뿐 아니라 교회는 창조세계의 치유와 회복을 위한 선교에 참여해야 한다. 교회는 "모든 선한 뜻을 가진 사람과 함께, 하나님의 피조물의 학대와 파괴를 죄로 지적하면서 피조물의 보전을 돌보고 피조물과 인간의 깨진 관계를 치유하시는 하나님의 사역에 참여하도록 부름받았다"(40항)고 주장한다. 이로써 생명공동체의 치유와 회복과 화해와 평화의 사역에 동참하는 통전적 선교의 지평을 제시한다.

이렇게 〈교회의 본질과 선교〉는 복음전도와 하나님의 선교를 함께 추구한다. 나이로비 총회 이후 지향해온 통전적 구원을 지향하는 통전적 선교의 틀을 일관되게 유지하고 있으며 동시에 화해와 치유로서의 선교 이해로 점차 심화·확대되고 있음을 보여준다. 다시 말하면, 새 하늘과 새 땅의 종말론적 비전에서 복음전도와 하나님의 선교에 입각한 교회의 사회참여를 강조한다.

8. 교회와 하나님나라

〈교회의 본질과 선교〉에 나타난 교회와 하나님나라의 관계성은 무엇인가? 〈교회와 세상〉은 본격적으로 하나님나라의 관점에서 교회를 바라보았으며 하나님나라 교회론을 정립했다고 할 수 있다.[42] 이를 계승해서 〈교회의 본질과 선교〉는 교회가 "온 세상을 위한 하나님의 의도와 계획을 나타내는 표징(sign)이요 도구다. 교회는 이미 삼위일체 하나님의 사랑과 생명에 동참하면서 자신을 넘어서서 모든 창조세계의 목적인 하나님나라의 완성을 가리키는 예언자적 표징"(43항)[43]이라고 역설한다. 특히 교회와 하나님나라의 관계성에 근거해서 JPIC의 과제를 실현하는 것을 강조한다. "하나님의 백성은 그리스도의 제자로 파송받아 하나님의 피조물을 화해시키고 치유하고 변화시키는 것을 증거하며 참여해야 한다. 하나님의 도구로서 교회의 온전함은 선포를 통한 증거와, 정의와 평화와 창조세계의 보전을 위해 선한 뜻을 가진 모든 사람과 연합해서 행하는 구체적 행동에 달려있다"(47항).

더 나아가 사회적 부정의, 정치적 불의, 경제적 불평등을 극복하고 하나님나라를 구현하기 위한 교회공동체의 구체적인 실천방안을 제시한다. 즉 정의로운 사회질서 구현과 공정한 부의 분배, 절대적 빈곤이 제거되는 사회질서 추구, 전쟁의 원인 극복(경제적 부정의, 인종주의, 종족적·종교적 증오, 민족주의, 차이와 억압을 해결하기 위한 폭력의 사용)과 평화의 실천, 인간의 생명과 존엄성 옹호, 하나님의 뜻에 일치하는 사회 건설을 위한 행동(112항) 등이다.

그뿐 아니라 이러한 하나님나라 사상에 근거하여 타 종교인들과의 연대와 협력의 가능성과 필요성을 촉구한다. "그리스도인은 인간의 인격의 진정한 실현을 위해 꼭 필요하다고 믿는 개인적인 도덕적 선택뿐만 아니라 정의와 평화와 환경보호라는 사회적 선을 증진하기 위해서 선한 뜻을 가진 모든 사람뿐만 아니라 타 종교인과도 함께 연대할 수 있고 또 연대해야 한다"(114항). 즉 교회는 하나님나라의 가치의 증진을 위해서 타 종교인과 비종교인들과도 선의의 협력과 연대의 가능성을 열어놓아야 한다. '세상의 소금'과 '세상의 빛'(cf. 마 5:13-16)

---

42) "교회는 세상 안에 있으며 세상을 위해 존재하는 공동체로서 하나님의 구원행동의 역사에 하나의 신비와 예언자적 표징으로 참여하고 있다." 〈교회와 세상〉 (III. 1); "교회는 자신을 넘어서 하나님나라를 가리키는 표징이며 하나님의 목적 안에서 하나님나라의 첫 열매로 연합되어 있다." 〈교회와 세상〉 (III. 31).

43) 여기서 표징이 의미하는 바는 교회가 타자를 위해서 존재한다는 것인데, "교회 안에 현존하고 활동하시는 그리스도가 성령을 통해, 교회로 하여금 교회의 삶과 증거와 섬김을 통해 모든 인류를 위한 심판과 구원의 표징이 되게 하신다." 〈교회와 세상〉 (III. 31).

으로서의 교회는 하나님나라의 지평 아래 정치, 경제, 사회, 문화, 종교의 모든 영역에서 하나님나라에 대하여 증거해야 한다. 그러므로 교회는 하나님나라의 가치를 증진시키는 정치 경제적 권세와는 협력하지만, 이에 충돌하는 정책과 세력에는 항거할 수 있는 예언자적 전통에 설 수 있다(115항)는 것이다.

〈교회의 본질과 선교〉는 하나님나라 사상이 깊이 스며들어 있다. 삶의 모든 영역을 포괄하는 복음을 하나님나라의 전 영역에서 선포하고 실천하는 교회의 책임을 역설하고 있기 때문이다. 그런데 여기서 주목할 것은 단순히 하나님의 선교가 아니라 삼위일체 하나님의 선교를 주장하고 있다는 것이다. 삼위일체 하나님의 코이노니아의 반영이요 실현으로서의 하나님의 선교 이해이다. 또한 코이노니아의 완성으로서의 종말론적 삼위일체 하나님나라를 지향하고 있다는 점에서 종말론적 교회론을 전개한다.

9. 종말론적 공동체로서 교회

〈교회의 본질과 선교〉는 종말론적 공동체로서 교회를 강조하고 있다.[44] 교회와 하나님나라는 종말론적 긴장관계 속에 있다. 역사 속의 교회는 이미(already) 주어진 것과 아직 완전히 구현되지 않은(not yet) 것 사이에 긴장이 지속된다(52항)는 것이다. 교회는 "종말론적 실재로서 이미 하나님나라를 선취(예기)하고 있다. 그러나 지상의 교회는 아직 하나님나라의 충만한 가시적 실현은 아니다. 교회는 또한 역

---

44) 종말론적 교회 이해는 무엇보다도 〈교회와 세상〉에 드러난다. 교회는 종말론적 하나님나라를 보여주는 신비요 예언자적 표징으로서 인류의 갱신과 일치를 지향하며 인류공동체 속에서 하나님나라를 증거하며 실현해가는 도구이다. 〈교회와 세상〉 (II. 1-15); 또한 〈교회의 본성과 목적〉은 교회가 "종말론적 현존과 하나님의 말씀의 현존으로 이미 하나님이 의도하시는 종말론적 공동체다"(II. 36)라고 기술한다.

사적 실재로서 모든 인류 역사의 모호성에 노출되어 있기 때문에 자신의 소명에 온전히 응답하기 위해서 끊임없는 회개와 갱신을 필요로 한다"(48항). 즉 교회는 새 하늘과 새 땅(계 21:1)의 선취요 표징이며 하나님나라 실현의 도구이다. 그러나 현재 교회의 모습은 불완전하고 미성숙하며 하나님의 목적과 계획에 온전하게 응답하지 못하고 있다. 따라서 종말론적 공동체로서 교회는 지속적으로 회개와 갱신의 부름에 응답해야 하며 역동적이며 순례적인 하나님의 백성으로서의 삶을 추구해야 한다(121항). 이는 성령의 능력을 힘입어 역사 속의 현실변혁에 참여하며 지속적으로 회개와 갱신과 개혁을 추구해야할 교회의 종말론적 특성을 보여준다.

III. WCC의 교회 이해에 대한 평가 및 전망

그동안 WCC 교회 이해가 다분히 기능적인 교회론이라는 비판이 종종 제기되었다. 그러나 주의깊게 살펴보면, 교회의 본질과 목적 및 교회의 기능에 있어서 매우 성서적인 토대를 지니고 있음을 확인할 수 있다. 또한 WCC의 교회론이 교회의 본질을 도외시하고 가시적 교회의 연합과 일치라는 관점에서만 주로 전개되어 왔다는 비판도 있지만, 최근 문서를 통해 분명하게 드러나는 것은 교회의 본질과 선교에 관한 균형있는 접근을 위해 끊임없이 노력해오고 있다는 점이다.

〈교회의 본질과 선교〉를 중심으로 살펴본 WCC 교회 이해를 어떻게 평가할 수 있는가? 첫째, WCC 교회 이해는 시대적으로 정치적·사회적·경제적·종교적 상황에 대한 현실관련성에 충실하게 응답하면서도 성서에 기초해서 교회역사 및 전통을 진지하게 고려하는 입장을 보여준다. 교회의 본질과 목적 및 기능에 관한 성서 안의 다양성과 통일성을 지닌 통찰들을 중심으로 삼위일체론적 해석학을 토대로 하여 예수 그리스도의 복음의 통전적 성격을 담고 있으며, 니케아-콘스탄티노플신조의 사도적 전승을 포함한 역사적 전통을 고수하고 있기 때문이다. 이는 성서적·복음적 접근으로서 오늘과 미래의 교회 이해의 명확한 규범과 표준을 제공해준다.

둘째, WCC 교회론은 삼위일체 하나님과 종말론적 하나님나라 사상에 근거해서 교회의 본성과 사명을 통합하는 교회론을 전개함으로써 현대 교회론의 발전에 크게 기여했다는 평가에 동의할 수 있다.[45] 즉 삼위일체론적 교회론과 하나님나라 교회론과 종말론적 교회론은 현대 교회 이해의 핵심적인 특성으로서 〈교회의 본질과 선교〉 안에 포괄적으로 기술되어 있다. 교회의 본질과 표지와 목적과 기능뿐 아니라 교회의 일치운동과 세례와 성만찬과 직제 및 선교에 있어서, 삼위일체 하나님에 근거하여 종말론적 하나님나라 지평에서 전개된 교회 이해는 은혜의 선물이면서 동시에 교회의 책임적 참여와 헌신을 요청하는 종말론적 방향과 과제를 제시하고 있다는 점에서 매우 신학적으로 건실하고 유용한 토대를 정립하고 있다.

셋째, WCC 교회 이해는 무엇보다도 삼위일체 하나님 이해에 근거한 코이노니아 사상이 교회의 본질과 선교 이해에 전반적으로 녹아들어 있다. 이는 관계적·공동체적 개념으로서 현대 교회의 교회론과 맞닿아 있다. 또한 코이노니아가 교회의 본질이면서 교회의 통일성의 근거이며, 케리그마, 레이투르기아, 코이노니아, 디아코니아, 마르튀리아 등의 교회의 제 기능의 근원이자 교회의 삶과 사역의 실천적 동력임을 강조하고 있다는 점에서 코이노니아 교회론의 유형을 분명하

---

45) 송인설, 『에큐메니칼 교회론 – 교회론의 화해가 가능한가?』, 189.

게 보여준다. 코이노니아는 교회의 가시적 일치를 위한 근거요 협의회적 교제의 형태로 추구되며 온 인류의 코이노니아를 지향하는 교회의 선교적 사명을 부여한다. 이런 의미에서 제도적, 기구적 교회 이해를 넘어서서 세계교회들과 지역 교회 구성원들의 상호 인격적 교제와 사귐을 지향하는 포스트모던 교회론의 흐름과 궤를 같이 하고 있음을 확인할 수 있다.

넷째, WCC 교회 이해는 교회의 일치, 예배와 성례전의 회복, 선교와 섬김의 갱신과 회복을 위한 통찰을 제공해준다. 분열된 교회의 회개와 일치의 노력, 예배와 디아코니아의 실제적인 통합, 세례와 성만찬의 통전적 의미 제시, 일반 교역직의 발견 및 강조, 복음전도와 함께 타 종교인들과의 선의의 협력과 연대 필요성의 역설 등 WCC의 교회 이해는 단지 신학적 담화만이 아니라 교회의 삶을 위한 실천적 접근과 적용을 모색하는 가운데 형성되었으며, 구체적이며 실제적인 삶의 변화를 가져오는 방안들을 함께 제시하고 있다는 점에서 매우 실천적인 교회론이다.

다섯째, WCC 교회 이해는 복음전도와 하나님의 선교 사상이 통합적으로 반영된 통전적 선교 이해를 보여준다. 오늘날 통전적 복음과 통전적 구원 사상에 근거한 통전적 선교의 흐름은 복음주의진영이나 진보진영을 망라하여 현저하게 지배적인 추세이다.[46] 이는 심각하게 분열되어 있는 한국교회의 복음주의 진영과 에큐메니칼 진영의 자기 성찰과 개혁, 상호대화와 이해 및 협력을 위해서 매우 유용한 방향을 제시해준다.

여섯째, WCC가 최근에 이르러 교회의 본질과 사명의 통전적 이해를 추구하고 있다는 것은 매우 고무적인 현상이다. 그뿐 아니라 예

---

46) 신옥수, "에큐메니칼 운동과 복음주의," 박경수 편, 『에큐메니즘 A에서 Z까지 - WCC 제10차 부산총회를 대비한 필수지침서』(서울: 대한기독교서회, 2012), 195-197.

배와 찬양, 교회개척과 성장, 복음전도 등 전통적인 교회 안에서의 기능과 사역에 관하여 구체적이며 포괄적인 내용을 다루고 있다는 사실에 주목할 필요가 있다. 이는 복음주의 전통과 진보진영 사이에 거리를 좁히는 실제적인 방안이 될 수 있다.

일곱째, 그럼에도 WCC 교회 이해는 세계교회들 상호간에 여전히 화해할 수 없는 이견과 갈등의 요소를 남겨두고 있다. 예를 들면 교황수위권이나 사도직 계승, 세례, 성만찬, 직제 등이다. 실제로 〈교회의 본질과 선교〉를 포함한 여러 문서에서 교회들 사이의 일치와 불일치의 주장들이 그대로 존중되어 진술되고 있다.[47] 여기서 우리는 WCC가 세계교회의 신학을 통합하거나 또는 갈등의 요소들을 단지 봉합하려는 의도를 갖고 있지 않음을 확인할 수 있다. 지속적인 대화와 토의의 장을 남겨두고 있다는 것은 신학의 단편적이며 잠정적인 성격을 고려해볼 때 매우 바람직한 부분이다.

앞으로 WCC 교회론은 어떻게 발전되고 전개될 것인가? WCC 교회론이 지향해야할 방향은 무엇인가? 교회의 본질과 사명은 결코 구별되나 분리될 수 없는 성격을 지니고 있다는 사실을 존중하며, 삼위일체 하나님과 예수 그리스도의 복음 및 하나님나라 사상을 토대로 하는 통전적 구원역사에 참여하는 교회 이해가 바람직하다는 것이 필자의 견해이다. 그동안 세계교회들이 각 지역에서 그들이 처한 시대상황 가운데 전개해온 교회 이해가 때로 상호이해의 과정에서 균형과 조화를 이루는 데 언제나 성공적이었던 것은 아님을 부인할 수 없다. 그럼에도 상호대화의 장과 기회가 열려 있다는 것은 바람직한 일이 아닐

---

47) 〈교회의 본질과 선교〉는 다음의 사안에 대해서 세계교회 상호간에 진정한 불일치인지 혹은 화해할 수 있는 강조점인지에 대한 쟁점들을 연구과제로 남겨놓고 있다: 교회의 제도적 차원과 성령의 사역의 관계성, '성례'로서의 교회에 관한 견해, 교회와 죄의 문제, 다양성의 문제, 지역교회에 대한 개념, 세례와 성만찬에 관한 차이점, 안수받은 교역의 주제, 감독직, 감독, 사도직 계승, 협의회성과 보편적 수위권.

수 없다. 세계교회의 다양성을 존중하고 포용성을 바탕으로 하여 역동적 실천성을 담보로 하는 지속적인 신학적 응답을 통해서 성경과 사도적 신앙과 예수 그리스도의 복음 및 하나님나라 운동을 지향해가는 WCC의 교회 이해의 발전을 기대한다.

WCC 신학의 핵심인 교회론은 매우 방대하고 포괄적인 내용을 담고 있으며 역사적으로 변천과정 속에 있다. 교회론에 관한 핵심적인 문서는 교회의 일치에 관한 내용을 담은 〈BEM〉과 통합적 교회론을 천명한 〈교회의 본질과 선교〉라고 할 수 있다. 특히 〈교회의 본질과 선교〉의 내용은 그동안 WCC가 다양한 연구와 상호대화를 통해서 얻게 된 공통적인 교회이해를 수렴한 획기적인 문서로 세계교회의 교회 이해에 대한 비판적 준거와 방향설정을 위한 지침이 될 수 있다. 성경에 근거하여 역사적 전통을 존중하면서도 현대의 시대상황에 대한 실천적 참여를 독려함으로써, 교회의 본질과 선교에 관한 진지한 자기성찰과 교회개혁의 방향을 제시하고 있기 때문이다.

한국교회와 신학계에서 제기되어온 WCC 신학에 대한 오해와 불신은 WCC 신학에 대한 보다 더 정확하고 심층적이며 체계적인 이해의 필요성을 요청한다. 앞에서 고찰한 바와 같이 WCC의 교회론은 세계교회의 다양한 입장을 고려하면서 70여년에 이르는 상호대화와 비판적 성찰의 성과물이며 아직도 형성과정 중이라고 할 수 있다. WCC는 시대상황에 따라 어느 특정 교회론이나 신학의 입장이 좀더 반영되거나 강조되는 경우가 있었음에도 불구하고 지속적인 교류와 토의를 통해서 균형과 조화를 추구하는 노력을 보여주고 있다. 실제로 곳곳에서 발견되는 대화의 장애와 갈등의 요소들을 미해결의 과제로 남겨두고 있는 점은 주목할만하다. 분명한 것은 WCC 교회 이해가 세계교회의 신학적 입장을 보편화하고 인위적으로 통일시키려 한다기보다는 공통분모를 집약적으로 수렴하는데 기여하고 있다는 것이다. 그런 의미에서 WCC의 교회 이해는 세계교회가 상호이해와 대화를 통해서 교회의 본질과 사명을 숙고하며 교회의 갱신과 개혁을 위한 발걸음을 내딛는데 상당한 통찰력과 함께 교회발전의 동력을 제공하고 있다. 앞으로 하나님나라의 실현을 위해 세계교회가 머리를 맞대고 두 손을 맞잡고 협력할 수 있는 의미있는 운동으로 자리매김할 수 있기를 기대한다.

대
화
하
는

신
학

4부

장신신학과의 대화

9장

중심에 서는 신학, 오늘과 내일:
장신신학의 정체성 형성에 관한 고찰

장로회신학대학교의 신학의 정체성은 무엇인가? 우리는 새롭고 진지하게 장신신학의 정체성에 대한 물음과 현황 분석 및 미래의 전망이 필요한 시점에 와 있다. 무엇보다도 한국교회 역사상 중대한 의미를 지니고 있는 2013년 세계교회협의회(WCC) 총회 개최에서 나타났듯이 한국교회의 이념적 갈등과 신학적 불화를 바라볼 때 이에 대한 신학적 응답이 요청된다. 따라서 대한예수교장로회(통합)의 신학을 어깨에 걸머진 장신신학의 정체성 규명은 매우 시의적절한 과제가 아니라 할 수 없다.

1985년 장신대 교수회가 발표한 '장로회신학대학교 신학성명'에는 장신신학이 복음적이며 에큐메니칼한 특성과 과제를 지닌다고 명시되어 있다. 이런 맥락에서 본 연구는 복음주의 신학과 에큐메니칼 신학의 대화와 협력을 추구하는 장신신학의 성격을 탐구하고 그 과제를 전망할 것이다. 이를 위해 필자는 1981년 고(故) 김이태 교수가 제안한 "중심에 서는 신학"을 장신신학의 틀(frame)로 삼는다. 이것이 1960년대 후반 이래 최근에 이르기까지 장신신학의 방향을 주도해온 신학방법과 신학함의 태도를 규정하고 고무할 수 있는 유효하고 적절한 장신신학의 패러다임이라고 평가하기 때문이다.[1]

우선적으로 중심에 서는 신학의 형성과정을 고찰한 후, 에큐메니칼 복음주의 신학 또는 복음적 에큐메니칼 신학으로서 중심에 서는 신학의 구체적인 모습을 다음과 같은 여섯 가지 신학적 쟁점들을 중심으로 살펴본다: 성경에 대한 관점, 복음과 상황 및 문화의 관계성에 대한 입장, 구원의 개념, 복음전도와 교회의 사회적 책임, 교회의 일치 운동, 종교 간 대화. 그리고 중심에 서는 신학의 관점에서 복음주의 신학과 에큐메니칼 신학의 신학적 의의 및 공과를 평가하고 동시에 이와 연관된 장신신학의 장단점을 분석하며, 결론적으로 필자가 2004년에 중심에 서는 신학의 미래를 위해 화두(話頭)로 삼은 "중심을 꿰뚫는 신학, 중심을 잡아가는 신학, 중심을 향해 열린 신학"의 틀을 통해 에큐메니칼 복음주의 신학 또는 복음적 에큐메니칼 신학의 성격을 지닌 21세기 장신신학의 미래상을 전망해보고자 한다. 9장은 중심에 서는 신학으로서 장신신학의 일관성과 적합성을 드러낼 뿐 아니라, 다양성 안의 통일성을 추구하는 21세기 장신신학의 정체성을 형성해가는 작업에 적은 보탬이 될 수 있을 것이다.

---

1) 신옥수, "중심에 서는 신학, 오늘과 내일," 「교회와 신학」 58 (2004/가을), 72. 필자는 중심에 서는 신학의 틀 안에 특히 1980년대 이후 장신신학의 흐름을 주도해 온 통전적 신학이 놓여 있다고 본다. 최근에 김명용은 故 김이태의 '중심에 서는 신학'과 故 이종성에 의해 주장된 '통전적 신학'을 계승하면서도 이들을 심화·확대시킨 '온신학'을 전개하고 있다. 김명용, 『온신학』 (서울: 장로회신학대학교 출판부, 2015); 『온신학의 세계』(서울: 장로회신학대학교 출판부, 2016).

Ⅰ. 중심에 서는 신학의 어제와 오늘

1989년에 김명용은 장신대의 신학적 위치를 규명함에 있어서 새롭고 폭넓은 관점을 제시했다. 그는 한국의 신학적 현황을 한국 토착화신학 및 문화신학, 한국 민중신학, 한국 보수적 정통주의 신학, 한국 에큐메니칼 정통주의 신학, 한국 복음주의 신학, 한국 오순절 성령운동의 신학 등 여섯 가지로 상세하게 분류한다.[2] 이들 가운데 장신대의 신학적 좌표를 한국 에큐메니칼 정통주의 또는 복음적 에큐메니칼 신학이라고 명명한다. 더 나아가 2000년대에 이르러 김명용은 장신신학의 정체성을 에큐메니칼 신학과 복음주의 신학의 통합을 지향하는 통전적 신학이라고 규정한다.[3] 그런데 복음적이면서도 에큐메니칼한 신학으로서 장신대의 신학적 과제는 이미 장로회신학대학교의 신학성명(1985)에도 나타나 있고,[4] 개교 100주년을 맞이하여 발표된 '장로회신학대학교 신학교육 성명을 위한 기초문서'(2002)에서 재정립된 "예수 그리스도의 복음전파와 하나님 나라의 구현"이라는 교육이념에 명확하게 드러나 있다.[5] 과연 오늘날 장신신학은 복음주의 신학과 에

---

2) 김명용, "한국의 신학적 현황과 장로회신학대학교의 신학적 위치," 『이 시대의 바른 기독교 사상』(서울: 장로회신학대학교 출판부, 2001), 321-331.

3) 김명용, "통전적 신학이란 무엇인가?," 이종성 외 3인, 『통전적 신학』(서울: 장로회신학대학교 출판부, 2004), 65.

4) 본 신학성명은 신학의 전제, 개혁주의 신학 전통과 에큐메니칼 신학, 신학과 교회, 신학의 선교적 기능과 사회적 기능, 신학의 자리와 방향, 신학의 한계와 신학의 대화적 측면에 대해 다음과 같은 7가지 명제들을 제시하고 있다: ① 우리의 신학은 복음적이며 성경적이다. ② 우리의 신학은 개혁주의적이며 에큐메니칼하다. ③ 우리의 신학은 교회와 하나님의 나라에 봉사한다. ④ 우리의 신학은 선교적인 기능과 역사적, 사회적 참여의 기능을 수행한다. ⑤ 우리의 신학의 장은 한국이요 아세아요 세계이다. ⑥ 우리의 신학은 기술사회 문제들에 응답해야 한다. ⑦ 우리의 신학은 대화적이다. "장로회신학대학 신학성명," 「기독공보」, 1985.9.14

5) 장로회신학대학교 신학교육 성명 기초 문서에 나타난 교육이념의 구체적인 항목은 다음과 같다: ① 예수 그리스도의 복음과 하나님 나라, ② 예수 그리스도의 복음과 성경, ③ 예수 그리스

큐메니칼 신학을 통합하는 성격을 지니는 바, 한국 신학의 한 유형으로 자리매김하고 있는가? 이러한 신학은 어떤 핵심적인 특성을 갖고 있으며 그동안 장신신학의 형성에 어떻게 반영되어 왔는가? 이는 중심에 서는 신학과 어떤 연관성을 갖고 있는가?

1980년대에 이르러 김이태에 의해 장신신학의 좌표가 제시되고 미래의 방향 및 방법론에 대한 전망이 제안된 것은 장신신학의 정체성 형성에서 중요한 역사적 의미를 지닌다. 1981년 5월 장로회신학대학교 개교 80주년 기념행사에서 발표된 "장신대 신학의 위치와 그 특성-전통과 혁신이란 긴장관계에서의 검토"[6]라는 논문에서, 김이태는 장신대 신학의 기본방향과 그 특성을 가(변두리)가 아니라 중심에 서는 신학으로 규정하고 그 몇 가지 특징을 제시하고 있다. 김이태에 따르면, 장신대가 지향해 왔고 앞으로도 지향해야 할 신학적 기본입장은 역사적 전통에서 볼 때 장로교회, 특히 스위스를 중심으로 하는 개혁교회 전통에 뿌리박고 있는 신학이다. 따라서 중심에 서는 신학은 개혁교회의 기본 정신에 충실하게 항상 새로운 환경에 대처하며 그때마다 스스로를 새롭게 개혁해가는 긴장 속에 서있는 신학이다.

김이태에 의하면, 첫째로 중심에 서는 신학은 그 성격이 매우 포괄적이라는 특징을 갖는다. 기독교 신학의 변두리가 아니라 그 중심에 서는 신학은, 장구한 역사를 따라 흘러내려오고 있는 신학이라는 강(江)을 전체적으로 흡수해야하는 것이므로 그 성격이 매우 포괄적일 수밖에 없다는 것이다. 둘째로 중심에 서는 신학은 전통적인 교회의 신학의 한쪽 가(邊方)에 서는 것이 아니라 극우와 극좌를 지양하고 중

도의 복음과 구원, ④ 하나님 나라와 교회, ⑤ 하나님 나라를 구현하는 문화, ⑥ 하나님 나라와 오늘의 세계, ⑦ 하나님 나라를 위한 신학. "장로회신학대학교 신학교육성명을 위한 기초문서," 「교회와 신학」 48 (2002 봄), 12-19.

6) 김이태, "장신대 신학의 위치와 그 특성-전통과 혁신이란 긴장관계에서의 검토," 「교회와 신학」 14 (1982); 고 김이태 교수 저작 출판위원회 편, 『중심에 서는 신학: 김이태의 신학 세계』 (서울: 장로회신학대학출판부, 1994), 209-240.

심에 서야하는 신학이기 때문에 항상 긴장 속에 있다. 중심에 서있다고 말할 수 있는 것은 그것이 성서가 가르치는 포괄적인 복음 진리의 관점에서 볼 때 중심에 서있다는 뜻이다. 그리하여 보수와 진보를 다 포용하면서 역사의 흐름을 주도하는 복음 전통의 중심에 선 신학이 되어야 한다고 한다. 셋째로 중심에 서는 신학의 또 다른 특징은 그 변화와 발전이 극히 점진적이며 결코 선풍적이지(sensational) 않다는 것이다. 즉 중심에 서는 신학이란 과거로부터 내려오는 교회의 신학의 전통에 깊이 뿌리를 내리고 서는 신학이지만 맹목적인 수구주의가 되어서는 안 되며, 참으로 중심에 서기 위해서는 부단히 새로워지는 개혁 신학이어야 한다고 김이태는 주장한다. 요약하면, 장신신학은 보수도 진보도 아닌 중간에 서있는 신학으로, 보수적 신학과 진보적 신학 사이의 긴장 속에서 양자의 장점을 계승하는 포괄적인 신학을 지향한다.

그렇다면 중심에 서는 신학이라는 화두가 던져진 이래 오늘에 이르기까지 장로회신학대학교 조직신학 분야의 신학 작업은 어떻게 진행되어 왔으며 어떤 특성을 지니고 있는가? 무엇보다도 중심에 서는 신학과 어떤 관련성을 지니고 있는가라고 묻지 않을 수 없다. 故 이종성은 한국교회 조직신학의 두 가지 조류를 자유주의적 신학과 복음주의적 보수주의 신학으로 규정한 뒤에 제3의 조류로서 통전적 신학을 제안하고 있다. 복음으로 자유주의와 보수주의를 흡수하여 그리스도주의로 용해하고 재생하는 신학이 곧 통전적 신학이라고 한다.[7] 특히 한국 신학계를 양분하고 있는 복음주의 신학과 에큐메니칼 신학에 대해서도 양자택일하는 것이 아니라 장점을 수용하고 단점을 비판하면서 대화와 협력을 지향해야 함을 역설한다.[8] 여기서 우리는 중심에 서는 신학의 정신이 통전적 신학 안에서 구체화되고 진지한 형태를 갖추

---

7) 이종성, "한국교회 조직신학 100년의 발자취," 「교회와 신학」 36 (1999/봄), 11-12.

었음을 보게 된다.

이수영은 장신대의 신학적 입장이 전통적인 장로교회의 보수신학을 지키면서도 학문적 폐쇄성과 배타성을 지양하고 모든 다양한 신학사상에 대하여 귀를 기울임으로써 수용할 것은 수용하며 학문적 대화를 단절하지 않는, 건전하고 적극적이며 포용력 있는 자세를 견지하는 신학이라고 주장한다.9) 그런 의미에서 김이태의 중심에 서는 신학이 오늘날 장신신학의 신학적 좌표가 되었다고 평가한다. 동시에 다양성 안에서 중심을 모색하는 온건·중도·보수·통합 신학의 시대에서 더나아가 성서적·복음적·개혁적 신학으로 그 정체성을 드러내야 한다고 역설한다.10)

김명용은 "한국의 신학적 현황과 장로회신학대학교의 신학적 위치"11)라는 글을 통해, 김이태의 중심에 서는 신학을 장신대 신학의 대체적인 특성을 비교적 잘 규명했다는 점에서 가치 있는 것으로 평가한다. 그는 2002년 춘계 신학강좌에서 중심에 서는 신학과 맥을 같이하는 통전적 신학을 에큐메니칼 운동과 복음주의 운동을 통합하고, 개신교와 로마 가톨릭 및 동방정교회의 신학을 종합적으로 검토하고 평가하며, 타 종교와 타 학문과의 대화에 참여하고, 예수 그리스도의 궁극성과 표준성을 긍정하는 신학이라고 정리한다. 또한 통전적 신학의 특성을 삼위일체 신학, 개인뿐 아니라 하나님나라를 추구하는 신학, 인간의 육체와 영혼을 함께 고려하는 전인성의 신학, 교회와 세상을 위한 신학, 인간 중심적이 아닌 우주적 신학, 하나님나라를 위한 신학 등으로 규정하고 있다.12) 특히 장신신학은 하나님 사랑과 이웃 사랑이라

---

8) 이종성, 『한국교회와 세계교회의 신학』 이종성저작전집 제22권 (서울: 한국기독교학술원, 2001), 64-78.

9) 이수영, "한국 개혁신학의 한계와 그 극복을 위한 제언," 「목회와 신학」 (1989/8), 86-89.

10) 이수영, "개교 90주년 맞는 장로회신학대학교의 내일," 「신학춘추」 사설 (1991. 5. 21).

11) 김명용, 『이 시대의 바른 기독교 사상』, 316-339.

는 성서의 정신의 수직적 차원과 수평적 차원이 참으로 균형 있고 조화 있게 형성된 신학을 건설하기 위해 끊임없이 노력해야 할 것이며 현존하는 신학을 부단히 개혁해 나가야 할 것이라고 주장한다는 점에서, 김명용은 김이태의 중심에 서는 신학의 정신을 지향하고 지속적으로 발전시키고 있다고 할 수 있다.[13]

윤철호는 "통전적 신학, 통전적 개혁신학"[14]이라는 소논문에서 통전적 신학을 곧 중심에 서는 신학이라고 정의하고 있다. 그에 따르면 중심에 서는 신학은 근본주의적 보수주의도 지양하고, 급진적 자유주의나 혁명적 진보주의도 지양하며, 좌로나 우로나 치우치지 않는 신학이다. 즉 중심에 서는 신학은 양쪽의 상반된 입장을 적당히 타협하고 절충하는 중간의 회색신학이 결코 아니며, 항상 양극의 역동적이고 변증법적인 상호 비판적·상호 변혁적 대화의 관계성과 과정 속에 존재한다. 따라서 중심에 '서는' 신학이 아니라, 중심에 '서 가는' 신학이라는 표현이 더 적절하다고 한다. 그런데 이것의 구체적인 모습은 에큐메니칼 개혁신학으로 나타나야 한다고 함으로써 중심에 서는 신학의 정신을 계승·심화하고 있음을 보여준다.[15]

현요한은 장신대 신학의 흐름을 통전적 신학으로 규정하고, 이를 김이태의 중심에 서는 신학과 맹용길의 '통합신학' 등과 유사한 신학적 흐름으로 보고 있다. 그는 통전적 신학이, 내용적으로 어떤 신학적 입장을 나타내기 이전에 신학함의 태도요 신학의 방법을 가리킨다고 적절하게 지적한다. 또한 통전적 신학이 하나의 학문적 사고방법으로서 편협성에 기울지 않는 균형 잡힌 사고임을 주장하면서, 이것이 하나의

12) 김명용, 『통전적 신학』, 53-81.
13) 신옥수, "중심에 서는 신학, 오늘과 내일," 64.
14) 윤철호, "통전적 신학, 통전적 개혁신학," 『현대신학과 현대개혁신학』(서울: 장로회신학대학교 출판부, 2003), 252.
15) 윤철호, "통전적 기독론에 대한 해석학적 구상," 『통전적 신학』, 167-231.

방법론적인 혼합에 머무는 것이 아니라 그러한 종합의 과정 속에서 하나의 창의적인 신학을 형성할 수 있음을 바르게 지적하고 있다. 여기서 주목할 것은 현요한에 따르면, 신학의 발전에서 중요한 것은 곧 전통적 신학의 중요한 내용을 보존하면서도 이제까지 간과해 왔던 요소나 상황을 고려해 나감으로써 보다 온전한 통전적 조화의 신학을 추구하는 것이다. 예를 들면 영혼에 가려진 육체의 의미와 함께 전인으로서의 인간, 공동체의 중요성, 에큐메니칼 운동, 사회구조와 정의의 문제, 가난한 자들, 소외된 자들, 억압된 여성들, 창조세계의 오염과 파괴 등에 대해서 새롭게 응답하는 신학이라는 것이다.[16]

이렇게 볼 때 대체적으로 중심에 서는 신학과 통전적 신학은 신학적인 궤를 같이 하면서도 약간의 차이점을 발견할 수 있다. 통전적 신학이 균형과 조화를 더 지향하는 측면이 있다면, 중심에 서는 신학은 양자 사이의 창조적 긴장을 더 강조하는 것처럼 보인다. 또한 통전적 신학과 중심에 서는 신학 둘 다 신학의 주제와 방법론에 있어서 포괄성을 지니고 있으며 신학 작업에 있어서 정태적이라기보다는 역동적인 성격을 지니고 있지만, 통전적 신학의 시도에서 한층 더 그 주제가 심화되고 확대되는 경향을 찾아볼 수 있다. 예를 들면 교회 역사 속에서 변두리에 놓여 있던 신학적 주제와 내용에 대한 개방성, 신학의 실천적·변혁적 성격 및 대화적 특성에 대한 강조 등에서 그러하다.[17]

그런데 김이태가 규정한 중심에 서는 신학은 아무 특성도 없는 신학이며 자신의 정확한 위치가 없기 때문에 기회주의적이고 타협적이며 우왕좌왕하는 신학이라고 비판받기도 했다. 그러나 중심에 서는 신학은 절충주의나 기회주의 또는 적당한 타협주의 신학이 아니다. 또한

---

16) 현요한, "하나님의 평화로운 생명: 하나의 통전적 신학 형성을 위한 하나의 제안," 『통전적 신학』, 277.
17) 신옥수, "중심에 서는 신학, 오늘과 내일," 65.

모호한 중도주의를 표방하는 회색주의 신학도 아니다. 그리고 그 정체성을 규명하기 어려운 불투명한 혼합신학도 아니다. 오히려 성서 안에 있는 다양성과 통일성을 포함하는 포괄적인 신학이요 복음적이며 긴장과 갈등의 한 가운데서 창의적인 신학을 낳을 수 있는 건설적인 신학이기에, 21세기를 맞이하는 현대의 다양한 사회와 문화의 도전과 문제제기에 성실하게 신학적 응답을 할 수 있는 중요한 신학방법으로서 자리매김할 수 있을 것이다.[18]

II. 중심에 서는 신학으로서 장신신학: 에큐메니칼 복음주의 신학 또는 복음적 에큐메니칼 신학

그렇다면 중심에 서는 신학으로서 장신신학은 복음주의 신학과 에큐메니칼 신학에 대해 구체적으로 어떤 입장을 전개해왔는가? 또는 복음주의 신학과 에큐메니칼 신학의 입장은 장신신학에 어떻게 반영되어 왔는가? 과연 중심에 서는 신학으로서 복음적 에큐메니칼 신학 또는 에큐메니칼 복음주의 신학이 가능한 것인가? 이에 대해서 복음주의 신학과 에큐메니칼 신학 사이의 여섯 가지 핵심 쟁점들을 중심으로, 장신대에서 발표된 신학성명과 주로 조직신학 분야에서 수행해온 신학 작업들을 토대로 고찰해보려 한다.[19]

---

18) 위의 논문, 65-66.
19) 복음주의 신학과 에큐메니칼 신학 사이의 핵심적인 신학적 논쟁점들에 관해서는 신옥수, "중심에 서는 신학, 오늘과 내일: 장신신학의 정체성 형성에 관한 소고," 장로회신학대학교 연구지원처 편, 『장신신학의 정체성: 다양성과 통일성: 제12회 소망신학포럼』(서울: 장로회신학대학교 출판부, 2010), 3-16을 참고하라.

1. 성경에 대한 관점

우선적으로 "장로회신학대학 신학성명"(1985)의 제1명제에 나타난 성경관은 어떠한가? 여기서는 십자가와 부활 사건에 기초한 예수 그리스도의 인격과 사역이 성경의 중심 메시지인 복음이라고 확언한다. 성령에 의한 성경의 영감을 긍정하면서 복음 중심적인 성경 해석의 필요성을 강조한다. 그뿐 아니라 "성령의 인도하심과 경우에 따라 성서비평학에서 얻은 통찰로서 기록된 하나님의 말씀이 지닌 신학적 맥락들을 존중하면서 성경 내에 계시된 진리들을 신학적 규범으로 삼아야 한다"고 선언한다. 이는 성서비평학의 사용을 배제하거나 무시하지 않고 오히려 긍정하면서 경우에 따라 성서비평학을 제한적으로 사용하는 유연한 태도를 취하는 것을 가리킨다. 즉 성령의 인도하심을 의지하면서 성서비평학에서 얻은 유익한 통찰들을 활용하는 방식이다.

이러한 성경에 대한 입장은 2002년 "장신대 신학교육 성명 기초 문서"에서 계승되는 한편 변화와 강조점의 차이를 보여준다. 즉 성령에 의해 영감된 하나님의 말씀으로서 성경에 대한 이해, 성경의 중심 내용이며 성경의 통일성인 복음에 대한 관점, 성경의 해석자로서 성령에 대한 강조가 이어진다. 그런데 새로운 변화는 복음의 내용을 예수 그리스도와 하나님나라로 규정한 것이다. 그리고 성경에 계시된 하나님나라의 복음이 기독교 신앙공동체를 형성시킨 근원이며, 따라서 성경 해석자는 성령을 통해 하나님나라의 복음을 믿어 구원함을 받은 사람이어야 한다는 점이 부각된다. 또한 성경 해석에 있어서는 필수적으로 복음의 통일성 안에서 성경의 다양한 메시지의 역동적 관계를 파악해야 하며, 이러한 통전적 해석을 바탕으로 오늘의 상황에서 하나님나라의 복음을 선포해야 한다고 선언한다(제2항 예수 그리스도의 복음과 성경).

앞에서 언급된 두 신학성명에 나타난 성경관을 살펴보면, 장신신학은 기본적으로 성령에 의한 성경의 영감에 대한 이해를 전제하고 있다는 것이 확증된다. 그리고 성경이 신앙과 신학의 규범이라는 사실과 예수 그리스도의 복음 중심적 성경 해석과 성령에 의한 성경 해석의 필요성을 강조하고 있는 점에서 복음주의 신학의 입장이 충분히 반영되어 있다고 할 수 있다. 성서비평학의 사용에 있어서도 비교적 온건한 정도와 제한적 범위를 함축하고 있는데, 이러한 입장은 진보적 복음주의 또는 신복음주의, 신정통주의적 복음주의의 경향에서 찾아볼 수 있다. 그런데 2002년 신학교육 성명은 하나님나라의 복음을 강조함으로써 에큐메니칼 신학의 정신이 더 반영되어 있다고 할 수 있다. 이는 성경에 대한 통전적 해석에 기초한 하나님나라 복음 선포의 책임을 강조하는 점에서 그러하다. 그럼에도 성경 해석의 통일성과 다양성의 역동적 관계에 대한 이해를 강조하는 점, 성경 해석자를 하나님나라를 믿는 성령에 의해 거듭난 자, 곧 성령의 인도하심을 받는 자로 규정함으로써 복음주의 신학의 입장과 에큐메니칼 신학의 입장 사이의 조화를 모색하려는 노력이 돋보인다.

장신대 조직신학 분야의 성경관은 어떠한가? 김명용에 의하면 성경은 우리의 신앙과 행위에 있어서 정확 무오한 하나님의 말씀으로서 모든 것의 참된 표준이다. 그의 견해로는 장신대는 축자영감설에 근거한 성서주의를 가르치지 않으며 성경이 하나님의 말씀이라는 기본적인 정통주의 신학의 입장에 서 있다. 그리하여 근본주의가 갖는 성경에 대한 학문적 연구의 결여에 대해서 비판적일 수밖에 없다. 장신대가 지향하는 복음적 에큐메니칼 신학은 성경의 역사비평학적 연구와 그 업적을 긍정적으로 받아들이지만, 동시에 그것이 성경의 권위를 근본적으로 훼손하거나 성경을 중동 지역의 종교적 문서의 하나로 전락시켜 성경을 상대화하는 모든 경향에 대해서는 철저히 반대한다고 김

명용은 주장한다.[20]

이런 입장은 이종성에게서 찾아볼 수 있는데, 그는 성경의 축자적 영감과 완전 무오성을 지지하지 않는다. 성경이 하나님의 말씀이고 신앙과 생활의 정확 무오한 표준이며 신학의 규범이 된다는 사실과, 성령에 의한 성경의 영감에서 성경의 권위를 긍정한다. 또한 성경은 성령의 감동과 하나님의 계시에 의해서 기록된 것이므로 "현재 우리가 가지고 있는 성서에 인위적 오류가 있다 해도 그 안에 담겨져 있는 하나님의 말씀이 부인될 수 없다"[21]고 주장한다. 이종성은 "성령의 내적 증거"를 중시하는 칼뱅의 성경관을 이어받으면서도 유기적 영감설과 부분(제한적) 무오설 또는 무류설을 선호하는데,[22] 이런 입장은 성경의 권위성과 표준성에 바탕을 둔 개혁신학 전통의 통전적 성경 해석이라고 평가될 수 있다.

이수영은 성경이 유일한 구원의 진리의 책이며, 성경의 사본에 있어서 인간적 실수나 오류 가능성을 인정하고 있다. 그런데 성경은 하나님께서 우리에게 가르치려고 의도하신 모든 것에 있어서 무오하다고 보아야 한다고 주장한다.[23] 이러한 무오성과 함께 성경이 전체로서 완전한 하나님의 말씀이라는 사고가 곧 성경의 규범성의 근거가 된다고 역설한다. 이는 개혁신학 전통의 복음주의 입장을 드러내는 것이다.

윤철호는 하나님나라의 도래에 관한 예수의 선포와 그리스도에 관한 교회의 선포를 복음의 두 차원으로 보며 성경의 다양한 메시지와 다양한 해석을 강조한다. 그는 성경의 신언성이 성경 자체의 형식

---

20) 김명용, 『이 시대의 바른 기독교사상』, 327, 333.
21) 이종성, 『신학서론』(서울: 대한기독교출판사, 1993), 208.
22) 위의 책, 210-217. 이종성, 『종교개혁에서 현대신학까지』 이종성 저작전집 제25권 (서울: 한국기독학술원, 2001), 380.
23) 이수영, "성경론에 나타난 이단사상," 「교회와 신앙」 4 (1994/1), 98-99.

적 권위로부터가 아니라 성경이 증언하는 예수 그리스도 사건으로부터 오는 것이라고 주장한다. 즉 성경은 예수 그리스도 사건의 경험에 대한 초기 신앙공동체의 원초적이고 다양한 증언들로서 후대 교회의 신앙과 삶과 신학을 위한 규범적 전거가 된다는 것이다. 그리고 이 규범적 전거는 다양한 해석학적 상황을 반영하는 상대적 적절성(relative adequacy)을 지닌 것으로 오늘의 해석학적 삶의 자리에서 새로운 응답을 요구한다고 역설한다.[24] 그리하여 이러한 성경 해석학적 입장은 오늘날 다양한 교회 전통 안의 신앙과 삶과 신학들의 다양성과 함께 그 다양성 안에서의 에큐메니칼 대화를 통한 연합과 일치의 근거가 된다. 윤철호는 이러한 성서 중심성을 에큐메니칼 개혁신학의 토대로 삼는다.

현요한은 성경 안에 있는 신적 차원과 인간적 차원을 함께 고려해야 한다고 주장하며, 그런 의미에서 성령에 의한 영감을 긍정하고 역사비평학의 가능성을 어느 정도 인정한다. 그는 문자적인 무오류를 주장하는 경직된 영감설은 피해야 하지만, 성경이 하나님의 창조와 구원 및 우리의 신앙과 삶에서 가르치고자 하는 모든 것은 오류가 없이 신뢰할 수 있는 하나님의 말씀이라는 점에서 영감을 긍정한다. 그뿐 아니라 오늘도 성경을 통해 말씀하시는 성령의 현재적이며 역동적인 사역에 주목해야 한다는 것이다. 또한 역사비평학이 계몽주의적이고 과학주의적인 전제와 패러다임으로 인해서 성서 안의 기적이나 우리의 신앙의 희생을 요구한다는 점을 들어 그 한계를 지적하고 있다.[25]

요약하면, 장신대의 성경관은 학자에 따라 다양한 입장이 드러나지만 기본적으로 근본주의적인 축자영감설이 아니며 칼뱅과 개혁주의

---

24) 윤철호, "예수 그리스도의 복음 전파와 하나님 나라의 구현을 위한 에큐메니칼 개혁신학과 신학교육," 「교회와 신학」 49 (2002/여름), 14-19.
25) 현요한, 『성령, 그 다양한 얼굴: 하나의 통전적 패러다임을 향하여』(서울: 장로회신학대학교 출판부, 1998), 173-179.

전통 또는 신정통주의적인 복음주의 신학의 입장을 지니고 있으면서도 에큐메니칼 신학의 입장이 반영되어 있다고 할 수 있다. 성경의 영감을 전제로 하며 성경비평학에 대한 온건한 태도를 취하는 것이 대체적인 특성이다. 또한 신구약성서의 연속성을 강조하면서도 동시에 성서 안의 다양한 메시지와 다양한 해석을 강조하는 입장을 지니고 있다.

2. 복음과 상황 및 문화의 관계성에 대한 입장

중심에 서는 신학으로서 장신신학의 복음과 상황 및 문화에 대한 이해는 어떠한가? "장로회신학대학 신학성명"(1985) 제5명제는 "우리의 신학의 장은 한국이요 아세아요 세계이다"라고 선언한다. 즉 한국의 역사와 종교 및 한국의 사상사 등 한국적 상황과 관련을 맺고, 한국적인 문제의 도전에 대해서 복음적이고 성경적이며 개혁주의적이고 에큐메니칼하게 응답해야 하는 책임적 과제를 천명한다. 복음과 상황 사이의 긴밀한 상호관계성에 기초한 대화적이며 응답적인 신학을 수행해야 한다는 것이다. 이런 입장은 "2002년 신학교육 성명"에서 더욱 심화·확대되어 나타난다. 제5항 "하나님나라를 구현하는 문화"에서 세상 속의 다양한 문화는 하나님나라의 복음에 의해 변혁되어야 하며, 하나님나라를 향하여 새롭게 형성되어야 한다고 선언된다. 그리하여 이러한 문화 형성 작업은 특히 세계화 시대에 한국적, 동아시아적 문화 안에서 기독교의 정체성을 확립하고, 다양한 종족과 그 문화들과의 상호존중에 바탕을 둔 이해와 교류를 통한 하나님나라 실현을 모색해야 할 것이라고 역설한다. 여기서 우리는 하나님나라 사상에 기초한 문화 형성과제에 대한 사고가 역사변혁적인 개혁교회 전통의 이해와 에큐메니칼 신학의 이해를 함께 포함하고 있음을 발견한다.

이종성은 복음과 문화는 구별되면서도 결코 분리될 수 없다고 이해한다. 그런 맥락에서 한국적 신학의 필요성과 당위성을 역설하면서도 기존의 한국 토착화신학의 여러 유형에 대해서 비판적 시각을 보여준다. 그에 의하면 '미숙한' 토착화신학 운동이 극단화되어 교회를 해체하고 기독교를 타 종교와 혼합하며 신학을 종교철학화하고 신앙생활을 민속 신앙화하려는 경향에 대해서는 용인할 수 없다.[26] 그리하여 그는 토착화신학의 3단계를 제시하고 있다. 즉 복음의 토착화, 비토착화, 재토착화이다.[27] 이는 곧 타 문화를 그리스도 문화로 변혁시키는 것이다. 그리하여 그는 건전한 한국적 신학을 개발하는 동시에 에큐메니칼 운동에 적극적으로 참여해야 한다고 역설한다.

김명용은 신학의 토착화와 새로운 하나님나라 문화의 형성 과제에 대하여 기술한다. 그에 의하면 근본주의적 보수신학과는 달리 바른 신학은 신학의 토착화를 과감하게 전개하는 신학이다. 그런데 바른 토착화의 방법은 문화의 긍정적인 것은 수용하되 부정적인 것은 제거하는 방향이다. 그리고 그 표준은 예수 그리스도의 계시와 성서이다. 그런 맥락에서 토착화는 무분별한 혼합주의 방식이나 예수 그리스도의 정신과 성서의 정신을 상대화시키면서 동양의 정신과 대화하는 방향으로 나아가서는 안 된다는 점을 그는 지적하고 있다.[28]

현요한은 한국의 토착화신학을 비판하면서, 기독교의 고유한 정체성을 훼손할 만큼 지나친 혼합주의로 기울어지거나 한국의 정치, 사회, 종교, 문화 상황에 대한 관심이 그리스도의 복음의 본래적 성격을 압도하고 있다는 문제점들을 지적하고 있다. 다른 한편 복음이 전파되

---

26) 이종성, 『종말과 하나님의 나라』 이종성저작전집 제23권 (서울: 한국기독교학술원, 2001), 285.

27) 이종성, 『윤리와 토착화론』 이종성저작전집 제27권 (서울: 한국기독교학술원, 2001), 425-440. 이종성에 의하면 올바른 복음적이고 성서적인 기독교를 이해하며, 한국인의 전통적이고 본래적인 마음 바탕과 거기에 근거하여 형성된 문화를 정확하게 이해하고, 종래에 시도된 모든 토착화 작업을 검토해서 잘못된 토착 내용을 비토착화하고, 그리스도의 불변적 구속 진리를 재토착화하는 것이다.

28) 김명용, 『이 시대의 바른 기독교 사상』, 180-181.

고 수용되는 문화와 상황과의 관련성을 도외시하고 배타적으로 한국 고유의 문화나 전통을 배척하는 태도도 바람직하지 않다고 본다.[29] 그는 신약성서를 토착화신학의 표준과 방법론적 패러다임으로 간주하며 이 패러다임에 어울리는 한국적인 신학 수립의 과제를 제시한다. 이는 그가 한국 상황과 문화 안에서 기독교 복음의 내용을 표현하는 적합한 용어와 범주들을 차용하는 수준의 토착화의 필요성을 주장하는 것으로 보인다.

더 나아가 윤철호는 복음과 문화는 구별되지만 분리될 수 없다는 전제 하에, 한국 토착화 해석학에 있어서의 중심 주제는 기독교 신앙인과 신학자로서의 실존적 정체성을 잃지 않으면서도, 성서와 기독교 전통과 한국의 종교 문화적, 사회 정치적 전통과 현실 및 그 안에서의 이해의 지평을 어떻게 상호 비판적·변혁적 상관관계 속에서 연관시켜 바람직한 지평융합을 이루어낼 수 있는가에 놓여 있다고 주장한다.[30]

이렇게 볼 때 복음과 상황 및 문화의 관계성에 대해서 장신신학은 기본적으로 문화 변혁적 개혁신학의 전통에 놓여 있다고 할 수 있다. 동시에 하나님나라 신학에 기초한 기독교 문화의 토착화 과제를 강조했던 에큐메니칼 신학의 맥락도 함께 고려하고 있다고 볼 수 있다. 물론 토착화 과정에서 야기되는 종교혼합주의 등에 대한 비판적 성격은 복음주의 신학의 분위기가 반영되어 있는 것이다.

3. 예수 그리스도의 복음과 구원의 개념

예수 그리스도의 복음과 구원의 개념에 대하여 중심에 서는 신학으로서 장신신학은 어떤 입장을 갖고 있는가? 기본적으로 "2002년

---

29) 현요한, "한국 토착화신학에 있어서 혼합주의의 문제," 「장신논단」 13 (1997), 202.
30) 윤철호, "한국 토착화신학에 대한 해석학적 고찰," 「조직신학논총」 4 (1999), 189-192.

신학교육 성명"은 "예수 그리스도 안에 계시된 하나님 나라의 복음은 인간을 살리고, 사회를 살리고, 창조세계 전체를 살리는 온전한 복음이다. 그런데 이 복음은 성경에 계시된 대로 예수 그리스도에게 정초되어 있고 하나님 나라를 향하고 있다"라고 선언한다. 여기서는 나이로비총회(1975) 이후 에큐메니칼 신학에서 제시되었고, 마닐라선언(1989)이후 복음주의 신학이 채택한 온전한 복음(the whole gospel)의 시각이 나타난다.

또한 신학교육 성명은 예수 그리스도의 화해의 복음이 하나님과 인류, 하나님과 피조물들의 화해뿐만 아니라 인간과 인간, 인류와 창조세계와의 화해를 종말론적으로 계시하고 약속했으므로 인류와 세계와 만물의 구원을 계시하고 약속한다고 주장한다. 그리하여 인간 중심주의적 구원론을 극복하여 하나님의 구원의 행위가 우주적 차원을 포함하고 있음을 선언한다. 구원은 사죄와 용서, 칭의와 성화 및 영화의 과정 속에서 이루어지는데, 동시에 세상 속에서 하나님나라의 구현을 위한 사역에 참여하는 것을 포함한다. 우리는 여기서 진술된 구원의 내용과 범위에 대한 이해가 매우 포괄적임을 발견한다. 즉 개인의 영혼만이 아닌 사회적·경제적·우주적 차원의 구원을 포함하는 것이 중심에 서는 신학으로서 장신신학이 추구하는 것이다. 오늘날 에큐메니칼 신학뿐만 아니라 복음주의 신학도 이러한 통전적 구원의 개념을 채택하고 있다.

이종성은 종래의 복음주의-보수주의 진영의 선교개념이 개인구원과 영혼구원에 초점이 맞추어져 있으므로 통전적 구원의 개념에 미치지 못한다고 비판한다.[31] 반면에 진보적-에큐메니칼 진영의 선교운동이 삶의 전 영역에 관심을 갖고 전인구원을 강조하는 것은 바람직하

---

31) 이종성, 『종말과 하나님의 나라』, 293.

나 때로 그리스도의 복음 메시지가 없거나 휴머니즘에 빠지는 경향이 강하다고 지적한다. 그러나 개인구원과 사회구원, 둘 중 어느 하나에 지나치게 치우치는 것을 경계해야 하며, 장신대는 양자택일하지 않고 시시비비의 태도를 취해왔다고 주장한다.

김명용은 통전적 신학의 입장에서 온전한 복음과 통전적 구원을 강조한다. 그에게서 복음이 의미하는 바는 예수 그리스도를 통한 구원과 영생을 얻는 것이며, 단지 인간의 영혼의 구원만을 의미하는 기쁜 소식이 아니다. 오히려 흑암과 사망의 세력으로부터의 해방이요, 정치적·경제적·사회적·문화적 또는 구조적 악으로부터의 해방을 포함한다. 그뿐 아니라 그리스도의 화해 사건은 인간만을 위한 것이 아니라 우주의 전 피조물을 향한 것이므로 구원은 우주적 차원을 포함한다. 예수 그리스도의 복음은 그런 의미에서 하나님나라를 지향하며 하나님나라의 건설과 관련된 복음이라고 규정한다.[32] 이런 맥락에서 김명용은 에큐메니칼 신학이 "영혼구원과 복음전도의 강조에 있어서는 복음주의 신학에 미치지 못하는 약점이 있지만 세상과 우주를 구원하고 샬롬의 세계를 지향하는 예수 그리스도의 복음의 폭과 깊이를 잘 나타내고 있다"[33]는 점에서 긍정적으로 평가한다. 반면에 복음주의 신학이 하나님나라의 복음의 개념을 수용함으로써 복음의 통전적 성격을 강조하게 되었지만, "복음주의 신학은 영혼구원이 사회와 역사와 우주를 구원하는 통전적 구원보다 여전히 앞서는 신학"[34]이라고 분석한다.

현요한은 그의 저서 『성령, 그 다양한 얼굴』에서 성령의 통전적 사역을 강조하는데, 특히 구원에 있어서 전인구원과 개인적·사회적 성

---

32) 김명용, 『통전적 신학』, 71.
33) 김명용, "복음에 대한 바른 신학적 이해," 「조직신학논총」 15 (2005), 17.
34) 위의 논문, 15.

234 대화하는 신학

화의 차원을 강조하고 있다. 여기서 사회적 성화는 제도와 구조 및 문화의 성화 등을 말하는 것이며, 창조세계의 보전과 같은 우주적 성화의 차원도 포함한다. 그런데 현요한은 인간의 성화가 사회와 우주의 성화에 선행하는 것이며 또한 양자는 함께 가야 한다는 점을 주의 깊게 지적한다.[35] 최윤배 역시 통전적 복음을 말하며, 개인의 성화만이 아닌 공동체의 성화를 함께 강조하는 구원론을 전개해야 한다고 주장한다.[36]

중심에 서는 신학으로서 장신신학은 예수 그리스도의 복음과 구원에 관해서 복음주의 신학과 에큐메니칼 신학이 서로 근접해 있는 온전한 복음과 포괄적 구원을 긍정한다. 예수 그리스도 안에 드러난 삼위일체 하나님의 통치가 개인의 전인구원과 삶의 전 영역에 이르며 정치적·경제적·사회적·문화적·우주적 차원까지 확대된다는 것이 성서적이고 복음적이며 에큐메니칼한 신학의 입장이라는 것이다.

4. 복음전도와 교회의 사회적 책임

"장로회신학대학 신학성명"의 제4명제는 "우리의 신학은 선교적인 기능과 역사적 사회적 참여의 기능을 수행한다"고 선언한다. 전통적인 교회의 선교(missio ecclesiae)의 개념과 하나님의 선교(missio Dei) 개념을 둘 다 긍정하면서 이 모든 것의 표준은 기독교의 본질과 성경의 진리들로서 개혁주의적이며 에큐메니칼하게 이루어져야 한다는 것이다. 그리하여 죄의 용서와 회심, 개인구원과 교회공동체의 정체성 강조 및 영성 훈련을 강화하는 일과 역사와 사회에 대한 책임을 강조하는 것이 장신신학의 과제라고 제시한다. 예수의 제자공동체로서의

---

35) 현요한, 『성령, 그 다양한 얼굴』, 252-254, 380, 384-390, 420.
36) 최윤배, "21세기 교단신학의 정체성," 「장신논단」 28 (2007), 129, 135.

교회는 이 세상 속에서 빛과 소금의 역할을 수행해야 하며, 선교활동과 더불어 국가와 사회, 문화와 역사 속에서 하나님이 요구하시는 사랑과 의를 행동으로 선교해야 한다. 또한 신학이 이데올로기화되는 것에는 반대하지만 해방신학, 민중신학, 여성신학, 흑인신학 등 정치적·사회적·경제적 상황과 실천으로부터 출발하는 신학들의 목소리를 경청해야 한다고 명시적으로 선언한다. 여기에는 전통적인 선교 이해와 하나님의 선교 이해뿐만 아니라 구체적인 행동과 실천으로 나타나는 사회참여에 대한 강조가 두드러진다. 이는 당시 한국의 시대 상황 속에서 요청되었던 교회의 사회참여에 대한 신학적 응답이라고 할 수 있다.

"2002년 장로회신학대학교 신학교육 성명"은 장신대의 신학적 정체성이 성경에 대한 강조와 사회적 책임에 대한 정신을 강조하는 것이라고 분명히 밝히고 있다. 여기에는 무엇보다도 하나님나라 신학이 부각되어 있는데, 이는 하나님의 백성이요 그리스도의 몸이며 성령의 전으로서의 삼위일체론적 교회론에 근거하고 있다. 종말론적 공동체로서 교회는 하나님나라를 구현해야 하며 하나님나라의 복음을 전파해야 한다는 것이다. 또한 이 성명은 "교회는 죄와 흑암의 권세에 맞서 싸우며 사랑과 정의가 강같이 흐르는 사회, 억압과 착취가 사라진 나라, 자유와 평화가 넘치는 세상, 인간과 창조세계가 조화롭게 안식하는 지구 생명공동체와 우주의 샬롬을 구현해야 한다"고 역설한다. 특히 에큐메니칼 신학의 강조점인 삼위일체 하나님의 사랑의 코이노니아와 디아코니아의 근거 위에서 인간과 세상과 지구의 생명을 살리는 하나님나라의 복음을 실현하는 것을 오늘의 세계를 위한 교회와 신학의 과제로 삼는다. 전체적으로 두 신학성명을 살펴보면, 중심에 서는 신학으로서 장신신학은 복음전도와 함께 사회적 책임을 강조하는 신학이다. 이는 최근에 복음주의 신학과 에큐메니칼 신학이 서로 근접해 있는 입장이다. 물론 전자는 후자에 비해 복음전도에 우선권을 두고 있는 것이 사실이다. 그러므로 복음전도에 우선권을 두는 에큐메니칼 복음주의 신학과 사회적 책임에 우선권을 두는 복음적 에큐메니칼 신학이 가능하다. 장신신학은 신학적 관점의 다양성에 따라 이 양자의 입장이 다 가능하며 유효한 것으로 생각된다.

이종성은 교회와 세상을 이원론적으로 대립시켜서는 안 되며 통전적 세계관을 가져야 한다고 주장한다. 교회의 선교와 하나님의 선교가 함께 이루어져야 하며,[37] 교회의 선교는 하나님의 선교의 맥락에서 이해해야 하고 하나님의 선교에 통합되어 수행되어야 한다는 것이다. 이는 복음전도와 사회적 책임을 동시에 강조하는 것이다. 그는 특히 교회가 적극적으로 사회문제에 가담해야 하며 국가의 문제에 대해 무관심해서는 안 된다고 주장한다.[38] 구체적으로 교회가 인권운동, 민주화운동, 여권운동, 환경보호운동, 평화운동 등에 참여해야 한다는 것이다.

김명용에 의하면 통전적 신학은 그리스도 중심적 선교의 중요성과 함께 하나님의 선교의 중요성을 동시에 인식하고 있는 신학이다. 또한 예수 그리스도의 복음전도와 아울러 하나님의 통치의 실현을 중시하기 때문에 교회의 사회적·역사적 책임의 중요성을 강조한다. 그런 의미에서 장신신학은 에큐메니칼 운동의 신학과 복음주의 운동의 신학의 통합을 지향한다.[39] 그런데 장신대에서는 특히 김명용에 의해 교회의 사회적 책임 또는 교회의 디아코니아에 대한 강조가 지속적으로 이루어졌다.[40] 김명용에 의하면 복음전도만이 아니라 교회의 사회

---

37) 이종성, 『윤리와 토착화론』, 439.
38) 위의 책, 249, 252.
39) 김명용, 『통전적 신학』, 65.
40) 김명용, 『열린 신학 바른 교회론』(서울: 장로회신학대학교 출판부, 1997), 31-38, 85-107.

봉사가 하나님나라를 향한 교회의 영적 과제이다. 사회봉사는 사회 구호(social service)만이 아니라 사회적 행동(social action), 즉 사회적·역사적 책임의 실천을 포함하는 것이다.[41] 예를 들면, 기도, 자선활동 및 구제, 바른 가치관 형성, 정의, 평화, 하나님나라의 문화, 질병 치유, 가난으로부터의 해방, 창조세계의 보전 및 코이노니아 등이다.

또한 교회의 사회참여 신학으로서의 JPIC의 신학에서 창조질서 보전의 주제는 중심에 서는 신학으로서의 장신신학에 상당히 반영되어 있다. 신학의 각 분야에서뿐만 아니라 조직신학 분야에서 최근에 이르러 특히 김도훈에 의해 진지한 접근이 이루어졌다.[42] 그뿐 아니라 정의와 평화의 주제에 대해서 광범위하게 다루고 있는데, 윤철호는 하나님나라를 지향하는 에큐메니칼 개혁신학으로서의 통전적 신학이 화해의 신학, 생명의 신학, 소망의 신학으로 정향되어야 한다고 주장한다.[43] 최윤배는 하나님나라와 개혁교회의 현실참여에 관해 폭넓게 다룬다.[44] 또한 김명용은 정의와 평화를 구현하는 신학적 과제를 제시하기 위해서 최근에 공적 신학(Public theology)에 대한 관심을 표명하고 있으며 구체적인 작업들을 전개하고 있다. 교회는 하나님나라의 가치와 정신, 제도와 구조 등을 만들어 세상 안에서 대화하며 토론하고 설득해 나가야 하며, 또한 국가 안에 활동하고 있는 성령의 활동에 깊은 신뢰를 갖고 국가 속에서 하나님의 민주주의가 구현되도록 끊임없이 노력해야 한다는 것이다.[45]

---

41) 김명용, "교회와 사회봉사 신학," 장로회신학대학교 연구지원처 편, 『교회와 사회봉사 1: 제5회 소망신학포럼』(서울: 장로회신학대학교 출판부, 2008): 67-129.

42) 김도훈, 『생태신학과 생태영성』(서울: 장로회신학대학교 출판부, 2009).

43) 윤철호, 『현대신학과 현대 개혁신학』, 266-271.

44) 최윤배, "하나님의 나라와 개혁교회의 현실참여: 조직신학적 고찰과 한국교회를 위한 실천 방향," 『제10회 소망신학포럼 자료집』(2009. 5. 6).

45) 김명용, "하나님 나라의 빛에서 본 교회와 국가," 『제9회 소망신학포럼 자료집』(2008.10.8): 1-47.

앞에서 살펴보았듯이, 장신신학은 교회의 복음전도와 사회적·역사적 책임을 다하기 위해서 노력해왔다. 또한 지속적으로 통전적 교회론의 확립을 통해 균형 잡힌 선교의 실천을 추구해오고 있다.[46] 즉 복음전도와 교회성장을 중시하면서도 하나님의 선교의 맥락에서 사회적·역사적 책임을 이행하는 에큐메니칼 복음주의 신학 또는 복음적 에큐메니칼 신학을 지향하고 있는 것이다.

5. 교회일치 운동

"장로회신학대학 신학성명"(1985)은 제2명제에서 "우리의 신학은 개혁주의적이며 에큐메니칼하다"고 천명한다. 개혁주의적 신학전통을 비판적으로 계승하되, 예수 그리스도의 복음에 기초한 기독교의 본질에 일치하는 한, "WCC적 에큐메니칼 신학과 비WCC적 에큐메니칼 신학을 모두 추구하며 동시에 WCC적 에큐메니칼 운동과 비WCC적 에큐메니칼 운동에 모두 참여한다"고 명시한다. 실제로 장신대는 광범위한 에큐메니칼 운동에 참여해왔다. 즉 WCC를 비롯하여 로잔대회, 세계개혁교회연맹(WARC) 등 복음주의 진영과 에큐메니칼 진영을 아우르는 폭넓은 활동을 전개해왔다. 그리고 이러한 신학 작업들이 장신대의 복음적 에큐메니칼 신학 또는 에큐메니칼 복음주의 신학 속에 깊이 반영되어 있다. 또한 신학성명 제3명제는 "비록 신학적인 주장들이 다르며 신조나 신앙고백에 있어서 완전히 일치하지 않더라도 우리는 복음과 구원을 초점에 두는 기독교의 본질을 공통인수로 할 때 동일한 우리 안에 있는 하나님의 양들이다"라고 선언한다. 그리고 이러한 공통분모를 무시하는 야합주의나 분리주의는 모두 비복음적이며

---

46) 한국일, "복음전도와 교회의 공적 책임," 「장신논단」 35 (2009).

비성경적이라고 경고한다. 여기에는 복음, 삼위일체 하나님, 교회 등 사도적 신앙, 세례와 성만찬, 협의회적 일치를 강조하는 에큐메니칼 신학이 반영되어 있다고 할 수 있다. 또한 "2002년 신학교육 성명"은 "온 세계에 흩어져 있는 예수 그리스도의 교회는 성령님의 능력 안에서 하나님나라를 위하여 결속되고 하나 되어야 한다"고 함으로써 에큐메니칼 운동의 과제를 제시하고 있다.

　　이종성은 에큐메니칼 운동과 신학에 대해서 상당한 관심을 보여주었다. 그는 WCC가 한국교회의 일부가 오해하듯이 용공이나 신신학, 그리고 단일교회 운동이 아니라는 점을 역설해왔으며, 기본적으로 교회의 일치와 연합 운동에 대해 긍정적이다. 또한 WCC의 신학의 변화를 자체 내의 재검토, 재확인, 재정비하는 방향으로 전환되어 가는 과정에 놓여있다고 평가한다. 그럼에도 WCC 중심의 에큐메니칼 운동의 장점과 약점을 명확하게 지적하고 있다. 특히 한국교회의 NCCK를 중심으로 하는 에큐메니칼 운동의 여러 가지 문제점을 비판적으로 고찰하고 있다.[47]

　　김명용은 분리주의를 반대하며 에큐메니칼 신학을 지향하지만 에큐메니칼 운동이 지나쳐서 종교 혼합주의로 흐른다든지 비성서적이고 비복음적인 방향으로 흐르는 것에 대해서는 경계해야 한다고 주장한다. 그러므로 분열된 장로교회의 연합과 일치를 위해서는, 복음주의 신학과 에큐메니칼 신학이 서로 대립할 것이 아니라 에큐메니칼 신학의 사회적·역사적 책임과 복음주의 신학의 복음에 대한 강조를 적절히 조화시켜 나가야 한다고 역설한다. 윤철호는 에큐메니칼 개혁신학

---

47) 이종성, 『교회론』 I (서울: 대한기독교서회, 1989), 257-268; 이종성, "한국 N.C.C.의 활동 프로그램과 그 문제점," 『한국교회의 현실과 이상』 이종성저작전집 제21권 (서울: 한국기독교학술원, 2001), 107-184. NCCK가 회원교회를 대폭 확대할 것과 신학적 노선에 있어서 보수적 신학을 수용할 것, 사회, 정치, 노동 문제에 치중된 활동 프로그램의 개혁, 민중신학과 토착화신학 등에 대한 입장 제시의 필요성을 지적하고 있다.

으로서의 "통전적 개혁신학은 다양한 공동의 전통과 유산과 다양한 오늘의 상황과 경험을 상호 비판적이고 창조적인 상관관계 속에서 지평 융합함으로써 에큐메니칼한 신학 전통을 창출해가야 하며, 이를 통하여 예수 그리스도의 복음을 땅 끝까지 전파하고 이 땅에 하나님나라를 구현하기 위한 실천에 기여해야 한다"[48]고 주장한다. WCC 등 교회연합기구에 더욱 적극적으로 참여해서 다른 전통들과 대화하며 함께 협력할 뿐만 아니라 분열된 한국의 다른 교파와 교회들 간에 화해와 일치를 추구해야 한다는 것이다. 이러한 신학적 입장들은 에큐메니칼 전통을 지니는 본 교단 신학의 정체성과 같은 맥락에 놓여 있다. 최근 NCCK에 본 교단의 복음적인 신학입장이 부분적으로 더 반영되고 있음을 볼 때 복음적 에큐메니칼 신학 또는 에큐메니칼 복음주의 신학으로서 장신신학의 역할이 더욱 요청된다 하겠다.

6. 종교 간 대화

"장로회신학대학 신학교육 성명"(2002)은 그리스도의 대속적 죽음과 화해의 사건에 기초해서 예수 그리스도가 만민과 만유의 주님이시요 구원자임을 고백한다. 동시에 기독교적 정체성을 확립한 후에 지구상의 다양한 종족과 문화들과의 상호존중에 바탕을 둔 이해와 교류를 통해 하나님나라를 실현해야 한다고 주장한다. 또한 "우리는 세상을 이처럼 사랑하사 독생자를 주신 하나님의 깊고 넓으신 사랑 안에서 타 종교인들과 대화를 통해서, 하나님나라의 복음을 전하여 이들을 구원으로 인도해야 하며, 이들과 더불어 정의와 공의, 평화, 창조세계에 대한 책임 수행을 통한 하나님나라 구현에 힘써야 할 것이다"라고

---

48) 윤철호, 『현대신학과 현대 개혁신학』, 264.

역설한다. 즉 종교 간 대화에 대해서는 긍정적인 입장을 표명하고 있으며, 타 종교인들과 하나님나라 건설을 위한 연대와 협력의 가능성을 열어놓고 있는데, 이러한 입장은 본 교단의 신앙고백(1986)과 궤를 같이 하는 것이다.

이종성은 궁극적 구원이 예수 그리스도를 통해서만 가능하다는 점을 명확히 하면서 타 종교의 구원 가능성에 대해서 부정적이다. 그는 예수 그리스도의 유일성과 절대성을 위태롭게 하는 혼합주의와 기독교의 종말론을 변질시키는 만인구원론은 전도의 필요성과 긴박성을 훼손시킨다고 주장한다.[49] 그러나 동시에 야훼 하나님의 절대성을 강조하며 하나님이 모든 인류의 역사에 개입하고 섭리하고 있으므로 타 종교와 타 문명도 하나님의 통치와 섭리에서 벗어나있지 않다고 한다.

김명용에 의하면 통전적 신학은 타 종교와 타 문명의 내용을 수용하지만 예수 그리스도 안에 나타난 복음의 빛 안에서 수용하는 것이다. 즉 타 종교와 타 문화의 불완전성과 한계를 동시에 인식하면서 타 종교와 타 문화의 긍정성과 부정성을 예수 그리스도 안에 계시된 온전한 하나님의 계시의 빛에서 파악하는 신학이다.[50] 따라서 장신신학은 종교 간 대화에 대해서는 긍정적으로 생각하지만, 결과적으로 그것이 구원상대주의의 방향으로 흘러 결국 전도가 필요 없게 되는 자유주의적인 종교신학에 대해서는 반대한다. 복음적 에큐메니칼 신학은 예수 그리스도를 통한 구원의 절대성을 상대화시키고자 하는 모든 자유주의적 시도를 거부한다는 것이다.[51] 김명용에 따르면 한국교회는 종교다원주의 신학이 갖고 있는 신학적 장점과 단점들을 면밀히 검토해야

49) 이종성, 『종말과 하나님의 나라』, 221.
50) 김명용, 『통전적 신학』, 76.
51) 김명용, 『이 시대의 바른 기독교사상』, 327-328.

한다. 타 종교가 기독교와 동등한 구원의 길이라는 종교다원주의의 주장은 성서가 강조하는 전도의 절박성을 위협하게 되는 비성서적인 결과를 초래하기 때문이다.

장신신학의 입장은 대체로 예수 그리스도의 유일성 또는 최종성을 긍정하며, 예수 그리스도로 말미암는 구원의 보편성을 강조한다. 그러나 종교다원주의나 종교상대주의 또는 종교혼합주의를 수용하지 않는다. 타 종교와의 대화에 있어서도 기독교의 정체성을 견지한 채 진지한 경청과 대화의 태도를 지니면서 증거와 선교를 감당하는 것이다. 그럼에도 타 종교인들과 다양한 차원의 인권, 정의, 평화, 환경운동 등에 연대하고 협력할 수 있다. 이러한 장신신학의 입장은 기독교의 정체성을 강조하는 점에서는 복음주의 신학의 특성을 띠면서도, 타 종교와의 대화에 적극적인 면모를 보이고 있는데서 에큐메니칼 신학의 입장을 반영하고 있음을 확인할 수 있다.

이렇게 우리는 복음주의 신학과 에큐메니칼 신학 사이의 핵심 논쟁점들을 중심으로 하여 중심에 서는 신학으로서 장신신학의 정체성을 그동안 발표된 신학성명들과 주로 조직신학 분야의 신학 작업들을 통해 구체적으로 살펴보았다. 그런데 장신대 안에는 실제로 매우 다양한 신학적 입장들이 공존하고 있기 때문에 일반화의 위험이 따르는 것이 사실이다. 그럼에도 장신신학의 에큐메니칼 복음주의 신학 혹은 복음적 에큐메니칼 신학의 성격을 규명할 뿐만 아니라 이를 지향하는 장신대의 신학적 현황에 대해 살펴보는 것은 매우 의미 있고 시의적절한 일이라고 생각된다.

Ⅲ. 중심에 서는 신학: 내일을 바라보며

개교 116주년을 바라보는 장신신학의 미래 방향은 무엇인가? 앞에서 살펴본 바에 의하면, 장신신학은 그 핵심적인 신학적 주제에 있어서 에큐메니칼 신학과 복음주의 신학 양자를 상호 비판적 대화를 통해 통합하고 포괄적이며 균형 잡힌 신학을 추구하는 중심에 서는 신학이요 통전적 신학을 지향한다.

1. 중심을 꿰뚫는 신학

필자는 김이태의 중심에 서는 신학이 오늘과 내일에 있어서 다음과 같은 구체적인 모습을 지니고 지속되어야 할 신학적 방법과 방향성을 제시하고 있다고 생각한다. 첫째로 중심을 꿰뚫는 신학이다. 그런데 중심을 꿰뚫는 신학은 우선적으로 성서 중심적 신학이다. 성서가 하나님의 말씀으로서의 권위를 지님과 동시에 우리의 신앙과 행위에 있어서의 참된 표준이요 모든 신학의 근거 및 규범이라는 터전 위에 서있다는 것이다. 동시에 최근 성서 연구들에 의해 새롭게 발견된 다원적이고 다양한 통찰에 대해서도 예수 그리스도를 통해 계시되고 약속된 하나님나라의 복음의 빛에서 그 통일성을 모색하는 해석학적 과제를 수행하는 신학이다. 즉 성서의 통일성은 복음에 놓여있으며, 성서의 다양한 메시지에 대한 다양한 해석에 따른 신학의 다양성에 관한 이해가 전제되는 신학이다.

따라서 중심을 꿰뚫는 신학은 성서 안의 다양성과 통일성의 균형을 잃지 않아야 한다. 어느 한쪽만 강조하고 한쪽을 희생시키거나 약화시키면 성서의 정신을 통합적으로 신학화시키는 데 실패하게 되기 때문이다. 중심을 꿰뚫는 신학의 출발점이자 기초는 삼위일체 하나님 이며 그 목표는 예수 그리스도에 의해 선포된 하나님나라이다. 예수 그리스도의 복음과 하나님나라의 복음은 구별되지만 결코 분리될 수 없다. 그런 의미에서 복음주의 신학과 에큐메니칼 신학은 함께 대화할 수 있으며 함께 중심을 추구할 수 있다. 복음주의 신학과 에큐메니칼 신학의 공통분모는 성서, 예수 그리스도의 복음, 삼위일체 하나님, 교회, 포괄적 구원, 통전적 복음의 개념 등이다. 복음주의 신학과 에큐메니칼 신학은 이를 토대로 하여 중심을 꿰뚫는 신학을 지향해야 할 것이다.

중심을 꿰뚫는 신학으로서 장신신학은 성서의 영감을 긍정하면서 동시에 역사 비평학을 맹목적으로 추구한다거나 전적으로 배제하지 않아야 한다. 성경의 역사적 맥락과 신학적 의미를 함께 다루기 위해서 역사 비평학을 제한적으로 사용하며 동시에 교회의 신앙적 경험을 중시하므로 교회적 해석의 가능성을 열어두는 것이 필요하다. 요약하면, 중심을 꿰뚫는 신학에서 성경 연구는 성령 안에서 성경의 권위에 순종하고자 하는 헌신된 자세와 함께 건전한 비평적 시각을 통한 지속적인 성찰을 포함해야 한다.

일찍이 이종성은 "신학의 양극단의 움직임을 하나님의 살아있는 말씀으로 고정시켜, 성서를 성령의 사역에 의한 복음적 이해까지 승화하여 그 말씀과 성령에 의해서 우리의 삶이 새로운 삶으로 창조되는 신학을 영위하려고 한다"[52]라고 자신의 신학적 입장을 표명했다. 여기에는 칼뱅의 신학사상이 가장 강력한 안내의 역할을 했다고 주장하는데, 이는 중심을 꿰뚫는 신학으로서 장신신학의 기본적인 틀이요 방

---

52) 이종성, 『한국교회의 현실과 이상』 이종성저작전집 제21권 (서울: 한국기독교학술원, 2001), 245.

향이라고 생각된다. 즉 성서적·복음적 중심을 꿰뚫는 신학인 것이다. 또한 장신신학은 칼뱅과 개혁주의 및 현대 개혁신학의 전통이라는 중심에 놓여있다. 중심을 꿰뚫는 신학은 진정한 의미의 개혁신학을 뜻한다. "개혁된 교회는 항상 개혁하는 교회이다"(*ecclesia reformata semper reformanda*)라는 표현처럼, 개혁신학의 전통은 항상 새로운 시대와 역사적 현실 속에서 자신을 변혁시켜 나가야 할 책임과 과제를 지니고 있다. 전통에 대한 창조적 계승과 비판적 극복 및 개혁에 있어서 중심을 잃지 않는 신학이라는 것이다. 이러한 신학은 21세기를 맞이하는 장신신학의 기본적인 틀을 제공하며 포스트모던 시대에도 여전히 타당하며 유용한 신학이 될 수 있을 것이다.

2. 중심을 잡아가는 신학

그런데 과연 어느 특정한 신학이 모든 신학들의 중심에 언제나 존재할 수 있을까? 필자는 이것은 불가능한 기대라고 본다. 그런 의미에서 김이태가 제안한 중심에 서는 신학은 곧 중심을 잡아가는 신학이 되어야 한다는 요청이다. 여기서 중심은 고정된 중심이 아니며, 복음의 중심의 과녁을 지향하는 적중(的中)하는 신학, 복음의 진리에 근접하는 근사치의(approximate) 신학이 되어야 한다고 믿기 때문이다. 이러한 신학함의 태도는 바로 중심을 잡아가는 신학이 지향하는 기본적인 방법론으로, 신학 작업의 역동적 과정의 성격을 중시하는 것이다.

이는 김이태가 역설했듯이, 전통과 현실, 복음과 상황과의 상호대화 및 비판적 대화를 통해 가능한 것이다. 그런 의미에서 중심을 잡아가는 신학은 대화적 신학이다. 신학은 계시의 산물이면서 동시에 경험적 지식의 산물이기 때문에 시대와의 대화 속에서 이루어진다. 그러기에 전통을 존중하면서, 현대사회 및 문화와의 대화를 통한 비판적 상호작용 가운데 창조적이고 건설적이며 건강한 신학 작업을 이루어가야 한다. 물론 여기서 중요한 것은 신학적 분별력이다. 각 신학들의 장단점을 올바르게 분석하고 평가하여 선택적으로 수용하는 자세와 비판적으로 극복하는 태도가 필요하다. 즉 비판적 수용 및 극복과 대안을 제시하는 책임적 과제를 취하는 것이야말로 중심을 잡아가는 신학인 것이다.[53)

기독교의 정체성과 현실 관련성과의 관계에서 복음주의 신학과 에큐메니칼 신학 역시 중심을 잡아가는 신학임을 시대적 변천 과정에서 분명히 드러내고 있다. 복음과 상황의 관계성, 구원의 포괄성, 복음전도와 사회적 책임의 우선순위 문제 등에 있어서 시대적 상황과의 대화를 통해 양극단으로 치우치던 입장을 수정 보완해서 서로 근접하는 관점을 보여주고 있기 때문이다. 따라서 복음주의와 에큐메니칼 운동은 상호 비판적·상호보완적 대화와 협력을 통해 보다 더 온전한 복음이해에 기초한 기독교 정체성을 형성하고 사회적·정치적·문화적 상황 속에서 하나님나라를 건설하며 하나님의 뜻을 구현해 나가야 할 것이다. 그런데 복음주의 신학과 에큐메니칼 신학 사이의 온전한 균형과 조화는 현실적으로 그리 쉽지 않은 일이다. 실제로 장신대에는 복음주의와 에큐메니칼 신학에 대한 여러 가지 입장이 존재한다. 그러나 이러한 입장들은 장신신학의 다양성과 통일성 안에 있는 것이며, 중심을 잡아가는 신학 작업의 한 가운데 놓여있는 것이라 볼 때 오히려 건강한 장신신학의 미래를 형성해갈 수 있는 동력이 된다고 할 수 있다.

이런 맥락에서 중심을 잡아가는 신학으로서 장신신학은 구원의 포괄적 개념에 대한 이해를 바탕으로 통전적 선교를 지향해야 한다. 개인적 차원뿐 아니라 삶의 전 영역, 즉 정치적·경제적·사회적·문화적

---

53) 신옥수, "중심에 서는 신학, 오늘과 내일," 69.

차원 및 우주적 차원을 포괄하는 구원의 개념을 토대로, 복음전도와 문화 변혁, 사회적·역사적 책임을 수행하면서 동시에 창조세계의 보전을 위한 생태적 책임을 다하는 통전적 선교의 방향으로 나아가야 한다. 물론 여기에는 강조점과 우선순위 및 접근 방식의 차이가 존재한다. 이를 위해서 중심을 잡아가는 신학은 복음주의 신학의 강점들과 에큐메니칼 신학의 강점들을 적극적으로 수용해서 계승 발전시키며 동시에 양자의 약점들을 비판적으로 극복해야 한다. 예를 들면 복음주의 신학의 특성인 성경의 권위, 복음전파에 대한 열정, 개인적 구원의 체험 및 제자도의 헌신 등에 대한 강조를 배워야 한다. 반면에 에큐메니칼 신학의 교회의 사회적·역사적 책임에 대한 강조, 교회의 일치와 연합을 위한 노력, 실천적이고 역사변혁적인 신학에 대한 강조를 배울 수 있어야 할 것이다. 즉 중심을 잡아가는 신학으로서 장신신학은 에큐메니칼 신학이 갖고 있는 정치적·경제적·사회적 현실에 대한 교회의 책임성에 관한 깊은 통찰과 복음주의 신학의 장점인 복음전도의 열정을 균형 있게 강조해야 할 것이다. 특히 중심을 잡아가는 신학의 구심점으로서 장신대는 보다 적극적으로 교회의 사회적 책임을 수행하기 위한 구체적인 노력을 기울여야 한다. 이를 통해 한국교회의 참된 본질을 회복하고 사회적 영향력을 회복하기 위한 방향을 제시할 수 있어야 한다.

3. 중심을 向해 열린 신학

신학 작업에 있어서 하나님의 계시성과 은폐성, 인간의 언어와 논리 및 경험의 유한성, 세계의 다양성과 변화 가능성을 고려할 때 어느 특정한 신학의 절대화는 불가능한 것이 사실이다. 실제로 김이태가 역설하듯이, 우리의 하나님은 우리가 가지고 있는 하나님에 대한 이해보다 언제나 크기에, 또한 이 세계는 우리에게 끊임없는 도전과 모순을 던져주기에 우리의 신학 작업은 잠정적인 것이며 개방적일 수밖에 없는 것이다. 그런 의미에서 중심에 서는 신학은 언제나 중심을 향해 열린 신학이어야 한다.[54]

따라서 중심을 향해 열린 신학은 "예수 그리스도의 복음과 하나님나라의 구현"을 향한 분명한 목적과 방향성을 중심으로 다양한 사회와 문화의 場과 역사적 맥락들을 바르게 이해하기 위해 지속적으로 학문분야 간의 상호 비판적이고 건설적인 대화를 지향해야 한다. 여기에 신학의 변증적이고 대화적인 성격이 놓여있으며, 이를 통해 종말론적으로 파악될 수 있는 온전한 진리를 지향하는 途上의 학문으로서의 신학의 모습이 드러나는 것이다. 또한 중심을 향해 열린 신학은 새로운 시대사상 및 세계관과의 열린 대화에 참여할 뿐 아니라 다양한 종류의 창조적이고 변혁적인 실천들, 즉 인간성 및 도덕성 회복운동, 인권운동, 평화운동, 통일운동, 환경보호운동 등과 연대할 필요가 있다.

그런데 김이태는 중심에 서는 신학에서 전통적인 신학의 原流가 곧 중심임을 거듭 강조하고 있다. 그러나 포스트모던 시대에 있어서 한 걸음 더 나아가, 중심을 향해 열린 신학은 그동안 기독교신학의 역사 속에서 중심에 서지 못하고 가(邊)에 머물렀던 신학들을 고려해야 할 필요가 있다. 인종, 성, 지역, 계층의 변두리에 서있던 제(諸) 신학들의 목소리를 경청하고 반영하는 자세가 요청된다. 예를 들면, 교회와 신학의 역사 속에서 그 목소리가 은폐되었을 뿐 아니라 자신들의 이야기를 제대로 말할 수 없었던 여성, 흑인, 아시아와 아프리카인, 가난한 자, 소외된 자들의 신학적 통찰력과 신학적 주제들에 대해 비판적 안목을 포함해서 열린 눈과 귀를 지녀야 할 것이다. '중심'과 '주변'

---

54) 위의 논문, 70.

은 더 큰 전체 안에서의 부분들의 상호관계성 안에 공존해야 하기 때문이다. 이것이야말로 오늘날 중심을 향해 열린 신학이 지향해야할 모습이다.[55]

이런 맥락에서 중심을 향해 열린 신학은 구원과 선교의 우주적 지평을 강조해야 한다. 즉 인간중심적이고 개인적이며 영혼구원에 치중되어 있는 구원관과 자기중심적 배타주의의 선교관을 넘어서서 인간의 전인적 생명의 치유와 회복 및 창조세계의 보전을 지향하는 통전적 선교를 지향해야 한다. 개인주의적이고 교회중심적인 선교관으로부터 하나님나라의 지평으로 확대된 선교적 과제를 수행해야 하며 생태적 환경신학을 제시해야 한다.

또한 중심을 향해 열린 신학 작업에 있어서 기독교와 종교 간 대화의 주제는 중요한 과제가 아닐 수 없다. 종교 간의 갈등과 대립이 상존하는 세계 현실 속에서 기독교는 타 종교에 대한 배타주의적 적대관계를 넘어서서 평화로운 공존을 지향해야 할 것이다. 타 종교와의 대화에 있어서 기독교의 정체성을 위협하는 종교혼합주의의 형태를 띠거나 종교다원주의를 수용하거나, 복음전도를 포기하고 선교를 단지 대화로 대체하는 것은 바람직한 방향이 아니다. 복음주의 신학이나 에큐메니칼 신학, 그 어느 입장도 이것을 의도하는 것은 아니다. 종교 간 대화에서는 기독교가 자신의 정체성을 유지하면서도 타 종교에 대한 진지한 경청과 이해와 존중의 태도를 취하며 동시에 기독교 복음에 대한 증언을 병행하는 초대가 포함되어야 한다. 예수 그리스도를 통한 구속의 유일성과 최종성은 모든 사람을 향한 하나님의 구원의 보편성과의 종말론적 긴장을 포함하고 있다. 그리하여 에큐메니칼 복음주의 신학 또는 복음적 에큐메니칼 신학으로서 중심에 서는 신학은 일방적

---

55) 위의 논문, 71.

인 만인구원론을 주장하지 않으며 동시에 닫힌 예정론을 옹호하지 않으면서 삼위일체 하나님의 구원에 참여하는 선교적 과제를 수행해야한다. 종말론적 지평을 지닌 중심을 향해 열린 신학은 정의와 평화와 사랑의 공동체를 만들어가는 하나님나라의 실현을 위해 타 종교인들과 적극적으로 연대 협력할 수 있다. 이런 의미에서 중심을 향해 열린 신학의 개방성이 요청되는 것이다.

또한 중심을 향해 열린 신학으로서 장신신학은 세계 신학의 중심을 지향해야 할 것이다. 장신신학은 지속적으로 한국적 신학과 아시아 신학의 발전의 필요성과 세계 신학의 중심적 역할의 과제를 제시해 왔다. 그러나 탈서구주의 신학에 대한 긍정에도 불구하고 실제로 진정한 의미의 한국적 신학이 형성되지 못하고 있는 실정이다. 한국 신학이 단지 서구신학의 번역, 반복, 조립 신학이라는 비판을 넘어서서 어떻게 하면 한국적 토양을 고려하면서 아시아적 환경을 배경으로 하는 세계적 신학을 구성할 수 있을까? 이에 대한 진지한 고뇌가 필요한 시점이다. 이것은 단순히 외연의 확대만을 의미하는 것이 아니다. 중심을 향해 열린 신학은 신학적이고 문화적인 다양성과 함께 그 중심성 안에서의 통일성을 추구하는 것이며 따라서 복음의 전체성과 충만함과 온전함을 지향하는 것이다. 예수 그리스도의 십자가와 부활 사건 속에 수렴된 복음의 중심이 역사 속에서 지속적으로 확산되어 하나님이 예수 그리스도 안에서 완성하신 구원의 효력에 의해 온 인류와 세계가 변화되는 것을 지향해야 한다. 따라서 중심을 향해 열린 신학으로서 장신신학은 아시아 교회와 신학을 위한 공헌을 지향하며 개방적이어야 한다.

앞에서 살펴본 바와 같이 이제까지도 그러했지만 앞으로도 여전히 중심에 서는 신학은 장로회신학대학교의 신학 방법과 방향성, 그리고 신학함의 태도를 규정하고 고무할 수 있는 가치를 지니고 있다는 것이 필자의 관점이다. 즉 신학적 방법의 타당성, 시대 적합성 및 현실 관련성, 그리고 실천적 적용 가능성의 측면에서 여전히 중심에 서는 신학은 유효한 선택이 될 수 있다. 앞으로 중심에 서는 신학은 중심을 꿰뚫는 신학, 중심을 잡아가는 신학, 그리고 중심을 향해 열린 신학으로서 나아가야 할 것이다.[56]

　　중심에 서는 신학은 시류에 편승하는 신학이 아니다. 그렇다고 해서 시대를 선도하는 신학의 특성을 지녀온 것도 아니다. 그동안 장신신학은 선풍적이지 않기에 독창적 특성을 많이 보여주지는 못했다. 이것은 중도 또는 중용의 길, 그리고 제3의 길을 걷는 한계에서 비롯된 것이라 할 수 있다. 그럼에도 다양한 신학들과의 대화를 통한 비판적 성찰을 거쳐 수렴과 종합, 취사선택의 과정에서 비교적 적절한 신학적 분별력을 보여주었던 것도 사실이다. 이는 신학의 양극단을 취하지 않으려는 부단한 노력의 결과이다. 중심에 서는 신학은 단지 유행을 좇는 신학이 아니다. 그러나 그저 시대를 뒤따라가는 신학이어서도 안 된다. 그러므로 앞으로 장신대는 자신의 신학적 정체성에 대한 좀 더 치열한 논의가 필요하다. 적어도 10년, 20년을 미리 내다보면서 한국 신학과 세계 신학을 위한 화두를 던질 수 있는 통찰력과 비전을 제시할 수 있어야 한다. 그런 의미에서 중심에 서는 신학으로서의 장신신학은 미래지향적으로 열려있다. 장신신학은 지속적으로 다양성 속에서 통일성을 추구해 나가야 할 것이다.

　　본 연구는 본교의 신학 정체성 형성의 흐름을 살펴봄으로써 우리가 서있는 신학적 좌표와 현 위치를 분석하고, 앞으로 나가야할 방향을 제시했다. 요약하면, 장신신학은 성서적이고 복음적이며 종교개혁의 전통과 개혁신학의 맥락에 서 있으며, 중심에 서는 신학을 지향할

---

56) 위의 논문, 72.

뿐 아니라 통전적 신학으로 심화·확대되어가고 있다. 또한 현대 복음주의 신학과 에큐메니칼 신학의 장점들을 수용하며 단점들을 비판적으로 극복함으로써 에큐메니칼 복음주의 신학 또는 복음적 에큐메니칼 신학을 지향한다. 이를 통해 한국적 신학과 아시아 신학 및 세계 신학의 중심에 서기 위해 노력을 아끼지 않고 있다고 평가할 수 있다.

2013년 WCC 부산대회 개최를 통해 나타났듯이 한국교회의 갈등과 분열의 모습을 바라보며 깊은 우려를 지울 수 없다. 이러한 상황 속에서 장신신학은 예수 그리스도의 복음 전파와 하나님나라 구현이라는 장신의 교육이념을 더욱 새롭게 구체화하며 복음주의와 에큐메니칼 신학과의 바람직한 관계를 모색함으로써 한국교회와 신학계에 장신신학의 좌표를 제시해야 할 것이다. 그리하여 분열과 갈등의 역사를 지닌 한국교회의 연합과 일치, 화해를 추구하는 데 지속적으로 신학적 근거를 제시할 뿐 아니라 세계교회와의 대화 및 협력 관계를 도모해 나가야 한다.

10장

통전적 구원 이해
– 복음주의와 에큐메니칼 대화를 중심으로

기독교는 구원의 종교이다. 기독교의 정경인 신구약성서의 핵심은 삼위일체 하나님이 그의 사랑으로 말미암아 창조와 구속 및 새 창조의 사역을 통해 인간과 세계를 구원하시는 복음에 놓여 있다. 기독교 역사에서 구원에 관한 다양한 이해와 신학적 논의가 지속되어 왔던 것이 사실이다. 20세기 후반 이후 최근에 이르기까지 구원 이해에 있어 주목할 만한 신학적 입장은 복음주의와 에큐메니칼 진영 사이의 대화 속에 현저하게 반영되어 있다.[1] 양 진영은 다양한 신학선언

---

1) 복음주의에 대한 정의는 매우 다양하며 그 스펙트럼이 광범위하다. 현대 복음주의는 여러 유형으로 구분될 수 있는데, 가브리엘 파크레(G. Fackre)는 미국 복음주의의 여섯 가지 유형을 다음과 같이 분류한다: 근본주의(Fundamentalism), 전통적 복음주의(Old Evangelicalism), 신복음주의(New Evangelicalism), 정의와 평화 복음주의(Justice and Peace Evangelicalism), 은사주

(Declaration)과 신학문서들(Documents)을 통해 자신의 입장을 표명해 왔는데, 이는 대립과 갈등 혹은 대화와 협력의 과정에서 서로 영향을 주고받으며 형성된 것이다. 무엇보다도 양자 사이에 점차 통전적 구원(holistic salvation)에 대한 접근이 이루어지고 있음을 확인할 수 있다.[2] 최근 에큐메니칼 진영에서는 개인구원과 함께 구원의 정치적·경제적·사회적·생태적 차원을 포함하는 포괄적 구원(comprehensive salvation)의 개념을 선호하며 통전적 구원을 강조하는 것이 지배적인 흐름이다. 또한 복음주의는 영혼구원과 함께 사회 참여를 강조하고 개인구원과 사회구원을 분리할 수 없는 것으로 본다. 초기에는 개인구원과 영혼구원이 사회 정치적 해방보다 우선적인 것이라고 이해했으나 최근에는 이 둘 사이에 우선성(primacy)을 주장하지 않는 추세이다.[3] 그런데 현재 한국 개신교회와 신학은 크게 복음주의 입장과 에큐메니칼 입장으로 양분되어 있으며, 구원에 관해 양 진영 사이의 상당한 입장 차이를 좁히지 못하고 있는 실정이다.

10장에서는 우선적으로 통전적 구원의 의미를 규정하고, 복음주의와 에큐메니칼 진영의 핵심적인 신학선언과 신학 문서들의 분석을 통해 양 진영의 대화를 살펴보려 한다. 또한 통전적 구원을 지향하는 장로회신학대학교의 신학적 입장을, 그동안 발표된 신학성명서들을 토대로 하여, 특히 장신대의 조직신학 입장을 중심으로 다룬다. 마지막으로 이러한 통전적 구원 이해가 한국교회와 신학을 위해 갖는 신학

의적 복음주의(Charismatic Evangelicalism), 에큐메니칼 복음주의(Ecumenical Evangelicalism). G. Fackre, *Ecumenical Faith in Evangelical Perspective* (Grand Rapids, MI: Wm. B. Eerdmans Publishing Company, 1993), 22-23. 한편 에큐메니칼 신학은 20세기에 시작되어 최근까지 발전하고 있는 에큐메니칼 운동의 신학을 가리킨다. 1948년 세계교회협의회(WCC)로부터 시작된 에큐메니칼 신학은 주로 WCC와 그 산하 기관의 신학적 경향을 지칭하는데, 교회일치의 신학, 교회의 사회참여 신학, 에큐메니칼 선교신학 등을 핵심 내용으로 삼는다.

2) 양 진영은 구원 이해에 있어 포괄적 범위와 영역에 있어서는 상당히 근접해 가고 있지만, 구원의 내용에 있어서 강조점과 우선순위의 문제, 구원의 구체적인 방법과 실천 등의 주제에 있어서는 여전히 차이를 보여준다.

3) 박보경, 『통전적 복음주의 선교학』(서울: 도서출판 케노시스, 2016), 63-70, 108-123.

적 의의와 그 실천적 의미에 대해 논함으로써 연구를 맺고자 한다.

I. 통전적 구원 이해: 복음주의와 에큐메니칼 대화

1. 통전적 구원이란 무엇인가?

통전적 구원이란 무엇인가? 여기서 통전적(einganzheitlich, wholistic, holistic)이라 함은 '전체의'(ganz), '온전한'(vollständig), '통합적인'(integral) 등의 의미를 지닌다. 즉 부분적이거나 단편적이지 않고 총체적이며 통합적인 구원을 뜻한다. 이는 주로 구원 논의에 있어 구원의 양적·질적 차원을 포함하는 다차원적 성격과 구원의 포괄적 범위 및 영역에 대한 규정에서 비롯되는 것이다.[4] 여기서 우리는 다음과 같은 질문을 제기할 수 있다. 구원은 단지 하나님과 인간의 관계 회복과 화해를 의미하는 수직적 차원을 지니는가? 아니면 하나님과 세계의 관계를 포함하며 세계의 해방을 강조하는 수평적 차원을 갖는가? 삼위일체 하나님의 구원의 대상은 누구인가? 인간인가? 사회인가? 자연인가? 구원의 범위에 있어서 영육이원론에 근거한 영혼구원인가? 영혼과 육체의 통일체(psychosomatic unity)로서의 인간 이해에 기초한 전인구원인가? 구원의 영역은 단지 현세적인가? 혹은 내세적인가? 구

---

4) 로흐만에 따르면 화해는 구원의 수직적 차원을 강조하며, 해방은 수평적 차원을 강조하는 것이다. J. Lochmann, *Reconciliation and Liberation*, 『화해와 해방』, 주재용 역 (서울: 대한기독교서회, 1986), 32-33. 남미의 해방신학자 구티에레즈는 양적(quantitative) 구원과 질적(qualitative) 구원으로 구분한다. 전자는 비기독교인을 개종시켜 복음화하는 개인적 차원의 양적 구원이며, 후자는 사회 구성원의 삶의 질을 향상시키는 인간화를 가리키는 사회 경제적 차원의 질적 구원이다. Hustavo Gutierez, *A Theology of Liberation: History, Politics and Salvation* (Maryknoll, NY: Orbis Books, 1973), 150-153.

원은 모든 인류에게 보편적인가? 그렇지 않는가?

통전적 구원 이해는 구원의 수직적·수평적 차원을 균형있게 다루며, 개인구원과 사회구원 및 자연구원을 총체적으로 파악한다. 그뿐 아니라 영혼과 육체를 포함한 전인구원을 강조한다. 단지 인간 구원에만 초점을 맞추는 것이 아니라 모든 피조물의 구원으로 구원의 범위를 확대시킴으로써 구원의 우주적·생태적 차원을 드러낸다. 또한 종말론적 하나님 나라의 선취(anticipation)로서의 구원이 구원의 과거성과 현재성과 미래성의 세 시제를 포함함으로써 현세적·내세적 측면을 함께 지니고 있음을 역설한다. 즉 이미 시작되었으나(already) 아직 도래하지 않은(not yet) 종말론적 하나님 나라의 지평 안에서 인간과 세계 및 피조물의 구원의 모든 과정이 시작되어 진행되며 완성된다고 주장한다.

통전적 구원 이해의 기본적인 토대는 하나님의 형상으로서의 인간 이해이다. 하나님의 형상을 인간의 영혼이나 이성과 의지로 보는 전통적인 실체적·형이상학적 접근과는 달리, 영혼과 육체를 지닌 전인적 존재요 남녀 인간으로 대표되는 관계적·공동체적인 접근을 시도하는 것이다. 그뿐 아니라 세계에 대한 지배자가 아닌 관리자요 자연과의 동료로서 인간을 규정함으로써 생태적 책임을 지닌 하나님의 대리자로서 하나님의 형상을 이해한다.

무엇보다도 통전적 구원 이해의 중요한 특성은 죄에 대한 이해이다. 죄는 기본적으로 인간의 삼위일체 하나님, 자기 자신, 이웃 및 자연과의 관계성의 전도·왜곡·손상·파괴이다. 따라서 죄는 영적·개인적 차원만이 아니라 전인적·사회구조적 차원을 포함하며 공동체적·생태적 차원을 갖는다. 통전적 구원 이해는 전통적인 기독교신학이 지나치게 죄를 내면화하고 영적 차원으로 축소해왔으며, 사회적 죄나 공동체가 지닌 구조적 죄의 측면을 간과해왔다고 비판한다.[5] 오히려 죄의 다차원적 성격을 강조함으로써 구원의 포괄성을 위한 근거로 삼는다.

통전적 구원 이해의 핵심적 근거는 삼위일체 하나님의 객관적 구속사건이다. 성서에 의하면 예수 그리스도의 속죄는 구원사건의 본질이요 복음의 중심이다. 구원의 토대는 예수 그리스도의 삶과 십자가 및 부활사건을 통한 삼위일체 하나님의 구속에 놓여 있다. 전통적으로 속죄신학은 객관적이고 법적인 그리스도의 대속적 죽음에 초점이 맞추어져 있었다.[6] 그러나 통전적 구원 이해는 예수의 십자가를 대속적 죽음으로 이해하면서도 동시에 하나님과 죄인들과 세계 및 모든 피조물과의 화해 사건으로 파악한다. 여기서 그리스도는 보편적 화해자요 구원자이다. 즉 그리스도의 구속사건은 모든 인간 및 피조물을 향한 객관적이고 보편적인 화해와 속죄의 성격을 지닌다.

이런 통전적 구원 이해를 고려할 때, 과연 복음주의 진영과 에큐메니칼 진영은 어떻게 자신의 구원 이해를 형성·발전해 오고 있는가? 양 진영 사이에 상호 대립, 갈등, 비판 및 대화의 과정을 통해 통전적 구원에의 접근이 이루어지고 있는가? 본 연구는 이러한 물음에 답하기 위해, 복음주의 진영의 신학선언과 문서들 중 주로 〈로잔언약〉(1974)[7], 〈마닐라 선언〉(1989)[8], 〈케이프타운 서약〉(2010)[9] 등을 비롯한 신학선언들과, 에큐메니칼 문서로는 방콕에서 개최된 '세계선교와 복음전도위원회'(CWME, 1973)의 문서인 〈오늘의 구원〉(*Salvation To-*

---

5) J. Moltmann, *The Spirit of Life: A Universal Affirmation*, trans. M. Kohl (Minneapolis: Fortress Press, 1992), 128, 138-142.

6) 허호익, "한국신학과 통전적 구원론," 한국조직신학회 편, 『구원론』(서울: 대한기독교서회, 2015), 350.

7) http://www.lausane.org/ko/content-ko/covenant-ko/lausane-covenant-ko. "The Lausane Covenant". 인용출처는 항 번호를 표시함.

8) http://www.lausane.org/ko/content-ko/manifesto-ko/manila-manifesto-ko. "The Manila Manifesto". 인용출처는 항 번호를 표시함.

9) http://www.lausane.org/ko/content-ko/ctc-co/ctcommitment-ko. "The Capetown Commitment". 인용출처는 항 번호를 표시함.

·day), 나이로비 총회문서(1975)인 〈오늘날 그리스도를 고백하기〉(Confessing Christ Today), 1980년 멜버른 CWME의 문서인 〈선교와 복음전도: 에큐메니칼 확언〉(Mission and Evangelism: Ecumenical Affirmation 1982) 등 최근 세계교회협의회(WCC) 문서들을 중심으로 다루고자 한다.

2. 영혼과 육체의 전인적 구원

전통적으로 복음주의는 영혼구원을 주장해왔다. 이는 구원의 내세성과 연관되는데, 죽음 이후의 영혼 구원을 강조하는 것이다. 예수 그리스도의 대속적 죽음에 기초하여 신자 개인의 중생과 회심 및 성화를 강조하는 복음주의는 죄를 영적인 것으로 규정함으로써, 하나님과의 수직적 관계의 회복이라는 영혼구원에 집중해왔다. 결과적으로 개종을 통한 복음전도에 비중이 주어진다. 그러나 1960년대에 이르러 에큐메니칼 진영이 사회구원과 이에 따른 교회의 사회적 책임 및 사회적 행동(social action)을 강조하면서, 복음주의 진영은 이에 대한 비판과 반대의 목소리를 높이기 시작한다. 〈휘튼선언〉(Wheaton Declaration, 1966)은 "복음은 우리 세대에 모든 종족과 언어와 민족에게 전파되어야 한다. 이것은 교회의 최우선 과제이다"[10]라고 함으로써 복음전도의 우선순위를 역설한다. 반면에 초기 복음주의자들이 성경적 관점을 상실하고 사회공동체적 책임에 참여하지 않은 채 개인구원의 복음을 전파하는데 집중했음을 반성하기도 한다. 더 나아가 "오늘의 복음주의자들은 점차 우리가 당면하고 있는 거대한 사회 문제에 참여해야 한다는 확신을 갖고 있다. 그들은 주님의 모범, 주님의 사랑, 인류

---

10) "Wheaton Declaration," *The International Review of Missions* 55 (1966), 463.

와의 하나됨, 복음주의 유산의 도전 등으로 인해 전인(whole person)의 필요에 관심을 갖고 있다"[11]고 선언하며 전인적 구원에 관심을 표명한다.

　이러한 경향은 〈시카고 부르짖음〉(The Chicago Call, 1977)에서도 나타나는데, "우리는 구원을 오직 개인적이고 영적이며 내세적인 것으로 보면서 하나님의 구원 행동의 공동체적·물리적 및 이 세상적 함의를 소홀히 여기는 복음주의자들의 경향을 통탄스럽게 여긴다"[12]고 주장한다. 즉 복음주의 진영에서도 점차 단순히 영적·내세적 구원이 아닌 물리적·현세적 구원에 비중이 주어지게 된다. 이는 "온 교회가 온전한 복음을 온 세상에 전하는" 것으로 복음화를 정의한 〈로잔언약〉을 계승하며 발전시킨 〈마닐라선언〉과 〈케이프타운 서약〉에서도 드러난다. 〈마닐라선언〉은 온전한 복음이 인간의 모든 곤경과 관계되는 바, 영적·물질적으로 가난한 자 모두에게 기쁜 소식이 된다고 주장한다.[13] 따라서 구원은 인간의 존엄성을 파괴하는 "제도화된 폭력, 정치적 부패, 사람과 땅에 대한 온갖 형태의 착취, 가정 파괴, 낙태, 마약유통, 인권 유린과 같은 파괴적인 폭력"[14] 등을 타파하는 것을 포함하는 전인적인 것이다. 〈케이프타운 서약〉 역시 전인구원을 역설한다.

　　죄의 결과와 악의 권세는 인간성의 모든(영적·육체적·지적·관계적) 차원을 타락시켰다. 이 타락은 모든 문화와 역사의 모든 세대에 걸쳐 사람들의 문화·경제·사회·정치·종교에 침투해 들어갔다. 그것은 인류에게 헤아릴 수 없는 비참한 결과를 남겼으며 하나님의

11) "Wheaton Declaration," 473.
12) The Chicago Call (시카고 부르짖음 - 복음주의자들에 대한 호소), 이형기, 『전통과 개혁』(서울: 대한예수교장로회총회출판국, 1990), 306에서 재인용.
13) 〈마닐라 선언〉 1부 제1항.
14) 〈마닐라 선언〉 1부 제4항.

창조세계를 심각하게 손상시켰다. 이러한 절망적인 상황에서 성
서의 복음은 실로 복된 소식이 아닐 수 없다.[15]

따라서 구원은 전인으로서의 인간 삶의 모든 영역에서 이루어져
야 하는 것이며, 결과적으로 총체적 선교(integral mission)를 추구한다.
한편 에큐메니칼 진영에서는 초기부터 전인적 구원을 주장한다.
인간은 영육통일체로서 영적 삶과 신체적·물질적 삶이 분리될 수 없
다는 것이다. 1973년 방콕 CWME대회는 "우리는 우리의 사고에서 영
혼과 육체, 개인과 사회, 인간과 피조물 사이의 이분법을 극복해야 한
다"[16]고 선언한다. 특히 〈오늘의 구원〉은 포괄적 구원론(comprehen-
sive soteriology)을 전개하는데, "그리스도가 가져왔고 우리가 참여하
는 구원은 이 분열된 세상에서 우리에게 통전적인 삶을 제공한다. 우
리는 구원을 삶의 새로움 즉 하나님의 충만함 안에서 진정한 인간성의
실현으로 이해한다(골 2:9). 그것은 영혼과 육체의 구원이요, 개인과
사회의 구원이요, 인류와 탄식하는 피조물의 구원이다(롬 8:19)"[17]라고
천명한다. 나이로비 총회(1975) 역시 "온전한 복음"(the Whole Gospel)
에 근거한 "전인"(the Whole Person)의 통전적 구원을 강조한다.
그뿐 아니라 〈선교와 복음전도: 에큐메니칼 확언〉(1982)은 "예수
그리스도는 영혼의 구원자일 뿐 아니라 전인과 물질적·영적 피조물 전
체의 구원자이다"[18]라고 선언함으로써 그리스도를 통한 구원의 전인
적 성격을 부각시킨다. 최근 에큐메니칼 진영은 전인적 치유와 건강을
강조한다. 1978년 "기독교의료협의회"(Christian Medical Commission)

---

15) 〈케이프타운 서약〉 8. A.

16) *Bangkok Assembly 1973, Minutes and Report of the Assembly of the Commission on World Mission and Evangelism of the World Council of Churches, December 31, 1972 and January 9-12, 1973* (Geneva: WCC Publications, 1973), 89.

17) *Bangkok Assembly 1973*, 88.

가 결성된 후, 영혼과 정신과 육체의 건강과 치유를 전인적 구원의 범주 안에 포함시킨다.[19] 특히 2005년 그리스 아테네 CWME대회는 인간은 다차원적(multidimensional) 통일체이며, 따라서 건강은 영적·신체적·정신적·심리적·사회적·생태적 차원을 갖고 있다고 본다.[20] 이런 맥락에서 전인적 구원은 전인건강과 전인치유를 강조하며 교회의 치유선교와 밀접하게 관련된다.

3. 개인과 사회의 통전적 구원

개인구원과 사회구원의 관계성에 대한 논의는 에큐메니칼 진영과 복음주의 진영 사이에서 치열하게 전개되어 왔다. 초기의 복음주의는 개인구원과 영혼구원에 더 비중이 주어져 있었으며 인간화와 사회구원에 대해 비판적이었다. 1968년 WCC 웁살라 대회는 사회 정의를 강조하면서 사회구원의 개념을 주창했다. 이에 반대해서 〈프랑크푸르트 선언〉(1970)은 인간화가 아니라 하나님을 영화롭게 하는 복음화가 우선적인 것이며, 사회적 화해가 아니라 교회공동체의 건설이 선교의 과제이고, 회심의 결과로서 주어지는 것이 곧 인간화라고 주장했다.[21]

그러나 1973년 방콕 CWME에서는 개인구원과 함께 사회정의의 차원이 부각되는데, 먼저 복음을 통한 개인구원이 강조된다. "행동하는 개 교회는 예수 그리스도의 복음을 전 세계에 선포하므로 개인들과 개인들의 상황이 이 복음을 듣고 구원에 이르게 되는 바, 이렇게 구원

---

18) *The San Antonio Report: Your Will be done: Mission in Christ's Way*, ed. Frederick R. Wilson (Geneva: WCC Publications, 1990), 104.

19) CMC는 "건강, 치유, 온전함"(Health, Healing and Wholeness)이라는 연구 프로그램을 진행했다.

20) *The Healing Mission of the Church*, Preparatory Paper No. 11, 8항.

21) "Frankfurt Declaration," in *The Conciliar-Evangelical Debate: The Crucial Documents, 1964-1976*, ed. Donald McGavran (Pasadena: William Carey Library, 1977), 289-292.

얻은 개인들이 전 교회의 맥박이다."[22] 여기서는 복음으로 말미암은 죄악으로부터의 개인구원을 긍정하면서도 구원의 개념이 확대된다. "구원이란 주 예수 그리스도가 개인들을 죄와 죄의 모든 결과로부터 해방시키는 것이다. 또한 구원은 예수 그리스도가 그의 교회를 통해 이 세계의 모든 억압으로부터 이 세계를 자유케 하시는 작업이다."[23] 〈오늘의 구원〉은 구원을 포괄적으로 이해하되, 특히 사회정의와 관련해서 파악한다. 하나님의 구원행동이 세계적인 사회정의의 실현을 위한 투쟁과 관계된다는 것이다. 그런데 특징적인 것은 구원의 4가지 사회적 차원을 규정하고 있다는 점이다. 즉 '인간의 착취에 대항하는 경제적 정의를 위한 투쟁', '정치적 억압에 항거하는 인간의 존엄성을 위한 투쟁', '인간소외에 저항하는 연대를 위한 투쟁', '개인의 삶에서 절망에 항거하는 희망을 위한 투쟁'이다.[24]

그렇다면 개인구원과 사회구원 중 무엇이 먼저인가? 이에 대한 답변은 다음과 같다. 구원의 과정에서 4가지 사회적 차원이 서로 연결되어 있지만, 상황에 따라 역사적 우선순위(historical priorities)가 있으며, 출발점(points of entry)이 다를 수 있다는 것이다. 즉 역사 속에서 구원의 개인적 차원, 정치적 차원, 경제적 차원 가운데 어느 하나가 우선적일 수 있다. 그 출발점 또한 구체적 상황에 따라 상이하다. 그러나 여기서 구원의 통전성(wholeness)을 고려할 때, 우리는 각각의 차원이 곧 구원의 전체가 아니며, 구원의 다른 차원이 있다는 사실을 반드시 유념해야 한다고 한다. 실제로 "어느 누구도 어느 특정한 상황에서 모든 것을 동시적으로 행할 수 없다. 다양한 은사와 과제가 있지만, 하나

---

22) *Bangkok Assembly*, 99.

23) *Bangkok Assembly*, 102. "우리가 복음의 사회적·경제적·정치적 의미에 대해 집중하는 것은 결코 구원의 개인적이고 영원한 차원을 부인하는 것이 아니다. 오히려 우리는 구원의 인격적·사회적 차원과 개인적·공동체적 차원이 서로 연결되어 분리될 수 없다는 것을 강조할 것이다." *Bangkok Assembly*, 87.

24) *Bangkok Assembly*, 89.

의 영과 하나의 목적이 있다"25)는 것이다.

사회적 행동을 강조하는 에큐메니칼 진영의 급진적인 입장에 대한 반동으로 회집된 로잔대회(1974)는 존 스토트(J. Stott)의 입장이 지대하게 반영되었으며, 결과적으로 에큐메니칼 진영의 사회구원의 관점이 포함되었다. 〈로잔언약〉은 다음과 같이 선언한다.

우리는 지금까지 사회참여에 소홀히 해온 것을 회개한다. 우리는 때로 복음전도와 사회적 관심이 상호 배타적이라고 생각해온 것을 뉘우친다. 비록 사람과의 화해가 하나님과의 화해는 아니며 사회적 행동이 복음전도일 수 없고, 정치적 해방이 곧 구원은 아니지만, 우리는 복음전도와 사회 참여가 우리 그리스도인의 의무의 양면임을 확언한다. … 사람들이 그리스도를 영접하고 중생하여 그리스도의 나라에 들어가면 이들은 불의한 세상 한복판에서 하나님 나라의 의를 알려야 하고 확장시켜야 하며 실현시켜야 한다.26)

따라서 〈로잔언약〉은 구원이 개인적 책임과 사회적 책임의 총체성에서 우리를 변화시키는 통전적 구원이라고 천명한다. 그럼에도 이 언약은 사회구원과 사회참여보다 개인구원과 복음전도가 우선성을 갖는다고 말한다.27) 이후 〈휘튼 선언〉(1983)은 다음과 같이 복음주의 입장을 재천명한다. "악은 인간의 마음뿐 아니라 사회 구조 안에 있다.

---

25) *Bangkok Assembly*, 90. 그런데 〈오늘의 구원〉은 '구조악'과 '제도화된 폭력'에 대항하는 폭력 사용의 가능성을 시사함으로써 사회참여를 과격하게 주장했다. 이러한 입장은 나이로비 총회에서 상당히 완화된 모습을 보여준다. 이는 제2차 로잔대회의 복음주의자들의 영향에 힘입은 바 크다.

26) 〈로잔언약〉 제5항.

27) "교회의 희생적 섬김에서 복음전도는 가장 우선적인(primary) 것이다. 세계 복음화는 교회 전체가 온전한 복음을 온 세계에 가지고 가는 것을 요구한다." 〈로잔언약〉 제4항.

… 교회의 선교는 복음을 말로 선포하는 것과 행동으로 나타내는 것을 모두 포함한다. 따라서 우리는 복음을 전하며 즉각적인 인간의 필요에 응답하고 사회변혁을 추구해야 한다."[28]

1973년 방콕 CWME에서 구원이 인간화와 사회정의 및 평화의 실현에 초점이 맞추어진 이후 1974년 〈로잔 언약〉 등의 복음주의의 영향을 받아 1975년 나이로비 총회에서는 구원에 대한 포괄적 이해와 통전적 선교가 본격적으로 강조되었다. 즉 사회구조적인 변혁과 해방을 개인의 회심과 인격적 성숙의 차원보다 우선시했던 에큐메니칼 입장에 복음주의 입장이 점차 반영되기 시작한 것이다. 그래서 통전적 선교란 "온 교회(the whole church)가 온전한 복음(the whole gospel)을 온 세상(the whole world)에 있는 전인(the whole person)에게 전하는 것"을 의미한다고 선언한다. 여기서 온전한 복음은 "항상 예수 그리스도를 통한 하나님나라와 사랑의 선포, 은혜와 죄의 용서의 제공, 회개와 예수 그리스도에 대한 믿음으로의 초대, 하나님의 교회 안에서 교제하도록 부르는 권고, 하나님의 구원의 말씀과 행동에 대해 증거하라는 명령, 정의와 인간의 존엄성을 위한 투쟁에 참여해야 할 의무, 인간의 온전함을 방해하는 모든 것을 거부해야 할 책임, 그리고 생명을 내어놓는 헌신"[29] 등을 포함한다. 이렇듯 포괄적 구원은 영혼구원, 인간화, 해방, 사회변혁, 치유 및 화해 등을 포함하는 개념이다. 결과적으로 에큐메니칼 진영의 통전적 구원의 영역은 정치, 경제, 사회, 문화 등 삶의 모든 차원을 포괄하는 것이다.[30]

이와 마찬가지로 〈선교와 복음전도: 에큐메니칼 확언〉(1982)은

28) "Transformation: The Church in Response to Human Need," *New Directions in Mission and Evangelization I: Basic Statements 1974-1991*, ed. James A. Scherer and Stephen B. Bevans, S. V. D. (Maryknoll NY: Orbis Books, 1992), 282.

29) *Breaking Barriers, Nairobi 1975: The Official Report of the Fifth Assembly of the World Council of Churches*, ed. David M. Paton (London: SPCK, 1976), 45.

"사람들을 하나님과 이웃과 자연으로부터 소외시키는 죄는 개인적 형태와 구조적 형태로 나타나며, 인간 의지의 노예화와 지배와 종속의 사회적·정치적·경제적 구조로 나타난다"[31]고 함으로써 사회구원을 위한 행동을 촉구한다. 그런데 1973년 방콕 CWME에서 사회참여의 강조가 절정에 달했던 에큐메니칼 운동이 〈선교와 전도-에큐메니칼 확언〉에서는 개인의 회심과 성화, 개교회의 개척과 성장을 강조하는 등 복음전도의 중요성을 확인했다.[32] 이는 복음주의의 입장이 반영된 것이다.

한편 복음주의 진영에서도 좀더 진전된 입장의 변화가 나타난다. 〈마닐라 선언〉(1989)은 "온 교회가 온 세상에 온전한 복음을 전하라는 부름"이라는 주제를 다룸으로써 에큐메니칼 진영의 온전한 복음과 흐름을 같이한다. 여기서 마닐라 선언의 특이한 점은 종말론적 하나님나라의 복음이 강조된다는 것이다. "복음은 악의 권세들로부터의 하나님의 구원과 하나님나라의 건설 그리고 하나님의 목적에 도전하는 모든 것들에 대한 하나님의 최종적 승리에 관한 기쁜 소식이다."[33] 그리하여 단지 예수 그리스도의 대속적 죽음에 기초한 복음을 넘어서 하나님나라의 복음의 개념으로 확장되어 나타나는데, "신빙성 있는 참된 복음은 성도들의 변화된 삶 속에서 드러나야 한다(살전 1:6-10). 우리가 하나님의 사랑을 선포할 때, 우리는 사랑의 섬김에 참여해야 한다(요일 3:17). 우리가 하나님나라를 선포할 때, 우리는 정의와 평화에 대한 그 나라의 요청에 헌신적으로 응답해야 한다"(롬 14:17)[34]라고 촉구한

---

30) "하나님나라의 복음은 개인들을 회개로 부를 뿐만 아니라, 사회 구조적 죄들에 대한 도전(엡 3:9-10)이다. '하나님의 용서를 통한 죄로부터의 구원이 진실로 그리고 충분히 개인적이어야 한다면, 그것은 이러한 관계들과 구조들의 변혁으로 표현되어야 한다." *Breaking Barriers, Nairobi 1975*, 233.

31) *New Directions in Mission and Evangelization*, 37.

32) 김정형, "온신학을 위한 온전한 복음 이해," 「장신논단」 48-1 (2016), 186-187을 참고하라.

33) 〈마닐라 선언〉 1부 제1항.

다. 그런데 〈마닐라 선언〉은 복음전도를 우선시하되 사회참여를 촉구하고 있으며, 구조악에 대응하는 교회의 사회적 행동을 요구하되, 기독교화된 사회와 하나님나라를 혼동해서는 안 된다고 주장한다.

〈케이프타운 서약〉 역시 개인과 사회의 통전적 구원에 기초한 총체적 선교를 천명한다. "우리의 선교에서 복음전도와 세상에서의 헌신적인 참여가 통합되어야 한다"[35]는 것이다. 그런데 양자 사이에 우선성을 주장하지 않으며, 오히려 유기적 관계로 본다는 점에 주목할 필요가 있다. 개인의 삶의 변화는 사회적 모습을 지니며, 사회참여는 복음전도의 모습으로 나타나기 때문이라고 한다. 그리하여 총체적이고 역동적으로 하나님의 선교에 참여해야 함을 역설한다.

이렇게 복음주의 진영은 다양한 방식으로 개인구원과 사회구원의 통전성을 지향하는 복음전도와 사회참여를 추구해오고 있다. 마찬가지로 에큐메니칼 진영은 나이로비 총회 이후 최근에 이르기까지 사회참여를 정의와 평화를 구체적으로 실현하는 운동의 차원으로 확대·심화시켜 전개해오고 있다.

4. 인류와 피조물의 통전적 구원

최근 복음주의의 입장을 대표하는 〈케이프타운 서약〉은 다음과 같이 주장한다.

총체적 선교란, 복음이 예수 그리스도의 십자가와 부활을 통해
성취된 하나님의 구원 소식이며, 그 구원은 개인과 사회와 창조
세계를 위한 것이라는 성경적 진리를 분별하고 선포하며 살아내

---

34) 〈마닐라 선언〉 1부 제4항.
35) 〈케이프타운 서약〉 10.B.

는 것이다. 개인과 사회와 창조세계는 모두 죄로 인해 깨어지고 고통당하고 있으며, 또한 하나님의 구속적 사랑과 선교에 포함되므로, 이 셋은 모두 하나님의 백성의 포괄적인 선교의 대상이 되어야 한다.[36]

즉 여기서는 개인과 사회 및 자연을 포함한 모든 피조물의 통전적 구원을 지향하는 총체적 선교를 강조한다. 이런 의미에서 "가난한 자들을 자비롭게 돌봄을 통해서 하나님의 성품을 드러내고, 하나님의 창조세계를 돌보고, 정의와 평화를 추구함으로써 하나님나라의 능력과 가치를 드러내는 일"[37]이 우리를 향하신 하나님의 명령이라고 선언한다. 특히 창조세계를 돌보는 일은 그리스도의 주되심과 관련된 복음실천의 문제이며, 생태계 파괴와 오염의 위기 앞에서 생태계를 돌보는 예언자적 책임이라는 사실을 강조하고 있다.

에큐메니칼 진영에서는 1980년대 이후 인류와 피조물의 통전적 구원을 강조하는 입장을 취한다. 〈선교와 복음전도: 에큐메니칼 확언〉은 "복음의 증거란 양자됨과 구속을 찾아 신음하고 고통하는 모든 피조물에게로 향한다"[38]고 주장한다. 인류와 모든 피조물을 위한 하나님의 구원의 지평을 긍정하고 있는데, 이는 성서적 관점에 부합된다는 것이다. "성서는 우리에게 예수 그리스도의 구속사역이 인간의 삶의 갱신만이 아니라 모든 우주의 갱신이라는 것을 일깨워준다. ⋯ 그리스도 안에서 "피조물도 썩어짐의 종노릇한 데서 해방되어 하나님의 자녀들의 영광의 자유에 이를 것이다"(롬 8:21).[39]

또한 밴쿠버 대회(1983)와 캔버라 총회(1991)를 비롯해 하라레 총

---

36) 〈케이프타운 서약〉 10.B.
37) 〈케이프타운 서약〉 10.B.
38) *New Directions in Mission and Evangelization*, 42.

회(1998), 포르토 알레그로 총회(2006)와 부산 총회(2013)에 이르기까지 지속적으로 에큐메니칼 운동은 정의, 평화, 창조 질서의 보전(Justice, Peace, and the Integration of Creation, JPIC)을 강조하는 중요한 흐름을 보여준다. 오늘날 복음주의자들도 이러한 JPIC의 흐름에 동조하는 경향을 띤다. 이렇게 통전적 구원 이해에 기초한 총체적 선교를 지향하는 점에서 에큐메니칼 운동과 복음주의는 상당히 근접해가고 있다. 치유와 화해로서의 선교뿐 아니라, 창조세계의 보전에 대한 책임을 강조함으로써 통전적 구원과 총체적 선교를 강조하고 있기 때문이다.

5. 구원 보편주의인가? 구원 특수주의인가?

타 종교의 구원 가능성과 종교 간 대화에 관해서 복음주의와 에큐메니칼의 입장은 어떠한가? 이는 구원 보편주의와 구원 특수주의의 문제를 다루는 것이다. 무엇보다도 복음주의는 예수 그리스도의 유일성을 강조한다. 그리스도의 대속적 죽음에 기초한 구원이 최종적이다. 〈로잔언약〉은 다음과 같이 입장을 밝힌다. "유일한 신인이신 예수 그리스도는 죄인을 위한 유일한 대속물로 자신을 주셨고, 하나님과 사람 사이의 유일한 중보자시다. 예수 외에 우리가 구원받을 다른 이름은 없다."[40] 따라서 예수를 '세상의 구주'로 선포하는 것이 곧 타 종교의 구원 가능성을 긍정하는 것은 아니라고 하며 만인구원을 반대한다.

〈마닐라 선언〉은 그리스도의 유일성에 기초한 하나의 복음을 강조하며, 종교상대주의와 혼합주의를 배격한다. 비록 그동안 기독교의

---

39) *Signs of the Spirit: Official Report of, Seventh Assembly, World Council of Canberra, Australia, 7-20 February 1991* (Geneva: WCC, 1991), 57.

40) 〈로잔언약〉 제3항.

타 종교에 대한 무지, 거만, 무례, 혹은 대적 등과 같은 그릇된 태도를 회개하지만, 그리스도의 유일성에 대한 적극적 증거는 결코 포기될 수 없다는 점을 역설한다.[41] 〈케이프타운 서약〉 역시 그리스도의 유일성을 확증한다. "하나님은 오직 그리스도 안에서 온전히 그리고 궁극적으로 자신을 계시하셨으며, 오직 그리스도를 통해 세상의 구원을 성취하셨다."[42] 따라서 구원을 받을 만한 다른 이름이 없다는 것을 선포해야 한다고 주장한다. 이렇게 예수의 유일성을 기초로 하되, 복음전도를 위한 타 종교와의 대화의 가능성을 인정한다. 복음에 대한 확신과 함께 진지한 경청이 포함된 대화가 곧 선교의 일부라는 것이다.

반면에 에큐메니칼 운동은 이에 대해서 좀더 개방적인 자세를 취한다. 예수 그리스도의 구원의 유일성을 전제하면서도 구원의 보편성을 지향하는 대화를 추구하기 때문이다. 초기 WCC는 타 종교 안에 있는 구원의 가능성을 명시적으로 주장하지 않는다. 종교혼합주의나 상대주의를 강조하지도 않는다. 대화와 증언이 대립적이지 않다는 기본 입장 속에서 상호 이해와 존중 및 개방성을 토대로 하는 종교 간 대화를 추구해왔기 때문이다. 그런데 "종교 간 대화를 위한 소위원회"(Dialogue sub-unit, DFI)를 중심으로 급진적인 입장이 반영되어 1990년 스위스 바르(Baar) 협의회에서는 명백하게 종교다원주의 입장이 포함되어 있음을 주목할 필요가 있다.[43] 타 종교 안에 있는 하나님의 임재와 활동의 보편성을 강조하는 이 보고서는 타 종교의 구원 가능성에 대한

---

41) 〈마닐라 선언〉 1부 제3항.

42) 〈케이프타운 서약〉 4.C.

43) 바르(Baar) 협의회의 보고서의 내용은 다음과 같다. "… 모든 나라들과 백성들 안에 항상 하나님의 구원하시는 임재가 있어왔다고 인정한다. 비록 그리스도인들로서 우리의 증언은 항상 그리스도를 통해 경험한 구원에 대한 것이었지만, 우리는 동시에 '하나님의 구원하시는 능력에 제한을 둘 수 없다'(CWME, San Antonio 1989). 하나님이 만유의 창조주로서 다양한 종교들 안에 임재하시고 활동하신다는 이 확신은 우리로 하여금 하나님의 구원하시는 활동이 단지 하나의 대륙, 문화적 유형, 혹은 사람들의 그룹에만 제한된다고 하는 것은 받아들일 수 없는 생각이라고 보게 만든다." 현요한, "WCC 신학은 종교다원주의 신학인가?," 현요한, 박성규 편, 『WCC 신학의 평가와 전망』(서울: 장로회신학대학교 출판부, 2015), 212에서 재인용.

긍정적 입장을 표명하고 있다.[44]

또한 1996년 살바도르 CWME 문서는 타 종교의 사람들 안에 있는 성령의 열매들을 인정하며, 사람을 구원하시는 하나님의 능력을 제한할 수 없기 때문에 타 종교와의 대화를 적극 권장해야 한다고 주장한다.[45] 이는 기독교의 정체성을 분명히 하면서 타 종교와의 대화에 임해야 한다는 것이다. 최근에 이르러 에큐메니칼 진영에서 종교다원주의적인 급진적 입장은 상당히 완화되어 나타난다. 종교 다원성의 세계에서 종교 간 대화는 기독교의 자기정체성을 유지하면서 동시에 타 종교와 상호 존중과 대화 및 협력을 촉구하는 방향으로 전개되고 있다.[46] 그럼에도 이러한 에큐메니칼의 입장은 보수적 복음주의자들로부터 종교다원주의라는 비판을 받기도 한다. 이 주제는 복음주의와 에큐메니칼 운동이 여전히 대립과 갈등을 빚고 있는 주제이다.

II. 통전적 구원을 지향하는 장신신학의 입장

김명용은 장로회신학대학교 신학의 정체성을 복음주의 신학과 에큐메니칼 신학의 통합을 지향하는 통전적 신학이라고 명명했다.[47]

---

44) 현요한은 이 보고서를 WCC의 총회나 중앙위원회가 공식적으로 승인하거나 채택하지 않았으며, 따라서 WCC가 종교다원주의를 공식적으로 주장한 적이 없다고 주장한다. 현요한, "WCC 신학은 종교다원주의 신학인가?," 193-228.

45) *Called to One Hope-The Gospel in Diverse Cultures*, ed. Christopher Durasingh (Geneva: WCC Publications, 1998), 4-5.

46) 최근 에큐메니칼 진영에 오순절주의자들을 비롯한 복음주의자들의 참여가 확대되면서 종교다원주의적 주장이 약화되고 있음을 주목할 필요가 있다. 현요한, "WCC 신학은 종교다원주의 신학인가?," 228.

47) 김명용, "통전적 신학이란 무엇인가," 이종성 외 3인, 『통전적 신학』(서울: 장로회신학대학교 출판부, 2004), 65.

그런데 복음적이며 에큐메니칼한 신학으로서 장신대의 신학적 과제는 〈장로회신학대학 신학성명〉(1985)에 나타나 있고,[48] 〈21세기 장로회신학대학교 신학교육 성명서〉(2003)에서 정립된 "예수 그리스도의 복음전파와 하나님 나라의 구현"이라는 교육이념에 분명하게 진술되어 있다.[49] 그뿐 아니라 최근에 발표된 〈장로회신학대학교 신학성명〉(2015)에서도 장신대가 개혁교회의 전통인 성경적·복음적 신학에 기반한 에큐메니칼 신학을 지향해 오고 있음이 재천명되고 있다.[50]

이런 맥락에서 통전적 구원 이해는 장신신학에 어떻게 반영되어 구현되고 있는가? 복음주의적 에큐메니칼 신학을 추구하는 장신신학은 과연 통전적 구원 이해를 지향하고 있는가? 우선적으로 〈장로회신학대학 신학성명〉(1985)은 예수의 말씀과 행동, 십자가와 부활 사건 및 사도들의 복음 선포를 복음의 진수로 본다(제1명제). 구원은 예수 그리스도의 대속적 죽음에 근거하여 죄 용서를 받아, 하나님의 은혜로 주어진 믿음을 통해 얻는 것이며, 성부·성자·성령 삼위일체 하나님의 사랑과 그의 뜻에 응답하는 삶이라고 주장한다(제2명제). 또한 성령과 복음으로 말미암은 구원의 경험을 강조하면서, 종말론적 하나님나라를 구현하는 하나님나라 백성의 삶이 교회공동체에서 이루어져야 함을 역설한다(제3명제). 죄의 용서와 회심, 개인구원과 교회공동체의 정체성 확립만이 아니라 역사와 사회에 대한 책임을 강조함으로써(제4명제), 복음적이면서도 에큐메니칼 입장을 보여준다. 이 신학성명은 선언적 성격을 지니고 있기에 상세한 서술이 이루어지지 않았지만, 대체

---

48) "장로회신학대학 신학성명," 『기독공보』, 1985.9.14. "우리의 신학은 복음적이며 성경적이다"(제1명제), "우리의 신학은 개혁주의적이며 에큐메니칼하다"(제2명제).
49) 〈장로회신학대학교 교육이념〉, 『장로회신학대학교 요람』(서울: 장로회신학대학교 출판부, 2003).
50) 〈2015년 장로회신학대학교 신학성명〉, 『2016학년도 장로회신학대학교 신학대학원 신입생 오리엔테이션 자료집』, 22-26.

로 통전적 구원 이해를 전제하고 있다고 볼 수 있다. 전통적인 구원이해에 기초하면서도 구체적인 인간 현실, 즉 정치, 경제, 사회, 생태계의 문제들에 대한 신학의 적극적 응답을 요청하고 있기 때문이다(제5, 6명제).

〈장로회신학대학교 교육이념〉은 통전적 구원 이해를 반영하고 또 추구하고 있는가? 제1항 "예수 그리스도의 복음과 하나님나라"에서는 복음이 총체적으로 정의된다. 예수 그리스도의 삶과 사역, 특히 십자가와 부활을 통해 계시된 하나님나라의 복음은 삼위일체 하나님의 사랑의 계시이자 구원의 역사이다. 따라서 예수 그리스도의 대속적 죽음은 죄와 사망으로부터의 구원이며(사 53:1-6; 롬 5:12-21), 하나님과 인간의 화해(고후 5:19)요, 하나님과 모든 피조물의 화해(골 1:20)를 의미한다. 이는 그리스도의 죽음의 속죄와 화해의 차원을 함께 강조하는 것인 바, 그리스도는 보편적 속죄와 화해를 가져오는 분이다. 여기서는 에큐메니칼 신학(나이로비총회 이후)에서 제시되었고 복음주의 신학(마닐라선언)이 채택한 온전한 복음의 시각이 드러난다. 제3항 "예수 그리스도의 복음과 구원"에서는 구원의 지평이 포괄적으로 확대된다. 여기서는 예수 그리스도의 화해의 복음이 하나님과 인류, 하나님과 피조물들의 화해만이 아니라 인간과 인간, 인류와 창조세계와의 화해를 종말론적으로 계시하고 약속하였으므로(롬 8:19-21; 고후 5:19; 엡 1:10; 골 1:20), 인류와 세계와 만유의 구원을 계시하고 약속한다고 주장한다. 예수 그리스도의 십자가와 부활이 온 인류만이 아니라 온 세상을 위한 것이라고 강조함으로써, 서방교회가 전통적으로 추구해왔던 인간중심주의적 구원론(창 1:26-28)을 극복해서 하나님의 구원의 행위가 우주적 차원을 포함하고 있음을 진술한다.

또한 구원은 죄 용서를 받고, 사망에서 생명으로 옮겨지며(롬 3:21-26; 고전 1:30; 엡 1:7; 골 1:13; 요 5:24; 요일 3:14), 하나님과 인간 및 자연과의 새로운 관계에 돌입하여 하나님나라의 교회에 참여하는 것이라고 한다. 이러한 구원은 성령의 역사로 말미암은 칭의와 성화 및 영화의 과정에서 이루어지며, 신자가 세상 속에서 하나님나라의 구현을 위한 사역에 동참하는 것을 포함한다. 여기서 우리는 구원의 내용과 범위 이해가 매우 포괄적이라는 사실을 확인할 수 있다. 개인의 영혼만이 아닌 전인적·사회적·우주적 차원의 구원을 포함하는 것이 장신신학이 추구하는 통전적 구원이다. 이러한 통전적 구원의 개념을 채택하는 〈21세기 장로회신학대학교 신학교육성명서〉는 하나님의 사랑과 정의의 통치가 교회뿐 아니라 개인과 사회 및 모든 피조세계에 실현되도록, "우리는 하나님과 인간과 온 피조세계의 화해와 구원을 위한 교육"을 지향한다고 천명하고 있다.

〈2015년 장로회신학대학교 신학성명〉 또한 온전한 복음과 통전적 구원의 입장을 반영하고 있다. 우선적으로 신구약 성경의 핵심이 예수 그리스도가 선포하고 실천한 하나님나라의 복음이라고 선언한다. 이에 기초해서 개혁신학의 전통을 따라, 오직 은혜로 말미암고, 오직 믿음을 통한 칭의와 죄 용서 및 하나님의 자녀됨, 그리고 성화의 삶의 구원 과정을 긍정한다. 이는 동시에 "예수 그리스도의 삶과 십자가와 부활 그리고 성령의 능력 안에서 이미 도래한 하나님나라를 맛보며, 장차 완성될 정의와 평화와 사랑의 나라를 바라보면서, 그 나라의 복음을 전파하며, 그 나라의 실현을 위하여 헌신"(제1명제)하는 삶을 포함하는 것이다. 그리하여 본 신학성명은 그리스도의 화해와 평화의 사역(마 5:9; 고후 5:18)을 좇아 민족의 화해와 한반도 평화통일 및 세계평화를 추구할 과제를 천명한다. 또한 인간의 존엄성과 인간다운 삶을 추구할 뿐 아니라, 사회적 약자들을 돌보는(마 25:40) 정의 실현을 과제로 삼는다. 더 나아가 "하나님나라는 인간의 구원뿐 아니라 창조질서의 회복과 생명가치의 온전한 구현을 포함"(사 65:17-25; 겔 36:33-36)하는 것으로, 피조세계와 생태계의 회복과 보전을 추구하는 삶을 구원의 중요한 측면으로 이해한다. 즉 생태정의에 기초한 삶을 추구하는 것으로, 이는 통전적 구원 이해를 전제하고 있다.

그렇다면 통전적 구원 이해에 대한 장신대 조직신학자들의 입장은 어떠한가? 김명용은 온전한 복음과 통전적 구원을 강조한다. 그에게서 복음은 예수 그리스도를 통한 구원과 영생을 얻는 것으로서, 단지 인간의 영혼의 구원만을 의미하지 않는다. 즉 흑암과 사망의 세력으로부터의 해방이며, 정치적·경제적·사회적·문화적 또는 구조적 악으로부터의 해방을 뜻한다. 그리스도의 화해 사건 역시 인간만을 위한 것이 아닌 우주적 화해사건이다. 따라서 예수 그리스도의 복음은 대속적 속죄를 넘어서서 하나님나라를 지향하며 하나님나라의 건설과 관련된 복음이다.[51]

윤철호는 하나님나라의 복음이 개인적·사회적 차원을 포함하는 통전적 구원을 지향한다고 역설한다. 그에 의하면 복음화는 수직적·개인적 차원의 화해와 수평적·사회적 차원의 화해를 포함한다. 종말론적 하나님나라의 완성과 구원은 개인과 영혼의 변화뿐 아니라 사회구조의 변혁과 해방을 통해 실현되는 것으로서 다차원적 성격을 지니고 있기 때문이다.[52] 또한 현요한은 통전적 구원, 즉 전인구원을 비롯해서 개인의 성화와 사회의 성화의 차원을 함께 강조하고 있다. 제도와 구조 및 문화의 성화 등을 가리키는 사회적 성화와 더불어 창조세계의 보전을 포함하는 우주적 성화의 차원을 보여줌으로써 구원의 지평을 확대한다. 그럼에도 현요한은 개인의 성화가 사회와 우주의 성화에 선행하는 것이며, 동시에 양자가 함께 가야 한다는 점에 유의해야

---

51) 김명용, "통전적 신학이란 무엇인가?," 71.
52) 윤철호, 『21세기 한국 교회와 하나님 나라를 위한 실천신학』(서울: 장로회신학대학교 출판부, 2006), 342-343.

한다고 주장한다. [53]

통전적 복음을 강조하는 최윤배도 개인의 성화와 함께 공동체의 성화의 차원을 포함하는 구원론을 전개해야 한다고 역설한다. [54] 김도훈은 종말론적 회복의 대상으로서 자연이 하나님의 새 창조에 참여하게 되는데(계 21:5), 이는 하나님의 최종적 구원에 인간과 자연의 화해가 포함된다는 사실을 전제한다고 함으로써 구원의 생태적 차원을 긍정한다. [55] 신옥수는 몰트만의 통전적 구원의 입장이 장신신학에 뿌리 깊게 반영되어있으며, 이는 현저하게 양분되어 있는 한국교회의 구원 이해에 대한 비판적 통찰과 함께 건전한 방향을 제시한다고 주장한다. [56] 즉 영혼과 육체의 전인적 구원, 개인과 사회의 통전적 구원, 생태적 구원이 장신신학의 정체성을 형성하고 있으며, 미래의 방향을 설정하는 소중한 자원이자 지침이 될 수 있다고 본다. 이렇게 장신신학은 예수 그리스도의 복음과 구원에 관해 복음주의 신학과 에큐메니칼 신학이 서로 근접해 있는 온전한 복음과 포괄적 구원을 대체적으로 긍정한다. [57]

한편 구원보편주의와 관련되어 타 종교의 구원 가능성에 대한 장신대의 입장은 어떠한가? 〈장로회신학대학교 교육 이념〉은 그리스도의 대속적 죽음과 화해의 사건을 토대로 예수 그리스도가 만민과 만유의 주님이시오 구원자임을 고백한다(제1항). 또한 기독교적 정체성을 확립한 후에 지구상의 다양한 종족과 문화들과의 상호존중에 바탕을

---

53) 현요한, 『성령, 그 다양한 얼굴: 하나의 통전적 패러다임을 향하여』(서울: 장로회신학대학교 출판부, 1998), 252-254, 380, 384-390, 420.
54) 최윤배, "21세기 교단신학의 정체성," 「장신논단」 28 (2007), 129, 135.
55) 김도훈, 『길 위의 신학』(서울: 조이웍스, 2014), 499-501.
56) 신옥수, "몰트만의 구원론," 『몰트만 신학 새롭게 읽기』(서울: 새물결플러스, 2015), 229-230, 343-344.
57) 신옥수, "중심에 서는 신학, 오늘과 내일-장신신학 정체성 형성을 위한 소고," 「장신논단」 40 (2011), 52.

둔 이해와 교류를 통해 하나님나라를 실현해야 한다고 주장한다. 그뿐 아니라 "우리는 세상을 이처럼 사랑하사 독생자를 주신 하나님의 깊고 넓으신 사랑(요 3:16) 안에서 타 종교인들과 대화를 통해서, 하나님나라의 복음을 전하여 이들을 구원으로 인도해야 하며, 이들과 더불어 정의와 공의, 평화, 창조세계에 대한 책임 수행을 통한 하나님나라 구현에 힘써야 할 것이다"(제6항)라고 진술한다. 즉 종교 간 대화에 대해서는 비교적 긍정적인 입장을 표명하고 있으며, 하나님나라 건설을 위한 타 종교인들과의 연대와 협력의 가능성을 열어놓고 있다.[58]

김명용은 장신신학이 종교 간 대화에 대해서는 긍정적이지만, 결과적으로 구원 상대주의에 이르거나 전도의 불필요성을 주장하는 자유주의적인 종교신학에 대해 반대하는 입장임을 분명히 밝힌다.[59] 김도훈 역시 종교다원주의에 대한 비판적 관점을 표명한다. 그에 의하면 종교다원주의는 비성서적이며, 선교의 열정과 복음을 약화시키는 것이다. 따라서 기독교의 절대성과 유일성은 결코 포기될 수 없다. 그렇다고 해서 타 종교에 대한 배타적 태도를 지지하는 것은 아니다. 종교 간 대화는 긍정하지만, 자기 정체성을 포기하지 않는 대화를 주장한다.[60]

이렇게 장신신학은 예수 그리스도의 유일성과 최종성을 긍정하며, 예수 그리스도 중심의 구원의 보편성에 대해서 개방적인 입장을 갖고 있다. 진지한 경청과 대화의 방식으로 증거와 선교에 참여하는 종교 간 대화를 지지하지만, 종교상대주의나 종교다원주의 혹은 종교혼합주의에 대해서는 부정적이다. 기독교의 정체성을 견지하면서도 타 종교인들을 포함한 선한 이웃들과 협력하여 정의, 평화, 환경 운동

---

58) 김명용, 『열린 신학 바른 교회론』(서울: 장로회신학대학교 출판부, 1997), 124-126.
59) 김명용, 『이 시대의 바른 기독교사상』(서울: 장로회신학대학교 출판부, 2001), 327-328.
60) 김도훈, 『길 위의 신학』, 348-368.

등에 적극적으로 참여함으로써 하나님나라 구현을 위한 노력을 강조하는 점에서 복음주의 신학과 에큐메니칼 신학의 입장을 함께 반영하고 있다.[61]

복음주의와 에큐메니칼 대화를 통해 살펴본 통전적 구원 이해는 한국교회와 신학을 위해서 어떤 신학적 의의와 실천적 의미를 갖고 있는가? 우선적으로 육체와 영혼의 통일성에 근거한 전인구원은 성서적인 사상이다. 그동안 한국교회는 영육이원론에 기초해서 개인의 영혼구원을 강조하는 보수진영과 영혼구원의 차원을 소홀히 다루는 진보진영으로 양분되어왔다.[62] 이렇게 건강하지 못한 신앙과 목회의 현실은 신자 개인의 삶뿐 아니라 교회공동체의 사역과 선교에도 부정적 영향을 미친다. 따라서 심신의 치유와 건강과 행복과 복지를 포함하는 전인구원의 메시지의 선포와 교육 및 전인적 목회가 더욱 활발하게 이루어져야 한다. 통전적 구원 이해로서의 전인구원은 한국교회의 신앙과 목회를 위한 유용한 통찰을 제공해줄 뿐 아니라, 비판적 자기성찰의 기준과 함께 바람직한 방향성을 제시해준다.

통전적 구원 이해는 개인적·사회적 차원을 통합하는 구원을 가리킨다. 하나님과의 관계회복을 목표로 하는 구원의 영적·수직적 차원과 함께 정치적·사회적·경제적·문화적 해방을 포괄하는 구원의 수평적 차원을 총체적으로 다루고 있기 때문이다. 그런데 한국교회는 구원을 개인구원이나 사회구원으로 일방적으로 이해하는 경향이 있다. 대체로 복음주의는 개인구원에, 에큐메니칼은 사회구원에 집중함으로써, 서로 배타적이거나 대립적인 모습을 보여주며 실제로 긴장과 갈등을 표출하기도 한다. 물론 역사적 현실에 있어서는 우선순위와 강조점의 차이가 있을 수 있다는 점을 고려해야 하지만, 이는 양자택일의 문

---

61) 신옥수, "중심에 서는 신학, 오늘과 내일-장신신학 정체성 형성을 위한 소고," 58.
62) 김명용, "바른 신학 바른 목회," 『이 시대의 바른 기독교 사상』, 157-160.

제가 아니다. 오히려 성서적이고 복음적인 의미에서 개인구원과 사회구원은 서로 배타적이지 않고 상호보완적이다.[63] 우선순위와 강조점의 차이를 고려할지라도, 양자의 상호적 관계성을 포기해서는 안 된다. 이렇게 개인과 사회의 통전적 구원 이해는 한국교회 구원 이해를 위한 비판적 근거와 과제를 안겨준다. 동시에 한국교회의 삶과 실천적 적용을 위한 건전한 방향을 제시하고 있다는 점에서 그 신학적 의의를 찾을 수 있다.

또한 인간뿐 아니라 모든 피조물의 구원을 포함함으로써 구원의 생태적 차원을 강조하는 통전적 구원 이해는 생명의 치유와 생태계의 회복 및 창조세계의 보전을 지향하는 생태학적 책임과 윤리를 제시한다. 이는 인간중심적 구원론을 극복하여 구원의 우주적 지평을 포괄하는 구원론이다. 한국교회의 복음주의 진영과 에큐메니칼 진영 모두 자연에 대한 책임적 돌봄과 섬김의 과제를 신자 개인의 삶과 공동체의 사역에서 구체적으로 적용·실현할 필요가 있다. 또한 생태학적 정의를 실천하기 위한 사회적·정치적 평화운동에 연대와 참여를 강조하는 생태적 구원 이해는 하나님나라의 건설을 위한 한국교회의 선교와 윤리적 과제를 제시한다는 점에서 유용하다.

구원 보편주의와 관련하여, 복음주의와 에큐메니칼 진영은 대립과 갈등의 측면이 나타나고 있다. 타 종교인의 구원 가능성과 종교 간 대화의 주제에 있어서는 좀 더 깊이 있는 논의가 필요하다. 우리는 기독교의 자기정체성을 포기하지 않으면서 타 종교에 대한 이해와 존중을 전제로 하는 대화를 지지한다. 그뿐 아니라 오늘날 중대되고 악화되는 종교 갈등과 분쟁의 현실 속에서 모든 종교가 함께 협력해야 할 과제도 갖고 있음을 부인할 수 없다. 그럼에도 예수 그리스도의 유일

---

63) 김균진, 『기독교신학 3: 하나님 나라의 메시아적 신학을 향해』(서울: 새물결플러스, 2014), 549-554.

성과 최종성은 결코 포기될 수 없는 기독교의 정체성이다. 통전적 구원을 지향하는 복음전도와 총체적 선교 모두 이 토대 위에서 전개되어야 할 것이다.

앞에서 살펴보았듯이, 영육이원론에 기초한 건강하지 못한 신앙과 개인의 영혼구원에 초점이 맞추어져 있는 목회와 사회적·역사적·생태학적 책임에 소홀한 현금 한국교회의 현실을 고려해 볼 때, 통전적 구원이해는 구원론 정립에 있어서 건강하고 유익한 통찰과 바람직한 방향성을 제공해준다. 영혼과 육체의 전인적 구원, 개인과 사회의 통전적 구원, 인류와 피조물의 통전적 구원 이해를 통해 한국교회와 신학이 성서적이고 복음적인 구원 이해의 근거를 마련할 뿐 아니라 신자 개인의 삶과 교회 공동체의 사역과 선교 및 윤리의 과제를 위한 실천적 동력을 얻게 되기를 소망한다.

대
화
하
는
신
학

5부

통일신학과의 대화

11장

통일신학의 어제와 오늘

　　최근 보수정권이 들어서면서 급속히 경색된 남북한 관계를 지켜
보며 한국 기독교인으로서 깊은 우려의 마음을 갖게 되지 않을 수 없
다. 남북 분단이 고착화된 지 어느덧 반세기를 넘어선 시점임에도 불
구하고 여전히 상황은 긍정적이지 않다. 한국 교계에서는 보수 진영과
진보 진영이 서로 상이한 입장을 갖고 분단 상황을 분석하며 통일을
전망한다. 이것은 소위 '南南갈등'이라는 표현으로 대변되는 남한 사
회 내 정치적 이념의 차이 및 입장의 분열과 맥을 같이하고 있다. 분단
극복과 민족 동일성의 회복이라는 선교적 과제 수행을 위한 한국교회
의 바람직한 대응은 무엇이며 또한 어떠해야 하는가? 그동안 분단 상
황에서 한국신학은 어떻게 입장을 표명해 왔는가? 다양한 통일 운동

에 대한 신학적 반성으로서의 '통일신학'은 시대적으로 어떤 의미를 지니고 있으며 어떤 영향을 끼쳤는가?

11장에서는 분단 이후 한국 신학계에서 이루어진 통일 논의를 중심으로 통일신학의 어제와 오늘을 분석하고자 한다. 통일신학의 등장과 형성 배경 및 발전 과정을 살펴본 후 통일신학의 주요 주제를 중심으로 그 성격을 분석하고, 몇 가지 쟁점들을 검토함으로써 통일신학의 과제를 모색하려 한다. 마지막으로 통일신학에 대한 평가와 전망을 통해서 앞으로 이루어질 통일신학의 방향을 제시할 것이다.

Ⅰ. 통일신학의 등장과 형성 및 발전

우선적으로 우리는 묻지 않을 수 없다. 통일신학이란 무엇인가? 이에 대한 다양한 정의가 있으나 대체로 "민족(남북) 통일에 대한 신학적 성찰" 또는 "통일 운동에 대한 신학적 반성"[1] 등으로 규정된다. 통일신학은 한반도의 분단 상황에서 형성된 상황신학이며, 분단의 현실과 그 결과로 빚어진 고통을 통해 얻어진 구체적이고 역사적인 경험으로부터 출발하여 전개되고 있는 한국적 신학이다. 따라서 분단 상황을 분석하고 분단 극복의 방식을 모색하며 궁극적으로 민족 통일을 목적으로 하는 다양한 신학적 작업들을 포함한다.

남북 분단 이후 통일에 관한 담론은 대체로 정권 유지 차원에서의 안보 논리와 결합되어 멸공, 반공, 승공 등 적대적 이데올로기의 형성 및 홍보가 지배적이었다.[2] 그러나 1970년대 군사 독재 정권 하에서

---

1) 민영진, "통일신학의 과제와 통일 운동 실천 방안," 『평화·통일·희년』(서울: 대한기독교서회, 1995), 151.

민주화 운동과 함께 싹트기 시작한 통일 운동은 소수의 학자들과 기독교 지도자들에 의해 주도되었으며,[3] 한국교회가 민족의 통일 문제에 대해서 실제적이고 조직적인 관심을 갖고 통일 운동을 전개한 것은 1980년대부터라고 할 수 있다.[4] 통일에 대한 진지한 신학적 자각 및 접근은 1980년대에 이르러 비로소 태동되었다. 1980년대 초에 주재용은 "한국 교회의 통일론"이라는 글에서 종래의 기독교의 통일 논의를 정리하고 '통일의 신학'을 주창했다.[5] 그는 '통일의 신학'을 우리 민족이 부딪치고 있는 생(生)의 문제를 기독교의 복음으로 해명하려고 하는 노력이라고 규정한다. 이렇게 등장한 통일신학은 1980년대를 거쳐 1990년대부터 본격적으로 발전하게 된다.[6]

---

2) 허문영, "기독교와 통일 운동," 『민족 통일과 기독교』(서울: 한국기독교학생회출판부, 1994), 124-127. 허문영은 한국 기독교 통일 운동의 전개 과정을 다음과 같이 분류하고 있다: ① 해방 이후 1950년대: 멸공 통일 ② 1960년대: 반공 통일 ③ 1970년대: 보수적 승공 통일과 진보적 공존·대화 통일 ④ 1980년대: 보수적 평화 통일과 진보의 민주·민족 해방 통일 ⑤ 1990년대: 보수 평화 통일과 진보 합의 통일, 보수-진보 연합의 평화 합의 통일. 이와 유사하지만 복음주의 입장에서 이상규는 다음과 같이 분류한다: ① 1950년대: 멸공 통일론 ② 1960년대: 경제 성장과 반공 ③ 1970년대: 민주화 운동과 평화 통일론의 대두 ④ 1980년대: 민족·통일·선교 ⑤ 1990년대 이후: 통일 논의의 새로운 변화. 이상규, "민족과 교회: 한국 교회 통일 운동에 대한 복음주의적 평가," 「성경과 신학」, 37 (2005), 122-146.

3) 강원용, "남북통일과 우리의 과제," 「기독교사상」 39 (1961/2); 문익환, "남북통일과 한국 교회," 「기독교사상」 (1972/10); 박형규, "화해의 복음과 남북의 대화," 「제3일」 13 (1971/9); 김관석은 통일의 궁극적 목표가 한반도의 평화 정착이며 우리 민족의 최우선적 민족적 과제이므로 '통일의 신학'을 정립할 것을 요청했다. 이는 최초로 '통일신학' 정립을 요청한 것으로서 역사적 의미를 지닌다. 손규태, "평화를 위한 통일의 신학," 「기독교사상」 373 (1991/1), 55.

4) 1980년대에 국내외에서 이루어진 통일 운동 및 회의들은 다음과 같다: ① 1981년 11월 3일-6일 '조국 통일을 위한 북과 해외 동포 기독자간의 대화' 1차 회의, ② 1984년 10월 29일-11월 2일 '동북아시아의 평화와 정의에 관한 협의회', ③ 1986년 9월 2일-5일 제1차 글리온회의- '평화에 대한 기독교적 관심의 성서적 신학적 기반', ④ 1980년 3월 기독교장로회가 '통일은 교회의 선교적 과제'라고 천명, ⑤ 1983년 한국기독교협의회에 '통일 문제 협의회' 설치, ⑥ 1985년 3월 한국기독교협의회 제34차 총회에서 '한국 교회 평화 통일선언' 채택, ⑦ 1986년 대한예수교장로회(통합) 제37차 총회에서 화해의 관점에서 평화적 통일에 대한 사명을 언급한 "대한예수교장로회신앙고백서" 채택, ⑧ 1988년 2월 29일 "민족의 통일과 평화에 대한 한국기독교선언" 채택.

5) 주재용, "한국 교회의 통일론," 『기독교의 본질과 역사』(서울: 전망사, 1983), 200.

6) 박순경은 '통일신학'이라는 용어가 해외 통일신학 동지회에서 먼저 사용되기 시작했으며, 한국에서는 1988년 12월에 통일신학 세미나가 처음으로 개최되면서 "통일신학"이라는 주제가 공식적으로 논의되기 시작했다고 한다. 박순경, "통일신학의 정초를 위하여," 「기독교사상」 374 (1990/2), 125.

그런데 통일신학의 초기 형성 단계에서 신학적 주제로서의 '통일'
은 성서에서 직접적인 근거를 도출해 내기 어려웠기 때문에 깊은 논의
가 이루어지지 못했다. 그리하여 이스라엘의 분단 상황과 한반도의 분
단 상황의 유사성에 근거해서 이스라엘 역사로부터 도출된 통일신학
의 내용 즉 분단의 원인과 분단 극복의 방법과 목적을 중심으로 연구
되었다.[7] 물론 이스라엘의 분단 배경 및 통일 노력들과 한국의 상황을
단순히 비교하는 것은 도식적인 유비라고 하는 방법론적 한계의 지적
도 있었으나,[8] 1990년대 이후 조직신학, 성서신학, 기독교윤리학, 선
교신학계에서 비교적 활발하게 통일신학 논의가 전개되어 오고 있다.

그런데 이러한 통일신학의 형성과 발전에는 중요한 역사적 이정
표가 있었다. 바로 1988년에 한국기독교교회협의회(KNCC)가 발표한
"민족의 통일과 평화에 대한 한국 기독교회 선언"(이하 "1988년 선언")이
다. 이것은 민간 차원에서 발표된 최초의 통일 정책 선언이었으며, 그
이후 통일 운동의 중요한 전거를 마련한 것으로 평가된다.[9] 이 선언은
다음과 같이 구성되었다: ① 성서 속에 나타난 정의와 평화가 한국교
회의 선교적 전통이다. ② 민족 분단의 현실 ③ 분단과 증오에 대한 죄
책 고백 ④ 민족 통일을 위한 한국교회의 기본 원칙[10] ⑤ 남북한 정부

---

7) 김윤옥, "여성과 평화의 관점에서 본 통일신학," 『기독교와 주체사상: 조국 통일을 위한 남북
해외 기독인과 주체사상가의 대화』 북미주 기독학자회 편 (서울: 신앙과 지성사, 1993). 318;
임태수, "이스라엘의 통일신학," 「신학사상」 71 (1990/겨울); 김경호, "고대 이스라엘 남북 왕
조의 갈등과 통일 운동: 통일신학을 위한 구약신학적 접근," 『남북 교회의 만남과 평화 통일신
학』(서울: 민중사, 1990).

8) 김창락, "성서에 나타난 이스라엘 민족의 분열사-통일의 노력과 그 실패의 역사," 「신학사상」
71 (1990/겨울), 899-901.

9) 이 선언은 민간 차원에서의 통일 논의를 활성화하는 계기가 되었고 한국 사회 전체의 통일 논
의 양성화에 선도적 역할을 감당했으며, 실제로 남한 정부의 통일 정책에 그 내용이 적지 않
게 반영되었다. 강문규, "남북 교회의 만남과 앞으로의 과제," 「기사연 무크」 3 (서울: 민중사,
1991), 78; 그러나 이 선언에서 통일의 주체를 명확히 밝히는 문제와 분단의 책임을 묻는 내용,
그리고 통일을 이루어 가는 방식의 문제와 통일 이후 사회의 성격을 명확히 전망하지 못한 점
등이 보완되어야 한다고 지적되었다. 박성준, "1980년대 한국 기독교 통일 운동에 대한 고찰,"
「신학사상」 71 (1990/겨울), 965-966.

10) 이 선언은 1972년 7. 4 남북공동성명에서 밝힌 통일에 관한 자주·평화·민족 대단결의 3대 기

에 대한 한국 교회의 건의[11] ⑥ 평화와 통일을 위한 한국교회의 과제(1995년을 '평화와 통일의 희년'으로 선포). 이것은 KNCC 가맹 교단들의 의견을 수렴하여 통일에 대한 신앙 고백적 내용을 담아 남북한 민족과 전 세계 앞에 선언한 것이며 만장일치로 채택되었다. 이에 대해서 대다수 진보 진영의 신학자와 목회자들은 대대적인 환영을 하였으나, 예장 통합측이 거세게 반발하였으며 보수적인 10여 개 단체에서 반박 성명을 발표하기도 했다.[12]

이를 계기로 하여 진보 진영에서는 자체의 통일 운동의 한계를 극복해서 더욱 발전적이고 구체적인 통일의 실천을 위해 통일 운동의 방향과 신학을 진지하게 모색하는 심화 단계에 이르게 된다. 그러나 보수적 복음주의 진영에서는 "1988년 선언"이 갖고 있는 문제점들을 지적하고 비판하며 나름대로의 통일 논의를 활성화하기 시작한다.[13] 이후 진보 진영과 복음주의 진영 사이에 남북통일에 관한 입장 차이가 더욱 두드러지게 나타났는데, 전자는 통일신학의 형성과 발전에 집중하는 반면,[14] 후자는 북한 복음화와 북한 선교를 목적으로 하는 '남북 나눔 운동' 등에 힘을 쏟기 시작했다.

이렇게 볼 때 통일신학은 크게 진보 진영의 통일신학과 복음주의

본 원칙을 재확인하면서 인도주의 원칙, 통일 논의의 민주화 원칙 등을 포함하는 5대 원칙을 제시했다.

11) '남북간 긴장 완화와 평화 증진'을 위해서 남북한 상호간의 적대 감정 해소와 민족 동질성 회복, 남북한 평화 협정 체결, 주한 미군 철수, 핵무기의 철거와 군비 감축 등을 들고 있다. 손규태, "평화를 위한 통일의 신학," 60.

12) 보수주의교단협의회에서는 이 선언이 평화 통일의 책임 문제가 마치 남한 교회에 있는 것처럼 왜곡하고 있으며, 남북한 이데올로기를 동질로 다루고 있고, 북한의 죄악상에 관해 침묵하고 있으며, 남한 정부의 반공 이데올로기 정책에 대해서 질타하고, 한반도 평화 유지 및 안보 장치 제거를 목표로 하고 있으며, 김일성 집단의 위장 평화 공세에 역이용당할 소지가 많고, 민중신학적 논리에 입각하고 있다고 비판한다. 김영한, "민족 통일과 평화에 대한 한국 기독교의 과제," 『평화 통일과 기독교: 복음주의적 통일신학을 향하여』(서울: 도서출판 풍만, 1990), 11.

13) 이상규, "민족과 교회: 한국 교회 통일 운동에 대한 복음주의적 평가," 139.

14) 서광선, "한반도의 통일과 평화에 대한 신학적 전망," 「교회와 세계」 72 (1988/7); 노정선, 『통일신학을 향하여』(서울: 도서출판 한울, 1988).

진영의 통일신학의 두 유형으로 구분된다. 전자는 서광선, 박종화, 박순경, 노정선, 홍성현, 손규태 등에 의해 대변된다고 할 수 있으며, 후자는 김영한과 황현조 등이 대표한다고 할 수 있다.[15] 복음주의적 통일신학은 1990년 이후에야 비로소 전개되었으며, 통일신학의 체계화보다는 주로 북한 선교의 방향이나 방법에 치중하는 경향을 띠고 있기에 진보 진영의 통일신학에 비해 상대적으로 빈약한 것이 사실이다. 따라서 김병로는 보다 본격적인 복음주의 통일신학의 체계적인 정립 및 발전의 필요성을 제기한다.[16] 반면에 진보 진영에서는 지속적이고 발전적인 통일 실천을 위해 미래 지향적인 입장에서 통일신학을 모색해 오고 있다.

그런데 1990년 한국기독교교회협의회 정책협의회 "새롭게 하나 되어"에서 발제자인 이삼열은 한국 상황에서 통일신학이 다루어야 할 과제를 다음과 같이 제시했다: ① 화해와 통일이라는 주제는 정치적 문제일 뿐 아니라 교회의 선교적 과제임을 성서적이며 선교학적으로 진술해야 한다. ② 기독교와 공산주의, 기독교와 맑시즘, 기독교와 주체사상이 어떻게 대화할 수 있고 공존할 수 있으며 관계를 맺을 수 있는지를 기독교윤리와 정치신학의 견지에서 진술해야 한다. ③ 한국의 상황에서 통일이 없이는 평화가 없다고 할 때의 평화와 통일의 연관관계를 사회학적이고 역사신학적인 관점에서 진술해야 한다.[17]

이러한 과제 제시와 맞물려 실제로 통일신학은 북한의 주체사상과 다양한 대화를 시도했다. 당시 동유럽의 변화에 따라 정부의 공산권에 대한 문호 개방 및 북한 주체사상 연구에 대한 허용이 이루어졌

---

15) 김영한, 『평화 통일과 기독교: 복음주의적 통일신학을 향하여』; 황현조, 『성육신적 북한 선교』(서울: 도서출판 영문, 1998).
16) 김병로, "평화 통일과 북한 복음화를 위한 한국 교회의 과제," 「성경과 신학」 37 (2005), 26-30.
17) 민영진, "90년대 통일 운동의 신학과 실천 방안," 「교회와 세계」 (1990/4), 7.

기 때문이다. 1990년대 이후 신학의 각 분야에서 활발하게 북한의 주체사상을 분석하고 평가하며 기독교와 주체사상과의 비교 및 대화 가능성을 모색하는 연구가 전개되었다.[18] 물론 1980년대부터 기독교와 맑시즘과의 대화, 기독교와 사회주의, 기독교와 이데올로기의 관계성 연구를 통해서 통일에 대한 사회과학적 접근이 시도되어 왔지만,[19] 이러한 논의들은 통일신학의 관점에서 훨씬 더 구체화되고 심화되기 시작했다.

그러나 무엇보다도 1990년대 통일신학의 꽃은 소위 '희년신학'이다. 1988년 선언에서 1995년이 '희년의 해'로 선포됨으로써 이에 대한 다양한 성서적·신학적 작업이 활발하게 이루어졌다. 남북 분단 후 50년이 되는 1995년을 기점으로 기독교 통일신학은 희년 운동에 초점을 맞추어 신학 작업을 전개했다.[20] 즉 성서적으로 희년의 의미를 탐구하

18) 북미주 기독학자회 편,『기독교와 주체사상: 조국 통일을 위한 남북 해외 기독인과 주체사상가의 대화』; 강영안, "기독교와 주체사상,"『민족 통일과 기독교』(서울: 한국기독학생회출판부, 1994); 김병로,『북한 사회의 종교성: 주체사상과 기독교의 종교 양식 비교』(서울: 통일연구원, 2000); 홍동근, "민중신학과 주체사상과의 대화,"「통일신학」1 (1987/12); 김현환, "통일신학은 가능한가- 기독교와 주체사상의 공통점과 차이점,"「통일신학」2 (1988/2); 맹용길,『기독교의 미래와 주체사상』(서울: 기독교문사, 1990); 박준영. "주체사상과 기독교의 대화,"「사회와 신학」2 (1992); 임성빈, "주체사상의 인간론," 교회와 사회연구원 편,『기독교와 주체사상』(서울: 성지출판사, 1989); 홍성현, "주체사상과 기독교 사상," 통일신학동지회 편,『통일과 민족 교회의 신학』(서울: 도서출판 한울, 1990); 박종화, "주체사상과 기독교 사상,"『평화신학과 에큐메니칼 운동』(서울: 한국신학연구소, 1991); 정종훈, "북한의 주체사상 비판,"『정치 속에서 꽃피는 신앙』(서울: 대한기독교서회, 2004); 이상성, "주체사상의 종교관에 대한 조직신학적 성찰,"『평화와 통일신학』1 (서울: 한들출판사, 2002).

19) 고재식, "이데올로기와 신앙,"「기독교사상」(1983/6); 강원석, "신앙과 이데올로기 비판,"「기독교사상」(1983/9); 이삼열, "현대 기독교와 이데올로기,"「기독교사상」(1983/11); 심일섭, "이데올로기와 종교 신앙,"「기독교사상」(1984/2); 이신건, "이데올로기와 민족 희년의 과제: 한국신학의 자본주의 이해와 통일 비전,"「한국기독교신학논총」12 (1995); 홍근수, "맑스주의와 기독교와의 대화,"「통일과 민족 교회의 신학』, 통일신학 동지회 편 (서울: 도서출판 한울, 1990); 노정선, "한국 교회와 이데올로기,"『통일신학을 향하여』; 박순경, "기독교와 공산주의의 이론과 현실,"『하나님 나라와 민족의 미래』(서울: 대한기독교출판사, 1984); 박순경, "현대 신학과 한국 기독교 사상의 이데올로기 비판,"『통일신학의 여정』(서울: 도서출판 한울, 1992).

20) 민영진,『평화·통일·희년』; 채수일 편,『희년신학과 통일 희년 운동』(서울: 한국신학연구소, 1995); 박종화, "교회 희년과 민족 희년을 위한 신학적, 실천적 과제,"「한국기독교신학논총」12 (1995); 김용복, "광복 50주년과 민족 희년,"「한국기독교신학논총」12 (1995); 박순경, "민족의 고난과 통일 희년,"『통일신학의 미래』(서울: 사계절출판사, 1997), 93-117.

고 희년의 성서적 지평을 열어 통일 운동과 신학을 모색하는 작업이었다. 이는 세계 교회의 관심과 주목을 받았으며 상당한 반향을 일으켰다.[21]

더 나아가 1990년대 이후 오늘에 이르기까지 통일신학은 화해와 평화를 주제로 하는 신학을 지향한다. 일찍이 1980년대 초 주재용은 통일신학을 샬롬의 차원에서 포괄적으로 다루었는데, 통일신학의 세 가지 구성 요소를 샬롬, 일치, 만남으로 제시했다: ① 샬롬의 신학: 샬롬은 화해, 자유, 희망이라는 세 가지 요소를 갖는다. 샬롬은 단순히 군사 활동의 종결을 의미하는 것이 아니라 사회적인 균형과 정의를 의미한다. ② 일치의 신학: 일치는 단순히 하나가 되는 것이 아니며 일치 가운데 다양성을 인정하는 것이다. 대화와 협상의 방식을 통한 조화를 추구한다. 획일성이 아닌 흩어진 동포와 민족의 조화이다. ③ 만남의 신학: 제도와 조직, 사상의 만남이 아니라 진정한 '나'와 '너'의 만남이어야 한다.[22] 이러한 통일신학의 방향 제시는 더욱 진전되어 평화신학 또는 '평화통일신학'으로 발전적 전환을 갖게 된다.[23]

서광선에 의하면 대다수 통일신학자들은 평화가 통일을 위한 수단이요 방법일 뿐 아니라, 통일의 목적 역시 하나님이 은사로 주시는 평화여야 한다는 공통된 인식을 갖고 있다.[24] 박종화는 누구보다도 앞장서서 평화신학을 주창해 오고 있다. 통일신학은 평화신학의 틀로 전

<hr />

21) 채수일은 이에 대해서 다음과 같이 평가한다. "세계 교회가 한국 교회의 희년 운동에 관심을 기울였던 것은 희년 운동이 가지는 분단 한국의 민족사적 의미뿐만 아니라, 새로운 세계 질서가 안고 있는 세계사적 문제를 극복할 수 있는 이념을 희년 운동에서 찾을 수 있기 때문이다." 채수일, "통일 희년 운동의 전망과 대안," 『희년 운동과 통일 희년 운동』, 265.

22) 주재용, "한국 교회의 통일론," 200-205; 손규태, "평화를 위한 통일의 신학," 57.

23) 맹용길, "한반도의 평화신학 정립," 「한국기독교신학논총」 6 (1989/10), 8-49; 박재순, "반전(反戰), 평화를 위한 신학적 성찰," 「한국기독교신학논총」 26 (2002/10), 163-185.

24) 서광선, "한국 기독교 통일신학 운동의 사회 전기," 『기독교와 주체사상: 조국 통일을 위한 남북 해외 기독인과 주체사상가의 대화』, 291.

25) 박종화, "통일신학의 평화신학적 틀로의 발전적 전환," 「기독교사상」 399 (1992/3), 27-36; 박종화, "평화 통일신학의 향후 과제," 「기독교사상」 392 (1991/8), 42.

환되어야 하며 마땅히 '평화통일신학'이 되어야 한다는 것이다.[25] 즉 통일은 반드시 평화를 포함해야 하고 평화적인 방법으로 이루어져야 한다. 이런 의미에서 평화는 분단과 통일의 신학적 토대이며 통일신학의 주제이다. 결과적으로 통일신학은 분단신학에 대한 대안적 평화신학이다.[26] 분단이 극복된 통일 상황의 삶의 질을 평화 속에 구현하는 평화신학으로 승화되어야 한다는 것이다. 대다수 통일신학자들은 이러한 평화신학으로의 전환에 동의하며 이를 좀 더 구체화시켜 체계화하고 있다.

여성신학자들의 통일신학 또한 주목할 만한 가치가 있다. 박순경은 1970년대 이후 민족주의적 입장에서 통일신학을 전개했을 뿐 아니라, 1980년대 이래 여성신학적 입장에서 통일신학을 지속적으로 활발하게 제시해 오고 있으며 통일 운동에 적극적으로 참여해 왔다.[27] 박순경은 한국신학으로서의 통일신학의 주제로 민족·민중·여성을 통합적으로 규정했다. 즉 역사의 주체로서의 민족·민중·여성은 민족 통일의 과제로 통합될 수밖에 없으며 동시에 통일신학의 주체로 설정되어야 한다는 것이다.[28] 김윤옥 역시 통일신학은 여성과 평화의 관점에서 새롭게 패러다임 형성을 해야 한다고 역설한다. 한반도 상황에서 한국 사회의 평화의 성취를 저해하는 주된 요인들 중 하나인 분단을 극복하고 민중 여성으로 대표되는 피억압자의 해방에 대한 성서적·신학적 기반을 마련하는 것이 곧 통일신학의 과제라는 것이다.[29]

2000년대에 이르러 활발한 남북 관계 개선과 정부와 민간 차원에

---

26) '분단신학'은 분단 구조를 직간접적으로 정당화해 온 신학적 입장을 가리킨다. 박종화, "통일 신학의 평화신학적 틀로의 발전적 전환," 27-28.
27) 박순경, 『한국 민족과 여성신학의 과제』(서울: 대한기독교서회, 1983); 박순경, 『하나님의 나라와 민족의 미래』; 박순경, 『민족 통일과 기독교』; 박순경, 『통일신학의 여정』(서울: 한울아카데미, 1992); 박순경, 『통일신학의 미래』.
28) 박순경, "통일신학의 정초를 위하여," 103.
29) 김윤옥, "여성과 평화의 관점에서 본 통일신학," 317.

서의 다양한 형태의 남북 교류에 힘입어 남북한 기독교의 협력이 상당히 진전되었다. 특히 1990년대부터 활성화된 북한 돕기 운동 또는 '남북 나눔 운동'은 주로 보수 진영이 중심이 되고 진보 진영을 포함하여 통일 선교적 차원에서 진행되어 오고 있다. 이처럼 통일 환경의 급격한 변화 속에서 다양한 통일 논의가 진보와 보수 양 진영에서 이루어지고 있는데, 기본적으로는 남북 합의에 의한 평화 통일을 지향하는 정책을 지지하는 방향으로 나아가고 있다. 특히 진보 진영의 통일신학은 사회정의를 추구하면서도 생태정의를 강조하는 흐름으로 한 걸음 더 나아간다. 즉 민족, 민중, 여성만이 아니라 남북한의 자연과 자원 및 환경 문제에도 함께 관심을 갖는 것으로 확대되어 발전된 것이다. 그뿐 아니라 최근에 이르러서는 사회적·경제적 양극화 및 세계적 신자유주의의 물결에 대해 비판하고 저항하는 평화 통일신학으로의 움직임이 활성화되어 가고 있는 중이다.

따라서 시대별 통일신학의 발전 즉 통일신학의 변천을 요약하면 다음과 같다. 1970년대는 사회 민주화 운동과 통일 운동이 싹트기 시작했고, 1980년대는 통일에 대한 신학적 자각으로 인해 통일신학이 등장했으며, 1990년대는 통일신학의 형성과 발전이 이루어졌고, 2000년대는 통일신학의 확대와 함께 다양한 유형의 통일신학이 전개되어 오고 있다고 할 수 있다.

II. 통일신학의 주제와 성격

1. 통일신학의 성서적 근거

평화와 통일에 관한 성서적 근거를 밝히려는 노력은 성서학자들만이 아니라 조직신학자와 기독교윤리학자들에 의해서도 폭넓게 이루어졌다.[30] 기본적으로 진보 진영과 복음주의 진영 신학자들이 함께 동의하는 화해, 평화 및 통일을 강조하는 신구약성서 본문들은 다음과 같다: 에서와 야곱의 화해(창 33장); 요셉과 형들의 화해(창 45장); 사 2:2-4; 11:11-16; 32:17-18; 호 1:10-11; 렘 3:18; 50:4; 겔 37:15-28; 슥 10:6-12; 미 4:3-4; 엡 1:10; 엡 2:14-16; 마 5:9, 45-48; 고후 5:18-19 등이다. 성서의 내용은 예수 그리스도가 평화의 종으로 이 땅에 오시어 역사 속에서 '평화와 화해와 해방의 하나님나라를 선포'하셨으며(눅 4:18; 요 14:27), 한국교회와 기독교인들은 이 평화를 위해서 일하는 사도로 부름 받았다는 것이다. 특히 화해의 본문(고후 5:17)은 이념적 갈등과 군사적 대결로 점철된 한반도에서 화해의 사명이 한국 기독교인의 가장 핵심적인 과제임을 드러내 보여 준다고 한다. 또한 "평화는 정의의 열매"(사 32:17)라고 하는 표현에서 볼 수 있듯이, 정의를 강조하는 본문과 함께 희년에 관한 본문들(레 25:8-13; 사 61:1-2; 눅 4:16-21)이 갖는 통일신학적 의미도 크다. 특히 진보 진영의 학자들은 통일신학이 해방 공동체와 관련된 출애굽기의 본문들에 근거해야 하며 희년과 예언서들의 본문을 중시해야 한다고 주장한다.

2. 통일신학의 방법론

1) 통일신학의 성격

---

30) 김경재, 김용복, 안병무, 이삼열, 홍근수, "심포지엄 II: 통일신학의 성서적 기초," 「신학사상」 61 (1988/여름), 310-329; 노정선, "평화와 통일에 관한 성서적 근거," 『평화·통일·희년』, 123-132; 이효삼, 『통일신학과 그 성서 이해: "Not Only, But Also"』(서울: 신앙과 지성사, 2000); 이성훈, "민족 복음화와 남북통일- '두 나라가 하나가 되리라': 에스겔 37:15-28절을 중심으로," 「성경과 신학」 37 (2005), 58-75.

박순경에 의하면 민족 통일은 한국신학에 있어서 특정한 주제이며 동시에 한국 민족 전체와 관련된 보편적 주제이다.[31] 따라서 통일신학은 한국신학의 일부분이기도 하지만, 민족 문제를 다룬다는 점에서 민족 신학 또는 한국의 역사신학 성격을 지닌다. 또한 통일신학이 분단된 민족 사회의 경제적 불의와 모순을 문제 삼는다는 점에서는 한국 사회신학의 성격을 갖는다고 한다. 그리고 한국신학으로서의 통일신학은 한국 여성신학의 주제와 과제를 포괄한다고 역설한다.[32]

김윤옥은 통일신학의 성격을 통일 운동의 전개에 따른 실천을 전제로 하는 하나의 상황신학으로 규정한다.[33] 따라서 통일신학은, 첫째로 민족의 분단 상황이 가난한 민중과 여성들의 삶을 왜곡시키는 세계적 구조악이라는 인식을 출발점으로 하며, 둘째로 당파성을 가진 실천의 신학이며, 셋째로 화해와 평화의 신학이다.

또한 박종화에 따르면 통일신학은 일종의 민족신학이다. 그런데 통일신학적 민족신학은 한반도 통일이 가져다 줄 평화의 성취를 한반도만이 아닌 세계의 평화의 한 구성 요소요 지렛대로 승화시킬 수 있고 또 승화시켜야 한다는 전제와 목표를 갖고 출발해서 열매를 맺는 신학 작업을 이루어야 한다고 본다.[34] 통일신학은 민족신학이면서 동시에 세계적 지평을 갖는 보편적 평화신학으로 확대되어야 한다는 것이다.

그런데 통일신학은 정치신학, 해방신학, 민중신학, 하나님의 선교

31) 박순경, "통일신학의 정초를 위하여," 104.
32) 박순경, 『통일신학의 미래』, 4.
33) 김윤옥, "여성과 평화의 관점에서 본 통일신학," 321.
34) 박종화, "평화 통일신학의 쟁점과 전망," 「목회와 신학」 43 (1993/1), 73.
35) 서광선, "한국 기독교 통일 신학 운동의 사회 전기," 289. 이런 맥락에서 허호익은 통일신학은 분단 시대의 신학으로서 정치적 해방신학이라고 규정한다. 허호익, "민족 통일에 대한 신학적 이해," 「연세신학회지」 1 (1984/4), 14.

(*missio Dei*) 신학의 맥락 속에서 형성되었다.[35] 서광선에 의하면 통일
신학에 접근하는 패러다임에 있어서 정치신학적 접근이나 해방신학
이나 민중신학의 시각을 포기해서는 안 된다고 한다. 그는 통일신학이
분단신학을 비판하는 비판신학으로부터 출발해야 하며, 민족의 통일
을 향한 교회의 선교적 사명을 신학화해야 한다고 역설한다. 또한 통
일신학은 정치적 실천과 연결되는 실천적 신학일 뿐 아니라, 민중의
해방과 한국 민중과 여성들이 품고 있는 분단의 한을 풀고 치유하는
선교적 실천의 과제를 지니고 있다. 이런 이해를 토대로 통일신학은
여성신학과 민중신학의 맥락에서 진행된다고 주장한다.[36]

　　또한 송기득은 통일신학이 민족 통일과 민중 해방에서 자기 정체
성을 찾는 민족·민중 지향의 신학이어야 한다고 강조한다. 그런데 이
렇게 분단 극복과 통일 성취에 참여할 수 있는 신학은 철저히 프락시
스(praxis) 신학일 수밖에 없다.[37] 단지 이론적인 작업만이 아니라 현
실 참여적이며 실천적인 신학의 성격을 지닌다는 것이다.

　　궁극적으로 통일신학은 민족 신학일 뿐 아니라 정의와 평화가 실
현되는 하나님나라 운동과 연결되어 있는 하나님나라 신학이라고 할
수 있다. 박순경은 민족의 자주 통일을 주요 과제로 하는 통일신학이
하나님나라의 도래를 바라보면서 정의롭고 평등한 사회 경제 질서를
창출하는 변혁의 과제를 안고 있다고 주장한다. 그러므로 통일신학은
한국교회로 하여금 민족과 세계와 더불어 하나님나라의 도래를 지향
하는 변혁의 여정을 걷도록 길을 밝혀 주는 신학적 책임을 가진다.[38]

　　개혁주의적, 복음주의적 관점에서 황현조는 성서적 '화해'의 개념
과 선교학의 성육신적 상황화 패러다임에 근거한 통일신학을 제안한

---

36) 위의 논문, 291.
37) 송기득, "민족 통일에 대한 신학적 과제: 인간화를 바탕으로," 『기독교와 주체사상: 조국 통
　　일을 위한 남북 해외 기독인과 주체사상가의 대화』, 36-37.
38) 박순경, 『통일신학의 미래』, 5.

다. 그래서 민족 화해의 중심으로서 성육신적 화해를 실현한 십자가로부터 통일신학이 출발해야 한다고 강조한다.[39] 또한 김영한에 따르면 복음주의적 통일신학은 곧 십자가적 정치신학이라고 할 수 있다. 그는 십자가적 정치신학의 출발점으로, 첫째로 그리스도 십자가 안에서 한국 민족의 분단 고통 속에 임재하시는 하나님 신앙, 둘째로 양 체제 이데올로기를 심판하시는 하나님의 말씀, 셋째로 민족 분단에 대한 신학적 성찰과 죄 고백을 들고 있다.[40] 그런데 김영한에 의하면 십자가적 정치신학은 교회가 정치화되고 신학이 이데올로기화된다는 것을 의미하지 않는다. 오히려 정치적 허위의식과 정치적 제도의 자기 절대화에 대한 신학적 비판을 뜻한다. 그러므로 십자가적 정치신학은 교회와 신학을 인간적 이데올로기로 변모시키려는 모든 시도를 비판한다.[41] 바로 이런 시각이 복음주의 진영과 진보 진영 사이에 명확한 차이를 드러내는 점이다.

그런데 통일신학과 민중신학의 관계성에 대한 입장들은 어떠한가? 주재용은 통일 신학이 민중의 신학이라고 주장한다. 그에 의하면 통일신학은 "민족 분열의 아픔을 경험한 민중의 호소이며 분열의 한(恨)에서 울부짖는 민중의 피의 절규"[42]이기 때문이다. 이런 사상은 소위 대다수 민중신학자들과 또한 이들과 맥을 같이 하고 있는 신학자들이 함께 공유하고 있는데, 서광선, 안병무, 박종화, 박순경, 서창원 등에게서 찾아볼 수 있다.[43] 서광선에 따르면 민중신학 운동이 통일신학

39) 황현조,『성육신적 북한 선교』, 169-199; 그 외에 최근에 이르러 복음주의 신학자들이 참여하고 있다. 이승구, "통일 문제에 대한 그리스도인의 태도와 기독교적 준비," 「성경과 신학」 37 (2005), 413-453; 조봉근, "하나님의 절대 주권과 남북통일," 「성경과 신학」 37 (2005), 157-174.

40) 김영한, "복음주의적 통일신학," 『평화 통일과 한국 기독교: 복음주의적 통일신학을 향하여』, 31-39.

41) 위의 책, 30.

42) 주재용, "한국 교회의 통일론," 205.

43) 서창원, "평화의 신학: 민중신학적 전망에서," 「한국기독교신학논총」 6 (1989/10), 171-185.

과 연계되지 않을 수 없었던 것은 한국 민중의 현실이 분단 구조의 현실과 맞물려 있기 때문이라고 분석한다.[44] 그런 의미에서 통일신학은 민중신학의 일부라는 것이다. 물론 이에 대해서는 학자들 사이에 다양한 의견 차이가 존재한다. 박순경 교수는 민중신학의 한계를 지적하는데, 통일신학을 발전시키기 위해서는 민중신학이 1970년대의 한계를 넘어서서 새롭게 전개되어야 할 것이라고 주장하기도 한다.[45]

2) 통일신학의 전제 및 출발점

분단에 대한 성찰과 회개 또는 '분단신학'에 대한 회개와 반성을 촉구하는 것이 통일신학의 기본적인 전제이며 출발점이다. 주재용은 통일신학의 전제 조건으로 분단의 역사에 대한 남북한의 책임 있는 자세와 겸손한 회개를 들고 있다. 회개를 통한 자기 갱신이 통일신학을 가능하게 하는 전제 조건이라는 것이다.[46] 서광선은 통일신학자들에게서 공통적인 사고는 분단이 세계 강대국의 냉전 체제라고 하는 죄악의 결과인 동시에 현존하는 모든 구조악의 원인이라는 인식이라고 한다. 따라서 통일신학의 핵심은 분단 구조의 '원죄'에 대한 회개 운동이다.[47] 이삼열은 분단 시대의 악의 근원은 분단 자체이며, 분단은 기독교적 의미에서 볼 때 원죄와 같은 것이라고 본다.[48]

또한 박종화는 통일신학의 출발점이 "민족 분단의 아픔에 교회 공동체가 스스로 동참할 뿐 아니라 분단을 직간접적으로 정당화하고, 분단 고정화에 적극·소극적으로 기여한 과오를 하나님과 민족 앞에 공

---

44) 서광선, "한국 기독교 통일신학 운동의 사회 전기," 289.
45) 박순경, "민족 통일과 민중신학의 문제," 『통일신학의 미래』, 36-77.
46) 주재용, "한국 교회의 통일론," 201.
47) 서광선, "한국 기독교 통일신학 운동의 사회 전기," 292.
48) 이삼열, "분단의 극복과 기독교," 『기독교사상』 319 (1985/1), 80-99.

개적으로 고백하는 '죄책 고백적 행동'에 있다"[49]고 주장한다. 결과적으로 분단은 평화 정착을 위해 극복되어야 할 구조악이라는 것이다. 정종훈은 분단 시대의 한국교회의 신학적 반성과 과제의 핵심으로서 죄 고백의 내용을 구체적으로 제시하고 있다.[50] 또한 김병로는 통일은 분단 폐해의 자각으로부터 출발하는 것이므로 통일 문제에 관한 성서적 해석과 적용은 분단에 대한 성찰과 회개로부터 시작되어야 한다고 주장한다. 이데올로기의 분열과 적대적 대결 관계를 인간의 죄악의 문제로 규정함으로써 화해와 일치 및 평화를 추구해 나가도록 해야 한다는 것이다.[51]

그러나 김영한은 통일신학의 출발점으로서 진정한 죄책 고백이란 하나님 앞에서 민족의 죄과를 대신 회개하는 제사장적 행위를 의미한다고 역설한다. 따라서 결단코 "굴욕적인 한 맺힌 분단 강요에 저항하지 못한 죄책과 반민족적 적대 관계를 용인하며 살아온 죄책"[52]이 아니라는 것이다. 김영한에 따르면 냉전 체제의 역학 관계에 의해 초래된 남북 분단은 일제 지배 하에서 신음했던 한국 민족이 저항할 만한 민족적 역량과 심리적 여유가 결여됐던 역사적 필연이다.[53] 또한 민족 분단을 자신들의 이기주의적인 지배 체제 확립을 위한 계기로 악용하고 정치적 이데올로기로 정당화한 채 민족 내 집단 상호간에 증오와 적대감을 심화시켜 온 반민족적 삶을 초래한 자들은 양 체제의 집

---

49) 박종화, "민족 통일의 성취와 통일신학의 정립," 12.
50) 정종훈, "분단 시대 한국 교회의 신학적 반성과 과제," 「한국기독교신학논총」 21 (2001), 263-268; 정종훈, 『정치 속에서 꽃피는 신앙』, 224. 정종훈이 제시한 죄 고백의 내용은 다음과 같다: 해방 후 과거 친일 행위, 분단을 악으로 규정하지 못한 죄, 분단 이데올로기 속에서 분단을 심화시켰던 죄, 분단의 내면화된 현실 속에서 자기 이익을 추구했던 죄, 천민자본주의 이데올로기 비판의 기능을 다하지 못했던 죄, 교파 분열과 지역주의 및 개교회 성장주의에 빠져 교회 일치와 연합 운동에 실패하고 한국 사회의 구조적 변혁에 기여하지 못한 죄 등이다.
51) 김병로, "평화 통일과 북한 복음화를 위한 한국 교회의 과제," 29.
52) 박종화, "민족 통일의 성취와 통일신학의 정립," 14.

권 세력이었지, 결코 한국 교회나 신자들이 아니라는 것이다. 바로 여기서 진보와 보수 양 진영 사이에 분단의 원인 분석과 이에 대한 한국 교회의 대응에 관한 입장 차이가 드러난다.

3) 통일신학의 주체

통일신학의 주체는 누구인가? 대다수 통일신학에서 주체는 민족과 민중이다. 박종화에 의하면 통일신학은 민족의 문제를 신학적 과제로 삼는다. 따라서 통일을 담지하는 주체가 곧 민족이요, 통일의 삶이 민족 공동체의 삶이라고 말한다.[54] 또한 한국 상황에서 그동안 민중신학이 냉전 체제 하에서 상당한 거부감과 비판의 대상이 되어 온 것이 사실이지만, 통일 지향의 민중신학은 여전히 남북한 민중이 선교의 대상이요 구원받아야 할 주체라는 사실을 바탕으로 전개되어야 한다는 것이다. 특히 분단의 희생 제물로 가장 큰 고통을 당한 남북한 민중이 통일의 과정이나 통일 국가에서 공동 주체의 일원으로서 참여할 수 있는 방안이 진지하게 검토되어야 한다고 역설한다.[55] 홍성현 역시 하나님나라 운동의 한반도적 표현 형태인 통일 운동의 주체는 민중이고, 그 운동은 민중의 주권을 실현하는 방향이어야 한다고 주장한다.[56]

박순경은 민족·민중·여성은 민족 통일과 사회 민주화 운동의 주체요 동시에 한국신학과 통일신학의 주체로서 통합적으로 나타나야 한다고 한다. 또한 김윤옥은 통일의 주체가 민족과 민중이며 동시에 여성 민중임을 천명한다. 분단의 중층적 피해자인 가난한 민중 여성

---

53) 김영한, "복음주의적 통일신학," 38.
54) 박종화, "평화 통일신학의 쟁점과 전망," 72.
55) 위의 논문, 74.
56) 홍성현, "분단 상황의 극복을 위한 신학의 몇 가지 모티브," 「신학사상」 61 (1988/여름), 375.

이 통일신학의 주체 개념에 포함되어야 한다는 것이다. 또한 통일신학에서 '민족'을 주체로 설정할 때, 이 민족은 단지 문화적·객관적 민족이 아니라 정치적·주관적 민족이며 원수 사랑의 민족이라고 지적한다.[57]

3. 통일신학의 주제

초기 단계의 통일 운동과 통일신학은 주로 통일의 당위성과 필요성을 강조하는 수준에 머물렀다. 즉 민족의 입장에서 민족 분단의 현실이 당연히 극복되어야 하며 민족 통일을 실현해야 한다는 당위론에 근거하고 있다.[58] 이를 바탕으로 통일신학은 분단의 현실 상황을 분석하며 동시에 통일의 원칙과 방법 및 목적 등을 탐구한다. 그리하여 주로 다루어지는 주제들은 평화, 정의, 화해, 일치, 치유 등이다. 실제로 한국기독교협의회 제34차 총회에서 채택된 "한국교회 평화통일선언"은 통일 운동의 주체가 민중이며, 통일 운동의 방법이 평화적 통일이요, 통일의 목표가 민주화와 정의 사회 실현이라고 규정했다.

1) 정의로운 평화와 통일

평화는 인류의 보편적 가치이며 따라서 평화신학은 범세계적 지평의 신학이라고 할 수 있다. 통일신학은 초기 형성 단계에서부터 평화를 가장 핵심적인 주제로 삼고 있다. 1970년대 통일 운동이 발아하여 진행되어 가는 과정에서 현재까지 지속적으로 일관되게 주장된 것은 통일의 궁극적 목표와 통일의 방법에 대한 의견 일치, 즉 평화를 향

---

57) 김윤옥, "여성과 평화의 관점에서 본 통일신학," 320.
58) 송기득은 분단으로 말미암은 비인간화를 극복하고 진정한 인간 해방 및 인간화의 실현을 위한 통일의 당위성을 강조한다. 송기득, "민족 통일에 대한 신학적 과제: 인간화를 바탕으로," 32-35.

한 염원과 갈망이었다. 통일의 목표는 평화 곧 한반도의 평화 정착이
며, 통일의 과정 역시 비폭력적, 평화적 방법으로 이루어져야 한다. 이
런 의미에서 평화를 수반하고 평화를 지향하는 통일이 가장 바람직하
다고 손규태는 역설한다.[59]

박종화에 의하면 통일을 성취하는 방법과 과정 뿐 아니라 통일
의 목적도 평화여야 한다. 즉 통일신학은 평화신학이어야 한다는 것이
다. 그런데 평화는 인간 삶의 조건으로서 구체적으로 구조 속에 실현
되어야만 한다. 그는 "평화는 고착된 개념이나 이념 또는 체제가 아니
다. 그것은 삶의 방식이요 실천이다"[60]라고 말한다. 또한 그는 소극적
의미의 평화를 넘어서서 적극적 의미의 평화를 구체화시켜야 한다고
주장한다. 즉 '전쟁의 부재 상태'를 만들어야 한다는 소극적 의미의 평
화의 수준에서 벗어나서, 통일의 내용을 민족 공동체적 삶의 구석구석
에 '정의로운 평화' 내지는 '정의가 깃든 평화'를 정착시키는 데로 나아
가야 한다.[61] 이런 맥락에서 박종화는 평화의 삶의 구조를 구체적으로
정치적·인간적 자유와 사회적·경제적 평등이 구현되는 삶 곧 정의로
운 평화의 삶으로 본다. 이것이 바로 분단 극복과 통일 성취의 초석이
며, 통일의 궁극적 목표는 자유·평등·정의가 실현되는 평화라는 것이
다.[62]

김윤옥은 여성과 평화의 관점에서 새롭게 통일신학을 제안한다.
성서의 샬롬은 정의로운 평화(시 72, 85:10), 모든 생물의 온전성이 총
체적으로 실현되는 현실을 가리킨다. 그러므로 통일신학이 샬롬의 관
점에서 전개되기 위해서는 통일 자체가 목적이 아니라 '정의가 실현된

---

59) 손규태, "평화를 위한 통일의 신학," 49-50.
60) 박종화, "통일신학의 평화신학적 틀로의 발전적 전환," 29.
61) 박종화, "평화 통일신학의 쟁점과 전망," 71.
62) 박종화, "통일신학의 평화신학적 틀로의 발전적 전환," 28.

평화로운 삶의 제도의 정착'을 추구해야 한다. 통일은 '적극적 평화'를 목적으로 하며 이런 목표 달성을 위한 과정으로 해석되어야 한다는 것이다.[63]

이렇게 볼 때 통일신학의 주제는 정의로운 평화와 통일이다. 정의가 실현된 상태가 진정한 평화이며, 정의 없는 평화는 불가능하다. 평화는 정의를 전제하기 때문이다. 실제로 정의롭고 평화로운 삶이란 정치적·인간적 자유와 사회적·경제적 평등이 실현되는 삶이다. 그러므로 평화는 통일의 궁극적 목표인 자유와 평등과 정의를 통해서 실현된다. 그런데 이를 강조하는 것은 희년 운동의 의미와 성격을 규명하는 통일신학의 주요한 특징이다. 희년의 현대적 의미를 드러냄에 있어서 강조되는 것은 평화의 계약 공동체(레 25:11-55)의 회복, 즉 평등주의 경제 질서와 사회 정의이다. 그러므로 희년 제도는 분단을 극복하기 위한 구체적인 사회 개혁을 그 내용으로 삼고 있다고 한다. 특히 김애영은 "통일 희년 운동과 하나님의 통치"라는 글에서 통일 희년 운동을 사회주의와 하나님의 통치 개념을 중심으로 분석함으로써 진정한 희년신학의 발전을 촉구하고 있다. 이는 사회적 진보 또는 사회주의의 다양한 형태들을 지지할 수 있어야 한다는 발상의 전환을 요구하는 제안을 포함한다. 또한 경제적 평등성이 보장되는 국제 정치적 평화의 세계가 바로 하나님이 통치하시는 세계가 되어야 한다고 지적한다.[64]

정의와 평화를 강조하는 입장에서 김영한은 통일신학의 주제를 다음과 같이 제시한다: 통일을 위한 남한의 민주적 역량 함양, 통일 이념으로서 인간화, 사회 복지화, 민주화 이념, 한반도 동서 분단의 진정한 통일의 실현-그리스도 통치, 마지막으로 통일 방식은 힘의 통일이 아닌 평화의 통일을 강조한다. 즉 평화적인 방법으로서 통일 방식은

---

63) 김윤옥, "여성과 평화의 관점에서 본 통일신학," 319.
64) 김애영, "통일 희년 운동과 하나님의 통치," 「복음과 상황」 (1992/7, 8), 89.

상호 인정과 상호 개방의 사고, 민족적 인도주의에 입각한 상호 교류, 불신 해소, 화해의 길 추구, 개방화로 나아가는 한반도 주변 정세의 최대한의 선용 등임을 구체적으로 제시하고 있다.[65]

또한 홍성현에 의하면 평화 운동은 첫째로 전쟁과 폭력을 없애는 운동이며, 둘째로 잠재적인 전쟁과 폭력의 원인들 즉 갈등, 공격심, 적대 의식을 제거하고 화해와 공존을 가능하게 하는 운동이며, 셋째로 궁극적으로 갈등과 적대 관계가 생기지 않는 사회 구조를 만드는 운동[66]이다. 김윤옥은 평화의 신학으로서의 통일신학이 군축, 반핵, 반군사주의의 문화를 주제로 삼아야 한다고 강조한다.[67] 근래에 이르러 박종화는 평화 운동이 경제적·사회적 정의, 정치적·군사적 평화, 환경 보호와 생명 문화 운동을 포함하는 데로 나아가야 한다고 역설하고 있다.[68]

2) 화해와 일치

통일신학은 남북 분단을 죄와 악으로 보고 이 분단을 극복할 이념적인 틀을 제공하고자 한다. 이것은 평화를 정착시키려는 노력으로서 화해의 신학이다. 김상근 목사는 "1988년 선언"이 "참회와 화해의 신학"이라고 규정한다.[69] 그는 진정한 죄책의 고백과 참회로부터 진정한 화해를 이루어 낼 수 있다고 본다. 즉 참회와 용서의 신학이 없이는 통일의 원칙들도 단순한 기능주의적 논리에 불과할 뿐이라는 것이다. 마음으로부터 우러나오는 화해와 일치의 정신이 없다면, 통일 선언이

---

65) 김영한, "복음주의적 통일신학," 39-57.
66) 이삼열, "그리스도교와 평화,"「신학사상」 48 (1985/봄), 10.
67) 김윤옥, "여성과 평화의 관점에서 본 통일신학," 322.
68) 박종화, "평화 통일신학의 쟁점과 전망," 72.
69) 김상근, "통일 희년과 교회의 역할,"「교회와 세계」 (1991/10), 22-24.

제안하고 있는 다양한 방식들도 단지 실천 없는 선언에 불과할 것이다. 민족 공동체의 회복은 제도나 장치의 문제를 넘어 구원을 향한 민족 공동체의 치유와 회복이 되어야 하기 때문이다. 따라서 화해의 신학이 요청된다고 주장한다.

한반도는 '탈냉전 시대의 냉전 지역'이라는 특성을 지니고 있다. 그런데 분단으로부터의 해방은 정치적 해방일 뿐 아니라 종교적 구원의 차원이 포함되는 것이므로, 여기서 분단으로 말미암은 죄를 용서하는 마음과 치유의 차원이 우선적이라고 서광선은 주장한다. 분단은 정치적이며 군사적인 대결뿐 아니라 동족상잔의 민족적 비극을 경험하게 했으며 남북한 국민 상호간에 형제자매를 증오하고 적대시하는 증오와 적대감을 갖도록 했다. 따라서 먼저 남북한 민족 한 사람 한 사람의 가슴 속에 깊이 사무쳐 있는 미움과 원한의 죄를 고백하고 회개해야 한다는 것이다. 증오와 죄책감을 진정으로 회개하지 않고는 화해와 일치와 통일의 길을 걸어갈 수 없다.[70] 즉 회개와 용서 및 화해의 마음의 변화가 앞서야 한다. 이런 과정 속에서 민족공동체의 치유가 필요하다. 심리적·정서적 치유의 과정과 이데올로기의 갈등이 극복되는 과정이 수반되어야 한다.

최근에 황홍렬은 성서적 화해의 개념을 중심으로 평화 통일선교와 평화 선교신학을 전개하고 있다. 그는 화해의 두 가지 차원을 말하는데, 사회적 측면과 영성적 측면이다. 전자는 분열된 사회를 정의로운 사회로 재건하기 위한 구조와 과정을 만들어 가는 것이다. 후자는 용서와 기억의 치유 등을 통해 손상된 인간성을 회복하는 것이다.[71] 따라서 한국교회는 개인적·사회적 차원의 화해의 과정에 주도적으로

---

70) 서광선, "한국 기독교 통일신학 운동의 사회 전기," 292.
71) 황홍렬, 『한반도에서 평화 선교의 길과 신학: 화해로서의 선교』(서울: 예영 B&P, 2008), 261-264.

참여해야 한다고 주장한다. 이러한 용서와 치유를 통해서 개인과 공동체 사이의 화해뿐 아니라 사회와 국가의 평화를 지향할 수 있다.

그런데 화해는 정의를 대체하는 것이 아니며 오히려 정의가 화해의 전제 조건이다. 그런 의미에서 희년 정신의 중요성은 공동체의 회복 즉 일치에 있다. 민영진에 의하면 민족의 공동체성의 회복과 일치를 이루는 방법은 '고투(苦鬪)와 고통'이 포함된 '코이노니아'다. 코이노니아를 통해 하나님의 나라와 의가 이루어질 때 결과적으로 우리는 평화를 누리게 된다.[72] 또한 김윤옥은 궁극적으로 한국 민족의 통일이 차별과 억압, 착취와 불의가 없는 참된 코이노니아로 이루어진 정의롭고 평화로운 사회를 이루어 나가는 통일이 되어야 한다고 주장한다.[73] 특히 남녀의 온전한 인간성의 회복을 통한 여성과 남성의 공생적인 생명·평화 공동체야말로 민족 구원의 공동체일 것이라고 말하는데, 이는 진정한 화해와 평등, 연합과 일치를 통해 가능한 것이다.

그런데 이러한 화해 운동은 남북한 상호간의 신뢰 회복을 쌓아감으로써 그 열매를 거둘 수 있다. 남북 화해는 전 민족적 과제요, 동북아시아 및 세계의 평화와 밀접하게 연관된 과제다. 그러므로 구체적인 화해의 실천 운동이 수행되어야 한다. 김병로는 한국교회가 남북한이 한국전쟁의 피해를 서로 이해하고 전쟁의 상처로 고통 받는 남북한 민족에게 용서와 화해를 촉구하는 메시지를 선포해야 한다고 주장한다. 기독교인들이 먼저 남북한 사람들의 이런 상처와 적대 감정을 평화의 복음으로 끌어안고 치유해 가야 한다. 만일 기독교 신앙이 이데올로기에 갇혀서 한국전쟁의 상처와 분노를 치유하지 못한다면, 통일 시대 기독교는 결코 화해와 일치라는 복음의 생명력을 갖지 못할 것이라고 그는 지적한다.[74]

---

72) 민영진, "1995 통일 희년," 『평화·통일·희년』, 304.
73) 김윤옥, "한국 여성의 평화신학," 「한국기독교신학논총」 6 (1989/10), 252.

이런 의미에서 화해와 일치 운동은 한국교회 안에서부터 먼저 이루어져야 한다. 한국교회의 갱신과 일치는 교회와 교단의 차원을 넘어서는 에큐메니칼 운동의 차원을 포함하는 것이다. 뿐만 아니라 한국사회 안의 지역적·계층적·이념적 갈등과 대립을 치유하고 회복하는 일을 지속적으로 확대함으로써 평화와 통일을 위한 연대 운동이 이루어질 수 있다.

4. 통일신학의 과제와 전망

분단 이후 통일 논의와 통일 운동이 주로 정계 및 학계에서 제한적으로 이루어져 왔듯이, 기독교계 안에서 통일신학 역시 소수의 신학자들에 의해 논의되어 왔으며 그 범위 또한 그리 넓지 않았음을 부인할 수 없다. 분단 이후 각 정권의 입장과 맞물려 민간 차원에서 이루어져 온 통일 담론은 때로는 소극적으로 때로는 적극적으로 매우 다양하게 전개되어 왔다. 이 과정에서 지속적으로 통일을 반대하는 세력들과 주변 국가들의 다층적인 압력이 있어 왔지만 그 누구도 한민족의 통일을 향한 간절한 꿈과 염원을 막을 수는 없을 것이다.

통일신학은 한민족의 분단 상황에서 태동된 한국적 상황신학이다. 2차 세계대전 이후 마지막 남은 냉전 체제의 산물이면서 세계 평화에 커다란 장벽으로 남아있는 한민족의 분단 상황의 해법은 아직도 쉽게 풀 수 없는 숙제이다. 종래의 통일신학은 분단 현실에 대한 분석 및 반성과 함께 분단 극복과 통일을 지향함으로써 미래의 희망을 제시하는 방향으로 발전되어왔다. 그러나 이제는 통일의 당위성의 신학적 의미를 해명하는 단계를 넘어서야 할 것이다. 대체로 통일신학은 통

---

74) 김병로, "평화 통일과 북한 복음화를 위한 한국 교회의 과제," 29.

일의 원칙과 분단 극복의 과제를 다루고 있지만 구체적인 통일 방안을 제시하지 못하는 한계를 지닌다. 물론 여기에는 국가적·정치적·경제 적·사회적·문화적 요인과 맥락을 고려하지 않을 수 없는 통일신학 자 체의 한계를 배제할 수 없다. 민간 차원에서의 통일 담론이라는 제약 을 고려하지 않을 수 없는 것이다. 실제로 한반도 통일 전략과 방안들 은 일반 학자들과 전문가들 사이에서 다양하게 논의되고 있다.[75] 그런 데 이런 제한적 상황과 조건에도 불구하고 "1988년 선언"은 그 이후 정 부의 통일 정책에 상당한 영향을 미쳤으며 통일 운동의 원칙과 방향을 제시했다는 점에서 커다란 의의를 지닌다. 그러나 그동안 전개되어 온 통일신학을 살펴볼 때 실제로 통일 이후의 민족 공동체의 삶에 대한 연구는 그리 활발하게 전개되지 않았다. 또한 통일의 방식에 대한 충 분한 합의가 이루어진 것도 아니며, 통일 이후의 국가적 정체성과 사 회적 대안들이 건설적으로 모색되지 않았음이 사실이다. 이는 향후 통 일신학의 연구 과제일 뿐 아니라 중심 주제가 되어야 할 것이다.

복음주의 통일신학과 진보적 통일신학 모두 통일신학의 성서적 근거로 들고 있는 기본적인 본문은 화해, 평화, 일치, 연합 등이다. 진 보 진영은 정의와 해방을 강조하는 본문들에 치중하는 한편, 복음주 의 진영은 십자가의 의미를 강조하며 화해를 부각시킨다. 또한 양 진 영 모두 통일신학의 출발점으로서 분단에 대한 성찰과 회개를 들고 있 다. 물론 분단의 원인과 책임에 대한 분석에 있어서는 서로 입장에 따 른 차이점을 보이고 있지만, 분단을 극복하기 위한 첫 발걸음으로 회 개를 강조하는 것은 양 진영이 포괄적으로 공유하는 것이다. 복음주의

---

75) 김경호, "한반도의 평화 공존 모색과 한국의 통일 외교 전략," 「통일전략」 1 (2001/12); 한승 완, "통일 민족 국가 형성을 위한 시론," 「사회와 철학」 1 (2001/4); 정경환, "통일 문제의 기본 인식과 대북 정책 방향," 「통일전략」 1 (2001/12); 김인혁; "통일 대비 과제와 통일 전략," 「통 일전략」 1 (2001/12); 김창순, "통일 문화 창조와 민족 통일," 「북한학보」 31 (2006/11); 정희 태, "한반도 통일 환경의 변화와 남북한 관계," 「통일전략」 4 (2004/8); 윤덕희, "통일문화 형 성의 방향과 실천과제," 「한국정치학보」 31 (1997/6).

통일신학은 통일의 당위성과 목표를 설정하는 등 원칙론적인 접근에 머무르고 있으며, 북한 선교와 북한 복음화에 더 초점이 맞추어져 있고 통일의 방식에 대한 심층적인 연구가 아직 충분히 이루어지지 않고 있다. 물론 진보 진영의 통일신학도 다분히 선언적 성격을 지니고 있음이 사실이다. 그러나 통일 운동을 반성하고 그 방향을 제시하며 실천을 촉구하는 의미를 지니고 있다고 할 수 있다.

그런데 여러 통일 운동과 다양한 통일신학자들 사이에 통일의 방식에 대한 다양한 이견들이 존재함을 부정할 수 없다. 정권이 바뀔 때마다 대두되는 통일 담론의 각론적인 부분에 있어서의 차이들도 간과하지 않을 수 없다. 실제로 흡수 통일의 문제와 평화 공존의 방식, 남한과 북한 각각의 민주화를 향한 체제 개혁 등의 문제에서 좀처럼 거리가 좁혀지지 않는 서로 상충되는 다양한 주장들이 존재한다. 그러나 기본적으로 민족의 과제로서의 통일에 대한 보다 더 지속적이며 일관된 접근이 요청된다. 분단의 역사 속에서 하나님나라를 구현해야 할 책임을 갖고 있는 통일신학은 민족적 과제의 실현을 위해서 적극적인 참여를 해야 한다.

박종화는 통일신학의 과제를 '민족적 과제를 교회의 삶 속에 주체적으로 수용하고 실천하는 일'과 그것을 '성서가 증언하는 평화의 복음의 빛에서 해명하는 일'이라고 주장한다. 그러므로 통일신학은 평화신학을 지향해야 한다. 보수와 진보 양 진영 모두 평화를, 통일을 성취하는 방법일 뿐 아니라 통일의 내용이며 목표로 이해한다. 따라서 통일신학은 평화 통일신학의 틀로 지평이 확대되고 폭이 심화되어야 한다. 그런데 여기서 박종화는 환경 평화의 문제를 제기한다. 하나님의 평화 공동체는 인간 공동체뿐 아니라 자연 환경과의 평화를 포함하는 것이기 때문이다. 그러므로 통일신학의 과제는 "자유와 정의가 실질적으로 보장되고 따라서 하나님의 창조 질서가 정착되는 평화"[76]라고 한다. 이런 맥락에서 한국교회는 환경오염과 생태계 파괴로 인한 인간의 고통을 외면할 수 없으며 생태 정의를 실천하는 일에 참여해야 한다.

또한 허호익은 민족 통일신학이 다루어야 할 과제는 분단 상황이 빚어낸 삶의 포괄적인 고난의 영역으로부터의 해방을 포함해야 한다고 주장한다. 즉 냉전 체제로 인한 민주화의 지연과 정치 발전의 저해, 군비 경쟁이 빚은 막대한 경제력 소모와 자립적 민족 경제 형성의 장애, 민족의 연대성 상실과 이념적 소외, 개인의 불안 의식과 이산가족의 한(恨) 등으로부터의 해방인 것이다.[77] 그러므로 통일신학은 분단으로 인한 민족의 다차원적 고난의 현실을 변혁시켜야 할 책임을 지님과 동시에 한국교회의 선교적 과제를 수행해야 한다. 따라서 "1988년 선언"의 기본적인 시각들, 즉 평화와 정의를 구현하기 위한 통일신학의 시각과 접근 방향은 지속적으로 추구되어야 한다.

송기득은 통일신학이 민주화와 통일의 과제를 지니고 있다고 주장한다. 하나님나라는 민주화와 통일이 실현된 세계에 대한 하나의 표징이다. 즉 하나님의 주권이 드러나는 해방 공동체는 정의와 평화가 실현되는 공동체이다. 그래서 통일 이후 민족 공동체의 체제에 대하여 자본주의와 사회주의의 선택의 이슈가 등장하게 된다. 송기득은 통일신학의 과제가 진정한 인간화의 실현으로서 통일의 이념이 모든 이데올로기를 초월하는 것이라고 본다. 그 과정에서 남북한의 체제와 이데올로기에 대한 비판이 포함된다는 점을 지적한다.[78] 물론 이에 대해서는 다양한 견해들이 존재하며 이것은 앞으로 지속적으로 논의되어야 할 주제이기도 하다. 특히 남한의 자본주의와 북한의 사회주의 경제 체제에서 과연 성서가 말해 주는 희년적인 경제 체제는 어떠한 것인지

---

76) 박종화, "통일신학의 평화신학적 틀로의 발전적 전환," 27.
77) 허호익, "민족 통일에 대한 신학적 이해," 16.
78) 송기득, "민족 통일에 대한 신학적 과제," 46.

에 대해서 신학화하는 작업이 필요할 것이다.

그런데 남북한 상호 신뢰 구축의 문제는 군사적인 문제이면서 동시에 남북 교류의 문제이다. 남북한 양국의 실질적인 군비 축소와 불가침 이행 약속, 평화 협정 체결 등과 더불어 이산가족의 만남과 왕래, 인도주의적 접근과 과제 수행, 남북한 경제 협력과 각종 교류 등을 더 활발히 촉진해야 할 것이다. 이를 통한 상호 신뢰가 쌓여갈 때 통일의 길을 앞당길 수 있다. 그뿐 아니라 앞으로 통일신학은 한국적 상황신학의 한계를 넘어서서 평화신학, 여성신학, 희년신학, 그리고 생태신학적 전망 속에서 창조 세계의 보전 운동으로 확대되어 가야 한다.[79] 새로운 민족 공동체 형성뿐 아니라 한반도의 생태계의 위기의 극복과 자연 환경의 보전 운동으로의 새로운 패러다임을 형성해 나가야 할 것이다.

최근에 이르러 정종훈은 한국교회가 세계적인 신자유주의의 지구화(globalization)에 직면하여 분단을 생존의 문제요 신앙의 문제로 이해함으로써 분단 극복과 통일의 모색을 신학적 과제로 삼아야 한다고 주장한다. 그는 "한국교회가 성서의 희년 정신을 민족사적 전망으로부터 세계사적 전망에까지 확대 해석할 필요가 있다. 채권 국가와 채무 국가의 세계적인 상황이 호전되기는커녕 더욱 첨예화되고 있는 신자유주의의 지구화 현실 속에서 희년 정신의 민족사적 과제를 세계사적 지평과 연결할 때 한국교회의 희년 운동은 한반도뿐 아니라 세계사에도 큰 희망을 주는 것이 될 것이다"[80]라고 주장한다. 이런 관점은 통일신학의 또 하나의 새로운 주제로 자리 잡을 수 있으며 미래의 통일 운동의 방향을 제시할 수 있다.

---

79) 노정선, "한반도의 분단과 하나님 창조의 보전: 영성신학적 추구," 「한국기독교신학논총」 4 (1988. 10); 전현식, "에코페미니즘, 군사주의, 악 그리고 생태정의의 지구 생명 공동체," 「한국기독교신학논총」 26 (2002. 10).
80) 정종훈, "분단시대 한국 교회의 신학적 반성과 과제," 276.

무엇보다도 앞으로 통일신학은 선교 과제로서의 통일 운동을 추구하고 그 방향을 결정하는 지침을 지속적으로 제공할 수 있어야 한다. 통일신학은 단지 선언적 수준에 머물러서는 안 된다. 구체적인 실천의 과제를 교회 안팎에서 실행해야 하며 좀 더 미래지향적 대안들을 제시해야 할 것이다. 그러기 위해서는 먼저 한국교회의 교회 갱신과 개혁이 요청된다. 교계 안팎에서 평화와 화해 및 일치 운동이 활발하게 전개되어야 한다.[81]

분단 이후 한국교회와 한국 신학은 민족 통일을 향한 염원을 간직한 채 통일 운동과 통일의 신학화 작업에 피와 땀을 쏟았다. 비록 보수와 진보의 양 진영은 이념적 차이와 함께 통일의 방식과 통일의 절차에 관해서는 상이한 접근을 드러내지만, 분단에 대한 회개와 반성 및 통일의 당위성과 필요성에 대해서는 의견의 일치를 보여준다. 두 동강 난 산하(山河)의 허리를 부여안고 가야 하는 한국 민족의 아픔은 통일신학의 전제다. 1,000만 이산가족의 상처를 치유해야 할 책임은 한국교회의 어깨 위에 놓여 있다. 통일은 우리 민족의 염원이며 과제이다. 한국교회는 민족의 동질성을 회복하고 정의로운 사회를 실현하는 과제를 외면해서는 안 된다. 마찬가지로 우리 민족의 화해와 치유를 통한 평화통일의 길에 대한 희망과 기대를 저버려서는 안 된다.

통일신학은 한국적 상황신학으로서 한국교회의 민족적 과제를 실현하기 위한 진지한 노력을 아끼지 않았다. 한국교회의 평화통일 운동에 긍정적으로 기여한 부분이 적지 않으며 민족신학으로서의 새로운 패러다임을 제시하고 있다. 앞으로도 민족 통일에 대한 정치적·경제적·사회적·문화적 접근을 포함해서 지속적인 신학적 해석과 실천적 적용이 병행되어야 할 것이다. 특히 통일의 방식과 절차 및 통일 이후

---

81) 조은식, 『통일선교: 화해와 평화의 길』(서울: 미션 아카데미, 2007), 26.

의 민족 공동체의 삶의 대안들을 모색하는 것은 미래의 통일신학의 중대한 과제라고 할 수 있다.

통일 운동은 남북한 상호 교류 협력이 활성화되고 평화 공존이 제도화될 수 있는 방향으로 진전되어야 한다. 그리하여 한반도의 긴장 완화와 남북간 대화 및 협력의 분위기가 다시금 조성되기를 기대한다. 남북한의 화해와 협력, 평화의 증진, 통일 기반 확충을 위한 노력들을 남북한이 주도적으로 감당할 수 있도록 하루 속히 관계가 회복되는 방향으로 나아가야 한다. 또한 한국교회가 남북문제뿐 아니라 한국의 정치, 경제, 사회, 문화 등 모든 영역에서 어떻게 선한 영향력을 끼칠 수 있는지에 대하여 진지하게 고뇌하며 실천적 방안을 모색해야 할 때다. 정의와 평화를 실현하는 하나님나라의 운동의 실천을 위하여 한국 교회와 신학이 성령의 인도하심을 따라 손을 맞잡고 함께 나아가야 할 것이다. 한국교회가 오늘 이 땅에서 신학적 책무와 선교적 사명을 다하기 위한 노력은 통일신학을 전개하고 지속적으로 통일 운동에 헌신하는 과정 속에서 그 열매들을 맺을 수 있다.

12장

평화통일신학의 형성과 과제:
하나님나라 신학의 빛에서

    2013년 부산에서 개최된 제10차 세계교회협의회(WCC) 총회에서 「한반도 평화와 통일에 관한 선언」이 채택되었다.[1] 이는 세계교회가 한반도 분단상황에 대한 진지한 인식을 바탕으로 평화통일운동의 당위성과 과제를 천명한 획기적인 일이 아닐 수 없다. 1945년 민족분단 이후 오늘에 이르기까지 한국교회와 신학은 다양한 평화통일운동의 노력을 기울여왔다. 그 과정에서 정부의 평화통일정책 결정과정에 지대한 영향을 끼쳐 남북한 평화교류와 협력에 물꼬를 튼 경우도 있었다. 때로는 정부당국에 의해서 평화통일운동이 제약을 받아 현저히 위

<hr />

1) 세계교회협의회 총회, 「한반도 평화와 통일에 관한 선언」 (2013.11.8).

축되기도 하였다. 그런데 최근 한국사회에서 소위 "남남갈등"이라고 하는 통일에 대한 극단적인 이념 대립현상이 나타나고 있다.[2] 한국교회와 신학계도 예외는 아니다. 보수적인 진영과 진보적인 진영 사이에 통일신학과 통일운동에 대한 상이한 이해와 접근이 두드러지게 표출되고 있다. 이는 신학적 입장의 차이와 함께 통일을 바라보는 시각과 교회의 민족적 사명과 사회적·역사적 책무에 대한 근본적인 이해의 차이에 기인한다고 할 수 있다.

과연 한국교회와 신학은 민족적 과제인 평화통일에 대한 양진영의 입장을 최대한 수렴하고 상호대화의 접점을 찾을 수 없는 것일까? 민족의 화해와 치유 및 한반도의 평화통일에 대한 접근에 있어서 거리를 좁히고 구체적인 방안을 모색할 수 있을 것인가? 한국교회는 평화통일신학의 근거와 성격을 새롭게 규정하고 그 실천적 과제를 제시함으로써 어떻게 한국사회와 역사에 기여할 수 있을 것인가?

12장에서는 그동안 전개되어왔던 한국교회의 평화통일신학 운동의 성격과 방향에 대한 분석을 토대로,[3] 하나님나라 신학의 관점에서 평화통일신학의 형성 및 과제를 모색하고자 한다.[4] 하나님나라 사

---

2) 허호익은 "남남갈등"의 현상에 대하여 구체적인 분석을 시도한다. "남남 및 남북 갈등의 쟁점," 허호익, 『통일을 위한 기독교 신학의 모색』(서울: 도서출판 동연, 2010), 111-182.

3) 신옥수, "통일신학의 어제와 오늘," 「한국기독교신학논총」 61 (2009), 55-83; 조은식, "남한 교회의 통일운동 연구: 해방이후부터 문민정부까지," 「선교와 신학」 15 (2005), 13-40; 임희모, "통일정책과 북한선교정책의 변천 연구," 「선교와 신학」 15 (2005), 41-70; 박성원, "평화와 화해의 문들아 너의 머리를 들지어다!-한반도 평화와 화해를 위한 세계교회의 노력," 「선교와 신학」 15 (2005), 71-99; 허호익, "한국기독교의 통일논의의 역사와 통일의 실천적 과제-한국기독교학회와 한국기독교교회협의회를 중심으로," 「한국기독교신학논총」 61 (2009), 85-106; 안교성, "통일신학의 발전에 관한 소고," 「한국기독교신학논총」 90 (2013), 87-113; 백충현, 『남북한 평화통일을 위한 삼위일체적 평화통일신학의 모색』 남북한평화신학연구소 연구총서 03 (서울: 도서출판 나눔사, 2012), 27-82.

4) 그동안 하나님나라 운동으로서의 평화통일신학에 대한 착상이 제안되었지만 체계적으로 정립되지 않았다. 그러나 필자는 보수진영과 진보진영을 아우르는 평화통일신학에 대한 통전적 접근은 하나님나라의 지평에서 확립되는 것이 타당하다는 입장으로부터 출발한다. 특히 위르겐 몰트만(J. Moltmann)의 하나님나라 신학의 입장에서 전개할 것이다. 하나님나라 운동으로서의 통일신학의 착상에 관해 다음의 글을 참고하라. 이범성, "통일, 하나님나라운동," 박영신 외 3인, 『통일·사회통합·하나님나라』(서울: 대한기독교서회, 2010), 66-94; 박순경, 『통일신학

상의 빛에서 평화통일신학의 근거와 성격을 규정하고 평화통일신학의 원리와 이념들을 살펴본 후에 한국교회 안에서의 실천적 적용방안을 제안할 것이다. 이를 통해 본 교단의 평화통일신학 정립을 위한 하나의 방향을 제시함으로써 신학의 공적·역사적 책임을 수행하고자 한다.

I. 평화통일신학의 형성

1. 평화통일신학의 전개

평화통일신학이란 무엇인가? 혹은 평화통일신학은 가능한 것인가? 기본적으로 통일신학은 "민족통일에 대한 신학적 성찰" 혹은 다양한 "통일운동에 대한 신학적 반성"으로 규정할 수 있다.[5] 한반도의 분단 상황을 체계적으로 분석하고 분단 극복의 방식을 모색하며 민족통일을 목적으로 하는 다양한 신학작업을 의미한다. 그런데 오늘날 통일신학은 평화통일신학을 가리킨다.[6] 평화는 통일의 전제와 수단 및 방법이며 통일의 모든 과정이 지향하는 궁극적 목표이기 때문이다. 또한 단지 분단이 극복되는 방식만이 아니라 통일 이후 모든 삶의 상황 속에서 진정한 평화를 구현하는 신학적 작업이 평화통일신학이다. 이런 맥락에서 평화통일신학은 한국교회의 보수진영과 진보진영 양자

의 미래』(서울: 사계절출판사, 1997), 5; 정경호, "분단 50년과 평화통일의 신학," 「신학과 목회」 11 (1997년/8), 106-138.

5) 신옥수, "통일신학의 어제와 오늘," 56.

6) 박종화, "통일신학의 평화신학적 틀로의 발전적 전환," 「기독교사상」 399 (1992/3), 27-36; "평화통일신학의 향후 과제," 「기독교사상」 392 (1991/8), 42; 손규태, "평화를 위한 통일의 신학," 「기독교사상」 373 (1991/1), 55; 김영한, 『평화통일과 한국기독교: 복음주의적 통일신학을 향하여』(서울: 도서출판 풍만, 1990);『개혁주의 평화통일신학: 선진 사회적 자유민주통일론』(서울: 숭실대학교출판부, 2012).

가 함께 신학적 토대를 마련하고 그 발전을 추구할 수 있는 신학적 담론이다.

그런데 평화통일은 통일의 방식에 있어서 흔히 회자되는 남한의 흡수통일이나 북한의 적화통일을 의미하지 않는다. 실제로 해방 이후 평화통일론과 무력 통일론, 두 개의 통일론이 충돌해왔다. 그러나 우리는 그 어떤 무력에 의한 통일을 반대한다. 전쟁은 삶의 터전을 파괴하며 인간의 생명과 안전과 행복을 박탈한다. 6·25 전쟁에서 일어났던 남북한의 수많은 인명 살상과 참혹한 전쟁의 참화는 결코 되풀이되어서는 안 된다. 우리 민족은 뼈아픈 동족상잔의 비극의 경험을 갖고 있기에 전쟁의 방법을 통한 통일은 결코 지향할 수 없다.

그동안 평화통일논의는 정부와 민간차원에서 각각 이루어져 왔다. 비록 정권이 바뀔 때마다 통일담론의 변화가 있었지만 정부는 "7·4 남북공동선언"(1972), "남북 기본합의서"(1992), "한반도 비핵화 공동선언"(1992.1.20), "6·15 남북 공동선언"(2000), "남북관계발전과 평화번영선언"(2007.10.4) 등을 발표하며 지속적으로 평화통일의 원칙을 천명해왔다. 한국교회는 "민족의 통일과 평화에 대한 한국기독교회 선언"(1988),[7] "1995 평화와 통일의 희년선언"(1995) 등을 통해서 평화통일의 목표를 설정하고 다양한 방식으로 평화통일운동을 전개해 오고 있다.[8] 통일 환경의 다차원적인 변화 속에서 한국교회의 통일논의 또한 진보와 보수 양진영에서 이루어지고 있는데, 기본적으로는 남북합의에 의한 평화통일을 지향하는 정책을 지지하는 방향으로 나아가고 있다.

그런데 지난 20년간 한국사회에서 통일에 대한 관심이 크게 약화

---

7) "민족의 통일과 평화에 대한 한국기독교회 선언"(1988)은 ① 자주 통일, ② 평화통일, ③ 신뢰와 협력을 통한 민족의 통일, ④ 국민의 참여에 의한 민주적 통일, ⑤ 인도주의에 기초한 남북관계의 5원칙을 확인하였다.
8) 허호익, 『통일을 위한 기독교 신학의 모색』, 401-452.

되었다. 통일무용론 또는 통일의 당위성과 필요성에 대한 회의적인 입장이 대두되고 있다. 특히 젊은 층을 중심으로 통일을 진부한 가치로 여기고 염증을 갖는 상황이 두드러진다. 반면에 막연하고 맹목적인 환상적 통일지상주의자들도 엄연히 존재한다. 물론 한민족의 입장에서 민족분단의 현실은 당연히 극복되어야 하며 민족통일을 실현해야 한다는 당위론이 더 지배적이다. 그러나 통일담론에 대한 세대간 입장차이가 현저하게 나타난다. 최근 연구 자료에 따르면, 민족공동체로서의 통일의 당위성보다는 '전쟁위협의 감소와 선진국이 되기 위한 경제적 이익을 위해서 통일이 필요하다'는 응답이 20대에서 점차 증가한다고 한다.[9] 실제로 우리는 학교나 사회와 교회에서 통일교육의 부재 및 약화현상도 확인할 수 있다.[10] 그리하여 우리는 "어떤 통일인가?"에 대한 질문 못지않게 "왜 통일인가?"에 대한 물음을 다시금 제기해야 하는 시대적 상황에 처해 있다.

이런 맥락에서 하나님나라의 시민이요 한민족의 일원으로서 그리고 하나님나라 실현의 책임을 지닌 교회공동체의 일원으로서 우리는 평화통일신학을 정립해야 할 필요성을 절감하게 된다. 남북분단의 현실 속에서 대립과 갈등과 폭력과 전쟁의 위협에 지속적으로 노출되어 있는 한반도 상황을 안타까워하시며 한민족의 평화통일을 원하시는 하나님의 뜻에 응답하는 길은 평화통일신학을 새롭게 형성하고 그 실천적 과제를 모색하는 것이다.

2. 평화통일신학의 성서적 근거

평화통일을 위한 이론적 근거는 그 어떤 이데올로기가 아닌 성경

---

9) 임성빈, "세대 차이와 통일인식이 대한 신학적 반성," 「장신논단」 46-2 (2014), 256-262.
10) 조은식, "한국교회의 평화교육," 『선교와 통일』(서울: 숭실대학교출판부, 2014), 201-208.

적 비전과 화해와 용서의 기독교 복음의 핵심에서 찾아야 한다. 민족적·역사적·정치경제적·사회문화적·국제 정세적 상황과 요인들에 둘러싸인 분단의 현실에 대한 정확한 인식을 토대로 하되, 기독교 복음의 기초에서 평화통일의 당위성과 실천의 동력을 찾는 신학적 작업이 요청된다. 민족 동질성의 회복과 민족공동체의 화해와 연합을 지향하는 평화통일에 대한 신학적 정당성은 성경에 나타난 하나님의 뜻과 하나님의 주권과 통치 및 하나님나라의 가치 안에서 확립되어야 한다.

평화통일에 대한 성경적 근거는 무엇인가? 보수진영과 진보진영 신학자들이 대체로 동의하는 평화통일을 강조하는 신구약성서 본문은 다음과 같다: 에서와 야곱의 화해(창 33장); 요셉과 형들의 화해(창 45장); 사 2:2-4; 11:11-16; 32:17-18; 호 1:10-11; 렘 3:18; 50:4; 겔 37:15-28; 슥 10:6-12; 미 4:3-4; 엡 1:10; 엡 2:14-16; 마 5:9, 45-48; 고후 5:18-19 등이다.[11] 특히 "보라 형제가 연합하여 동거함이 어찌 그리 선하고 아름다운고 머리에 있는 보배로운 기름이 수염 곧 아론의 수염에 흘러서 그의 옷깃까지 내림 같고 헐몬의 이슬이 시온의 산들에 내림 같도다 거기서 여호와께서 복을 명령하셨나니 곧 영생이로다"(시 133:1-3)라는 본문과 "그가 열방 사이에 판단하시며 많은 백성을 판결하시리니 무리가 그들의 칼을 쳐서 보습을 만들고 그들의 창을 쳐서 낫을 만들 것이며 이 나라와 저 나라가 다시는 칼을 들고 서로 치지 아니하며 다시는 전쟁을 연습하지 아니하리라"(사 2:4)는 본문에서 우리는 평화통일의 성서적 근거를 발견할 수 있다.

그뿐 아니라 예수 그리스도는 화해자와 평화의 사도로 이 땅에

---

11) 신옥수, "통일신학의 어제와 오늘," 63; 이성훈, "민족 복음화와 남북통일- '두 나라가 하나가 되리라': 에스겔 37:15-28절을 중심으로," 「성경과 신학」 37 (2005), 58-75; 임태수, "역대기 사가의 민족통일신학," 「신학연구」 28 (1987), 415-437; 길성남, "그리스도 안에서 실현되는 만물의 통일과 민족의 통일," 「한국개혁신학」 20 (2006), 133-169; 차정식, "바울신학에 나타난 통일사상," 한국기독교신학논총 17 (2000), 51-89; 박정수, 『성서로 본 통일신학』(서울: 한국성서학연구소, 2010).

오셔서 평화와 화해와 해방의 하나님나라를 선포하셨으며(눅 4:18; 요 14:27), 한국교회와 기독교인들을 평화를 위해 일하는 제자로 부르셨다. 특히 화해의 본문(고후 5:18-19; 엡 2:14-18)은 이념적 갈등과 군사적 대결로 점철된 한민족을 위한 화해의 사명이 한국 기독교인의 가장 우선적이며 중요한 과제임을 보여준다. 또한 "평화는 정의의 열매"(사 32:17)라고 하는 표현에서 나타나듯이, 정의와 평화를 강조하는 본문들은 평화통일신학을 위한 핵심적인 근거를 제공한다.[12]

신구약성서에 나타난 '평화', '정의', '통일', '화해', '희년', '하나님나라', '이스라엘의 회복'의 개념들은 평화통일신학의 기초이면서 동시에 핵심적인 주제들이다.[13] 특히 진보진영에서는 희년에 관한 본문들(레 25:11-55; 사 61:1-2; 눅 4:16-21)의 의미와 성격을 규명하고 현대적으로 해석함으로써 통일 후 민족공동체의 사회체제에 적용을 시도하기도 했으나, 보수진영의 강력한 저항에 부딪히기도 했다.[14] 복음주의 진영과 진보진영이 함께 평화통일신학의 성서적 근거로 삼는 본문은 화해, 평화, 일치, 연합 등이다. 전자는 십자가의 의미를 강조하며 화해를 부각시키는 한편, 후자는 정의와 해방을 강조하는 본문들에 치중하는 경향을 보여준다.[15] 그런데 평화통일신학의 성서적 근거는 구약의 이스라엘의 역사와 신약의 예수 그리스도의 복음 및 하나님나라에 대한 통전적인 이해에 놓여있다. 무엇보다도 하나님나라 사상은 삼위일체 하나님의 주권과 하나님의 통치방식 및 하나님나라의 가치들을 아우르

---

12) 신옥수, "통일신학의 어제와 오늘," 64.
13) 백충현, 『남북한 평화통일을 위한 삼위일체적 평화통일신학의 모색』, 49.
14) 진보진영의 희년 신학은 평등주의 경제 질서와 사회 정의를 강조한다. 채수일 편, 『희년신학과 통일 희년 운동』(서울: 한국신학연구소, 1995); 강사문은 보수와 진보 양진영이 상호보완할 것을 제안하며 희년의 정신은 남북한에 하나님의 정의 공동체를 구현하는 것이요 하나님나라의 삶을 추구하는 것이라고 주장한다. 강사문, "희년법의 성서적 의미," 「장신논단」 6 (1990), 148-171.
15) 신옥수, "통일신학의 어제와 오늘," 74-75.

는 정의, 평화, 치유, 화해, 해방, 생명 등의 주제들을 포괄적으로 드러내는 신학적 토대를 제공해준다.

3. 평화통일신학의 전제 및 출발점

하나님나라의 지평에서 평화통일신학의 전제는 무엇이며 출발점은 어디인가? 무엇보다도 민족분단에 대한 신학적 성찰과 죄고백이 전제되어야 한다. 이는 보수진영과 진보진영이 함께 공유하는 평화통일신학의 출발점이다.[16) 그런데 분단의 원인과 분단의 지속 현실에 대한 분석에서 양진영의 입장의 차이가 드러난다. 진보진영은 분단이 세계 강대국의 냉전 체제라는 죄악의 결과인 동시에 모든 구조악의 원인이라고 본다. 박종화는 "민족분단의 아픔에 교회 공동체가 스스로 동참할 뿐 아니라 분단을 직간접적으로 정당화하고, 분단 고정화에 적극소극적으로 기여한 과오를 하나님과 민족 앞에 공개적으로 고백하는 '죄책 고백적 행동'"[17)이 필요하다고 역설한다. 반면에 김영한에 의하면 분단은 단지 냉전체제의 구조악의 산물만이 아니며, 오히려 한국역사 속에서 행해진 한민족의 죄과에서 원인을 찾아야 한다. 따라서 진정한 죄책고백은 하나님 앞에서 민족의 죄과를 대신 회개하는 제사장적 행위를 뜻하며, 남북한 민족을 향한 회개의 복음을 선포하는 것이 한국교회의 과제라고 주장한다.[18)

그런데 평화통일신학을 전개하기 위해서는 우선적으로 한반도 분단 상황에 대한 바른 인식이 필요하다. 분단의 대내외적 원인과 함

---

16) 김영한, "복음주의적 통일신학," 『평화통일과 기독교: 복음주의적 통일신학을 향하여』, 38; 정종훈, "분단 시대 한국교회의 신학적 반성과 과제," 「한국기독교신학논총」 21 (2001), 263-268.

17) 박종화, "민족 통일의 성취와 통일신학의 정립," 「한국기독교신학논총」 3 (1988), 12.

18) 김영한, "복음주의적 통일신학," 35-38; "평화통일의 신학적 근거," 『개혁주의 평화통일신학: 선진 사회적 자유민주통일론』, 207-209.

께 분단의 지속을 강화시켜온 국제적 체제와 국내적 권력구조 및 국민들의 통일의식에 관한 명확한 분석과 성찰이 이루어져야 한다. 1945년 분단 이후 70년, 1953년 정전 이후 62년의 세월동안 우리 민족은 서로 하나 되지 못한 채 치유되지 않은 분단의 상처를 안고 화해와 용서가 아닌 갈등과 대립과 분열의 모습으로 살아왔다. 그러므로 먼저 분단현실에 대한 무관심 및 분단으로 인한 상처와 갈등과 분열의 상황에 대한 성찰과 함께 진지한 회개가 필요하다.

한국교회는 민족분단이 단지 정치적·사회적 대립과 갈등의 문제만이 아니라 증오, 적개심, 두려움, 원한 등이 뿌리를 내리고 있는 죄악의 문제임을 꿰뚫어볼 수 있어야 한다. 민족분열과 정치적 대립은 사회구조적이며 동시에 영적인 차원의 죄악이기 때문이다. 일찍이 예수님이 선포하신 하나님나라 운동은 철저히 회개운동으로부터 시작되었다(마 4:17; 막 1:14-15). 분단고착화의 개인적·사회적·민족적 죄악에 대한 깊은 성찰을 토대로 한국교회가 앞장서서 회개운동을 전개해야 한다.[19] 이런 의미에서 평화통일신학의 전제와 출발점은 진지한 죄의 고백과 진정한 회개의 행동을 구체화하는 것이다.

4. 평화통일신학의 성격

우리는 평화통일신학의 성격을 어떻게 규정할 수 있는가? 우선적으로 평화통일신학은 한국신학이요 일종의 민족신학이다. 지구상 냉전시대의 유물로 남아있는 마지막 분단국가인 한민족의 분단 상황 속

---

[19] "민족의 통일과 평화에 대한 한국기독교회 선언"(1988)은 한국교회가 민족분단의 과정 속에서 침묵하고 자주독립정신을 상실하는 반민족적 죄악(롬 9:3)과 "네 이웃을 네 몸과 같이 사랑하라"(마 22:37-40)는 계명을 어기는 죄, 남북한 그리스도인들이 각각의 체제가 강요하는 이념을 절대시함으로써 하나님의 주권에 대하여 반역한 죄, 이념을 달리하는 남북 동포들이 서로를 적대시하고 저주하는 죄(요일 3:14-15, 4:20-21)를 고백했다. 그런데 이후에도 여전히 남북한 교회와 사회는 진정한 회개의 행동을 보여주지 못하고 있다.

에서 형성된 한국신학이다. 또한 민족의 분단현실과 평화통일의 목적 및 과제를 다룬다는 점에서 민족 신학의 성격을 지닌다. 그런데 박종화에 의하면 평화통일신학은 민족 신학임에도 불구하고 세계적 지평을 갖는다. 즉 한반도 평화의 성취는 세계평화의 구성요소이며 열매가 될 수 있기에 보편적 평화신학으로 확대되어야 한다.[20] 이런 의미에서 평화통일신학은 평화신학이다.[21] 그러므로 평화통일신학은 한민족의 특수한 상황에서 이루어지는 신학이면서 동시에 그 전개과정에서 동북아뿐 아니라 세계평화에 크게 기여할 수 있는 보편적 신학으로 발전될 수 있다.

둘째로 평화통일신학은 상황신학이다. 세계적인 독일신학자 위르겐 몰트만은 신학이 복음과 상황, 기독교의 정체성(identity)과 현실 관련성(relevance) 사이의 긴장과 갈등을 창의적으로 해결하는 과제를 지니고 있다고 주장한다.[22] 평화통일신학은 한반도 분단현실의 정치적·경제적·사회적·문화적 상황을 고려하며 제 상황 속에서 제기되는 문제들에 대한 성서적·신학적 응답을 추구하는 신학이다. 따라서 평화통일신학은 특히 정치신학의 성격을 지닌다.[23] 신앙의 사사화(privitization)가 아닌 공적 책임성(public accountability)을 지향하는 신학으로서 복음의 빛 속에서 분단의 정치적 현실을 해석하고 비판적으로 조명하며 국가와 정부의 정책의 올바른 방향을 제시하고 대안을 모색하는 신학이다.

셋째로 평화통일신학은 성서에 나타난 예수 그리스도의 복음과

---

20) 박종화, "평화통일신학의 쟁점과 전망," 「목회와 신학」 43 (1993/1), 73.
21) 맹용길, "한반도의 평화신학 정립," 한국기독교학회 편, 『한반도 평화신학 정착』(서울: 강남출판사, 1989), 7-49.
22) 위르겐 몰트만, 『십자가에 달리신 하나님』, 김균진 역 (서울: 한국신학연구소, 1979), 13-37.
23) 허호익에 따르면 통일신학은 분단 시대의 신학으로서 정치적 해방신학이다. 허호익, "민족통일에 대한 신학적 이해," 「연세신학회지」 1 (1984/4), 14.

하나님나라 사상에 기초한 하나님나라 신학이다. 하나님나라의 영역은 한반도를 포함한 세계의 현실이다. 하나님나라의 주권은 하나님이 갖고 계시기에, 평화통일은 원칙적으로 하나님의 은총의 선물이면서 동시에 하나님의 자녀들의 참여와 헌신을 통해 이루어진다. 평화통일에 대한 하나님의 거룩하신 뜻에 응답하는 한민족공동체의 동역은 기도와 헌신의 방식으로 이루어진다. 하나님나라는 하나님의 온전한 성품이 드러나는 정의와 평화와 사랑과 치유와 용서와 화해와 해방의 하나님의 통치방식 속에서 실현된다. 그러므로 한반도에서 하나님나라는 진정한 민족공동체 수립을 통해 완성된다. 평화통일운동은 하나님나라 운동이며, '이미'(already) 시작되었으나 '아직'(not yet) 도래하지 않은 종말론적 하나님나라의 미래를 선취하는 운동이다. 따라서 분단 현실에 대한 비판적 성격과 함께 방향을 제시하고 대안을 모색하는 종말론적 성격을 지닌다.

넷째로 평화통일신학은 실천적 성격을 지니며 사회 윤리적 과제를 갖고 있다.[24] 평화통일신학은 단지 분석과 연구와 전망으로 이루어지는 탁상담론(table-talk)에 머물 수 없다. 그 자체가 평화통일운동의 실현으로 열매를 맺는 실천적 성격을 띤다. 정치적·사회적 운동과 연결되는 실천적 신학으로서 평화통일신학 안에서 시민으로서의 공동체적 삶과 그리스도인의 윤리적 삶은 분리될 수 없다. 한국사회와 한국교회 안에서 구체적이고 점진적이며 단계적이고 효율적인 평화통일운동의 실천을 목적으로 삼는다. 그러므로 평화통일의 주제는 설교와 예배와 교육과 봉사와 선교 등 교회의 모든 기능과 영역에서 활발하게 실천될 뿐 아니라 사회윤리적 실천운동으로 나아가야 한다.

---

24) 강원돈, "한반도 평화와 통일에 대한 평화윤리적 접근," 「한국기독교신학논총」 61 (2009), 107-128; 임성빈, "'사람의 통일'을 위한 교회의 역할: 남북한 문화통합을 중심으로," 「한국기독교신학논총」 19 (2000), 229-252.

다섯째로 평화통일신학은 선교적 과제를 지닌다. 한국교회는 개인구원을 강조하며 사회참여를 반대해온 보수적 교회와, 개인구원보다는 사회구원에 비중을 두고 정치적인 행동과 참여에 앞장서온 진보적 교회 사이에 통일관이 양분되어 있다. 진보적 교회가 "통일은 곧 선교"라고 이해하며 통일운동을 주도해왔다면, 보수적 교회는 통일은 선교를 위한 준비, 즉 민족복음화로 이해하며 북한에 대한 인도주의적 지원과 활동을 전개하고 있다.[25] 그런데 선교는 민족복음화의 과제와 함께 인간화와 정의와 평화를 구현하기 위한 하나님의 선교(*missio Dei*) 운동의 맥락에서 전개되어야 한다. 분단현실 속에서 한국교회는 민족의 통일을 향한 교회의 선교적 사명을 신학화함으로써 사회적·역사적·공적 책임을 수행해야 할 과제를 지니고 있기 때문이다.[26]

II. 평화통일신학의 원리와 이념

1. 평화통일신학의 원리

1) 평화통일신학의 규범적 근거로서의 삼위일체 하나님

기독교신앙과 신학의 대상은 삼위일체 하나님이다. 삼위일체 하나님은 평화통일신학의 근거이다. 몰트만에 의하면 삼위일체 하나님은 세 인격이 서로 구별되나 페리코레시스(perichoresis)의 관계성 안

---

25) 이상규, "민족과 교회: 한국교회 통일운동에 대한 복음주의적 평가," 「성경과 신학」 37 (2005), 146.
26) 조은식, 『통일선교: 화해와 평화의 길』(서울: 미션아카데미, 2007); 황홍렬, 『한반도에서 평화선교의 길과 신학-화해로써의 선교』(서울: 예영B&P, 2008).

에서 사랑의 코이노니아(요 14:11, 17:21)를 이룬다.[27] 삼위일체 하나님의 삶 속에서 상호적 사랑과 나눔과 섬김은 자기 제한과 자기 비움의 행위(kenosis)를 통해 이루어진다. 또한 삼위일체 하나님은 지배와 종속, 차별과 억압 없는 민주적이며 평등한 공동체를 형성한다. 사랑의 공동체로서의 삼위일체 하나님은 갈등과 대립, 불화와 분열이 아닌 평화의 사역을 이루어 가신다. 창조와 구원과 새 창조에 이르기까지 삼위일체 하나님은 평화롭게 공동사역을 이루신다. 이러한 하나님의 평화공동체는 인간의 평화공동체의 원형이 된다.[28]

삼위일체 하나님은 사랑의 공동체이다. 사랑이신 하나님(요일 4:8, 16)은 창조적 사랑으로 인간과 세계를 사랑하시며, 하나님을 사랑하고 이웃을 사랑하며 자연을 사랑하는 삶의 방식을 허락하심으로써 (신 6:5; 레 19:18; 마 22:37-40; 막 12:28-31; 창 1:27-29) 사랑의 공동체를 이루어가도록 요청하신다. 그러므로 증오와 원한과 적대관계와 원수 맺음이 아닌 용서와 화해와 관용과 책임적 돌봄의 사랑의 관계성을 통해 하나됨을 구현하는 공동체는 삼위일체 하나님의 사랑의 공동체에 유비적으로 상응하는 것이다. 이러한 사랑 안에서, 사랑을 통하여 이루어지는 통일성과 연합이 평화통일신학의 근거가 된다.

삼위일체 하나님은 정의의 하나님이며 하나님의 백성이 정의를 행하도록 요구하신다(암 5:24). 그런데 몰트만에 의하면 하나님의 의는 권리를 박탈당한 자들의 권리를 세우며, 불의한 자들의 불의를 드러낼 뿐만 아니라 마침내 그들을 회개하는 믿음으로 해방시킨다. 즉 희생자에게 공의를 세우시고 가해자를 바로잡으시며 불의한 자들을 의롭게 전향시키는 창조적 정의(creative justice)로서[29], 사랑과 긍휼이 동반된

---

27) 위르겐 몰트만, 『삼위일체와 하나님의 나라』, 김균진 역 (서울: 대한기독교서회, 1982), 206-213.
28) 맹용길, "한반도 평화신학의 정립," 15.
29) 위르겐 몰트만, 『생명의 영』, 김균진 역 (서울: 대한기독교서회, 1992), 182.

정의이다. 이런 창조적 정의와 사랑을 통해 하나님은 공동체의 평화 곧 샬롬을 이루신다.[30] 결과적으로 정의와 평화의 공동체 안에서 하나님과 이웃과 자연과의 지속적인 사랑의 사귐이 가능해진다. 요약하면, 삼위일체 하나님의 공동체는 사랑과 정의와 평화의 공동체이다.

2) 평화통일신학의 원리로서의 예수 그리스도의 복음

예수 그리스도의 복음은 십자가와 부활을 통해 나타난 하나님의 사랑의 계시요 인류 구원의 행동이다. 죄와 타락으로 말미암은 하나님과 인간 및 세계 사이의 관계성의 전도·왜곡·손상·파괴는 그리스도의 대리속죄와 화해사역을 통해 치유와 회복이 이루어지고 온전케 된다. 예수 그리스도는 중보자요 화해자이다. 그는 인류와 하나님을 화해시키고 분열과 갈등을 극복하여 모든 사람을 자유롭게 하고 연합하기 위해 십자가에서 죽으시고 부활하신 세계의 구세주이다. 그뿐 아니라 자연을 포함한 우주 만물의 화해사역을 이루셨다(엡 2:13-18; 골 1:20). 이러한 예수 그리스도의 사역에 근거해서 성령으로 거듭난 신자들은 화해사역을 위해 부름 받았다(고후 5:18-19). 교회는 인종과 성과 계층의 벽을 허물고 차별과 억압과 소외를 극복하여 그리스도 안에서 하나되는 연합과 일치와 통일을 이루어가는 화해공동체이다.[31]

그리스도의 십자가의 속죄는 만인을 위한 죽음, 즉 보편속죄이다 (막 10:45). 이는 죄의 용서와 치유를 전제한다. 십자가에서 드러난 예수님의 사랑은 인간의 적대감을 극복하는 자신을 내어주시는 사랑과 타자를 위해 자신 안에 공간을 만들어 타자를 품어 안으시는 무조건적

---

30) 위의 책, 193.
31) "너희는 유대인이나 헬라인이나 종이나 자유인이나 남자나 여자나 다 그리스도 예수 안에서 하나이니라"(갈 3:28).

이며 무제한적인 용서로 나타난다. 예수의 삶 속에서 용서와 치유의 사역은 하나님나라의 표징이요 행동으로 이루어진다. 그런데 죄는 전인적이며 사회적이고 구조적이며 생태학적인 차원을 갖는다. 그러므로 십자가와 부활을 통한 구속은 다차원적인 죄의 용서와 함께 전인적이고 사회적이며 우주적인 치유를 포함한다. 예수는 치유자이며 우리의 모든 치유의 근거가 되셔서 "상처입은 치유자"로 우리를 부르신다. 이러한 화해와 치유와 용서의 사역에 근거한 예수 그리스도가 연합과 통일의 근거이다. "하늘에 있는 것이나 땅에 있는 것이나 다 그리스도 안에서 통일되게 하려하심이라"(엡 1:10)는 바울의 선언에서 볼 수 있듯이, 예수 그리스도의 화해와 치유와 용서의 복음은 분열과 대립 가운데 있는 남북한 공동체의 통일을 위한 평화통일신학의 원리가 된다.

3) 평화통일신학의 지평으로서의 하나님나라

몰트만에 의하면 신학은 하나님나라 신학을 지향해야 한다.[32] 하나님나라 신학으로서의 평화통일신학은 하나님나라가 한반도를 비롯한 전 세계를 포함하며, 정치·경제·사회·문화의 모든 영역을 포괄하고 있음을 전제한다. 또한 온 세상과 역사를 섭리하시며 통치하시는 하나님의 절대적 주권에 대한 신뢰에 토대를 두고 있다. 하나님의 통치는 정의와 사랑과 평화와 치유와 화해와 자유와 해방의 생명공동체를 통해 실현된다. 그러므로 한반도에서 하나님의 나라는 인간화와 민주화와 통일이 실현된 세계에 대한 하나의 표징이다.

그런데 하나님나라는 특정한 이데올로기를 지지하지 않는다. 우

---

32) 위르겐 몰트만, 『신학의 방법과 형식』, 김균진 역 (서울: 대한기독교서회, 2001), 16-17. 몰트만에 따르면, 진정한 신학은 하나님나라를 위한 신학이 되어야하며 필연적으로 선교신학이 될 뿐 아니라 공적 신학(public theology)이 된다. 하나님나라 신학은 비판적이며 예언자적으로 사회의 공적 문제에 참여하며 "하나님의 나라와 하나님의 계명과 의"를 추구한다.

리는 특정한 정치적·사회적 구조를 하나님의 질서와 동일시해서는 안 된다.[33] 평화통일신학은 특정한 정치제도를 절대화하거나 신학을 인간적 이데올로기로 간주하는 시도들을 비판한다.[34] 진정한 인간화의 실현으로서 평화통일의 이념은 모든 이데올로기를 초월하는 것이며, 그 과정에서 남북한의 체제와 이데올로기에 대한 비판을 포함한다.[35] 따라서 통일 이후 민족공동체의 사회 경제체제에 있어서 민주주의와 사회주의 및 자본주의와 공산주의의 선택에 관한 논의가 활발하게 이루어져야 한다.

그렇다면 하나님나라 신학의 입장에서 평화통일운동의 주체는 누구인가? 그동안 평화통일운동에 주도적으로 참여해온 신학자와 운동가들은 한민족이요 분단의 폐해를 겪고 있는 남북한 민중들이 주체라고 주장해왔다.[36] 반면에 김영한에 따르면 평화통일운동은 민족이나 민중이 아닌 민주시민이 주체가 되어야 한다.[37] 선진사회적 자유민주 통일론을 주창하는 그는 정부당국이 아닌 통일 염원을 지닌 자발적인 시민들에 의해 정부의 정책방향을 유도하는 시민운동으로 전개되어야 한다고 역설한다. 실제로 그동안 통일운동은 정부당국에 의해 독점되기도 하였으며, 때로 민간차원의 활동들이 정부당국의 탄압의 대상이 되기도 했다. 그러나 하나님나라의 빛에서 본 평화통일운동의 주체는 정부당국이나 소수의 통일운동가와 신학자들에 의해 독점될 수 없으며 특정계급의 민중들에 의해서 전개되어서도 안 된다. 하나님나라 시민공동체인 교회가 앞장서고 모든 남북한 국민과 정부가 함께 참

---

33) 위르겐 몰트만, 『희망의 윤리』, 곽혜원 역 (서울: 대한기독교서회, 2012), 362.
34) 김영한, "복음주의적 통일신학," 30.
35) 송기득, "민족 통일에 대한 신학적 과제: 인간화를 바탕으로," 북미주 기독학자회 편, 『기독교와 주체사상: 조국 통일을 위한 남북 해외 기독인과 주체사상가의 대화』, 46.
36) 서창원, "평화의 신학: 민중신학적 전망에서," 「한국기독교신학논총」 6 (1989), 171-185.
37) 김영한, 『개혁주의의 평화통일신학』, 17-18.

여하는 포괄적인 운동이 되어야 한다.

하나님나라의 실현은 삼위일체 하나님이 주도적으로 이끌고 가시지만 하나님나라 백성들의 참여와 함께 이루어진다. 이미 시작되었으나 아직 도래하지 않은 온전한 하나님나라의 완성을 기다리며 책임적으로 헌신하는 하나님의 자녀들의 응답이 요청되는 것이다. 그러므로 "주의 나라가 임하게 하시고 주의 뜻이 하늘에서와 같이 땅에서도 이루어지게 하소서"(마 6:10; 눅 11:2)라는 예수님이 가르쳐주신 기도에서처럼 청원(petition)과 헌신(commitment)이 함께 포함된 기도가 지속적으로 이루어져야한다. 평화통일은 한민족을 위한 하나님의 은총의 선물로 주어지는 것이지만 동시에 하나님의 백성들의 간구와 중보기도의 동역이 병행되어야 한다. 독일통일의 과정에서 볼 수 있듯이, 교회가 앞장서서 이끄는 기도운동이야말로 가장 강력한 통일준비 사역이 될 수 있다.[38] 하나님나라의 전위대로서 교회공동체는 역사의 섭리자이신 하나님을 신뢰하며, 남북분단 현실에서 분열과 불화와 대립과 갈등을 획책하는 사악한 영적세력과의 투쟁 가운데 끈기 있게 나아가야 한다.

2. 평화통일신학의 이념

하나님나라 신학의 빛에서 전개되는 평화통일신학은 평화통일의 목적과 이념, 원칙과 방법 등을 다룬다. 그 핵심 이념들은 정의로운 평화, 화해와 치유, 이웃사랑과 원수사랑 및 생명공동체이다. 이들은 삼위일체 하나님의 성품이 드러나는 하나님나라의 가치요 비전이며 방식이다.

---

38) 동독혁명의 기폭제이자 절정이었던 라이프치히의 월요시위와 니콜라이 교회의 크리스티안 퓌러 목사에 의해 주도된 평화기도회를 주목할 필요가 있다.

1) 정의로운 평화

신구약성서는 정의로운 평화의 비전을 제시한다. 정의는 평화를 이루는 기초요 전제이며 동시에 평화의 열매이다.[39] 그런데 소극적 의미의 평화는 전쟁의 부재를 뜻하지만 적극적 의미의 평화는 정의로운 사회적 관계의 실현이다.[40] 즉 평화는 전쟁이 없는 상태를 의미할 뿐 아니라 하나님과 이웃(동료인간)과 창조세계와 자기 자신과의 관계에서 긴장과 적대감이 없는 조화로운 상태라고 정의될 수 있다. 이런 맥락에서 정의로운 평화는 샬롬(에이레네)으로 표현된 평화의 개념과 관계된다. 성서적 의미의 샬롬은 온전함, 치유, 정의, 올바름, 평등, 연합, 자유, 그리고 공동체를 의미한다.[41] 그런데 사회적·경제적 불평등, 정치적 억압과 대립은 온 인류의 샬롬을 향한 하나님의 뜻을 대적하고 거역하는 것이다. 정의와 평화는 개인적·사회적·영적·정치적·관습적·구조적 삶의 모든 영역에 관련된다. 이런 의미에서 정의로운 평화는 하나님나라를 이 땅에 실현하는 교회공동체의 소명이요 과제이다.

정의와 평화를 구현하는 하나님나라 사상은 평화통일신학의 신학적 얼개이다. 한반도의 통일은 모든 종류의 전쟁과 폭력을 반대하는 바, 평화를 궁극적 목표로 삼으며 평화의 방법과 과정을 통해 이루어져야 한다. 그런데 평화는 정의를 전제하며 정의의 결과가 평화이다. 정의가 실현되지 않은 상태에서 진정한 평화는 불가능하다. 그러므로 정치적 억압, 사회적 부정의, 경제적 불평등, 문화적 소외로부터 자유

---

39) "정의의 열매는 화평이요 공의의 결과는 영원한 평안과 안전이다"(사 32:17). "정의와 평화가 서로 입 맞추었으며"(시 85:10).
40) Susan Thistlethwaite 편/박종화·서진한 역, 『정의·평화·교회: 평화신학 정립을 위한 한 시도』, 13.
41) 위의 책, 37.

와 해방이 실현되는 공동체의 수립을 지향해야 한다. 자유와 평등과 정의가 실현되는 평화의 공동체가 평화통일의 비전이다.[42] 그런 의미에서 남북한의 인간화, 민주화, 복지화 등이 함께 추구되어야 한다. 한국교회는 인간화와 민주화와 복지화를 지향하며 사회정책 수립과 실천에 참여할 수 있는 방안을 모색해야 할 것이다.[43] 남한 내 사회적 갈등과 정치적 대립과 경제적 양극화의 심화는 진정한 남북통일의 준비에 걸림돌이 될 수 있다. 사회적·경제적 양극화와 세계적인 신자유주의의 물결에 대해 비판하고 저항하는 평화통일신학이 활발히 전개되어야 할 필요가 있다.[44]

무엇보다도 남북한의 과도한 군비경쟁과 북한의 핵무기 위협에 의한 전쟁의 위험을 제거하는 것이 필요하다. 평화통일을 위한 구체적이며 단계적인 방안으로는 정전체제를 대체하는 평화체제를 수립하고, 평화협정을 통한 법적·제도적 평화보장과 군사적 신뢰구축 및 군비축소와 통제 등을 통해 남북관계 개선을 포함한 실제적 의미의 평화정착을 달성하는 것이다. 이러한 평화정착과 평화공존의 과정 속에서 점진적으로 남북한 사회체제의 통합과 사회 문화적 통합의 길로 나아갈 수 있다.[45] 또한 다자 외교를 통해 한반도 평화체제 논의를 위한 회동을 시작해야 하며, 특히 6자회담의 성공을 기대해야 한다. 동북아는 전쟁이 아닌 평화, 대결이 아닌 대화로 호혜평등의 협력질서를 구축해야 한다. 동북아지역의 국가들 사이에 정의롭고 평화로운 관계를 확보하여 남북한의 관계를 정상화하고 한반도의 통일을 촉진시키는 획기

---

42) 박종화, "통일신학의 평화신학적 틀로의 발전적 전환," 28.
43) 김영한, 『평화통일과 한국 기독교』, 42-46. 송기득, "민족 통일에 대한 신학적 과제: 인간화를 바탕으로," 32-35.
44) 정종훈, "분단시대 한국교회의 신학적 반성과 과제," 276.
45) 황홍렬, "'북한' 선교/평화통일운동 접근 방식에 대하여," 평화와 통일신학연구소 편, 『평화와 통일신학』 I (서울: 한들출판사, 2002), 56.

적인 계기가 마련되어야 할 것이다.

  2) 화해와 치유

  화해는 관계의 목적이면서 동시에 과정으로 이해될 수 있다. 화
해의 지속적인 과정을 통해 회복된 관계로 말미암아 비로소 평화가 실
현될 수 있기 때문이다. 몰트만에 의하면 정의의 회복 없이 화해는 불
가능하다.[46] 화해는 정의를 대치하는 것이 아니며 화해의 전제 조건은
정의이다. 그러므로 화해의 첫걸음은 진실이다. 진실을 규명하는 것
은 화해를 위해 반드시 필요하며 진실 규명과 용서와 화해는 서로 연
결되어 있다.

  선교학자인 황홍렬은 자신의 저서『한반도에서 평화 선교의 길
과 신학: 화해로서의 선교』(2008)에서 화해의 사회적 차원과 영성적 차
원을 강조한다. 즉 분열된 사회를 정의로운 사회로 재건하기 위한 구
조와 과정을 만들어가는 사회적 화해와 용서와 기억의 치유 등을 통
해 손상된 인간성을 회복하는 영성적 화해의 차원이다.[47] 국가는 기
억의 치유를 법제화하거나 용서를 보증할 수 없기 때문에 실제로 화해
를 실현할 수 있도록 종교적 차원의 접근이 필요하다는 것이다. 따라
서 한국교회는 개인적·영적·사회적 차원의 화해과정에 적극적으로 참
여해야 한다. 용서와 치유의 과정은 개인과 공동체 사이의 화해 및 사
회와 국가의 평화를 위한 밑거름이 될 수 있다. 한국교회는 6·25 전쟁
으로 인한 막대한 피해와 씻을 수 없는 상처로 인해 고통당하는 남북
한 민족을 향해 참회와 용서와 화해를 촉구하는 메시지를 선포해야 한
다. 예수의 복음을 실천하는 그리스도인들이 먼저 남북한 사람들의 상

---

46) 위르겐 몰트만,『생명의 영』, 182.
47) 황홍렬,『한반도에서 평화 선교의 길과 신학: 화해로서의 선교』, 261-264, 320.

처와 원한과 적대감을 치유하고 회복해가야 한다. 제도와 정책의 변화 이전에 먼저 마음과 태도의 변화가 필요하다. 즉 정서적·심리적 치유의 과정이 필요하며 이를 위해서 한국교회는 화해와 치유공동체의 역할을 감당해야 한다.

세계적인 복음주의 신학자 미로슬라브 볼프(Miroslav Volf)는 그의 저서『배제와 포용』(1996)에서 십자가 신학에 근거한 용서와 화해와 치유에 대하여 설득력 있게 서술한다.[48] 볼프에 의하면 최종적인 화해는 삼위일체 하나님에게 속한 것이고, 종말론적 과정 가운데 있으며 폐쇄적이지 않고 개방적인 것이다.[49] 그런데 용서의 과정은 결코 쉽지 않다. 그럼에도 예수 그리스도의 자신을 내어주는 희생적 사랑은 삼위일체 하나님의 영원한 사랑을 반영하는 것으로, 모든 인간적 용서의 근거가 된다. 그러나 하나님의 무한한 사랑으로 말미암은 용서와는 달리 인간의 용서는 제한적이며 불완전하다. 그러므로 먼저 가해자와 피해자에 대한 역사적 성찰이 우선되어야 한다. 볼프에 따르면 화해는 네 가지 단계로 구성되는데, 가해자의 죄 고백으로부터 시작되어 용서에 이른다. 더 나아가 타자를 원수로 남겨두지 않고 그를 위해 공간을 만드는 것을 포함한다. 마지막으로 과거의 죄악을 더 이상 기억하지 않는 것, 망각이 뒤따라야 한다. 이를 통해 진정한 치유가 일어나는 것이다.[50] 이 모든 것의 근거는 십자가에서 나타난 예수님의 사랑이다. 연약함과 어리석음의 능력으로 나타나는 예수님의 케노시스는 원수에 대해 자신을 개방하고 자신의 능력을 제한하는 사랑의 능력이다.

또한 화해의 신학에서 볼프는 타자에 대한 배제와 차별과 억압이 아닌 포용과 배려의 정신과 자세를 역설한다. 그에 따르면 포옹(em-

---

48) 미로슬라브 볼프,『배제와 포용』, 박세혁 역 (서울: 한국기독교학생회출판부, 2012), 173-221.
49) 위의 책, 173-174.
50) 위의 책, 183-221.

brace)이라는 은유가 내포하는 포용은, 자신을 타자에게 내어주고, 타자를 환영하며, 타자가 자신에게 들어올 수 있는 공간을 만들기 위해 자신의 정체성을 제한하는 것을 의미한다.[51] 이러한 타자에 대한 이해와 존중, 환대와 배려는 평화를 만들어가는 디딤돌이다.

평화통일을 위한 가장 기초적인 준비는 남북한이 서로 깊이 이해하는 것이다. 남북 교류의 목표는 긍정적 상호인식의 확장을 통한 남북 긴장완화에 있다. 최근에 이르러 남북관계는 교류와 협력보다는 대결과 갈등이 주된 흐름을 이루어왔다. 그런데 지속되는 경색국면을 타개하고 오해와 불신을 해소하며 관계를 개선하기 위한 진정성 있는 노력이 필요하다. 이는 정부당국과 민간차원에서 함께 이루어져야 한다. 통일의 주체는 남북한 국민이기에 서로 체제가 다르다는 점을 인정하면서 신념과 이데올로기에 기반을 둔 증오와 갈등의 벽을 넘어서야 한다.

평화통일의 과정에서 남북의 서로에 대한 불신과 증오를 넘어서서 사람 사이의 소통과 치유가 우선되어야 한다. 지난 70년 동안 쌓아온 적대감과 불신을 씻어내야 한다. 물론 한민족의 치유와 화해의 여정은 그리 쉬운 일이 아니다. 6·25전쟁의 참혹한 경험을 통해 형성되어 치유되지 않은 채 축적되어 내면화된 서로에 대한 두려움과 적개심은 평화통일을 방해하는 가장 커다란 걸림돌의 하나이다.[52] 그러므로 남북한 사회와 주민들 사이에 높게 쌓여있는 적대감과 두려움과 원망과 증오의 감정을 치유하고 서로 화해하는 작업이 앞서야 한다.

---

51) 위의 책, 222-233. 포용은 다음의 네 가지 구성 요소로 이루어진다: 팔 벌리기(타자에 대한 초대) - 기다리기(자아가 타자를 향한 최초의 움직임) - 껴안기(능동적이면서 동시에 수동적인 상호적인 것으로 양자의 정체성을 보존하면서도 상호변형된다) - 다시 팔 벌리기(타자를 억압하지 않고 존중하는 것이다).

52) 남북한은 전쟁을 통해 200만 명의 인명 살상을 초래했는데 남한 82-85만 명, 북한 120만 명의 인적 손실을 입었다. 이 인명살상 과정에서 남북한 주민들은 전쟁의 참혹한 체험을 했으며 원한과 분노와 적개심을 내면화하게 되었다.

남북관계를 개선하기 위해서는 서로 만나서 대화·소통·교류하는 것이 필수적이다. 남북관계는 과정을 통한 신뢰 없이 한꺼번에 획기적으로 변화되지 않는다. 당국간 대화와 교류가 어려운 상황에서 남북의 신뢰회복을 위한 우회적이고 단계적이며 전략적인 접근은 민간교류와 협력을 확대하고 지속하는 것이다. 이는 상호신뢰 구축을 위한 디딤돌이 될 수 있다. 민간교류의 지속과 확대를 통한 남북관계의 진전은 장기적으로 볼 때 유효한 전략이다. 남북관계는 원칙을 준수하되 실용적인 차원에서 포용성을 갖고 북한을 설득하며 긍정적 변화를 유도하는 장기적인 안목과 전략적 사고로 대처해야 한다. 무엇보다도 한국교회가 남북한 교류·협력 분위기를 강화하는 데 기여해야 할 것이다.

우선적으로 1,000만 이산가족의 인도주의적 문제를 해결하는 것이 시급하다. 이산가족의 소재확인과 자유로운 서신교환 및 방문을 가능하게 하는 지속가능한 사업을 확립할 필요가 있다. 인간의 존엄성을 존중하고 분단의 상처를 치유하는 인간적인 공동체를 회복하기 위한 각종 지원 대책이 요청된다. 화해와 치유는 정치적인 주제이면서 동시에 교회의 선교적 과제이다. 따라서 한국교회가 주도적으로 화해와 치유운동을 적극적으로 전개해야 한다.

3) 이웃사랑과 원수사랑

기독교의 하나님사랑(신 6:4-5)과 이웃사랑(레 19:18)의 이중계명은 하나님의 백성, 즉 사랑의 언약 공동체를 향한 삶의 기준이요 규범이며 방식이다. 특히 원수사랑은 이웃사랑에 나타난 하나님의 급진적 요구이며 이웃사랑의 완성이다. 일반적으로 윤리와 종교를 지배하는 원리는 상호관계의 원리이다. "네가 나에게 행한 대로 나는 너에게 행한다", 또는 "눈에는 눈, 이에는 이"라는 인과응보의 규율이다. 그런데 우리가 경험한 원수관계를 보복이나 체념과 포기가 아닌 제3의 방식으로 극복하는 길은 바로 예수님이 산상설교에서 선포하시고 십자가에서 몸으로 보여주신 원수사랑이다.[53] "나는 너희에게 말한다. 너희 원수를 사랑하고 너희를 박해하는 사람을 위하여 기도하라"(마 5:44). 이는 보복과 상응을 전제로 하는 상호성의 윤리나 상호관계의 윤리가 아니라 상대방에 대한 호의의 윤리요 창조성의(창의적인) 윤리이다.[54]

몰트만은 산상설교와 십자가 원수에 대한 보복 대신 원수사랑의 근거를 제공한다고 주장한다. 그는 더 나아가 원수사랑에서 이루어지는 원수관계의 변화(transformation)를 제시한다.[55] 여기서 그는 창조적 원수사랑의 세 단계를 역설하고 있다.[56] 실제로 평화운동은 피학적인 굴복이 아닌 "지혜로운 원수사랑," 즉 합리적 원수사랑으로 이루어진다. 이는 더 깊은 원수관계로 전락하지 않도록 하는 합리적인 과정이 포함되는데, 한편으로는 원수의 공격을 방어하면서도 다른 한편으로는 평화와 함께 생명의 파괴가 아닌 공동의 생명을 추구하는 것이다.[57] 창조적 사랑에 근거한 정의만이 지속적인 평화를 이 세상에 가져올 수 있다. 원수가 이웃으로 전환되고 이웃이 예수님으로 전환됨으로써 원수까지도 예수님처럼 받아들여 사랑하게 되는 것이다. 그 과정에서 나와 원수 사이에 상호공감이 일어나고 예수님 안에서 치유와 화

---

53) 위르겐 몰트만, 『희망의 윤리』, 354-358.

54) 위의 책, 356.

55) 위의 책, 355.

56) 몰트만에 따르면, 창조적 원수사랑의 첫 단계는 미움을 미움으로 응대하고 원수들에게 악행으로 보복하는 것이 아니라 그들을 '하늘에 계신 아버지의 자녀'로 대하는 것이다. 두 번째 단계는 나와 다른 타자에 대한 인식에 있다. 즉 나와 동일한 인권과 인간의 존엄성을 지닌 타자에 대한 인식이다. 타자를 사탄화해서는 안 된다. 세 번째 단계는 원수관계가 생겨난 동기에 대한 바른 인식을 갖는 것이다. 그리하여 원수관계에 있는 사람들 혹은 민족의 고난의 역사를 경청하고 불쌍히 여기며 공감하는 태도를 갖는 것이다. 위의 책, 356-357.

57) 위의 책, 357-358.

해가 이루어짐으로써 하나님의 나라를 이 땅에서 맛보게 되는 것이다.

그러므로 예수님께서 선포하신 산상수훈은 민족통일의 과정 속에 반드시 포함되어야 할 삶의 기준이요 관계방식의 규범이 되어야 한다. 북한의 주체사상은 남한과 미국 사람들을 원수로 규정하며, 남한도 북한을 주적으로 규정하고 있다. 그러나 한국교회와 기독교인들에게는 적과 원수를 하나님의 사랑의 대상으로 전환할 수 있는 원수사랑의 운동이 필수적이다. 동족끼리 총부리를 겨누고 주적과 원수로 규정하며 전쟁의 동기를 유발시키고 대립구도를 강화하는 것은 참으로 가슴 아프고 불합리한 일이 아닐 수 없다. 따라서 구체적으로 원수사랑을 실천함으로써 남북한 상호간의 적대관계를 해소할 방안을 모색해야 한다.

4) 생명공동체

평화통일신학은 이제 한 걸음 더 나아가 하나님나라 사상의 틀에서 생명공동체로서의 한민족공동체 의식을 강화하고 생명공동체운동을 전개해야 한다. 오늘날 사회적·경제적 정의는 생태학적 정의(ecological justice)와 긴밀하게 맞물려있다.[58] 다음세대의 희생을 담보로 하는 현세대의 개발과 발전의 논리는 필연적으로 생태계의 파괴와 오염으로 인한 생명 파괴의 문화를 낳는다. 전쟁으로 말미암은 삶의 터전의 파괴와, 군비확장과 강화로 인한 생명 경시 사상은 생태계의 오염과 환경파괴의 결과를 빚는다. 그러므로 단지 경제적·사회적 정의와 정치적·군사적 평화에 대한 관심만이 아니라 생태학적 정의, 즉 남북한의 자연과 자원 및 환경문제에 대한 관심으로 확대 발전되어야 한

---

58) 위의 책, 386.

다. 전쟁과 핵무장화로 인한 생태계의 오염과 환경파괴를 피할 수 있는 유일한 방식은 평화를 추구하는 것이다. 하나님의 평화공동체는 인간 공동체의 평화만이 아니라 자연환경과의 평화를 포함한다. 특히 오늘날 세대 간의 평화는 생태학적 평화와도 긴밀하게 연결되어 있다. 분단구조를 그대로 대물림 받고 환경오염과 생태계 파괴로 인한 고통의 대가를 지불해야 하는 다음세대를 위한 현세대의 배려는 생태학적 정의를 실천하는 것이다.

이런 의미에서 하나님나라 운동으로서의 평화통일운동은 생명공동체운동과 맞물려 있다. 한국교회는 생명신학과 생명운동의 실천을 위해서 환경보호와 생명문화운동에 누구보다도 앞장서야 한다. 이는 자연과 세계에 대한 청지기직을 수행하는 하나님나라의 시민의 의무와 역할을 감당하는 것이다.

Ⅲ. 평화통일신학의 실천적 과제

평화통일신학 형성을 위한 실천적 방안 및 과제는 무엇인가? 한반도의 통일은 평화적이고 점진적이며 단계적이어야 한다. 우선적으로 남북 관계의 개선을 위한 노력을 기울이는 것이 필요하다. 특히 이명박정부 이후 박근혜정부에 이르기까지 지속되고 있는 남북관계의 경색국면은 점진적으로 완화될 수 있어야 한다. 민간차원의 교류와 협력이 재개되고 이산가족 찾기를 비롯한 인도주의적 접근이 필요하다. 한국교회는 그동안 전개해왔던 민간차원의 지원을 선도적으로 활발하게 지속해야 한다.

평화통일신학 작업과 실천운동은 세계교회와 연대의 방식으로 또한 정부당국과의 대화와 협력을 통해 활발하게 전개되어야 한다. 한반도의 통일은 한민족의 연합을 넘어서 동북아의 평화와 번영 및 세계평화와 인류의 발전에 기여하는 것이다. 남북교류 협력과 평화 정착 및 평화공존의 기반조성을 통한 남북공동체의 건설을 지향해야 할 것이다. 그런데 화해와 치유운동은 먼저 한국사회 안에서 시작되어야 한다. 한국사회 안의 이념적·계층적·지역적 갈등과 대립과 분열을 치유하고 회복하는 일에 지속적으로 참여함으로써 평화통일을 위한 준비작업을 조성할 수 있다. 한민족 평화통일공동체의 비전을 제시하고 정치경제적 통합 및 사회문화적 이질감 극복을 위한 노력과 함께 특히 세대별 통일인식 차이를 극복하고 국론통합의 과제 등을 추구하는 것이 그 어느 때보다 필요한 시점이다. 반인간적이고 반민주적이며 반민족적인 분단의 극복을 위한 노력이 지속적으로 이루어져야 한다.

한반도에서 남북한 평화통일을 위한 한국교회의 실천적 과제는 무엇인가? 한국교회 안에서 구체적인 평화통일교육이 이루어져야 한다. 무엇보다도 다음세대를 위한 평화통일에의 의식 고취와 교육에 힘을 쏟아야 한다.[59] 한반도 분단이 종식되도록 영구적이며 지속 가능한 정의로운 평화를 추구하는 교육이 전개되어야 한다. 평화는 모든 생명을 포용하고 이웃과의 조화를 회복하는 정의의 상태이다. 한국교회는 국가와 민간과 종교차원에서 남북대립과 남남갈등의 해결을 위한 화해와 평화 교육을 추진해야 한다. 특히 한국교회 강단에서 말씀선포와 성경공부를 통해 하나님나라의 가치의 핵심인 정의와 사랑과 화해와 평화와 치유를 선포하고 교육하는 것이 필요하다. 남북한 상호간에 차이와 다름을 인정하고 서로 이해와 존중의 자세를 가질 때 지속가능한 평화의 기반이 조성되고 평화가 정착될 수 있다. 이러한 미래지향적인

---

59) 조은식, "기독교 평화교육으로서 통일 교육," 『통일선교: 화해와 평화의 길』, 225-263.

평화교육은 다음세대들로 하여금 폭력과 대립을 극복할 수 있는 대안을 찾고 인권에 대한 존중의식을 고양하며 정의에 근거한 평화정신을 함양시킬 수 있다. 다음세대가 화해와 평화의 정신을 토대로 자라나야만 한반도 평화통일의 토대가 마련될 것이다.[60] 특히 민주시민교육을 통해 합리적이고 민주적인 과정과 절차를 존중하며 정치적·사회적·경제적 정의와 평등을 훈련함으로써 인간화·민주화·복지화의 과제를 실천할 수 있다.

한국교회는 화해와 치유운동을 지속적으로 전개해 나가야 한다. 우선적으로 민족분단과 분단의 지속현실에 대한 회개운동이 이루어져야 한다. 여기에는 개인적·민족적 죄악을 서로 회개함으로써 하나님과 화해를 이루며 남북한이 서로 용서하는 과정이 필수적이다. 서로를 적대시하지 않으며 이웃사랑과 원수사랑의 정신으로 포용하는 단계로 나아가야 한다. 특히 이산가족의 아픔을 치유하고 진정한 민족공동체의 화해를 통한 정의와 평화를 추구하는 것이 중요하다. 하나님나라의 비전에서 민족공동체 의식을 고취하고 상호이해와 존중과 용납의 자세를 함양함으로써 진정한 이웃사랑을 실천하는 것은 우선적으로 한국교회의 몫이다. 우리 민족이 한반도의 분단과 대립을 넘어서서 세계열방을 그리스도와 화해하게 하는 민족이 되기 위해서는, 예수 그리스도의 십자가의 용서와 화해의 복음을 통일한국을 통해 온 세상에 선포하고 증거해야 할 것이다.

또한 한국교회는 생명공동체 운동을 지속적으로 확대하고 심화시켜야 한다. 본 교단은 최근에 이르기까지 지속적으로 '생명살리기운동'(2002-2012)에 참여해왔다. 이는 하나님나라 관점에서 생명의 질서를 보존하고 자유와 정의와 평화와 사랑을 구현하는 운동이다. 한국교

---

60) 공적신학과 교회연구소, "정전협정 60년, 한반도의 화해와 평화를 위한 그리스도인 선언문" (2013.6.14). http://www.pckworld.com/news/articleView.html?idxno=5997

회는 특히 남북한의 군사적 대결로 인한 전쟁의 위협 및 폭력과 생태계의 파괴에 맞서 생명사랑의 정신으로 환경보전과 생태계의 회복운동에 앞장서야 한다. 반전반핵의 평화운동과 생명운동은 함께 가는 것이다. 또한 생태학적 정의는 사회적·경제적 정의와 맞물려 있으므로 사회적 차별과 경제적 불평등을 극복하기 위한 민주화와 복지화의 과제도 함께 추구해야 한다.

특히 북한사회의 가난과 식량문제 및 취약한 의료시설 등을 고려할 때 식량지원과 보건·의료사업과 농업자원사업 등 '남북나눔운동'과 인도적인 지원이 병행되어야 한다. 이웃사랑을 실천하고 민족애와 인류애에 기초하여 인도주의적인 북한돕기운동을 중단해서는 안 된다. '남북나눔운동'이야말로 물질과 복음을 함께 나눔으로써 한민족이 하나님의 자녀로 거듭나고, 분단된 남북이 예수 그리스도의 십자가로 화해하며 한반도에 하나님나라를 이루기 위한 하나님나라 운동이요 하나님의 선교에 참여하는 것이다.[61] 북한선교의 사명과 함께 이러한 생명공동체의 회복을 위한 한국교회의 노력이 절실히 요청된다.

평화통일은 하루아침에 이루어지지 않는다. 이것은 한민족을 사랑하시는 하나님의 은총의 선물이면서 동시에 한민족의 구성원인 하나님의 자녀들의 기도와 헌신을 통해 획득되는 것이다. 한국교회는 독일통일을 가능하게 했던 평화기도회를 본받아 본격적으로 평화통일을 위한 기도회를 개최하고 지속적인 기도운동을 전개해야 할 것이다. 70여 년에 걸친 눈물의 기도와 간절한 기대와 소원의 열매가 한반도에서 맺어질 수 있도록 개인뿐 아니라 한국교회 차원의 거시적인 기도운동이 효율적으로 이루어져야 한다.

평화통일신학은 특히 하나님나라 신학의 관점에서 통전적으로

---

61) 황홍렬, "한반도에서 나눔과 평화를 위한 교회의 사명: 대북 인도적 지원을 중심으로," 『한반도에서 평화선교의 길과 신학』, 101-143.

접근되어야 한다. 그동안 평화통일신학은 보수진영과 진보진영의 양분된 입장에서 접근되었다. 그러나 양진영이 함께 만나 머리를 맞대고 성서가 보여주는 예수 그리스도의 복음과 하나님나라 신학의 관점에서 통전적으로 접근되어야 한다. 특히 앞으로 평화통일신학은 평화통일 방법과 과정에 대한 논의를 넘어서서 통일 후 한민족공동체의 정치경제체제에 대한 논의와 함께 사회문화적 통합의 주제에 관하여 진지하고 심도 있는 연구가 요청된다.

평화통일은 우리 시대에 주어진 한국교회의 민족적·역사적 사명이다. 동시에 하나님나라의 통치 실현이라는 궁극적 가치에 부합되는 것이다. 한민족의 통일은 배타적 민족주의를 지향하지 않으며 동북아와 세계의 평화에 이바지하는 길이다. 특히 한민족의 다음세대의 지속적인 발전과 번영을 위한 초석이 될 수 있다. 그런 의미에서 하나님나라 신학으로서의 평화통일신학은 비록 한국교회의 상황에서 태동되고 발전된 신학적 운동이지만, 더 나아가 세계교회와의 연대와 협력을 통해 전개해가야 할 과제를 지닌다.

민족분단의 현실로부터 야기되는 비인간화, 비민주화, 정치적 억압, 경제적 불평등, 사회적 차별, 생태계의 파괴 등을 고려할 때 통일에 대한 무관심과 냉담은 하나님과 민족 앞에 죄악이다. 평화통일신학은 통일의 방법과 과정 및 궁극적 목표를 평화로 규정하며 그 어떤 폭력을 사용하는 것도 반대한다. 민족공동체의 치유와 회복은 참회와 용서의 과정을 통해 이루어질 수 있으며 화해는 참회와 용서의 신학을 전제한다. 이런 의미에서 평화통일신학의 이념은 정의로운 평화와 화해와 치유 및 용서, 이웃사랑과 원수사랑, 그리고 생명공동체이다. 평화통일운동은 한반도의 견고한 분단의 벽을 넘어 세계를 하나님과 화해하게 하는 나라를 꿈꾸며, 남북 사이의 갈등과 증오와 대립을 넘어서서 사랑과 정의의 강물이 흐르고 평화의 나라가 실현되는 비전을 안고 나아가야 한다. 한국교회는 진정한 하나님나라가 한민족의 통일을 통하여 이루어지길 소망하며 헌신해야 한다. 본 연구가 평화통일운동의 신학적 근거를 제시하고 평화통일신학을 형성하기 위한 작은 발걸음이 되기를 소망한다.